海外农业研究中心 ● 智库报告

"一带一路"国家
农业发展与合作——东南亚十一国

印度尼西亚　泰　国　菲律宾　马来西亚　缅　甸
越　南　老　挝　柬埔寨　文　莱　新加坡　东帝汶

◎ 聂凤英　张　莉　主编

中国农业科学技术出版社

图书在版编目（CIP）数据

"一带一路"国家农业发展与合作.东南亚十一国/聂凤英，张莉主编.—北京：中国农业科学技术出版社，2018.12
　ISBN 978-7-5116-3908-0

　Ⅰ.①一⋯　Ⅱ.①聂⋯②张⋯　Ⅲ.①农业合作－国际合作－研究－中国、东南亚　Ⅳ.①F32②F333

中国版本图书馆CIP数据核字（2018）第218149号

责任编辑　徐定娜　穆玉红
责任校对　贾海霞

出 版 者	中国农业科学技术出版社
	北京市中关村南大街12号　邮编：100081
电　　话	（010）82105169（编辑室）（010）82109702（发行部）
	（010）82109709（读者服务部）
传　　真	（010）82109707
网　　址	http://www.castp.cn
发　　行	各地新华书店
印 刷 者	北京建宏印刷有限公司
开　　本	880 mm×1 230 mm　1/16
印　　张	20.5
字　　数	433千字
版　　次	2018年12月第1版　2018年12月第1次印刷
定　　价	180.00元

版权所有·侵权必究

《"一带一路"国家农业发展与合作——东南亚十一国》编委会

主　　任：吴孔明

副 主 任：贡锡锋　　孙　坦　　金　轲

主　　编：聂凤英　　张　莉

副 主 编：朱　聪　　计　晗

编写人员：朱增勇　　郑海霞　　梁丹辉　　张　悦　　张　莉
　　　　　卢德成　　雷　洁　　罗洁霞　　王　禹　　毕洁颖
　　　　　顾　蕊　　计　晗　　朱　聪　　刘洪霞　　朱海波
　　　　　张　帆　　李荣福　　温国泉　　李　坤　　汪羽宁
　　　　　宁功伟　　申　科　　陈　格　　韦　幂　　王冠玉
　　　　　曾　媛　　陈德元　　莫小香　　赵一兰

序

在当今世界经济复苏缓慢，全球产业结构和国际投资贸易格局深度调整的背景下，习近平总书记2013年提出的共建"丝绸之路经济带"和"21世纪海上丝绸之路"倡议，得到了国际社会的广泛支持。"共建'一带一路'，实现共赢发展"对促进区域经济一体化和加强区域互联互通发挥了重要作用。"一带一路"倡议给沿线国家人民带来了实实在在的好处，为构建共商共建共享的全球治理新机制贡献了中国智慧。

人口增长、资源约束和消费结构升级对我国农业发展提出了新的挑战。党的"十八大"以来，党中央把农业"走出去"摆在了更加突出的位置，习近平总书记提出"要加快推动农业走出去，增加国内农产品供给"。保障国家食物安全，要求我们"统筹利用两个市场两种资源"，在全球范围内实现农业资源的优化整合和农产品市场的深度开发，构建开放互利共赢的农业对外合作新格局。

"一带一路"沿线国家高度重视农业发展，但由于自然条件和政治、经济、社会等多方面因素的影响，多数国家都面临区域农业发展不平衡，缺乏有效农业合作机制和农业科技支撑力度不足等问题。"一带一路"倡议为加强区域农业合作带来了难得的历史机遇，通过促进区域内农业要素有序流动，可以使沿线国家更好地发挥比较优势，增加世界农产品的有效供给。

改革开放40年来，中国农业产业和科技发展取得了长足的进步，积累了大量"一带一路"国家可以利用和借鉴的技术和管理经验。近年来，中国的农业科技已大量走出国门，在100多个国家和地区援建了270多个农业项目，"绿色超级稻"已经有78个品种在18个亚非国家审定和推广，"中棉系列"棉花新品种和植棉技术大幅提高了中亚国家的棉花产量。动物疫苗、生物防治技术和产品等为亚洲和非洲农业生产提供了重要保障。国内对外农业投资热情高涨，境外注册设立的农林牧渔类企业达1300多家，覆盖了105个国家和地区。农业"走出去"的新常态对海外农业战略研究提出了新的要求。我们需要建立全球农业数据中心，加强海外农业战略高端智库建设，为政府和企业农业走出去工作提供信息服务和技术支撑。

在农业农村部和中国工程院等部门的支持指导下，中国农业科学院海外农业研究中心系统开展了海外农业的研究工作。《"一带一路"国家农业发展与合作》系列丛书汇编了对重点国家的智库研究成果，编写过程中得到了农业农村部相关机构、中国农业科学院部分研究所以及云南、广西、新疆、内蒙古和黑龙江等省（自治区）级农科院、农业高校的大力支持。

丛书按地区分为东北亚四国、东南亚十一国、南亚七国、中亚五国、中东欧十六国、独联体及其他六国和西亚北非十六国共七个分册，系统梳理了"一带一路"沿线65个国家的基本国情和农业发展情况，从经济、贸易、投资和科技多角度分析了重点国家的农业投资环境、农业合作重点领域和发展潜力。丛书内容丰富、系统性强、信息量大，为中国农业对外合作和农产品贸易工作者提供了高水平的专业性参考，对服务中国农业国际合作和推动农业"走出去"工作有重要价值。

中国农业科学院副院长

中国工程院院士

2018 年 12 月

目 录
CONTENTS

印度尼西亚

- 一、国家基本概况 ·· 2
  - （一）地理及行政区划 ··· 2
  - （二）人口状况 ··· 2
  - （三）政治制度 ··· 3
  - （四）社会和经济发展状况 ····································· 3
- 二、农业发展现状 ·· 4
  - （一）农业资源条件 ··· 4
  - （二）农业生产情况 ··· 4
  - （三）农产品贸易情况 ·· 13
  - （四）农业科技发展 ·· 16
  - （五）农业管理体系与政策 ···································· 17
- 三、农业投资环境 ··· 20
  - （一）国家商业环境 ·· 20
  - （二）农业优势与潜力 ·· 21
  - （三）风险分析 ·· 21
  - （四）总体评价 ·· 22
- 四、中印尼农业合作现状与合作重点 ······························· 23
  - （一）合作现状 ·· 23
  - （二）合作潜力 ·· 25

（三）合作重点 …… 26

五、中印尼农业合作建议 …… 28
　　（一）建立并强化政府间农业合作协调机制和企业服务机制 …… 28
　　（二）依托重点合作项目建立全产业链投资机制 …… 29
　　（三）建立混合所有制合作模式 …… 29

参考文献 …… 29

泰　国

一、国家基本概况 …… 32
　　（一）地形地貌 …… 32
　　（二）行政区划 …… 32
　　（三）人口状况 …… 33
　　（四）社会经济状况 …… 33

二、农业发展现状 …… 33
　　（一）农业资源条件 …… 33
　　（二）农业生产情况 …… 34
　　（三）农产品贸易情况 …… 36
　　（四）农业科技发展 …… 42
　　（五）农业管理体系与政策 …… 42

三、农业投资环境 …… 44
　　（一）国家商业环境 …… 44
　　（二）农业优势与潜力 …… 44
　　（三）总体评价 …… 45

四、中泰农业合作现状与合作重点 …… 45
　　（一）合作现状 …… 45
　　（二）合作潜力 …… 47
　　（三）合作重点 …… 49

五、中泰农业合作建议 …… 50
　　（一）加大政府间农业合作对话 …… 50
　　（二）建立投资合作保障机制 …… 51

（三）强化科技人才合作 ·· 51
　　（四）建立出口基地型合作模式 ···································· 51
参考文献 ·· 51

菲律宾

一、国家基本概况 ·· 54
　　（一）自然地理 ·· 54
　　（二）人口概况 ·· 54
　　（三）社会和经济发展状况 ······································ 54
　　（四）政治制度 ·· 56
二、农业发展现状 ·· 56
　　（一）农业资源条件 ·· 56
　　（二）农业生产情况 ·· 57
　　（三）农产品贸易情况 ·· 64
　　（四）农业科技发展 ·· 67
　　（五）农业管理体系与政策 ······································ 69
三、农业投资环境 ·· 72
　　（一）国家商业环境 ·· 72
　　（二）农业优势和潜力 ·· 73
　　（三）风险分析 ·· 73
　　（四）总体评价 ·· 75
四、中菲农业合作现状与合作重点 ······································ 75
　　（一）农业合作现状 ·· 75
　　（二）合作潜力 ·· 77
　　（三）合作重点 ·· 79
五、中菲农业合作建议 ·· 82
　　（一）小　结 ·· 82
　　（二）建　议 ·· 82
参考文献 ·· 84

马来西亚

- 一、国家基本概况 ································ 86
  - （一）地理区划 ································ 86
  - （二）人口构成 ································ 86
  - （三）政治制度 ································ 87
  - （四）经济和社会发展 ···························· 87
- 二、农业发展现状 ································ 88
  - （一）农业资源条件 ···························· 89
  - （二）农业生产情况 ···························· 90
  - （三）农产品贸易现状 ·························· 94
  - （四）农业管理体系与政策 ······················ 101
- 三、农业投资环境 ······························ 103
  - （一）国家商业环境 ·························· 103
  - （二）农业发展优势及潜力 ······················ 104
  - （三）农业风险分析 ·························· 105
  - （四）总体评价 ······························ 106
- 四、中马农业合作现状与合作重点 ·················· 106
  - （一）农业合作现状 ·························· 106
  - （二）农业合作潜力 ·························· 108
  - （三）农业合作重点 ·························· 109
- 五、中马农业合作建议 ···························· 111
  - （一）以清真食品等领域为起点，开展长期战略合作 ······ 111
  - （二）推进合作平台建设，形成政府间良性互动局面 ······ 112
  - （三）提供法律和经营服务保障，为企业合作保驾护航 ···· 112
- 参考文献 ······································ 112

缅 甸

- 一、国家基本概况 ... 116
  - （一）地理位置 ... 116
  - （二）经济状况 ... 116
  - （三）人口构成 ... 116
  - （四）政治制度 ... 116
- 二、农业发展现状 ... 117
  - （一）农业资源条件 ... 117
  - （二）农业生产情况 ... 118
  - （三）农产品贸易情况 ... 125
  - （四）农业科技发展 ... 127
  - （五）农业管理体系与政策 ... 128
- 三、农业投资环境 ... 131
  - （一）国家商业环境 ... 131
  - （二）农业优势与潜力 ... 132
  - （三）风险分析 ... 132
  - （四）总体评价 ... 133
- 四、中缅农业合作现状与合作重点 ... 134
  - （一）合作现状 ... 134
  - （二）合作潜力 ... 136
  - （三）合作重点 ... 137
- 五、中缅农业合作建议 ... 138
  - （一）原则方针 ... 138
  - （二）具体举措 ... 139
- 参考文献 ... 140

越 南

- 一、国家基本概况 ········· 142
  - （一）地理及行政区划 ········· 142
  - （二）人口规模与构成 ········· 142
  - （三）社会发展状况 ········· 143
  - （四）宏观经济情况 ········· 144
- 二、农业发展现状 ········· 148
  - （一）农业资源条件 ········· 148
  - （二）农业生产情况 ········· 149
  - （三）农产品贸易情况 ········· 164
  - （四）农业科技发展 ········· 168
  - （五）农业管理体系与政策 ········· 169
- 三、农业投资环境 ········· 172
  - （一）国家商业环境 ········· 172
  - （二）农业优势与潜力 ········· 173
  - （三）风险分析 ········· 174
  - （四）总体评价 ········· 175
- 四、中越农业合作现状与合作重点 ········· 176
  - （一）合作现状 ········· 176
  - （二）合作潜力 ········· 179
  - （三）合作重点 ········· 180
- 五、中越合作建议 ········· 182
  - （一）完善区域合作机制，以政策服务农业合作 ········· 182
  - （二）消除贸易障碍、构建良性循环，以贸易促进农业合作 ········· 182
  - （三）以项目为核心、以平台为依托促进农业合作 ········· 183
  - （四）以科研合作为突破口促进农业合作 ········· 183
- 参考文献 ········· 184

老 挝

- 一、国家基本概况 ... 188
  - （一）自然地理 ... 188
  - （二）人口状况 ... 188
  - （三）政治制度 ... 188
  - （四）社会和经济发展状况 ... 189
- 二、农业发展现状 ... 189
  - （一）农业资源条件 ... 189
  - （二）农业生产情况 ... 190
  - （三）农产品贸易情况 ... 195
  - （四）农业科技发展 ... 198
  - （五）农业管理体系与政策 ... 199
- 三、农业投资环境 ... 201
  - （一）国家商业环境 ... 201
  - （二）贸易管理规定 ... 202
  - （三）外资管理体系与优惠政策 ... 203
  - （四）农业优势与潜力 ... 204
  - （五）风险分析 ... 204
  - （六）总体评价 ... 205
- 四、中老农业合作现状与合作重点 ... 205
  - （一）合作现状 ... 205
  - （二）合作潜力 ... 208
  - （三）合作重点 ... 210
- 五、中老农业合作建议 ... 212
  - （一）以"土地租赁+订单农业"发展模式开展农业生产合作 ... 212
  - （二）优先投资农业产业链微笑曲线两端，实现优势互补发展 ... 213
  - （三）积极发挥中老高铁运输优势，大力发展农产品贸易 ... 213
- 参考文献 ... 214

柬埔寨

- 一、国家基本概况 ··· 216
  - （一）自然地理与区划 ··· 216
  - （二）民族与人口 ··· 216
  - （三）社会与经济 ··· 216
- 二、农业发展现状 ··· 217
  - （一）农业资源条件 ··· 217
  - （二）农业生产情况 ··· 219
  - （三）农产品贸易情况 ··· 229
  - （四）农业科技发展 ··· 233
  - （五）农业管理体系与政策 ·· 236
- 三、农业投资环境 ··· 239
  - （一）国家商业环境 ··· 239
  - （二）农业优势与潜力 ··· 241
  - （三）风险分析 ·· 243
  - （四）综合评价 ·· 244
- 四、中柬农业合作现状与合作重点 ·· 244
  - （一）农业合作现状 ··· 244
  - （二）农业合作存在的问题及制约因素 ······································ 247
  - （三）合作潜力 ·· 248
  - （四）合作重点 ·· 250
- 五、中柬农业合作建议 ··· 253
  - （一）突出重点产业、重点环节 ··· 253
  - （二）政府、科研机构与企业合力推进合作 ································ 253
  - （三）企业强化练内功，提升投资项目效益 ································ 254
- 参考文献 ·· 254

文 莱

- 一、国家基本概况 ·· 258
  - (一) 自然地理与区划 ·· 258
  - (二) 人口与社会、经济状况 ·· 258
- 二、农业发展现状 ·· 259
  - (一) 农业资源条件 ··· 259
  - (二) 农业生产情况 ··· 259
  - (三) 农产品贸易情况 ·· 265
  - (四) 农业科技发展 ··· 267
  - (五) 农业管理体系与政策 ·· 267
- 三、农业投资环境 ·· 268
  - (一) 国家商业环境 ··· 268
  - (二) 农业优势与潜力 ·· 269
  - (三) 风险分析 ··· 269
- 四、中文农业合作现状与合作重点 ·· 271
  - (一) 合作现状 ··· 271
  - (二) 合作潜力 ··· 272
  - (三) 合作重点 ··· 272
- 五、中文农业合作建议 ·· 273
  - (一) 合作措施 ··· 273
  - (二) 合作建议 ··· 273
- 参考文献 ··· 274

新加坡

- 一、国家基本概况 ·· 278
  - (一) 自然地理 ··· 278
  - (二) 人口状况 ··· 278
  - (三) 政治制度 ··· 279

（四）社会和经济发展状况 …………………………………… 279
二、农业发展现状 …………………………………………………… 280
　　（一）农业资源条件 …………………………………………… 281
　　（二）农业生产情况 …………………………………………… 281
　　（三）农产品贸易情况 ………………………………………… 283
　　（四）农业科技发展 …………………………………………… 286
　　（五）农业管理体系与政策 …………………………………… 287
三、农业投资环境 …………………………………………………… 288
　　（一）国家商业环境 …………………………………………… 288
　　（二）农业优势与潜力 ………………………………………… 289
　　（三）风险分析 ………………………………………………… 290
四、中新农业合作现状与合作重点 ………………………………… 291
　　（一）合作现状 ………………………………………………… 291
　　（二）合作潜力 ………………………………………………… 293
　　（三）合作重点 ………………………………………………… 294
五、中新农业合作建议 ……………………………………………… 295
　　（一）加强两国政府间农业合作 ……………………………… 295
　　（二）扩大两国间的农产品贸易 ……………………………… 295
　　（三）激活农业科技创新活力 ………………………………… 295
　　（四）参与全球农业产业链的高端布局 ……………………… 296
参考文献 ……………………………………………………………… 296

东帝汶

一、国家基本概况 …………………………………………………… 298
　　（一）地理及行政区划 ………………………………………… 298
　　（二）人口与民族 ……………………………………………… 298
　　（三）政治制度 ………………………………………………… 298
　　（四）社会和经济发展状况 …………………………………… 299
二、农业发展现状 …………………………………………………… 299
　　（一）农业资源条件 …………………………………………… 299

（二）农业生产情况 …………………………………………………… 300
　　（三）农产品贸易情况 ………………………………………………… 302
三、农业投资环境 …………………………………………………………… 302
　　（一）国家商业环境 …………………………………………………… 302
　　（二）农业投资风险分析 ……………………………………………… 304
四、中东农业合作现状与合作重点 ………………………………………… 306
　　（一）合作现状 ………………………………………………………… 306
　　（二）合作潜力 ………………………………………………………… 308
　　（三）合作重点 ………………………………………………………… 309
五、中东农业合作建议 ……………………………………………………… 309
　　（一）加强农业科技与教育合作 ……………………………………… 310
　　（二）加强新品种、新技术的推广 …………………………………… 310
参考文献 ……………………………………………………………………… 310

印度尼西亚

印度尼西亚是东盟最大的经济体，农业、林业和渔业资源丰富。印尼政治稳定、经济持续向好，中国和印尼两国农业资源互补优势明显，农业科技和经贸合作快速发展。印尼是东盟人口最多、劳动力最丰富的国家，经济的快速发展带动了消费水平的提高，农业开发潜力巨大。良好的政治关系、不断完善的农业合作机制以及多年的农业合作经验都为中印尼两国农业合作提供了良好的合作环境和合作基础，丰富的农业资源和巨大的消费增长空间为两国农业合作带来机遇。

一、国家基本概况

（一）地理及行政区划

印度尼西亚全称印度尼西亚共和国（以下简称印尼），是世界上最大的群岛国家，位于亚洲东南部，地跨赤道，与巴布亚新几内亚、东帝汶、马来西亚接壤，与泰国、新加坡、菲律宾、澳大利亚等国隔海相望，由太平洋和印度洋之间约17504个大小岛屿组成，包括加里曼丹岛、苏门答腊岛、伊里安岛、苏拉威西岛和爪哇岛等，海岸线总长超过8.4万千米。各岛以山地和高原为主，仅沿海有平原。北部的加里曼丹岛与马来西亚接壤，新几内亚岛与巴布亚新几内亚相连。印尼共分为大雅加达首都特区、日惹特区、亚齐特区和31个省，共计34个一级地方行政区。98个城市中主要经济城市包括泗水、万隆、棉兰、三宝垄和巨港等。位于爪哇岛西北部海岸的首都雅加达是全国政治、经济、文化中心和海陆空交通枢纽。

（二）人口状况

印尼人口数居全球第4位，是东盟人口最大的国家。人口从2000年的2.05亿人增至2015年的2.55亿人（表1）。据印尼官方数据估计，到2020年印尼人口数将达到2.71亿人，2025年较2015年增2940万人。人口主要集中分布在西爪哇省、中爪哇省和东爪哇省，这三省同时也是农产品主产区，2015年三省人口合计占总人口的47%。城镇化率为53.3%，其中，西爪哇省为72.9%，廖岛省83.3%，日惹特区70.5%，万丹省67.7%，东加里曼丹省66.0%。苏拉威西岛、马鲁古群岛和巴布亚城市化比重较低。

表1　2000—2015年印尼人口规模

年　份	人口（万人）
2000	20513
2001	20799

(续表)

年　份	人口（万人）
2002	21090
2003	21384
2004	21683
2005	22093
2006	22423
2007	22758
2008	23098
2009	23443
2010	23764
2011	24199
2012	24543
2013	24882
2014	25217
2015	25546

资料来源：印尼统计局

（三）政治制度

印尼是一个总统制共和国，政府实行总统制，总统既是国家元首，也是政府首脑，同时掌管三军。总统、副总统均由全民直选产生，任期5年，总统可连任一次。国家最高权力机关由人民代表会议（国会）和地方代表理事会共同组成。人民代表会议是国家的立法机构。政党实行多党制。

（四）社会和经济发展状况

印尼是东盟最大的经济体，占东盟国内生产总值（GDP）总量的38%。20世纪60年代后期调整经济结构，经济开始提速，1997年受亚洲金融危机重创，1999年年底开始缓慢复苏，2000—2004年GDP年均增长4.6%。2014年政府积极采取措施吸引外资，发展基础设施建设，经济仍保持较快增长，2010—2015年年均增速5.6%。扣除通胀因素，近10年GDP年增长率大多高于5%（表2）。产业结构由原先单一种植业为主转变为制造业、工矿业、农商

表2 2000—2015年印尼GDP总量及增速（现价）

年 份	GDP（亿印尼盾）	GDP增长率（%）	人均GDP（印尼盾）
2000	13897699	4.9	6774986
2001	16463220	3.6	7905489
2002	18218334	4.5	8617296.1
2003	20136746	4.8	9382101
2004	22958262	5.0	10536542
2005	27742811	5.7	12541748
2006	33392168	5.5	14869645
2007	39508932	6.4	7333846
2008	49486884	6.0	21381731
2009	56062034	4.6	23859941
2010	68641331	6.4	28778140
2011	78317260	6.2	32363747.9
2012	86157045	6.0	35105215
2013	95461340	5.6	38365915
2014	105658173	5.0	41900412
2015	115407898	4.8	45176151

资料来源：印尼统计局

业和服务业并重的结构，除油气外其他产业GDP比重由原来的不足90%上升至95%以上。

二、农业发展现状

（一）农业资源条件

印尼土地资源丰富，2015年土地面积1.8亿公顷，其中农用地面积5700万公顷，耕地面积2350万公顷，森林面积9101万公顷。气候是典型的热带雨林气候，年平均温度27.2℃。北部受北半球季风影响，7—9月降水量丰富，南部受南半球季风影响，年均降水量1871毫米，降水时间144天。西苏门答腊和南苏拉威西降雨最丰富，年均在3000毫米以上；北苏门答腊、中苏拉威西、格伦打落省和北马鲁古省降雨年均在1000毫米以下。

（二）农业生产情况

农业产值占GDP的比重呈下降趋势，2017年为12.7%。农业以种植业为主，占农业产值比重在60%以上。粮食作物则是种植业的基础部门，包括粮食作物和经济作物：粮食以水稻为主，水稻、玉米、木薯等种植面积和产量均居东盟首位；经济作物以棕榈和橡胶为主，是棕榈油、橡胶、可可和咖啡等全球生产大国。农业生产以小农生产为主，主要集中于爪哇岛。渔业资源丰富，渔业产值比重从20世纪60年代的8.0%持续提高，2014年最高为23.5%，最近2年有所下降，2017年为18.1%。森林覆盖率为67.8%，林业产值比重总体下降，从70年代10.7%降至2017年的4.9%。从不同农业产业发展来看，庄园作物、畜牧业、渔业发展速度较快，尤其渔业产值，增速快于农业GDP增速，2000—2017年年均增5.7%，由2001年的4.9%提高至2017年的5.9%；庄园作物产值2001年增7.8%，之后有所下降，最近几年增速在5%左右；畜牧业产值2001年增9.5%，2004—2007年进入低速增长期，2008年开始恢复并稳步增长，2017年为3.8%。

1. 粮油作物

水稻是印尼最重要的粮食作物。水稻种植面积增加对产量增加的贡献高于单产水平的提高。水稻收获面积从2009年的1288.36万公顷增至2015年的1411.66万公顷，稻谷单产从5.00吨/公顷增至5.34吨/公顷，总产量从6439.89万吨增至7539.78万吨（表3）。1993—2015年单产对增产的贡献率为38.8%，远低于种植面积对增产的贡献率（61.2%）。20世纪90年代水稻增产主要依赖面积增加，面积对增产贡献率达到93.3%；2001年开始单产水平的贡献率开始提升，2001—2010年和2011—2015年分别为45.0%和49.4%。2015年稻米产量特别高，归功于行政部门的高度支持（鼓励化肥使用、农民教育和培训项目、灌溉改良、推广高品质种子、种子补贴、增加茬口等）及大米价格的持续上涨。中国和越南广泛种植杂交稻，而印尼杂交稻仍处于初步发展阶段。主要种植区为东爪哇省、西爪哇省和中爪哇省，2015年三省收获面积合计占总收获面积的41.7%，产量合计占总产量的47.5%。2010年9月—2018年1月印尼大米和面粉月度平均价格走势见图1。

表3 2009—2015年印尼主要粮食作物面积、单产和总产量

项目		2009年	2010年	2011年	2012年	2013年	2014年	2015年
水稻	面积（万公顷）	1288.36	1325.35	1320.36	1344.55	1383.52	1379.73	1411.66
	产量（万吨）	6439.89	6646.94	6575.69	6905.61	7127.97	7084.65	7539.78
	单产（吨/公顷）	5.00	5.02	4.98	5.14	5.15	5.14	5.34
玉米	面积（万公顷）	416.07	413.17	386.47	395.76	382.15	383.70	378.74
	产量（万吨）	1762.97	1832.76	1764.33	1938.7	1851.19	1900.84	1961.24
	单产（吨/公顷）	4.24	4.44	4.57	4.90	4.84	4.95	5.18
大豆	面积（万公顷）	72.28	66.08	62.23	56.76	55.08	61.57	61.41
	产量（万吨）	97.45	90.7	85.13	84.32	78.00	94.50	96.32
	单产（吨/公顷）	1.35	1.37	1.37	1.49	1.42	1.55	1.57

(续表)

项 目		2009年	2010年	2011年	2012年	2013年	2014年	2015年
木薯	面积（万公顷）	117.57	118.3	118.47	112.97	106.58	100.35	94.99
	产量（万吨）	2203.91	2391.81	2404.40	2417.74	2393.69	2343.64	2180.14
	单产（吨/公顷）	18.75	20.22	20.30	21.40	22.46	23.36	22.95

资料来源：印尼统计局

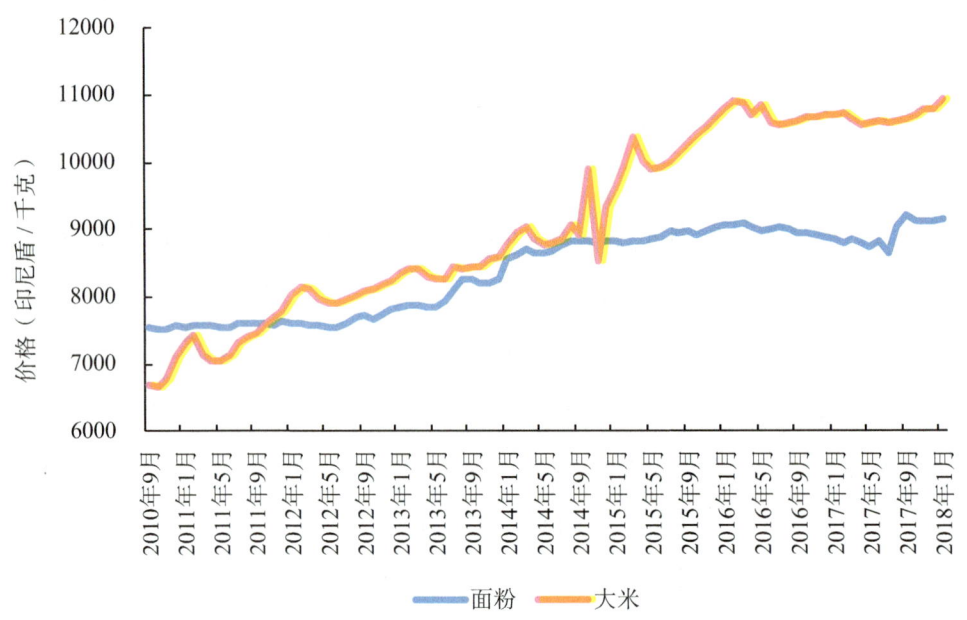

图1　2010年9月—2018年1月印尼大米和面粉月度平均价格走势

资料来源：印尼商务部

印尼的粮食供给直接与印尼国家食品采购机构（BULOG）相关。大米供给可以分成两个主要渠道，一是传统的渠道，由贸易商收购销售给大中型大米加工厂，或者由稻农直接卖给小型大米加工厂，这种传统的稻谷收购渠道对品种的要求比较灵活，加工后的大米进入传统的批发市场，再进入零售摊点销售，或者由小型加工厂直接进入零售市场；二是由BULOG主导的渠道。大型的大米加工厂（合同商）和BULOG的加工公司（UPGB）负责稻谷的采购和大米加工，生产大米除供给BULOG外，也会提供给私人市场，再分销给消费者（图2）。

印尼是东盟最大的玉米和大豆生产国。玉米产量增加得益于单产水平的提高，1993—2015年单产对增产的贡献率达到64.6%。20世纪90年代玉米产量增加主要依赖面积增加，面积对增产贡献率为51.5%，2001—2010年单产贡献率达到58.2%，最近5年高达120%。过去5年，玉米收获面积从2009年的416.07万公顷降至2015年的378.74万公顷，但产量从1762.97万吨增至1961.24万吨，单产水平从4.24吨/公顷提高至5.18吨/公顷。东爪哇省是最大的玉米主产省，2015年产量占总产量的31.3%。玉米产量增长的驱动力得益于

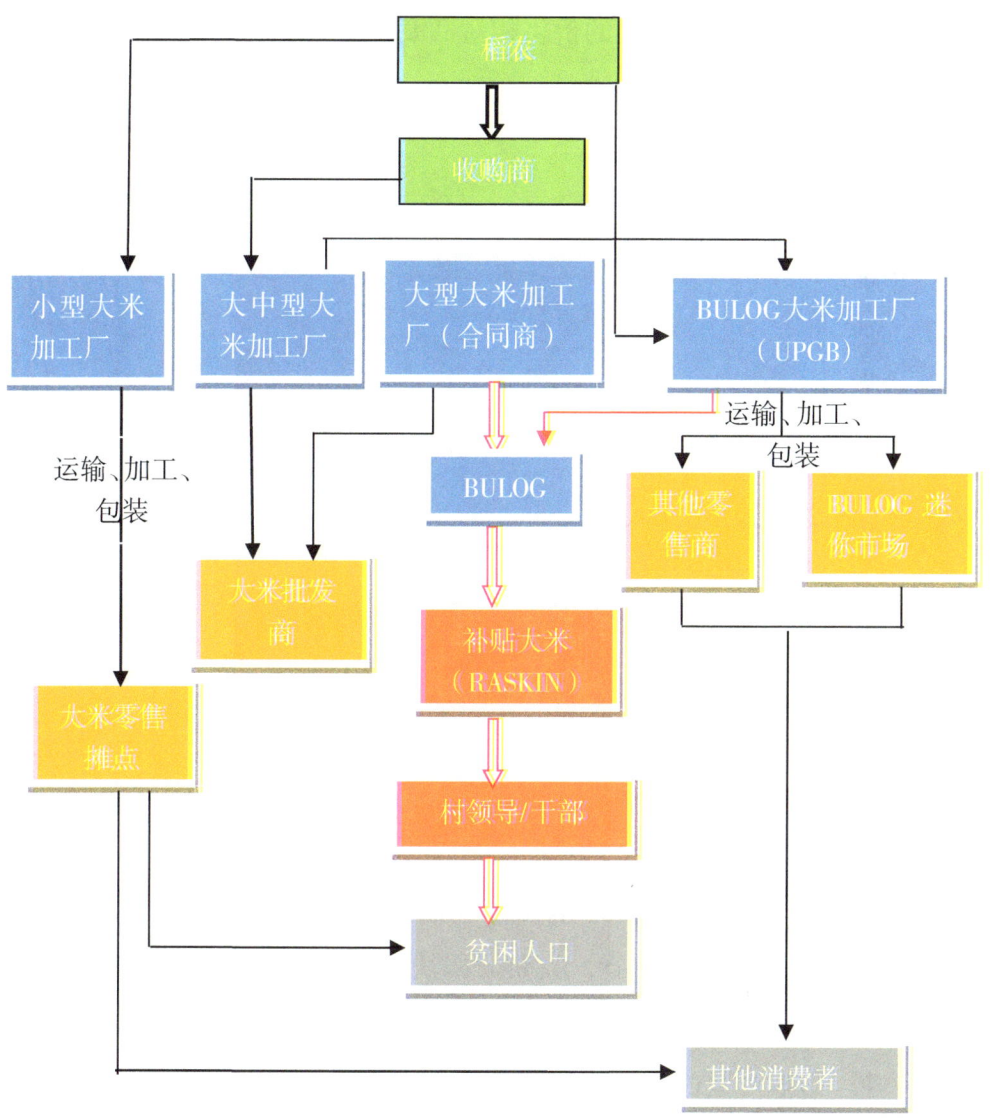

图 2　印度尼西亚大米产业链

需求增加，带动种植效益的提升。在需求方面，玉米市场受益于畜牧业的兴盛，因为玉米是畜牧饲料的主要成分，畜牧业的大规模发展刺激了玉米的增产。需求刺激了生产供应，具有更高生产力的杂交玉米技术推动了玉米产量的显著增加。当前的玉米种子产业由一家生产杂交玉米的跨国公司主导。

由于种植效益低，大豆收获面积呈现下降趋势，单产水平的提高带动了产量的恢复。面积和总产量分别从2009年的72.28万公顷和97.45万吨降至2013年的55.08万公顷和78.00万吨，2015年有所增加，分别为61.41万公顷和96.32万吨。单产水平从1.35吨/公顷提高至2015年的1.57吨/公顷。东爪哇省是最大的大豆生产省，2015年产量占总产量的35.8%。大豆生产主要受三个因素影响：一是技术因素，大豆属于未完全适应印度尼西亚热带气候的高风险作物，特别易受害虫/疾病侵袭；二是经济因素，相较稻米及玉米，大豆的利润较低；三是进口冲击，进口大豆的价格相对低廉，降低了本地大豆的竞争力（图3）。

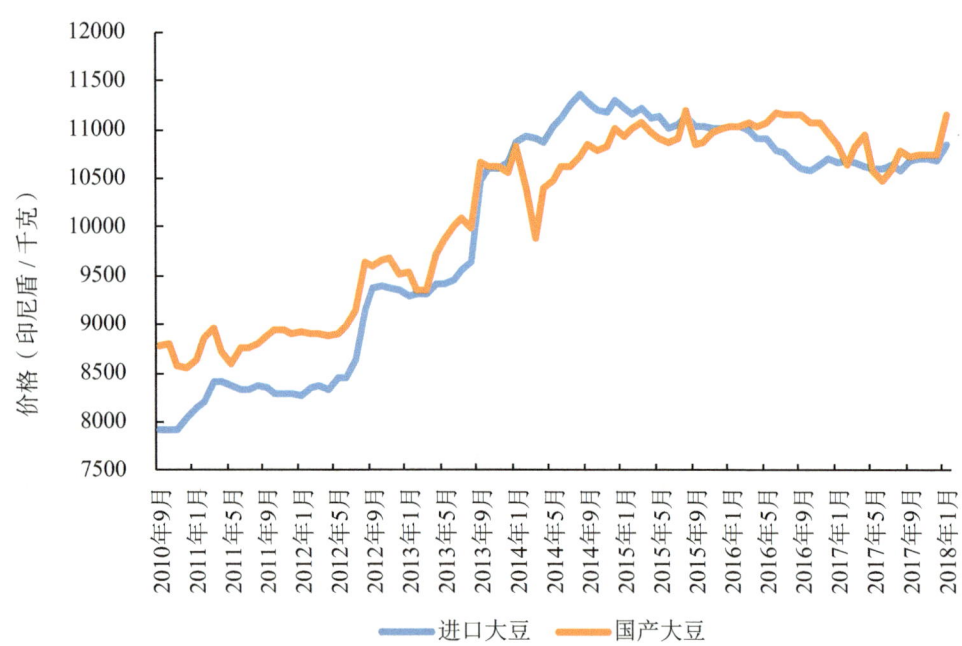

图3　2010年9月—2018年1月印尼进口大豆和国产大豆月度平均价格走势

资料来源：印尼商务部

印尼是东盟仅低于泰国的第二大木薯生产和消费国、世界第三大改性木薯淀粉进口国。木薯总产量呈现先增长后下降的趋势，收获面积从2009年的117.57万公顷降至2015年的94.99万公顷，总产量从2009年的2203.91万吨增至2012年的2417.74万吨后下降，2015年为2180.14万吨。影响产量的主要因素是近几年国际木薯及加工增值产品价格持续走低。单产水平的提高对木薯产量增加贡献巨大，1993—2015年贡献率达到320%。主产省为楠榜省、东爪哇省和中爪哇省。

印尼政府提高粮食自给率的政策为种业未来发展带来巨大潜力。据印尼种业联合会的数据，杂交玉米种占60%，杂交稻种仅占1%。种业高新技术使用少，提高种子质量是以小型农田为主的农业增产的关键。粮食作物种业产值占种业产值的60%，其次为蔬菜，占20%，目前蔬菜种植主要由国外公司控制（East West、BISI和先正达）。就粮食作物来说，水稻种子占整个粮食作物种业产值的71%，为1.17亿美元；其次为玉米，占26%，为4300万美元；大豆为400万美元，仅占3%。印尼是世界上人均大米消费量最高的国家，杂交水稻种子具有广阔的发展空间；2016年印尼开始限制玉米进口，刺激本国玉米生产，为满足需求，稻田和大豆田转做种植玉米，未来消费需求还将会继续增加；印尼大豆消费依赖进口，国内大豆产量的持续下降影响了大豆种子的销售，大豆生产的豆腐等产品是印尼低收入人群主要的蛋白来源之一，未来大豆增产需求为大豆种业带来一定潜力。印尼种业包括国家部门和私人部门，种业系统分为以下几个部门：① 研发部门；② 种子生产和推广部门；③ 质量控制部门；④ 信息部门。其中，主要的育种试验是由农业部（研发局）、教育部（大学）、研究和技术部（BATAN、LIPI、BPPT）、国企部（Sang Hyang Sri 国有公司和 Pertani 国有公司）下属的政府机构、私人公司（先正达、BISI、杜邦、East West 和拜尔等）、印尼种业联合会、各省农业部门等进行。农业通过《食品法》《园艺法》、植物保护中心、植物检疫中心来管理新品种的发布、植物品种保护和植物检疫。各省农业办公室管理和调控种子认证和发布。

2. 经济作物

橡胶和可可是印尼主要的经济作物。印尼橡胶产量增加主要依赖于小农户种植面积增加，政府政策支持和棕榈产业化投资的增加带动了棕榈油的规模化和产量水平的提高；可可产业则呈现退化趋势。

橡胶种植面积居世界首位，是东盟第二大橡胶生产国，仅次于泰国。橡胶种植面积总体稳中有增。2015年橡胶种植面积达362万公顷，其中，种植园橡胶种植面积为55万公顷，小农户橡胶面积为307万公顷。干胶产量总体呈现增加趋势，从2000年的151万吨至2015年的311万吨（表4）。橡胶种植主要集中在南苏门答腊省、占碑省、廖内省等。

表4　2000—2015年印尼种植园和农户生产的主要经济作物产量　　（单位：万吨）

年份	干胶		天然棕榈油		可可豆	
	种植园	农户	种植园	农户	种植园	农户
2000	38	113	509	198	5.80	35
2001	40	172	560	280	5.80	4
2002	40	123	620	343	4.80	51
2003	40	140	692	352	5.70	66
2004	40	166	848	385	5.50	64
2005	43	184	1012	450	5.50	69
2006	55	208	1096	561	6.70	70
2007	58	218	1144	581	6.90	67
2008	59	215	1248	692	6.30	74
2009	52	192	1387	752	6.80	74
2010	54	219	1404	846	6.50	77
2011	63	236	1520	880	6.80	64
2012	58	243	1682	920	5.30	69
2013	58	266	1777	1001	5.60	67
2014	57	258	1907	1021	3.00	70
2015	59	252	2061.6	1067	3.00	63

资料来源：印尼统计局

油棕种植面积和棕榈油产量持续增加，分别从2000年的418万公顷和707万吨增至2015年的1130万公顷和3129万吨（表4）。生产类型以大型种植园为主，集中在廖内省、北苏门答腊省、中加里曼丹省等地区。目前，大部分种植油棕树的土地控制在大型棕榈油公司手中，印尼政府希望培养国内小型种植户，出台政策调控外国资本参与棕榈油产业，同时提高当地的增值服务，2013年10月开始限制单个公司拥有的用于开发新棕榈种植业的最高土地面积为10万公顷（国有企业和公司除外）。棕榈油产量持续增加带动了出口，为提高附加值，印尼政府鼓励天然棕榈油下游的提炼。因此，政府改革税收，奖励精炼加工。自2012年开始，精炼棕榈油的出口税从25%降至10%，而天然棕榈油的出口税依据国际棕榈油价格在0~22.5%，但如果天然棕榈油价格低于750美元/吨，将会取消关税和出口税。

印尼的可可豆产量仅次于科特迪瓦和加纳。种植面积从2000年的80万公顷增至2015年的172万公顷。受单产下降影响，可可产量从2010年的83.5万吨下降至2015年的66万吨。

3. 畜牧业

畜牧业主要由养鸡业和养牛业组成。受益于牛肉自给政策，牛存栏量持续增加，牛肉产量稳步增加。肉牛存栏量从2000年的约1101万头增至2016年的约1609万头，集中于爪哇岛，主要品种为Bali、Madura和Ongol。牛肉产量从2000年的34万吨增至2015年的51万吨。牛奶产量从2000年的50万吨增至2015年的84万吨（表5）。家禽业是增长最快的畜牧产业。蛋鸡存栏从2000年的0.69亿只增至2016年的1.62亿只，主产区为东爪哇省、中爪哇省、北苏门答腊省和西爪哇省。鸡蛋产量从2000年的50万吨增至2015年的137万吨；肉鸡存栏量增速最快，从2000年的5.31亿只增至2016年的15.93亿只，鸡肉产量从2000年的52万吨增至2015年的163万吨。

表5 2000—2015年印尼畜禽产品产量　　　　　　　　　　（单位：万吨）

年份	牛肉	牛奶	鸡蛋	鸡肉
2000	34	50	50	52
2001	34	48	54	54
2002	33	49	61	75
2003	37	55	61	
2004	45	55	76	85
2005	36	54	68	78
2006	40	62	82	86
2007	34	57	94	94
2008	39	65	96	102
2009	41	83	91	110

(续表)

年份	牛肉	牛奶	鸡蛋	鸡肉
2010	44	91	95	121
2011	49	98	103	134
2012	51	96	114	140
2013	51	79	122	150
2014	50	80	124	154
2015	51	84	137	163

资料来源：印尼统计局

目前印尼居民年均消费牛肉仅 2.4 千克，牛肉消费增加的潜力是推动未来牛肉增产的动力。2010—2011 年，牛肉价格稳定，达到每千克 6.63 万～6.97 万卢比（合 7.7～7.8 美元），涨幅约 5.3%。2012 年开始上涨至每千克 7.69 万卢比（合 7.9 美元），涨幅为 10.3%；2013 年上涨 17.5%，每千克达 9.09 万卢比（合 7.4 美元）；2014 年上涨 9.9%，每千克为 9.93 万卢比（合 7.9 美元）；2015 年和 2016 年分别上涨 6.0% 和 7.8%，2017 年涨幅回落，全年均价为每千克 11.59 万卢比（合 8.4 美元）（图 4）。根据印尼中央统计局（2015 年）报告，从事畜牧生产的家庭中，约 66.3% 是每户饲养 1～2 头肉牛的小农。由于国内牛肉生产不足，为了满足日益增长的需求，印尼仰赖进口市场。从国家当前政策来看，倾向进口活体动物（平均 65.3%）以活络国内肉品市场。

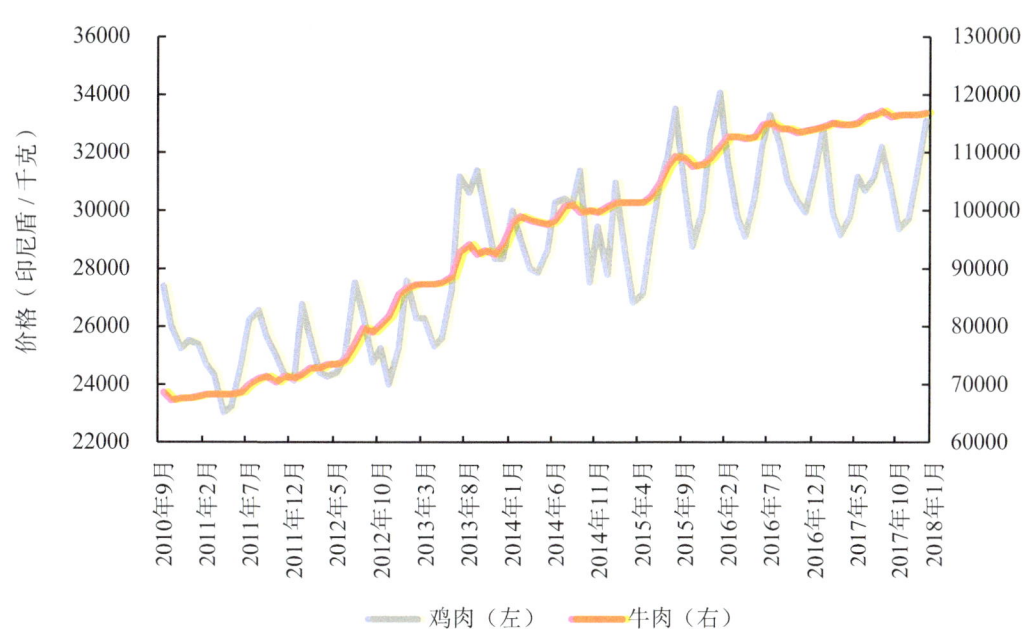

图 4　2010 年 9 月—2018 年 1 月印尼牛肉和鸡肉月度平均价格走势

资料来源：印尼商务部

未来,牛肉和禽肉具有广阔发展前景。以牛肉为例(图5),牛肉在印尼肉类消费中非常普遍,消费者倾向于新鲜、低脂和幼嫩的牛肉,如制作丸子面(Basko)、肉松(Abon)、椰浆干烧肉(Rendang)等。苏拉威西、努沙登加拉以散养户为主,多数养殖主体为2~5头存栏的小规模户,商业育肥则集中于榜楠、爪哇岛。雅加达是主要的交易市场和消费中心,国内活牛、进口活牛和牛肉运往雅加达。东努沙登加拉养殖户出栏的肉牛运到当地市场(1天)销售,或直接卖给贸易商,短暂饲养(1天~2周)后,在丹老港检疫(2~4天)运往泗水(Surabaya)检疫,在港口停留1~8天后,运往东爪哇进行屠宰。印尼共有3种类型的屠宰厂:一是政府管理和所有的地区技术服务局(NPTD),是非营利性的;二是地区性国家商业公司(BUMD),权属政府;三是私人企业。政府拥有的公司和机构只负责屠宰,而私人公司则从事买卖活畜、屠宰加工,现代化水平更高。印尼屠宰能力都集中在雅加达和东爪哇。从产品类型来看,进口牛肉主要在超市销售(80%),而当地屠宰的牛肉主要销往集贸市场(80%)。综合来看,72%的牛肉在超市销售,集贸市场销售仅28%。

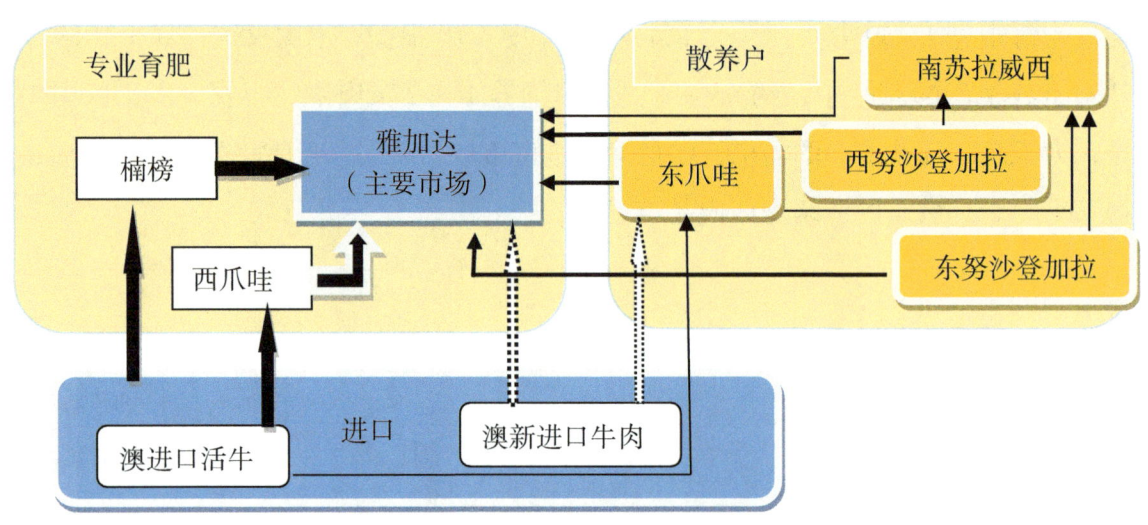

图 5 印尼肉牛产业流通模式

4. 渔业

渔业资源丰富,水产品产量不断增加,超过东南亚10国渔业总产量的一半以上。渔业属于传统的渔业类型,海洋渔业在产业发展中的比重较大,且渔业养殖类型也在不断增加。总产量从1999年的489万吨增加到2015年的2231万吨,增长3.6倍。水产养殖量增长迅猛,总产量从1999年的88万吨增至2015年的1563万吨,年均增速为19.7%,水产养殖产量占渔业总产量的比重持续增加,从22.0%增至70%。水产养殖以海水养殖为主,2015年产量达到1017万吨,约占整个水产养殖的65.1%。水产养殖的主产区为东爪哇省、西爪哇省、南苏拉威西省、东加里曼丹省。捕捞渔业以海洋捕捞为主，主要分布在北苏门答腊、东爪哇省和摩鹿加群岛。总体来看，捕捞渔业总产量呈逐年增加的趋势，但年均增速较慢，年均增长3.3%，从1999年的401万吨增至2015年的668万吨，其中海洋捕捞产量从368万吨增至621万吨（表6）。

表6　1999—2015年印尼渔业产量　　　　　　　　　　　　　　　　　　（单位：万吨）

年　份	水产养殖	其中：海水养殖	捕捞渔业	其中：海洋捕捞	累　计
1999	88	14		368	489
2000	100	20		381	512
2001	108	22		397	535
2002	114	24	438	407	552
2003	122	25	469	438	592
2004	147	42	465	432	612
2005	216	89	471	441	687
2006	268	137	481	451	749
2007	319	151	505	473	824
2008	386	197	520	470	905
2009	471	282	519	481	982
2010	628	352	538	504	1166
2011	793	461	571	535	1364
2012	968	577	583	544	1551
2013	1330	838	611	571	1941
2014	1433	904	648	604	2082
2015	1563	1017	668	621	2231

资料来源：印尼统计局

（三）农产品贸易情况

1. 主要农产品贸易规模

农产品贸易呈现顺差。出口额从2010年的250亿美元增至2015年的307亿美元；进口额从104亿美元增至129亿美元。棕榈油是出口量最大的农产品，其次为生胶。受全球需求增加影响，可可、咖啡以及木材产品和水产品出口也持续增加。主要进口农产品为小麦、玉米、大米和大豆等粮食作物和油料作物，其中小麦、玉米和大豆进口量趋增，而受国内产量增加影响，大米进口量下降。产量提高的需求带动了农机和化肥进口。

2. 主要进口农产品

主要进口农产品为小麦、玉米、大豆、农机等。小麦全部依靠进口，进口量持续增长。由于经济稳定增长和收入不断提高，国内小麦消费量不断增长，2013年面粉消费量530万吨，约合小麦消费量700万吨。小麦进口量从1989年的181万吨增至2015年的741万吨，主要来自澳大利亚、美国、加拿大、印度等国。受国内小麦加工能力提高影响，小麦面粉进口量下降，从2009年的64.5万吨降至2013年的20.5万吨，进口面粉主要来自土耳其和印度。最近几年玉米进口量快速增加，2000年以后进口量总体呈增加趋势，2015年达到327万吨，进口额7亿美元，主要来自印度、巴西和阿根廷。受益于国内生产能力的提高，大米进口量有所下降，进口量从1999年的历史高点475万吨降至2015年的86.2万吨，主要来自越南、泰国、印度和巴基斯坦。大豆进口量总体增加，进口量由1998年之前的不足100万吨增至2015年的226万吨，进口额10.34亿美元（表7）。

表7 1989—2015年印尼主要农产品进口量和进口额 （单位：亿美元，万吨）

年份	小麦		玉米		大米		大豆	
	进口额	进口量	进口额	进口量	进口额	进口量	进口额	进口量
1989	2.87	181	0.06	4	0.76	27	1.28	39
1990	2.82	172	0.02	1	0.14	5	1.46	54
1991	3.66	222	0.46	32	0.53	17	1.84	67
1992	4.04	246	0.08	6	1.73	61	1.86	69
1993	4.42	253	0.68	49	0.07	2	1.97	72
1994	5.80	330	1.54	112	1.57	63	2.44	80
1995	8.03	405	1.54	97	5.14	181	1.81	61
1996	10.50	412	1.33	62	7.66	215	2.52	75
1997	7.77	361	1.72	110	1.09	35	2.07	62
1998	6.30	344	0.48	30	8.61	290	0.99	34
1999	4.04	271	0.80	62	13.27	475	3.02	130
2000	5.02	359	1.58	126	3.19	136	2.75	128
2001	4.00	272	1.26	104	1.35	64	2.39	114
2002	6.14	425	1.38	115	3.43	181	2.99	137
2003	5.80	350	1.69	135	2.91	143	3.30	119
2004	8.39	454	1.78	109	0.62	24	4.17	112
2005	7.99	443	0.31	19	0.51	19	3.08	109
2006	8.16	448	2.77	178	1.33	44	3.00	113
2007	11.81	462	1.52	70	4.68	141	4.79	141
2008	19.75	450	0.94	29	1.24	29	6.98	117
2009	13.16	466	0.78	34	1.08	25	6.21	131
2010	14.24	481	3.69	153	3.61	69	8.40	174
2011	21.94	560	10.29	321	15.13	275	12.46	209
2012	22.54	625	5.02	169	9.46	181	12.11	192
2013	24.40	674	9.19	319	2.46	47	11.02	179
2014	23.87	743	8.10	325	3.88	84.4	11.77	197
2015	20.83	741	7.00	327	3.52	86.2	10.34	226

资料来源：UN Comontrade

化肥进口量总体增加。进口量从 1996 年以前的不足 100 万吨快速增加至 2014 年的 665 万吨，进口额达到 18.2 亿美元，主要从加拿大和中国进口；农机进口额大幅增加，进口额从 2000 年的 1.78 亿美元增至 2014 年的 12.3 亿美元。

3. 主要出口农产品

主要出口农产品为棕榈油、生胶、水产品等。棕榈油出口量从 2000 年的 411 万吨增至 2015 年的 2647 万吨，主要出口印度、中国、荷兰、巴基斯坦等。生胶出口量呈增长趋势，居第 2 位，出口量从 2000 年的 138 万吨增至 2015 年的 251 万吨，出口额从 9 亿美元增至 35 亿美元，主要出口美国、中国、日本和韩国。咖啡出口量总体增加，从 2002 年的 32 万吨增至 2015 年的 50 万吨，主要出口美国、德国、日本等。水果出口量稳步增加，从 2002 年的 9 万吨增至 2015 年的 35 万吨，主要出口巴基斯坦、孟加拉国、印度和马来西亚，出口额从 0.5 亿美元增至 3.7 亿美元。虾出口量从 2000 年的 11.4 万吨增至 2015 年的 14.5 万吨，主要出口到美国和日本。螃蟹出口量从 2002 年的 2.2 万吨增至 2015 年的 11 万吨，主要出口中国（表 8）。

表 8　2000—2015 年印尼主要农林产品出口量和出口额　　（单位：亿美元，万吨）

年份	生胶 出口额	生胶 出口量	棕榈油 出口额	棕榈油 出口量	胶合板 出口量	虾 出口量	螃蟹 出口量
2000	9	138	11	411	376	11.4	
2001	8	145	11	490	390	12.7	
2002	10	144	21	633	358	12.2	2.2
2003	14	158	25	639	331	13.4	3.1
2004	19	168	34	866	260	12.8	3.5
2005	21	167	38	1038	221	13.3	4.1
2006	37	195	48	1210	198	14.6	4.7
2007	42	210	79	1188	175	13.5	5.6
2008	56	212	124	1429	166	14.1	4.9
2009	31	187	104	1683	143	11.7	5.1
2010	69	223	135	1629	183	11.4	5.8
2011	112	244	173	1644	189	12.0	7.8
2012	75	234	176	1885	195	12.3	9.1
2013	66	259	158	2058	208	12.7	10.0
2014	45	252	175	2289	234	14.9	9.2
2015	35	251	154	2647	247	14.5	11

资料来源：印尼统计局

4. 中国与其贸易情况

印尼和中国农产品贸易额持续增加（表9）。2008年农产品进出口总额为35.16亿美元。其中，农产品出口额为26.75亿美元，进口额为8.41亿美元。2012年两国农产品贸易额创历史新高，达到65.83亿美元，其中出口额为47.00亿美元，进口额为18.83亿美元，之后有所回落，但基本稳定在60亿美元。2016年农产品进出口贸易额为60.01亿美元，其中出口额为39.40亿美元，进口额为20.61亿美元。

印尼主要出口产品包括植物油、水产品等。植物油出口额从2008年的20.76亿美元增至2012年的35.45亿美元，之后开始回落，2016年出口额为23.61亿美元。水产品出口额持续攀升，从2008年的9512万美元增至2016年的4.41亿美元。

主要进口产品包括蔬菜、水果和糖料。蔬菜进口额从2008年的1.97亿美元提高至2016年的7.61亿美元；水果进口额从2008年的1.99亿美元增至2014年的3.73亿美元，之后有所下滑，2016年为2.63亿美元；糖料进口额从2008年的2089万美元增至2016年的1.88亿美元；水产品进口额从2008年的3829万美元增至2012年的1.92亿美元，之后回落并保持相对稳定，2016年为1.30亿美元。

表9 2008—2016年印尼—中国农产品贸易额　　　　　　（单位：亿美元）

年　份	出　口	进　口	合　计
2008	26.75	8.41	35.16
2009	22.81	10.51	33.32
2010	29.48	17.79	47.27
2011	41.62	21.53	63.15
2012	47.00	18.83	65.83
2013	35.46	17.46	52.92
2014	40.56	19.80	60.36
2015	41.85	18.39	60.24
2016	39.40	20.61	60.01

资料来源：中国海关

（四）农业科技发展

1. 农业科研机构

印尼的农业科研体系是政府主导型，由政府、大学和私人机构组成。研发投入不断提高。1974年成立的农业研究和发展局是印尼最主要的农业研发机构（Indonesian Agency for Agricultural Research and Development，IAARD），根据印尼农业部公布的政策开展农业研究开发工作以及管理农业部内从事农业研究开发的所有机构或单位，现在共有 11 个研发中心、5 个研究所、3 个研究站、31 个评估机构。研究内容主要包括粮食作物、园艺、庄园作物、动物、土地资源、农业社会经济和政策、农业机械、农业技术推广、农业生物技术和遗传资源、收获后技术以及农业技术评估。农业科研工作也有少量是由其他机构进行的，如印尼海洋和渔业研究局、一些大专院校和私营种子公司，但其他公共与私营部门进行的研究活动都是在农业研究和发展局的协助下进行的。

2. 农业科技发展状况

目前印尼粮食作物研究主要集中在水稻、玉米、大豆、花生、木薯、甘薯和绿豆。水稻研究又分为灌溉水稻、杂交水稻、沼泽水稻、旱稻研究等。以灌溉水稻为例，目前主栽品种为 Inpari 7 Lanrang、Inpari 8、Inpari HDB 和 Aek Sibundong 等，单产可以达到 8.7 吨/公顷以上。主要杂交稻品种是由 IAARD 自主研发的 Hipa Java 系列和 Hipa 系列，单产达到 9.7 吨/公顷以上；主要沼泽水稻品种是由印度尼西亚水稻研究中心培育的 Inpara 系列品种，单产达到 7.2 吨/公顷以上。主要的玉米品种为 Bima 系列，单产可以达到 10 吨/公顷以上。大豆品种是由印度尼西亚豆类和块茎作物研究所培育的，包括 Detam 系列品种。在园艺作物方面，主要研究品种为水果、蔬菜和观赏园艺，研究机构包括印度尼西亚柑橘和亚热带水果研究所以及印度尼西亚蔬菜研究所等，培育有 Prabu Bestari 和 Jestro AG 86、Jestro AG 60、Prabu Bestari 等普通品种。蔬菜作物的培育侧重马铃薯、辣椒、番茄和葱。

畜牧业育种由印度尼西亚动物研发研究中心、印度尼西亚山羊研究站和印度尼西亚动物生产研究所等机构负责，侧重适应热带和潮湿环境的牲畜品种培育。

（五）农业管理体系与政策

1. 农业管理体系

印尼农业部负责管理农业及相应政策，推动农业的商业化生产，创造就业机会，保障食品安全、健康。鉴于粮食的重要性，印尼成立国家食品采购机构（BULOG），负责管理粮食价格和储备。总署直接向内阁汇报工作，后来又建立省级和县级机构，后者成为与农民、商人、乡村合作社等联系的主要部门，从而组成完整的管理网络。农业部下属的农产品检疫机构则负责动物、鱼类和植物的检疫。印尼海洋事务与渔业部负责渔业资源的利用和管理。

中央设有林业部，全国 27 个省设有地方政府林务局，林务局下设地区林业局，实行三级管理。林业部内部设有办公厅、监察总局、林业科研与开发总局、森林调查和林地利用总局、森林与自然保护总局、森林更新与林地改良总局、林产品开发总局、林业调查发展研究中心。林业部主要负责全国林业发展的总体规划，制定林业发展战略，组织实施森林培育和森林开发，制定并负责征收森林采伐税，负责全国的森林资源保护等。除政府机构外，印度尼西亚还有很多与林业有关的民间团体，这些民间团体也参与国家林业政策的制订和执行。其中较有影响的民间团体有以下9个：印度尼西亚人造板生产者协会（APKINDO）、印度尼西亚森林采伐者协会（APHI）、印度尼西亚锯材生产者协会（ISA）、印度尼西亚家具和手工艺品生产者协会（ASMINDO）、印度尼西亚野生动物保护协会（IFFTA）、印度尼西亚木材化学防腐协会（APKIN）、印度尼西亚纸浆生产者协会（APKI）、印度尼西亚林业顾问团（HIKKINDO）、印度尼西亚福尔马林和热固性胶质工业协会。

2. 农业支持政策

印尼农业首要优先重点是实现稻米（2017年年底）、玉米（2017年年底）、大豆（2017年年底）、食糖（2019年年底）和牛肉（2017年年底）自给自足。为实现这一目标，政府向农民提供了较大数量的市场价格支持（大米价格行动（OSHB）等）、化肥补贴并设置了进口限制措施，实施"济贫大米（RASKIN）"计划、信贷政策以及燃料补贴（已取消）、灌溉设施改造（燃料补贴取消后加大了支持力度）等方式，取得了一定效果，但同时也导致国内大米等产品出现国内外价格倒挂。此外，像蔬菜（辣椒、葱、马铃薯）和可可等也都是印尼政府政策支持对象。

（1）最低收购价政策

大米和稻谷基本价格政策于1970年实施，以提高农民增产大米的积极性，之后食糖（甘蔗加工商和贸易商）以及最近的大豆（因2013年缺少预算，并未实施）纳入最低收购价政策，政策实施机构是BULOG。其中，大米最低收购价是最主要的支持政策，2014年占整个农业支持水平的45%。尽管政策对推动农业生产起到了积极的推动作用，但是也抬高了产品价格，增加了财政负担。例如，食糖最低收购价格由2013年的8100印尼盾/公斤（合775美元/吨）提高至2014年的8500印尼盾/公斤（合719美元/吨）（当地价格上涨，汇率贬值导致美元价格下滑）。由于印尼农产品贸易政策以及过分强调自给率，国内农产品价格远高于国际价格。济贫大米（RASKIN）计划也是影响大米生产和市场的重要政策，2013年和2014年应用于此计划的预算分别达到19亿美元和16亿美元。

（2）灌溉设施改良政策

佐科政府自2014年以来加大了基础设施的投资，就农业来说，在取消燃料补贴后，为增加稻谷产量，农业灌溉基础设施改良投资显著增加。印尼农业部投资3.55亿美元对灌溉沟渠进行改造，灌溉面积达150万公顷，同时改良50万公顷的粮食作物土地。2012年灌溉设施改善投资为2.35亿美元，2013年大幅增加到3.64亿美元。

（3）农资补贴

为降低投入、提高大米种植积极性，政府对化肥、种子等农业投入品实施补贴。2014年，政府对13个省的稻谷种植农户实施补贴，金额达到1.69亿美元。同时还资助手扶拖拉机（7800辆）、水泵（3000台）和水稻播种机（100台）。其中，最大的补贴来自肥料补贴，2013年达到17亿美元，占农业支持项目金额的41%。

（4）畜牧业政策

印尼政府为实现牛肉消费的自给，通过激励措施鼓励肉牛生产，2014年实施牛肉自给率计划。具体政策包括：① 贷款补贴计划，单个养殖户可从商业银行获得信贷；② 总统支持计划，为小农户和贫困农户提供指导和现金补贴；③ 政府及援助畜牧业补贴。主要为实现以下目标：发展当地养殖和肉牛育肥；发展有机肥和生物质能源；建立种养结合；提高和发展饲料产业；防止肉牛繁育波动、改善动物健康服务；降低基础母牛的屠宰；发展肉牛育种；通过利息补贴来提高肉牛供给；建立肉牛种群；肉牛流通和销售条件改善。

（5）畜产品贸易政策

为了保护国内肉牛产业，印尼贸易部颁布2013年22号令，农业部颁布2013年50号令，以管理动物及动物产品进口。政府从数量和进口许可两方面控制，以支持国内实现自给，只有获得许可证和注册的进口商才可以进口畜产品，进口必须获得农业部和贸易部的允许，许可证有效期为1年，进口许可要通过贸易部的INATRADE系统来申请和获批。2013年8月农业部和贸易部再次颁布2013年84号令和2013年86号令来管理畜产品、杂碎及加工肉类进口。新法令实施参考价格系统，如果当地零售价格低于一定水平，将不再办理进口许可证，允许整鸡进口，但不允许加工鸡肉和火鸡肉进口。新法令下，农业部取消进口配额限制，不再强制要求办理技术性兽医公共健康建议，不再要求农业部签发的进口建议，一年有4次申请进口许可机会。贸易部的法令调整如下：实施参考价格，如果肉类加工高于6.6万美元/吨，可以允许进口直到价格低于参考价格。贸易部负责制定和监管参考价格，通过进口许可（SPI）来确定进口量。取消对分割肉类的要求，注册进口资格有效期延长至2年，但印尼国有进口公司不受进口有效期限制。尽管进口政策旨在保护国内畜禽养殖户，特别是肉牛养殖户，稳定牛肉价格，提高牛肉供给，但是实际上牛肉生产依然不能满足国内需求，牛肉价格高企。

3. 农业发展规划

农业部2015—2019年战略规划是第17号法令（RPJPN）2007年国家长期发展计划（2005—2025年）的第三阶段（2015—2019年）。作为RPJMN阶段二的延续（2010—2014年），RPJMN阶段三（2015—2019年）重点强调在有竞争力的经济发展基础上发展可用资源以及合格的人力资源，并掌握科学技术为下一阶段的RPJPN奠定基础，加强统筹发展（2005—2025年）。

在RPJMN的第三阶段（2015—2019年），农业仍然是国家经济发展的重要部门。在农业发展2015—2045战略（SIPP）中，将未来5年农业部门的发展路线定位为规范式农业发展，农业部门的发展转型以及包括人口、经济、跨部门、空间、制度、治理和发展的转变。该模式下的农业部门涵盖范围广泛，不仅对国家有利益，也能全面满足人民要求。

印尼主张实现粮食主权优先议程。粮食主权包括：① 国内生产的粮食能自给自足；② 自主调节粮食政策；③ 保障和改善农民和农业食品企业人员的生活。换句话说，粮食主权应该逐渐自给自足，其次是农业企业普遍增值以提高农民的福利。

未来农业发展目标需要进行调整，使增加农民收入和福利有关的农业发展的覆盖范围更广，规模更大。通过过去5年的农业发展，2015—2019年农业战略目标是：① 实现水稻，玉米和大豆的自给自足以及糖和肉类的产量增加；② 提高粮食设备的性能多样化；③ 增加商品的附加值以增强出口市场和进口替代的竞争力；④ 加强原料生物产业和生物能源的供应；⑤ 增加农民的家庭收入；⑥ 加强政府官员问责制的实施。

根据战略目标，农业部制定并实施的加强农业发展对粮食主权（P3KP）的七大策略包括：① 加强土地的可用性，增加土地使用面积；② 加强农业基础设施投入；③ 开发物流体系，加强种子/苗贸易；④ 改善农民机构；⑤ 发展和加强农业融资；⑥ 发展和加强生物产业和生物能源；⑦ 建立农产品市场销售网络。

政府将摒弃以往错误的公共政策，采取全新方式发展经济，将特别重视以海洋为基础的基础设施建设，致力于实现大米自给自足，在3年内不再需要进口大米等粮食产品。争取至2019年印尼宏观经济指标得到显著改善，经济增速由2014年的5%提高至6.7%~8.3%，通胀率由7.6%降低至2.5%~4.5%，预算赤字由2.4%降至1%。提高粮食等大宗商品作物产量，计划至2019年，大米、玉米、大豆、蔗糖、牛肉、鱼类的产量分别达到8200万吨、2340万吨、102万吨、340万吨、46万吨和4000万~5000万吨，较目前产量分别增长17%、25%、14%、21%、16%和60%。

三、农业投资环境

（一）国家商业环境

根据《2018年营商环境报告》，印尼营商环境世界排名第72位，尽管仍处于中等水平，营商环境已取得改善。印尼政府将改善商业和投资环境作为经济中长期改革的重要举措，提振了国内外投资者在印尼创办企业的信心，特别对私营部门投资具有更大的提升作用。政府通过经济改革在应对外部经济风险、改善商业环境、刺激私营部门投资、保持价格水平稳定中取得了明显成效，但是大量的基建投资也导致政府负债率提升，负债率虽然较 2008 年以前有所下降，但 2012 年以来持续攀升，2016 年为 27.9%，较 2012 年增加 4.9 个百分点。此外，公共支出的结构和质量明显提高，特别是资金将继续从能源领域逐步流向基建、卫生、社会救助等。有助提高发展质量的领域，政府效率显著改善。印尼政治稳定，商业和投资环境的改善有助于刺激印尼经济加快增长。

（二）农业优势与潜力

印尼自然条件优越，农业发展潜力较大，政府基于保障粮食安全、提高主要消费食品自给率及推动农业经济发展考虑，重视吸引农业外资。农业是印尼支柱性产业，在国民经济中占有十分重要的地位。印尼地跨赤道，属于典型的热带雨林气候，常年高温多雨，适合多种农业作物的生长，这种自然环境为印尼种植业、畜牧业的发展创造了优越条件，稻谷、玉米、棕榈、橡胶等都是种植业重要的组成部分，也是全球主要的棕榈和橡胶、可可、咖啡等经济作物出口国，同时农业生产力水平提升空间大，未来食品消费升级为种业、农业技术服务、农产品加工带来巨大的空间；经济的平稳增长、人均收入的增加带动畜产品消费，以肉牛为主的家畜和家禽数量都呈现出增长态势，国内牛肉供不应求，肉牛和牛肉大量进口，肉牛屠宰加工技术和设施亟须升级，饲料及种畜禽和畜产品加工未来发展空间大。印尼拥有世界第二长的海岸线，其海洋面积为 316.6 万平方千米（不包括专属经济区），海洋渔业和淡水鱼资源丰富，以水产养殖为主的渔业资源和水产饲料产业具有较大的开发潜力。此外，2015 年，由于油价回落、燃油补贴的削减将促进政府对于财政的改进和增加港口、公路、电力、灌溉等基础设施领域的开支，有助于农业投资条件的改善。

（三）风险分析

1. 制度风险

总体来讲，印尼在 2014 年成功完成大选后，国家风险有所改善。印尼仍在以下几方面存在政治风险：政治不稳定。此外法律监管还存在很多需要完善的地方；财政政策、投资政策、贸易政策均存在不完善、稳定性和连续性的问题，例如大量的补贴造成政府财政负担过重，并没有真正有效改善国内粮食安全问题，玉米进口政策的变化导致国内玉米价格高涨，饲料成本上涨。投资政策存在变数，2014 年 10 月印尼和中国签署渔业协议，允许中国公司以合资方式在印尼海域捕鱼，但 2016 年 8 月颁布新法令严禁外资进入渔业捕捞行业。

2. 经济风险

经济风险主要源于以下几个方面：一是出口结构中大宗农产品和矿产等所占比重仍然较大，容易受到国际市场价格波动影响，外部风险仍将通过贸易和投资渠道传导到印尼经济；二是垄断经济低效仍然普遍存在，例如玉米仅限于 BULOG 进口，不允许饲料厂单独进口，不但滋生腐败，而且抬高了饲料加工企业的成本；三是政府财政收支的结构性矛盾依然突出，负债率依然较高；四是印尼盾汇率波动较大，2016 年印尼盾对美元汇率最高 13871：1，最低 13021：1，是亚洲风险最大的货币之一；五是区域经济发展不平衡，印尼作为全球最大的穆斯林国家，文化和种族的多样性，同时经济发展程度差距较大，爪哇岛集中了主要的消费人口和农业资源，而其他地区农业经济和资源发展处于相对落后阶段；六是农业经济结构，对稻谷和玉米等种植业作物的补贴扭曲了市场，导致农业产业结构不合理，稻谷等农作物种植面积增长，而其他作物面积和产量水平增速减缓；七是农业生产力不高。农作物品种落后，农业机械化水平低，农业劳动力水平低等因素导致农业生产力增速缓慢。

3. 基础设施风险

基础设施的滞后也会阻滞项目的有效推进和投资效率的提高。尽管政府和私人开始加大基础设施投资，基础设施的改善还需要相当长的时间，基础设施落后短期内依然影响经济增长和企业发展及国外投资。例如，印尼 90% 的旅客运输和 50% 的货物运输都需要依赖公路交通，但其硬化比重仅 46%。公路交通设施较好的地区为爪哇岛、苏门答腊岛和巴厘岛这些人口密集和发达的地区。铁路系统较发达的地区则是加里曼丹岛。此外，饮水、能源等基础设施也比较落后。薄弱的基础设施和较高的物流成本一直存在，对农业投资来说是难以克服的限制因素。

4. 自然风险

印尼是火山多、台风多和地震多的国家，而农业受自然因素影响较大。台风暴雨导致降雨多，容易引发洪涝和泥石流，破坏农业生产资料和基础设施，影响农业生产稳定性。火山喷发风险：1960 年代以来共发生 6 次大的火山喷发，几乎每 10 年发生一次，大部分发生在主要的农业生产区域—爪哇岛。地震风险：2014 年以来发生 11 次震级较大的地震，2004 年苏门答腊地震导致超过 28 万人丧生，地震主要发生在爪哇岛和苏门答腊岛，而这些地区是主要农业生产和消费区域。

（四）总体评价

总体来看，印度尼西亚是东南亚大国，政治局势稳定，不存在来自外部的安全威胁。新政府执政以来，推动一系列政治经济改革，尤其是 2015 年以来持续推行了 12 项刺激经济发展的一揽子政策，包括税收激励、解除管制、扩大投资机会、提高农村投入、改善低收入人群居住环境等，通胀下降，民生有所改善，经济平稳增长。土地和气候等资源优越，劳动力资源丰富，收入提高为农产品特别是食品消费市场带来广阔的空间。政府重视粮食安全问题，通过优惠政策大力吸引外资，为了农业科技合作和产业合作带来机遇。尽管营商环境仍需要改善，但印尼仍然是东南亚最具农业投资潜力的国家之一。

四、中印尼农业合作现状与合作重点

（一）合作现状

1. 合作机制

合作机制的不断完善为中国和印尼开展农业合作提供了稳定的基础。1990 年中国与印尼复交，交流合作领域逐渐拓深，机制不断完善。在两国政府的共同推动下，签署了一系列具体合作协议，包括《中华人民共和国政府和印度尼西亚共和国政府关于恢复两国外交关系的公报》（1990 年 7 月）、《中华人民共和国和印度尼西亚共和国关于未来双边合作方向的联合声明》（2000 年 5 月）、《中华人民共和国与印度尼西亚共和国关于建立战略伙伴关系的联合宣言》（2005 年 4 月）、《中华人民共和国与印度尼西亚共和国联合声明》（2005 年 7 月）、《中华人民共和国政府和印度尼西亚共和国政府关于落实战略伙伴关系联合宣言的行动计划》（2010 年 1 月）、《中华人民共和国和印度尼西亚共和国联合声明》（2012 年 3 月）、《中华人民共和国和印度尼西亚共和国全面战略伙伴关系未来规划》（2013 年 10 月）、《中华人民共和国和印度尼西亚共和国关于加强全面战略伙伴关系的联合声明》（2015 年 3 月）、《中华人民共和国与印尼尼西亚共和国联合新闻公报》（2015 年 4 月）。在经贸方面，如《投资保护协定》《海运协定》《避免双重征税协定》《农业合作谅解备忘录》《两国中央银行合作备忘录》等，都推动了中国与印尼农业合作的顺利进行。中国与印尼签署的《农业合作谅解备忘录》明确提出了今后开展农业合作的领域，包括粮食作物生产、多年生作物培育、农业机械、园林艺术、生物技术、农业企业管理、农业研究与开发、种子业、畜牧业及相关产业。渔业合作的谅解备忘录提出在以下领域开展合作：渔业领域进行开发活动、联合培训项目、联合考察活动以及水产加工品销售等。2010 年 1 月 1 日，中国—东盟自贸区正式全面启动，2016 年进入巩固完善阶段，将会有效促进中国和印尼的贸易与投资合作。2015 年，由中国贸促会和印度尼西亚工商会共同主办的中国—印度尼西亚经济合作论坛为两国经贸合作提供了有效的对话和交流平台。

2. 科技合作

在农业科技交流方面，主要以培训班、农业技术试验示范方式、农业教育合作等形式进行。一是农业技术培训。中国农业部（2018年3月改为农业农村部，全书同）为东盟国家举办了多个技术培训班，内容涉及动物营养与饲料加工、动物疫病监测控制、马铃薯丰产栽培、农村能源与生态、农业信息化、食用菌生产和种子管理等领域。二是农业科技交流。2011年12月，中国—印度尼西亚科技周在雅加达成功举办，来自中国的120多家企业、科研单位、大学的243项科技成果和产品，以及来自印尼20多家单位的科技成果和展品进行了集中展示，重点展出了双方在农业、传统医药和新能源等领域的先进适用技术及产品。三是农业技术和产品试验和示范。从2001年起，湖南省农业科学院和袁隆平农业高科技股份有限公司（隆平高科）共同在印尼发展杂交水稻，进行杂交水稻的试验、示范和推广，最终使杂交水稻种子进入了印尼市场。四是人才培养。2016年，中国政府奖学金为印尼提供187个名额，为印尼培训包括农业在内的农业科研人才。经过多年试验，中国与印尼的农业科技合作方式和模式已经日趋成熟，但是依然存在科技合作项目缺乏统筹、科技与投资结合不紧密等问题，合作资源存在重复浪费及利用机制不完善等问题，未来在农业科技合作项目顶层设计、统筹及科技合作和经贸合作结合等方面仍然存在改进空间。

3. 贸易合作

中国与印尼在农产品市场、农业资源和产业方面存在较强互补性，贸易合作机制不断完善，为农产品贸易带来巨大合作潜力。近年来，两国通过战略规划的对接为企业提供良好的农产品贸易发展环境和发展机遇。2008年，中印签署双边货币互换协议，推动了两国的双边贸易；中国东盟自由贸易区于2010年1月正式建立，印尼作为成员国之一，与中国和10个东盟国家之间将逐渐实现零关税，消除投资壁垒，自贸协定的实施带动了印尼包括农业等在内的相关行业的贸易和投资。中印尼高层频繁互动助推经贸关系不断深化，其中包括中国—印尼高层经济对话，建立了两国政府间副总理级的经济合作机制，在第三次会议中，印尼对接中方"21世纪海上丝绸之路"倡议和印尼"全球海洋支点"战略，有力推动了双边贸易投资和重大项目合作，贸易工作组有力地推动了双边贸易平衡健康发展，包括依托部际投促合作机制联合推介，加快本币互换续签协议的磋商，并且探讨了建立电商合作交流机制。

4. 投资合作

印尼是中国海外农业投资主要目的地，投资规模持续扩大。2015年，中国对印尼农业投资流量为5.74亿美元，同比增长38.6%；2016年，投资流量剧减70%，为1.7亿美元。截至2016年底，中国对印尼农业投资存量为12.2亿美元，占对亚洲农业投资存量的

13.9%，投资领域偏向于渔业、种植业（木薯、水稻、橡胶和棕榈）。例如，春申股份有限公司在印尼中爪哇省三宝垄市建立三宝垄精深加工产业化生态园区，主要从事淡水混合鱼类、对虾生态养殖。种植业主要投资农产品为橡胶、木薯和棕榈等印尼重要的农产品。袁隆平印尼种子公司投资杂交水稻，天津聚龙集团投资棕榈油等。聚龙集团建立中国—印尼聚龙农业合作示范区，将新鲜采摘棕榈果直接供应给园区压榨厂企业，生产出毛油通过物流企业运输到印尼当地企业和包装油企业，小包装油主要销往印尼当地和非洲等国家，已经形成了完善的集油棕种植、加工、运输、仓储等为上下游的产业链体系。此外，新希望等民营饲料龙头企业也进入印尼市场，主要从事禽料和水产饲料生产和服务，主要投资方式为绿地投资。经过多年农业走出去实践，中国企业对印尼的农业投资已经从初级农产品生产向"农业科技＋农业价值投资"转变，行业龙头企业在合作中发挥越来越重要的作用，投资模式也由单个企业向产业链合作、产业群方向发展，科技示范与农业投资结合更加紧密。

（二）合作潜力

1. 合作基础

双方政治关系良好。中国是印尼主要投资来源国和贸易伙伴，两国政府都积极推动两国经贸合作，《中华人民共和国和印度尼西亚共和国关于未来双边合作方向的联合声明》等发展两国关系的纲领性文件、与包括印尼在内的东盟国家签署的《农业合作谅解备忘录》等一系列具体合作协议及中国—东盟自贸区的建成，为推动中国与印尼农业合作的顺利进行提供了良好的政治环境和合作机制。

中国—印尼两国农业互补性强。两国不同的自然条件与农业发展历史决定了两国农业的差异性与互补性。从农业资源类型来看，印尼属于典型的热带海洋性气候，盛产热带作物。中国跨越热带、亚热带、暖温带、温带、寒温带和寒带等，这种资源的差异性有利于两国推动农业资源开发，扩大双边贸易。在农业技术方面，中国在杂交稻、杂交玉米、农产加工、农资和农机技术等方面已经建立成熟的研发和推广体系，一些领域已经达到世界先进水平，正符合印尼保障国内粮食安全、提升农业生产力的合作需求。同时，中国有丰富的农业发展经验和充足的资金，能够弥补印尼在农业投资上的不足。

经贸和科技合作取得的成功经验和模式为进一步拓深中国与印尼农业合作奠定了基础。中国和印尼已经在包括农业在内的多领域开展了广泛的合作。中国经济快速增长、消费需求的增加为印尼农产品出口带来广阔市场，成为橡胶和棕榈油主要的出口市场，中国农机设备也开始进入东南亚，尤其是印尼市场。中国经济的增长和农业生产技术水平的提高也带动中国企业走出去在印尼开展包括种植业、畜牧业、农产品加工业、农业服务在内的投资，走出去企业投资规模不断扩大，由生产环节向上下游拓展开展全产业链投资。同时，通过技术援助、培训、试验示范等方式在内的由政府、科研单位为主导的农业科技合作模式向政研企合作、企业主导模式转变，不但有助于提升印尼的农业科技水平、展示中国农业科研实力，也推动了两国农业经贸领域的可持续合作。

2. 合作前景

中国—印尼两国良好的政治关系、极强的农业互补性、坚实的农业合作基础、相似的社会文化、印尼巨大的农业发展空间以及印尼政府在优化国内投资环境的持续努力，为两国间的农业合作提供无限机遇，中国—印尼两国在农业合作领域存在着广阔的发展前景。一是在种植业领域，包括种业在内的农业生产上下游环节具有极大进一步拓展的潜力，印尼是东南亚最大的稻谷和玉米生产国，政府已经将提升自给率、降低玉米进口作为优先支持领域，而杂交水稻和杂交玉米已经在印尼开始成功推广，印尼政府对粮食产业优化提升的内在需求、食品和饲料加工消费外在需求都为种业、农机服务及下游加工行业带来机遇。二是棕榈和橡胶等战略性农产品。棕榈和橡胶生产具有显著的地域性特点，印尼种植业正面临基础生产设施升级、规模提升和生产率提高等问题，改良印尼此类庄园作物品种，提高其精深加工能力，不但有利于增加印尼就业、促进经济发展，还有利于提升产业竞争力，同时还可以解决中国对此类战略性农产品的需求，实现双赢。三是水产品。印尼是东南亚渔业大国，但并非强国，而中国在水产品养殖和加工方面积累了丰富的经验，具有成熟的养殖技术和加工技术，两国进一步拓展水产饲料生产、水产技术示范推广及水产品冷链物流加工方面的合作空间巨大。

（三）合作重点

1. 重点领域

（1）进一步优化高附加值农业合作领域，拓展合作空间

在农业投资结构和领域未来仍有巨大的发展空间。随着印尼农业生产发展、生活水平提高，农业上下游环节投资需求和合作空间巨大，中国走出去企业需要转变农业投资结构，由单纯的农业资源开发向种业、农业服务和食品加工行业拓展，以产业园、企业联合体等形式，引入国际合作资金，建立多主体的农业投资模式，围绕粮食、油料作物、畜禽产品开展农业全产业链投资；印尼对中国出口以天然橡胶、棕榈油、木材、水产品为主，进口农用物资，如农机、化肥、农药、稻种、果苗等。在鼓励、稳固印尼作为中国化肥和农机等农产品出口的传统市场之一的同时，还应结合印尼特点，开发更多符合当地需求的技术和产品，提高两国服务贸易，将农产品贸易向精深加工产品、高新技术服务出口等方面拓展，大宗产品

为主，特色产品补充，产品、技术和服务结合，实现贸易和农业投资的协同发展。

（2）统筹农业技术合作项目，提升企业对外投资科技支撑

一是需要加大农业教育合作力度，统筹中国和印尼农业援助和农业技术合作项目。加强顶层设计，避免资源浪费和重复建设，加大农业教育资源投入和合作力度，为印尼农业管理和研发培养骨干人才，为未来合作提供便利化；其次创设政研企有效的可持续合作模式。中国许多农业生产技术，如杂交水稻等农作物栽培、食用菌栽培、畜牧和淡水养殖、海洋捕捞、动物健康防治、农村能源技术、农产品食品加工和饲料加工技术等在印尼有广阔的推广和应用空间，此类技术合作能够与商业合作有效结合，选择适合印尼的实用技术，以当地具有实力的龙头企业为合作主体之一，鼓励中国农业生产企业合作研发和推广具有比较优势的技术和产品，以降低企业的运营和推广成本，同时保障未来农业技术合作的可持续性。二是基础性研究与应用性研究合作相结合。印尼具有丰富的物种资源，通过种质资源联合调研、合作育种等方式，培育适合当地的新品种，不但有利于提高印尼研发能力和农业生产力水平，还有助于为中国农业投资提供科技支撑。

（3）援助与农用基础设施建设投资结合

印尼的农业基础设施投资需求高。现有水利等设施远不能满足生产的需求，并且设施资源分布不平衡，因此改善灌溉系统等农业基础设施对推动印尼的粮食生产有着非常重大的意义。印尼农村人口占40%以上，中国在农用基础设施和新农村建设方面有丰富的经验，可以发挥技术和资金上的优势，基础设施援建与农业基础设施投资相结合，与印尼开展合作，不但有利于援助精准性和可持续性，还有利于拓展两国合作空间，实现技术、产品和服务出口，为两国经贸合作创造良好的氛围和环境。

2. 重点产业

（1）作物开发和利用

以水稻、玉米和木薯为重点产品，从全产业链的角度，以境外战略性农业粮食资源综合开发利用和中国农业具有比较优势的领域为重点，围绕稻谷、玉米、木薯等主要粮食作物，采取产品、技术、设备和人力资本输出等多种方式，基于种植和示范基地建设，侧重粮食加工、种子繁育和投入品贸易以及物流中心建设，建立从稻谷深加工、种质研发生产基地，到化肥生产、农药生产、农机生产和贸易、物流配送中心的粮食作物全产业链投资合作。合作区域布局于爪哇岛，该地区是粮食作物主产区，同时交通基础设施完备，人口众多，具有极大的消费潜力。生产的产品既可以满足当地市场需求，也可以销往国际市场。

以棕榈、橡胶为重点产品，积极发展"种植+加工"一体化项目，加强油棕榈种植与开发的技术合作。充分发挥中国人才、资金、市场等方面的优势，以中国乃至世界棕榈油市

场需求为导向，以种植、加工一体化项目为重点，与合作国积极推行油棕榈全产业链开发，既为合作国发展壮大油棕榈产业，促进经济发展做出贡献，又能满足中国油棕榈市场需求，确保粮油安全做出贡献，并且通过油棕榈资源合作开发探索中国与印尼合作的新模式。合作区域布局于加里曼丹岛，该地区是最大的棕榈种植地区，基础设施较完善，便于原料的运输以及加工产品的销售。

（2）渔业资源开发

开展水产养殖技术研发和水产养殖产业合作，兼顾远洋捕捞产业合作；合作渔业加工技术合作交流和产业合作，开发深加工渔产品，提高产业附加值，构筑从种苗到饲料、养殖、加工及销售纵向一体化的水产品产业链。合作布局印尼爪哇岛中爪哇。该地区自然形成淡海水混合水系，形成天然的补给水、排水系统，地下水充足，属热带雨林气候，终年水量充沛，气温均匀，无大风大浪，三面临海，水质肥沃，天然饵料丰富，交通便利，是对虾、鱼类生长养殖的最佳场所。

（3）畜牧业资源开发

以牛肉和禽肉为重点产品建立种畜禽—饲料—合同养殖—屠宰加工全产业链。由于收入增长和城市化水平显著提高，印尼对肉类（牛肉和禽肉）、乳制品等畜产品需求增加。其畜牧饲料的原料只有玉米是当地种植的，其他原料包括大豆、菜籽粕、肉骨粉、玉米蛋白粉和饲料添加剂都依靠进口。因此，围绕畜禽良种和服务、饲料和畜产品屠宰加工，建立畜产品全产业链。合作布局印尼爪哇岛东爪哇和中爪哇。该地区是最大玉米产区，也是肉牛和家禽主产区，具有丰富的饲料资源和养殖基础。

五、中印尼农业合作建议

（一）建立并强化政府间农业合作协调机制和企业服务机制

建立并强化政府间农业合作对话磋商机制，积极就双边关心的重大问题展开交流对话，为两国全面开展农业经济合作营造良好政治氛围，创造更多的机遇，促进形成有利于农业合作开发的政策环境；建立中印尼农业合作信息咨询网络，发挥政府引导作用，为参与合作的两国政府和机构提供自然资源、社会经济、政策环境、基础设施、人力资源、财政金融、合作风险分析等信息，增进相互了解，减少合作风险，提高合作的稳定性和可持续性。设立包括中国—印尼合作在内的农业合作专项扶持资金，综合运用规划、投资、产业、财税和金融等政策措施，建立一个良性、面向市场、有利于作物资源合作开发的投融资政策支持体系和环境，形成有效的激励机制。

（二）依托重点合作项目建立全产业链投资机制

在重点合作领域，依托重点合作项目，推进双方农业合作。一是粮食作物综合开发项目，从全产业链的角度，围绕稻谷、玉米、小麦、木薯等主要粮食作物和战略性作物，采取产品、技术、设备和人力资本输出等多种方式，基于种植和示范基地、种子繁育和投入品贸易以及物流中心，建立囊括种质资源开发、物流配送、加工与销售等关键环节的全产业链投资合作机制。二是油料作物综合开发项目，以中国乃至世界棕榈油市场需求为导向，选择优势区域，以种植、加工一体化项目为重点，以种植园建设为基础，积极推行油棕种植到加工全产业链开发规划。三是林业综合开发利用项目，强化双方在植树造林和森林资源保护方面的合作，在保障印尼林业资源可持续发展基础上，选择优势区域，建设面向印尼国内市场的林产品加工基地，结合中国先进的技术设备、较高的管理水平，从事林产品深加工。

（三）建立混合所有制合作模式

对印尼农业合作的合作框架与合作方式上，要更多地利用多边平台，建立混合所有制的农业"走出去"新模式。在双边合作基础上，借鉴国际通行模式，充分发挥东盟、三方合作、南南合作等渠道，改变原有的单向投资模式，实现与国际接轨，充分利用国际先进的技术、经验和人才、资金，引入成熟的投资合作模式，有利于投资合作的可持续性，同时能够降低投资风险。相应地，政府需要为企业搭建合作框架和合作平台，引入具有实力的第三方机构、企业和国际金融机构，建立多层次、多主体的合作模式。

参考文献

郭又新.2005.战后印度尼西亚橡胶种植业发展问题探析［J］.东南亚研究，（10）：20-24.

韩　杨，曾省存，刘　利.2014.印度尼西亚渔业发展趋势及与中国渔业合作空间［J］.世界农业，（5）：39-46.

韩　杨，张玉强，刘　维，等.2016.中国南海周边国家和地区海洋捕捞渔业发展趋势与政策——基于中国与印度尼西亚、菲律宾、越南、马来西亚、文莱、中国台湾地区的比较［J］.世界农业，（1）：102-107.

李鸿阶.2011.印尼经济转型及其与中国经贸合作前景［J］.亚太经济，（5）：8-14.

林　梅，张　洁.2005.中国与印尼之间的农产品贸易及农业经济合作［J］.南洋问题研究，（4）:31-35.

林　梅，彭晓钊.2017.特朗普当选后印尼经贸政策的调整［J］.亚太经济，（2）：87-84.

卢泽回.2014.经济转型背景下印尼农业结构演变研究［J］.生产力研究，（4）：136-141.

吴崇伯. 2009. 印尼农业发展成就、政府扶助农业的主要政策措施及存在的问题[J]. 南洋问题研究，（1）：1-11.

张　洁. 2006. 对中国与印尼农业合作问题的几点思考[J]. 世界农业，（1）：48-52.

张中元. 2017. 中国与印尼的农业产能合作研究[J]. 国际经济合作，（4）：86-92.

朱增勇，曲春红. 2015. 印度尼西亚种植业及其与中国合作研究[J]. 世界农业，（10）：64-70.

泰 国

泰国是东盟成员国之一，也是"一带一路"的重要节点。自1975年中泰正式建交以来，两国关系快速发展，2012年建立全面战略合作伙伴关系。随着两国关系的深入发展，两国的经济联系也日趋紧密，中国已经成为泰国最大的贸易伙伴，泰国也成为中国在东盟国家中的第四大贸易伙伴。农业作为泰国经济的支柱产业之一，对国民经济的贡献较大。农产品出口是泰国外汇收入的重要来源，2016年农产品出口额约为300.75亿美元。中泰两国农产品贸易往来密切，双边贸易额已经突破78亿美元，中国不仅是泰国最大的农产品出口目的地，也是最大的农产品进口来源国。

一、国家基本概况

泰国全称泰王国，旧称暹罗，位于亚洲中南半岛中部，南临太平洋泰国湾，与马来西亚毗邻，西部与西北部与缅甸接壤，东部与老挝相邻，东南与柬埔寨交界。从第一个独立统一的王朝建立开始，泰国已有700多年的历史和文化。制造业、农业和旅游业是国民经济的支柱产业。农业比重较大，农产品种类丰富，产量充足，是世界主要农产品出口国之一。

（一）地形地貌

泰国国土面积在东南亚国家中仅次于印度尼西亚和缅甸，位列第三。地势北高南低，由西北向西南倾斜，一半以上为平原和低地。从地形上可以划分为四个自然区域：北部山区丛林、中部平原的广阔稻田、东北部高原的半干旱农田，以及南部半岛的热带岛屿和较长的海岸线。东北部的呵叻高原，夏季干旱，雨季泥泞，不宜耕作。中部的昭披那河（即湄南河）平原，沿岸土地丰饶，是泰国的主要农产地。南部是西部山脉的延续，山脉再向南形成马来半岛，最狭处称为克拉地峡。泰国的大众习惯将国家的疆域比作大象的头部，将北部视为"象冠"，东北地方代表"象耳"，暹罗湾代表"象口"，而南方的狭长地带则代表了"象鼻"。

（二）行政区划

全国分为北部、中部、南部、东部和东北部五个地区，现有77个一级行政区，包括76个府和1个直辖市，府下有县、区、村。首都曼谷是唯一的府级直辖市，也是全国最大的城市，人口约570万人，是泰国政治、经济、文化、贸易和宗教中心。清迈是第二大城市，人口约173万人，位于泰国北部，历史上曾长期是泰王国的首都，是著名的历史文化名城。

(三)人口状况

2016年,泰国总人口达到6886.35万人,其中女性人口3526.07万人,占总人口的51.2%,城市人口3549.23万人,占总人口的51.5%。20世纪90年代以来,泰国社会日趋老龄化,2016年65岁以上人口比例约为11.0%,比2000年上升4.4%。随着泰国经济社会发展,未来老年人口还将继续增加。泰国人口老龄化的直接原因是近年来人口出生率和死亡率均持续下降,同时人均寿命延长。根据世界银行数据,2015年泰国人均寿命为75岁。

(四)社会经济状况

泰国实行自由经济政策,属于外向型经济。20世纪80年代起,经济发展迅速,为亚洲"四小虎"之一,1984—1995年,泰国国内生产总值(GDP)年均增长率约为8.8%,增长动力主要来自出口和服务业。1997—1998年,亚洲经济危机严重打击了经济发展,GDP年均减少10.2%,1999年开始恢复,进入21世纪后,由于采取积极的财政和货币政策,刺激内需,扩大出口,经济持续好转。但2008年受全球金融危机影响,经济发生波动。2013年以来,受世界经济复苏乏力影响,经济增速放缓。2016年,按现值计算GDP总量达到4070.26亿美元,GDP增速达到3.2%,人均GDP为5910.62美元,一、二、三产业结构为8:36:56,农业占比继续下降(表1)。

表1 泰国经济发展情况

项目	年份										
	1990	2000	2008	2009	2010	2011	2012	2013	2014	2015	2016
GDP总量(亿美元)	853.43	1263.92	2913.83	2817.10	3411.05	3708.19	3975.60	4205.29	4065.22	3992.35	4070.26
GDP增速(%)	11.2	4.5	1.7	-0.7	7.5	0.8	7.2	2.7	0.9	2.9	3.2
人均GDP(美元)	1508.29	2007.56	4378.69	4212.05	5075.30	5491.16	5859.92	6171.26	5941.84	5814.86	5910.62

资料来源:世界银行

二、农业发展现状

(一)农业资源条件

泰国土地面积约5108.90万公顷,农业用地面积2211万公顷,其中耕地面积1681万公顷，约占土地面积的 32.9%，人均耕地面积 0.24 公顷。永久性草场面积约 80 万公顷，林地面积 1639.90 万公顷，森林覆盖率为 32.1%。水资源丰富，可用水资源总量 4100 亿立方米/年，人均 6462 立方米/年。农业年用水量 828 亿立方米，占总用水量的 95%。

泰国地处热带，属于热带季风气候，终年高温，全年温差不大，年平均气温在 20℃以上。受季风影响，全年可明显分为三季，分别是热季（2 月中旬至 5 月中旬）、雨季（5 月下旬至 10 月中旬）和凉季（11 月至次年 2 月中旬）。热季气温最高，空气比较干燥；雨季降雨较多，全年 85% 的雨量集中在雨季，容易形成洪涝灾害；凉季气温相对较低，降水稀少。

（二）农业生产情况

1. 种植业

泰国主要作物有水稻、玉米、木薯、橡胶、甘蔗、油棕果等。稻米产业在泰国农业中具有举足轻重的地位，稻田占全国耕地面积的 52.0%，从事水稻生产的农户占总农户数的 77.5%。近年来，由于天气干旱和水稻生产效益下降，水稻面积和产量均有所下降。2016 年，水稻收获面积为 867.76 万公顷，产量为 2526.75 万吨，分别较 2003 年下降 14.6% 和 15.3%。甘蔗、木薯和橡胶仍然是泰国的大宗农产品，2003—2016 年分别增长 17.8%、58.0% 和 56.5%。油料作物也发展较快，其中油棕果生产增长最为明显，从 2003 年的 490.26 万吨增加到 2016 年的 1281.20 万吨，增长 1.5 倍。水果的产品结构发生变化，主要是番石榴、芒果和山竹果增长较快，2016 年这 3 种水果产量达到 343.21 万吨，较 2003 年增长了 75.5%，橡胶和椰子产量明显下降，菠萝也略有下滑（表 2）。

表 2　泰国主要农作物生产情况　　（万公顷，千克/公顷，万吨）

产品	2003 年			2016 年		
	收获面积	单产	产量	收获面积	单产	产量
甘蔗	113.93	65179.06	7425.85	133.66	65441.04	8746.85
水稻	1016.39	2933.93	2982.02	867.76	2911.81	2526.75
木薯	102.18	19296.83	1971.75	146.18	21316.87	3116.10
油棕果	28.79	17028.83	490.26	62.64	20453.38	1281.20
玉米	110.33	3851.17	424.90	113.81	4228.63	481.26
菠萝	8.14	23334.15	189.94	7.46	24284.18	181.16
香蕉	14.84	13244.61	196.55	4.87	22080.08	107.53
番石榴、芒果和山竹果	27.51	7107.60	195.53	41.07	8356.71	343.21
椰子	27.84	7605.24	211.73	17.71	4604.18	81.54
橡胶	160.07	1786.78	286.01	309.40	1446.86	447.66

资料来源：FAOSTAT

2. 畜牧业

泰国主要养殖动物有猪、牛、羊、鸡等。2003—2016 年，猪、牛、羊、鸡的存栏量呈现增长趋势，但水牛、绵羊、马和鸭的存栏量却大幅下降。生猪存栏量从 706.42 万头增加到 794.08 万头，增长 12.4%；牛的存栏量从 504.82 万头增加至 546.68 万头，增长 8.3%；羊主要以山羊为主，山羊存栏量从 21.39 万只增加至 47.09 万只，增长 1.2 倍；鸡存栏量从 2.41 亿只增加至 2.72 亿只，增长 13.0%。2003—2016 年，畜产品产量明显增长，肉类产量从 235.03 万吨增加至 276.18 万吨，增长 17.5%；蛋类产量从 85.88 万吨增加至 107.52 万吨，增长 25.2%；奶类产量从 73.19 万吨增加到 110.00 万吨，增长 50.3%。分品种来看，鸡肉一直是泰国第一大肉类产品，2016 年产量达到 160.86 万吨，比 2003 年增长 27.2%。从增长速度来看，奶类产量增幅最大，其次是蛋类和肉类（表 3）。

表 3 泰国主要畜禽产品产量 （单位：万吨）

产　品	2003 年	2016 年
肉类	235.03	276.18
鸡肉	126.44	160.86
猪肉	86.70	94.46
牛肉和水牛肉	14.51	14.48
鸭肉	7.20	6.13
带壳鸡蛋	55.39	68.02
蛋类	85.88	107.52
奶类	73.19	110.00

资料来源：FAOSTAT

3. 渔业

泰国是世界第 1 大产虾国。泰国湾和安达曼海拥有丰富的海洋天然渔场，还拥有 1100 多平方千米的淡水养殖面积。曼谷、宋卡、普吉等地是重要的渔业中心和渔产品集散地。目前，泰国是世界渔产品市场主要供应国之一，年出口冻虾超过 20 万吨，约占全球总产量的 32%。泰国海虾肥大鲜美，尤以"虎皮虾"驰名世界，适宜加工出口，主要出口美国、日本、欧盟等市场。

4. 农业布局

泰国农业结构以种植业为主，种植业产值比重约为 60%，畜牧业和渔业分别占 11% 和 12%。种植业中，水稻居首位，占农业总产值的 26.1%，天然橡胶占农业总产值的比重为 11.9%。此外，甘蔗、玉米、香蕉、木薯也位居前列。畜牧业中，肉鸡和生猪生产占主要地位，分别占农业总产值的 8.4% 和 7.1%。种植业方面，泰国稻米生产主要集中在中部、北部和东北部地区。中部以水稻为主，产量占全国总产量的50%；北部和东北部以旱稻为主，占全国总产量的33%；南部仅占6%。木薯种植主要集中在东北部，其种植面积占全国的2/3，此外，中部的春武里和罗勇府也有种植。橡胶种植集中在南部马来半岛（胶园占全国的90%）和东南部的庄他武里地区，目前，比较干燥的东北部高原地区也开始试种。甘蔗生产主要分布在泰国中部、北部和东北部。畜牧业方面，泰国共分为9个畜牧区，其中，种猪、肉牛和种牛主要集中在北部，蛋鸡、肉鸡、蛋鸭、肉鸭、肉猪和奶牛等主要集中在中部。

（三）农产品贸易情况

1. 总体情况

农产品出口是泰国外汇收入的主要来源之一。2007—2016年，泰国农产品[①]出口额不断扩大，2011年出口额达到327.60亿美元，为近年来最高。2012年以后，出口额波动下降，2015—2016年出口额保持在300亿美元左右。同时，泰国农产品进口额也不断扩大，2016年达到最大值，为135.32亿美元，较2007年的60.78亿美元增长1.2倍。2007年以来，泰国农产品贸易总体上呈现扩大的趋势，但贸易顺差波动比较明显，2011年农产品贸易顺差达到216.23亿美元，最近几年有所回落。总体上，泰国农产品贸易规模不断扩大，且出口额大于进口额，是农产品出口大国（表4）。

表4 2007—2016年泰国与世界农产品贸易情况　　　　　　　　（单位：亿美元）

年　份	出口额	进口额	总　额	顺　差
2007	183.31	60.78	244.09	122.53
2008	239.73	86.53	326.25	153.20
2009	228.41	72.97	301.38	155.44
2010	260.23	88.26	348.49	171.97
2011	327.60	111.37	438.97	216.23
2012	321.79	129.56	451.35	192.23
2013	308.76	131.46	440.22	177.30
2014	324.06	129.04	453.10	195.02
2015	300.70	129.94	430.64	170.76
2016	300.75	135.32	436.07	165.43

资料来源：UN Comtrade

---

① 包括海关编码HS01～HS24的所有产品。

2. 主要贸易产品

泰国农业属于外向型农业，农产品出口是外汇收入的重要来源。大米、天然橡胶等农产品一直是泰国出口创汇的主要来源，一些加工类食品，如冻虾、罐装金枪鱼、罐装菠萝、罐装海鲜、鸡肉制品和罐装水果也是泰国出口的主要产品。

（1）大米

大米是主要出口农产品，泰国大米出口量一直位居世界前列。全球大米贸易量的25%以上来自泰国。自2007年以来，大米年出口量波动较大，尤其是2012年，受到泰国政府实行大米典押政策推高了大米价格、中国减少大米进口量，以及印度持续出口大米加剧大米出口市场竞争等因素影响，出口下降明显，出口量仅为673.44万吨，较上年下降了37.1%，2013年出口进一步下降到近年最低值661.26万吨，2014年由于印度产量下降，泰国大米出口量达到峰值1096.94万吨。受贸易价格影响，最近几年大米出口额增长并不明显，甚至有时还有所下降，2016年大米出口总额较上年继续下降，仅比2007年增长26.2%。泰国大米进口量和进口额均较小，2001—2016年，平均进口量仅为2.11万吨，平均进口额约为1000万美元（图1）。

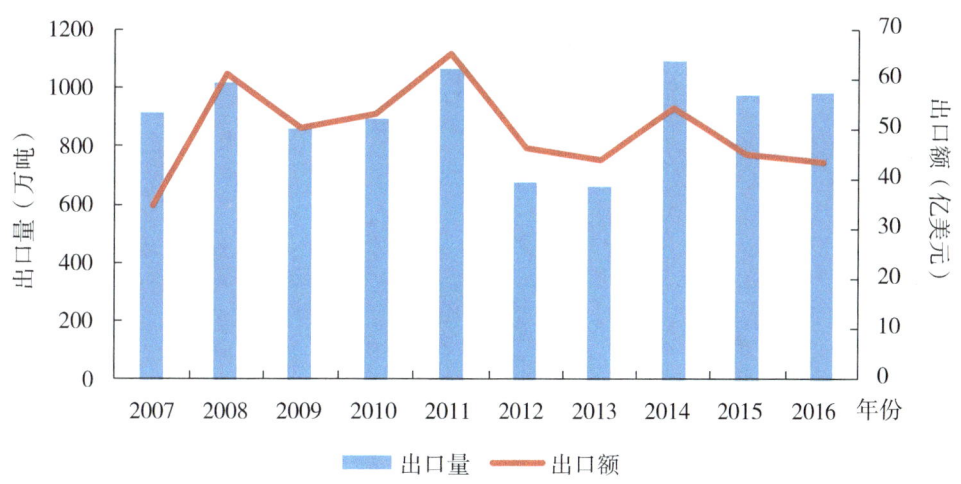

图1　2007—2016年泰国大米出口情况

资料来源：UN Comtrade

（2）木薯

木薯也是重要的出口农产品，泰国每年生产的木薯有80%加工成木薯粉销往国外，是仅次于巴西的世界第二大木薯出口国家。2007年以来，泰国木薯和木薯粉出口呈现波动增长趋势，木薯粉出口额增长较快。2016年，木薯和木薯粉出口额分别为11.09亿美元和11.12亿美元，分别较2007年增长99.2%和184.6%（图2）。

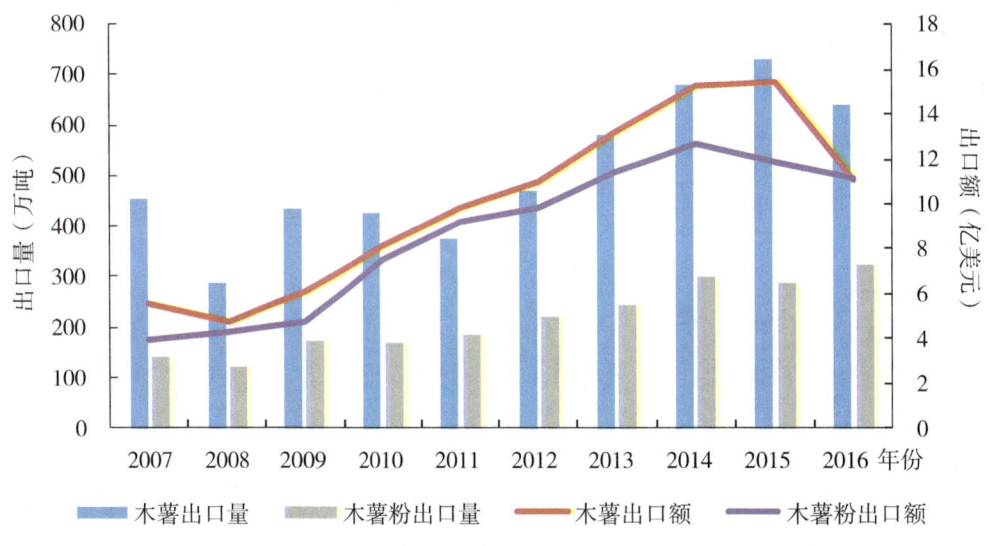

图2　2007—2016年泰国木薯出口情况

资料来源：UN Comtrade

（3）天然橡胶

目前，泰国是世界最大的天然橡胶出口国。2007年以来，天然橡胶出口量有所波动，总体呈现先降后增趋势，2015年出口量达到最高值365.35万吨，2016年出口量略有下降，为360.08万吨，较2007年增长21.4%。从出口额来看，2011年泰国天然橡胶出口额达到最高，此后由于天然橡胶价格下跌，出口额明显下滑，2016年出口额为44.15亿美元，较2011年下降66.5%（图3）。

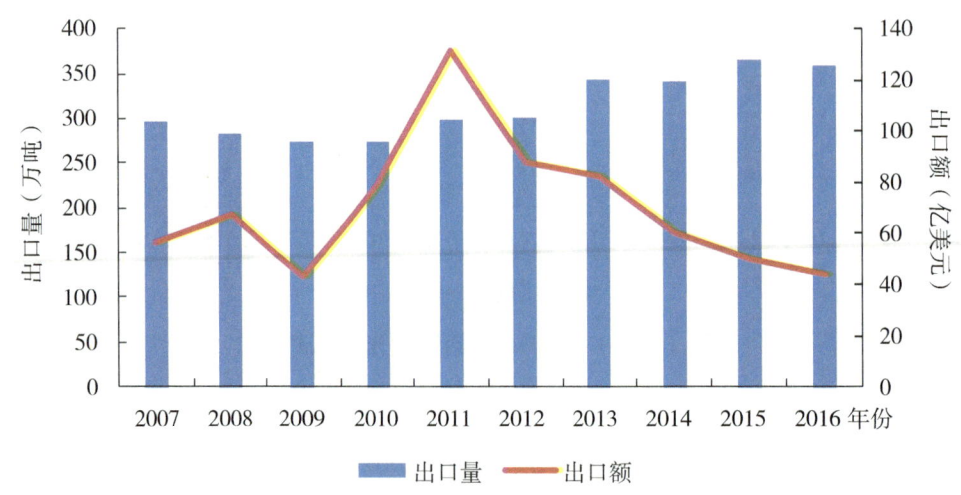

图3　2007—2016年泰国天然橡胶出口情况

资料来源：UN Comtrade

（4）水果

泰国主要产榴莲、龙眼、芒果、香蕉、火龙果等热带水果，是水果的出口大国。同时，泰国也从中国等国进口苹果等温带水果。2007—2016 年，泰国水果出口额不断增长，从 4.18 亿美元增至 16.15 亿美元；进口额也不断增长，从 2.14 亿美元增至 9.23 亿美元。泰国水果贸易总体呈顺差格局，贸易顺差最小值为 2008 年的 1.47 亿美元，贸易顺差最大值为 2016 年的 6.91 亿美元。分品种来看，香蕉、菠萝、榴莲、番石榴、山竹和芒果等热带水果处于贸易顺差地位，苹果、梨、葡萄、草莓等处于贸易逆差地位（图 4）。

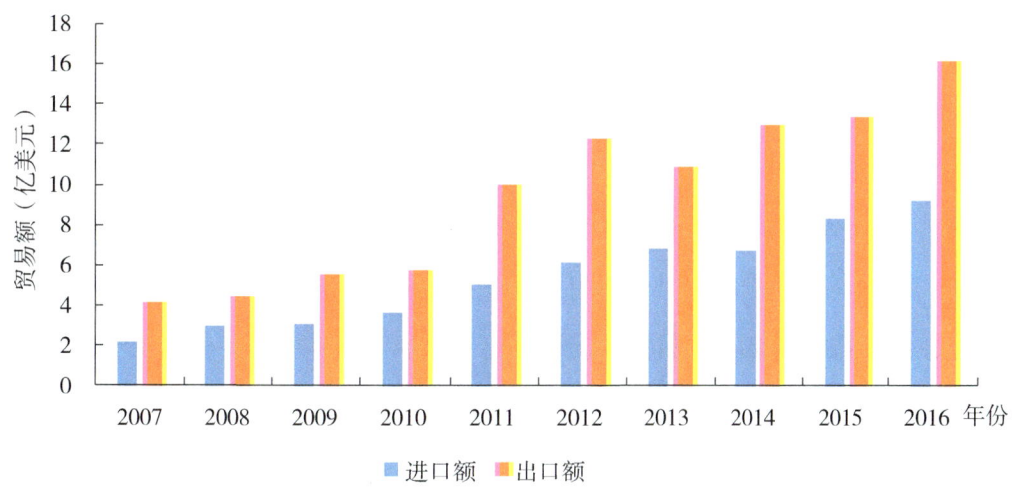

图 4　2007—2016 年泰国水果进出口情况

资料来源：UN Comtrade

（5）水产品

由于优越的海洋条件，泰国是水产生产大国。泰国水产品出口额较大，其中鱼、虾、蟹类产品出口较多，总体呈现贸易顺差格局。2007 以来，水产品出口呈现先增后降的趋势，2011 年出口额达到最高，为 80.95 亿美元，此后开始下降，2016 年出口额为 56.02 亿美元，已经低于 2007—2016 年的平均出口额 65.74 亿美元。此外，泰国每年水产品进口也具有一

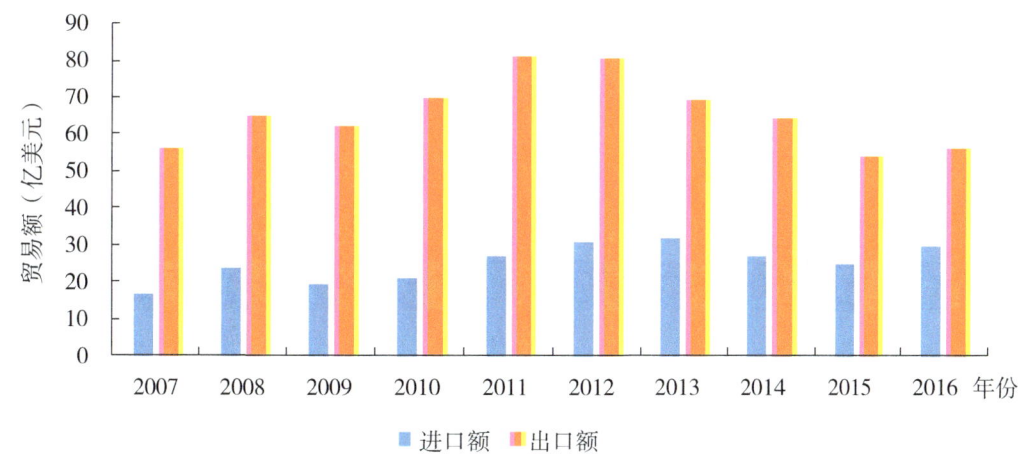

图 5　2007—2016 年泰国水产品进出口情况

资料来源：UN Comtrade

定规模，2007—2016年平均进口额为25亿美元左右（图5）。

3. 主要贸易伙伴

泰国重要的农业贸易伙伴有中国、日本、美国、印度尼西亚、马来西亚和韩国等。从出口来看，中国是泰国农产品出口的第1大目的地，出口中国的农产品约占泰国农产品对外出口额的29.2%。日本、美国分别是泰国第2和第3大农产品出口目的地，均占泰国农产品出口总额的7.3%左右；印度尼西亚、马来西亚分列第四和第五，分别占出口总额的5.7%和5.3%。从进口来看，中国是泰国的第1大进口来源国，约占泰国农产品进口总额的17.0%，美国和巴西是第2、第3大进口来源国，均占农产品进口总额的11.1%左右，印度和越南分列第4、第5大进口来源国，分别占农产品进口总额的4.5%和4.0%。分产品来看，中国、美国、菲律宾、尼日利亚和南非等国是泰国大米的主要出口目的地；中国也是泰国木薯的最大出口目的地，对华出口额约占木薯出口总额的73.9%；中国、马来西亚、日本、美国和韩国是泰国天然橡胶的主要出口目的地；中国、越南、中国香港、美国和印度尼西亚是水果的主要出口目的地。

4. 中国与其贸易情况

2016年，泰国对华农产品出口额约占泰国农产品出口总额的11.6%，泰国自中国农产品进口额约占农产品进口总额的13.8%，中国不仅是泰国最大的农产品出口目的地，也是最大的农产品进口来源国。2007—2016年，中国与泰国农产品贸易总额不断扩大（表5），从18.87亿美元增加至78.52亿美元，增长3倍多。其中，中国对泰国农产品出口不断增长，出口额从2007年的5.21亿美元增加到2016年的35.33亿美元，增长约5.8倍，年均增长23.7%；同时，中国自泰国的农产品进口也不断增长，但进口增速慢于出口增速，2016年中国自泰国农产品进口额达到43.20亿美元，较2007年增长3.2倍，年均增长13.7%。总的来看，中国与泰国农产品贸易呈现贸易逆差形势，但近年来贸易逆差逐渐下降。2014年，中国对泰国的农产品贸易逆差达到峰值22.27亿美元；2016年，逆差迅速下降到7.87亿美元。

表5　2007—2016年中国与泰国农产品贸易情况　　　　（单位：亿美元）

年　份	出口额	进口额	贸易总额	贸易顺差
2007	5.21	13.66	18.87	-8.44
2008	7.35	12.05	19.40	-4.69
2009	8.58	17.99	26.57	-9.41
2010	11.88	24.88	36.76	-12.99
2011	17.43	29.83	47.26	-12.40

(续表)

年 份	出口额	进口额	贸易总额	贸易顺差
2012	20.50	39.57	60.07	-19.08
2013	25.90	43.64	69.54	-17.75
2014	28.60	50.87	79.46	-22.27
2015	38.17	50.63	88.80	-12.46
2016	35.33	43.20	78.52	-7.87

资料来源：中国海关

目前，中国是泰国大米最大的出口目的地。2007—2016年，中国自泰国大米累计进口额为27.94亿美元，累计进口量为473.05万吨。进口额总体呈上升趋势，2007—2013年一直在2亿美元上下波动，2014—2016年进口额大幅上涨，到2016年达到4.62亿美元。近年来，中国对泰国香米的需求增加，加上海外电商和物流条件的改善，从泰国进口香米的总额大幅增加。同时，中国也对泰国出口大米，但仅在2007年、2008年、2015年、2016年有出口，出口额和出口量都很小。

在中国与泰国的水果贸易中，中国对泰国水果进口额大于出口额，总体上呈现贸易逆差，差额波动较大。近年来，出口额和进口额都呈上升趋势，贸易总额持续上升，从2007年的3.29亿美元上升到2016年的21.07亿美元。苹果是中国对泰国重要的出口农产品，中国对泰国的苹果出口额从2007年的0.44亿美元增加到2016年的1.97亿美元，出口量从2007年的7.37万吨增加到2016年的14.22万吨。2007年以来，中国自泰国进口的鲜榴莲不断增加，进口量在2013年达到峰值32.2万吨，进口额从2007年的0.71亿美元增加到2016年的6.94亿美元。

中国与泰国水产品贸易往来频繁，贸易额较大。中国对泰国的水产品出口额不断攀升，2007年仅为0.48亿美元，2015年上升到11.54亿美元；中国自泰国的水产品进口额也不断攀升，2007年仅为0.99亿美元，2014年则上升到2.02亿美元。中国与泰国水产品贸易总额上升较快，从2007年的1.47亿美元上升到2015年的13.48亿美元，并且实现了贸易逆差向贸易顺差的转变。2007年，中国与泰国水产品贸易逆差为0.52亿美元，2015年达到贸易顺差9.59亿美元。

同时，中国也是泰国木薯和天然橡胶的最大出口目的地。2016年，泰国对华木薯出口额占其木薯出口总额的约73.9%，对华木薯出口量占其木薯出口总量的约80.4%；对华天然橡胶出口量占其天然橡胶出口总量的45.7%。

（四）农业科技发展

1. 农业科研机构

泰国农业科技研究与开发的主要力量可以分为国家和地方两个层级，科研主要集中于国家层级，国家层级主要是政府部门的研究机构和大学，地方层级主要是国有企业和私营部门。公共科研机构主要有国家研究理事会、泰国科技研究院和国家科技发展局（王禹，2017）。

2. 农业科技发展状况

泰国的农业科技推广网络较为发达，遍布全国。在国家层级专门设立了农业和合作社部，用于推广农业科技，同时在各府、县都建有分支机构，辅助国家合作社部具体实施。此外，泰国利用国际水稻研究所的优势，强化大学与其开展广泛的学术交流活动，并合作培养了许多水稻研究方面的青年专业人才。泰国政府还积极推动"农村网"的发展，运用网络对农民进行技术培训，"农村网"覆盖的地区大部分农民已经可以操作电脑、上网查询信息、收发电子邮件、向网上专家请教水稻种植和病虫害防治等问题（王禹，2017）。农业部门还利用"农村网"向农民传播各类农业信息，普及农业科学知识和农业实用技术，让农民能更快、更准确地了解农业生产资料和农产品的有关供求信息，更合理地安排农业生产，及时地购买农业生产资料，安排好播种和销售等，从而增加农民收入。农业合作社在泰国农业经济的发展过程中起了非常重要的作用，在选种、农业技术、廉价化肥的提供、产品深加工以及产品销售等方面都给予社员很大帮助（毛国清，2005）。目前，泰国的合作社分为7类，包括农业合作社、渔业合作社、土地改革合作社、消费合作社、储蓄合作社、服务合作社和信用合作社。

（五）农业管理体系与政策

1. 农业管理体系

泰国农业的发展得力于其完善的农业管理推广体系，管理体系主要分为国家级和地方级。其中，国家级农业科技工作主管部门是农业科技厅，包括园艺研究所、橡胶研究所、蚕业研究所、农业工程研究所等。地方农业管理推广机构直属于泰国农业部，属于垂直管理，但是有较大的自主权。泰国政府为配合农业管理体系，积极倡导组建了4000多家农业合作社来配合国家和地方两级管理机构。农业合作社在选育种、技术推广、化肥供销、产品的深加工以及产品贸易等方面都给泰国农业带来了很大的帮助。就合作社种类而言，泰国的合作社主要可以分为种植合作社、渔业合作社、土地改革合作社、贸易合作社、耕种合作社、技术合作社和机械合作社等。泰国合作社自下而上分为三级：区域性的基层合作社、省级的合作社联盟和全国合作社联盟。基层合作社的成员是个人，省级和全国合作社联盟的成员是合作社。目前，各层级、所有类型的合作社，都是泰国合作社联盟的会员，接受其协调关系、教育培训等服务（许灿光，2017）。农业合作社也自下而上形成了农业合作社、省级联合会、全国联合会的组织体系。下级是上级的成员，上级为下级服务。全国农业合作社联合会依法成立，在合作社促进局注册，按合作社规则运作，有68家省级联合会成员。全体成员选出18名代表组成理事会，聘任总经理，负责经营管理。联合会主席人选由理事会提名、全体成员选举产生，并到合作社促进局备案。联合会为成员在投入品管理、技术指导、市场销售、信息交流等方面提供服务（张志文，2016）。拥有大米展销中心、物流配送中心、仓储能力达8万吨的仓库、年加工万吨大米的工厂、日吞吐量3万吨的港口、为17个北部省份成员提供服务的清迈业务中心等实体。联合会的注册资本来自农户逐级向上级缴纳的会费，60年前为1000万泰铢，现在达到20亿泰铢。

2. 农业支持政策

泰国为发展本国农业制定了一系列农业支持政策，主要包括农村商业和农业技术服务。其中，在农村商业方面，为支持农村信用事业的发展，泰国对本国农业政策性银行给予大力支持，在资金来源、业务范围、财税政策、外部监管等方面具有明确的法律规定（利诱江，2009）；在农业技术服务方面，为促进本国农业机械化的发展，泰国政府不断增强农业支持与增加投入，为此专门设立了农业机械化委员会（龙吉泽，2015），负责制定详细的农机化政策和措施，包括改善农业机械的研究开发恶性循环政策、产品标准化政策、农机销售价格政策、农机培训使用管理政策和农机出租维修政策等。政府还要求金融机构扩大农业长期贷款业务，支持农民购买农业机械。

3. 农业发展规划

泰国政府高度重视农业创收、农村发展和农民收入，针对农业农村问题，先后出台了有机农业发展、"一村一品"等规划。

明确发展有机农业战略。有机农业是近几年来泰国农业的重中之重，泰国明确提出了向有机农业转型的战略，通过发展多种有机农作物融合种植模式，大力推广有机农作物，尤其是以大米为主的粮食作物。有机农作物质量好、价格高，泰国政府确立"发展有机农业"为解决农村贫困、帮助农业转型的农业国策，并大力向农户和农场推广优质有机作物。不过相对于国际市场上对有机农作物品质和数据的需求，泰国有机农作物在数量和质量还有待大幅提升，泰国有机农业还有很长的路要走。

支持"一村一品"计划。泰国每个区域都有自己的特色农产品，"一村一品"主要致力于以特色农产品的品牌带动农业发展。在政府统一规划下，泰国 5000 多个乡政府各自开发出一种充分体现自身优势的特色农产品。"一村一品"产品涵盖了几乎所有的泰国农村本地产品，每一"品"都有着独特风味和地方风格。如泰国东部农村的产品主要是水果、竹、藤筐、芦苇垫子等；北部农村主要是山区部落的少数民族工艺制品，如木雕、银器、特种纸制品等；而东北部主要是丝绸和棉织物，比较特别的是扎染设计。

三、农业投资环境

（一）国家商业环境

泰国地理环境优越，劳动力资源丰富且性价比较高，基础设施建设也具备国际水准。同时，长期以来，泰国奉行自由经济政策，金融和外汇管制宽松，市场竞争机制比较透明，泰国已经成为国外商业投资者热衷的投资目的地。近年来，泰国在全球的国家竞争力不断增强，根据世界经济论坛发布的《2017—2018 年全球竞争力报告》，泰国在全球最具竞争力的 137 个经济体中排名第 32 位，比上年上升 2 位。

从宏观环境来看，泰国主要有 4 个优势：社会总体较稳定，居民比较友好；经济增长前景良好，市场潜力较大；工资成本低于发达国家；政策透明度较高，贸易自由化程度较高。根据《世界营商环境报告 2017》，泰国在 190 个经济体中排名第 46 位。

从基础设施来看，泰国的公路网覆盖全国城乡各地，各府之间来往方便。航空业比较发达，全国共有 38 个机场，泰国任何省份或地区到曼谷的飞行时间仅 1 小时左右。曼谷是东南亚地区重要的航空枢纽，国际航线可直飞亚、欧、美及大洋洲的 30 多个城市，中国的北京、上海、广州、昆明、成都和汕头等城市都有固定航班往返曼谷。同时，各种形式的电信网络也已覆盖泰国各地。

（二）农业优势与潜力

泰国水源充足，土地肥沃，光热条件好，自然条件比较优越，农业发展基础较好。而中国的耕地、水资源总量虽然较大，但由于人口众多，人均占有量远不如泰国。根据世界银行数据，2015 年泰国人均耕地面积 0.24 公顷，人均水资源占有量为 6462 立方米，分别是中国的 2.4 倍和 2.7 倍。由于其优越的自然环境和政府的长期支持，泰国农产品在世界上享有盛誉，农产品竞争优势突出。

第二次世界大战结束以来，泰国政府积极支持本国农业发展，一方面为农业发展制定了一系列的支持政策，保护农业生产者的积极性，并加以正确的引导，以确保农业竞争力不断增强。另一方面，重视农业教育和科技研发，建设农业技术研发和推广体系，不断提高生产技术水平。农业是经济的支柱产业之一，农产品种类丰富，产量充足，种植业和渔业是农业的主导产业，其中水稻、木薯、橡胶、甘蔗和热带水果在国际市场上具有较强的竞争力。

目前，泰国的发展重点是从基础农业向高增值农业转变，提高产品质量，优质农业和农产品加工业发展潜力很大。泰国政府十分重视食品加工、橡胶产品、生物技术及产品冷藏、农产品贸易等方面的投资建设。其中，食品加工包括植物繁殖和种子筛选，食品配料的生产、水果蔬菜保鲜以及食品初加工及深加工。

（三）总体评价

泰国农业结构以种植业为主，水稻和天然橡胶在泰国占有重要的地位。泰国发展属于外向型农业，农产品出口是泰国外汇收入的主要来源之一。大米和天然橡胶等农产品国际竞争力较强。同时，泰国也是世界渔产品市场主要供应国之一，泰国湾和安达曼海是丰富的海洋天然渔场，泰国已经成为世界第一大产虾国和世界第一冻虾出口大国。此外，泰国奉行自由经济，对外开放程度较高，其经济特区涵盖了14个主要的重点经济活动和行业，包括农工业、渔业、陶瓷制造、纺织服装、皮革生产、家具制造、珠宝、医疗设备生产、机械部件制造、汽车部件和电子电器产品制造、塑料制品、医药生产、物流区、工业地产等（郭小芳，2014）。而东部经济走廊是促进泰国经济发展的一个新的引擎，包括汽车制造业、旅游业、医药等主要行业，将促进泰国和其他东盟国家以及中国的进一步合作，未来也会出现更多的外资项目和合资企业。

总的来看，泰国作为东盟核心国之一，在东盟内发挥着重要作用。随着中泰自由贸易协定的签订，以及中国"一带一路"倡议越来越得到认同，中国与泰国之间的文化、经济往来将更加密切，泰国对中国投资者的吸引力也将越来越大。

四、中泰农业合作现状与合作重点

（一）合作现状

1. 合作机制

中泰两国农业合作是为了巩固和深化两国战略合作伙伴关系，并通过合作促进两国农业共同进步。一是提高两国产品质量与附加值，以合理的产业结构参与国际分工，推动农业产业化发展。二是巩固和发展两国乃至中国与东盟国家之间的互信伙伴关系，建立和平稳定的周边环境,提升两地居民的收入水平和农业生产方式。三是尽快让中泰两国人民享受到"一带一路"的建设成果。

中泰两国本着互利共赢、和平共处的合作原则,以加强亚太经合组织以及澜沧江—湄公河流域经济合作以及"21世纪海上丝绸之路"区域合作布局等国际性经贸合作,不断提高对外开放程度,扩大相互投资的领域,尤其是"一带一路"倡议的推进,合力发展亚洲基础设施建设,尽快与泰国推动一些大的、实质性的合作项目。在中国—东盟自由贸易区的实施进程中,农业合作意义重大。而中国与东盟的农业合作又以中泰合作先行起步。两国致力于加强双边合作,开展多层次、多渠道沟通磋商,推动双边关系全面发展。

2. 科技合作

水稻育种合作。中泰两国都是稻米生产大国,水稻育种和技术推广也走在这方面合作的前列。早在2004年7月,泰国合作部农业司代表团赴湖南进行了为期一周的交流访问与考察。

农村能源领域合作。中泰两国在农村能源领域加强大中型沼气工程和户用沼气技术以及谷壳发电技术的交流与合作,共同探讨农村能源开发利用的新途径。

生物疫苗合作。在动物胚胎移植和克隆、畜禽疫病诊断及动物基因工程疫苗、生物制剂等领域展开技术合作。养殖业也是中泰两国农业合作的重点之一,泰国希望在动物育种和疫病防治方面和中国加大合作力度,特别是近年来面对禽流感疫情的此起彼伏,一度饱受禽流感困扰而家禽业遭遇巨大打击的泰国,深知地区合作抗"禽"的重要性。因此,泰国力主创建一个地区动物卫生基金,加强合作对抗禽流感、口蹄疫和猪瘟。另外,泰国研究人员对中国兽药的作用机制与临床应用研究也有很大兴趣。

农产品质量安全管理方面的合作。在农村能源领域,加强大中型沼气工程和户用沼气技术以及谷壳发电技术的交流与合作,共同研究农村能源开发利用的新途径。东盟和中国一些地区先后发生高致病性禽流感,中泰在禽流感防治方面也在加强交流与合作。另外,在转基因作物、动物胚胎移植和克隆、畜禽疫病诊断及基因工程疫苗、生物制剂等双方感兴趣的领域,两国在逐步开展技术合作。

3. 贸易合作

中国和泰国是友好邻邦,多年来在农产品和农业生产资料方面开展了广泛的贸易合作。中泰两国的农业各具特点,农产品贸易具有一定的互补性,大米、天然橡胶、糖、木材及木制品等是泰国对中国出口的主要农产品,这些也是泰国对中国出口的传统农产品项目。中国对泰国出口蔬菜的品种主要是大蒜、胡萝卜、马铃薯等传统优势产品,其中大蒜出口额占对泰国蔬菜出口总额的30%左右。泰国出口中国的水果主要是热带水果龙眼、红毛丹、山竹、榴莲及荔枝等，其中中国自泰国龙眼、榴莲的进口额共占中国从泰国进口水果总值的80%左右；中国出口泰国的水果主要是苹果、梨、柑橘、板栗等温带水果。中国从泰国进口的蔬菜水果制品主要是菠萝罐头、水果汁、椰子汁，非醋方法制作或保藏的甜玉米等。

农业生产资料贸易。泰国的农机制造能力较低，生产大型农业机械和动力机械的能力低，除手扶拖拉机和水泵在本国生产能力较强、应用较广外，其他农业机械大部分靠进口，保有量也较低。即使是生产手扶拖拉机等一些小型农机具，其发动机也都是依靠进口，其中一半以上来自中国。总的来说，中国的农机尤其是小型农机在泰国还是有一定的市场，但由于中国的农机企业得不到相关信息，对市场把握不准，加上单个企业缺乏走出去的实力，中国农机在这些地区的销售没有形成规模。只要通过有组织地把一些适应当地需求的小型农机具介绍过去，做好试验、宣传及培训工作，并提供良好技术和售后服务，一定会具有广阔的推广前景。

4. 投资合作

近年来，泰国凭借其优越的地理位置、良好的外商投资环境和经商优惠政策吸引了大批中国企业来泰投资兴业。中国在泰国直接投资总量不断上升，投资规模日益扩大，投资金额出现指数级增长。截至2017年2月，中国企业在泰国直接投资得到批准的项目共有607个，投资金额达66.37亿美元。泰国政府十分欢迎外国企业以合资方式投资农业生产和农产品加工业，泰国农业和农产品加工业的发展潜力很大，重点是从基础农业向高增值的农产品加工业转变，发展生物农业，提高产品质量，实现可持续发展。随着中国"一带一路"倡议的推进实施，泰国在中国"一带一路"建设中扮演重要的角色，泰国也明确表示希望能够融入并参与到中国"一带一路"倡议发展当中，而且泰国的加入对于整个区域经济的发展和区域联动性的加强来说是至关重要的。

（二）合作潜力

1. 合作基础

中国和泰国是友好邻邦，多年来中泰两国农业合作水平不断提升，具有良好的合作基础。

（1）两国农业发展互补领域多

中泰两国在科技发展水平上有不同优势，例如在科技人员数量、基础研究以及一些尖端科研方面中国具有世界领先水平，在技术发展总体水平和高新技术方面，中国也要领先于泰国，但在一些应用技术和实用小技术方面，泰国具有优势（毛国清，2009）。另外，相对中国而言，泰国的农业科研体系与生产相适应，农业科研与生产结合更紧密。

（2）中泰地域相邻且贸易频繁

中泰两国蔬菜水果零关税协定和"早期收获"计划的执行使双方提前享受自由贸易的好处，如零关税协定实施后，泰国热带水果出口到中国口岸价格总体下降了18%，泰国水果竞争力进一步迅速增强，中国现在已经成为泰国最大的水果出口市场。中国品种繁多的蔬菜、肉类、温带水果和其他农产品，也以优惠税率进入泰国市场。活畜、海产品贸易频繁。泰国对肉牛有巨大的市场需求，年需求量达60万头，目前主要从别国进口，由于路途遥远，运输成本较高，近几年，云南省西双版纳、思茅等地区开展了对泰国的活牛出口，边境地区的农民赶着活牛到泰国，年出口量达到10万头以上。

（3）中泰的投资领域不断拓宽

随着两国经济实力的发展壮大，中泰两国在参与世界贸易组织、亚太经合组织以及澜沧江—湄公河流域经济合作等国际性经贸合作更加频繁，两国对外开放的程度不断提高，随着中国"一带一路"倡议的推进，泰国将扮演重要的角色，泰国明确表示希望能够融入并参与到中国"一带一路"倡议中，而且泰国的加入对于整个区域经济的发展和区域联动性的加强是至关重要的。泰国在基础设施建设方面以及在门户建设和交通方面，在通信、物流等各类基础设施方面都已经做好了充足的准备，希望能够吸引更多的投资者来到东部经济走廊，这将有利于两国投资的继续发展。

2. 合作前景

把握"一带一路"倡议的历史机遇，积极推进中泰两国深入合作发展，未来应将中泰两国农业产业结构调整融入到区域合作的大格局中，努力健全政策和资金支撑体系，改善优化合作环境，多渠道、宽领域地开展中泰两国农业合作，促进中泰两国共同发展。

（1）根据中泰两国比较优势调整农业结构

中泰两国农业产业结构各有优势，应当取长补短达到共赢，应依托优势产业，培育对泰国的重要出口产品，同时引进泰国优势产品。泰国是当今世界最主要的大米出口国，粮食生产潜力巨大，是中国粮食进口的一个重要来源。同时我国也可以采用租用土地的形式，重点向泰国北部购租宜农土地，进行种养殖业开发合作，建立示范农场或农业中心，通过培育水稻良种、推广现代农业技术提高稻谷单位面积产量。除了果蔬产品的贸易，泰国有大量的荒山荒地，我国可组织有实力的企业到这些国家租购宜林荒山，规模化开发种植柑橘、龙眼等热带水果，满足国内市场需求。

（2）充分发挥两国农用机械和种苗优势

泰国大多数地方土壤肥沃，但是农业机械化程度较低，泰国对农业机电产品的需求旺盛，如拖拉机、柴油机、水泵、播种机、烘干机、收割机、碾米机等农机。但是泰国多数从欧洲、日本和韩国进口这些产品，从中国进口的很少。可通过与泰国的农业合作，向泰国出口农机产品。此外，也可向泰国出口化肥、农药、稻种、蚕种、龙眼、荔枝果苗和菠萝种苗等。同时可以引进泰国的动物良种，如种猪、种禽以及虎纹蛙等一些水产养殖品种。

（3）扶植外向型农业企业投资泰国

企业是资源配置的主体，也是对外农业合作的主体，我国应该重点扶植一批果蔬生产具有竞争优势的农业企业或企业集团，使它们能够成为中泰两国农业合作的主力军。泰国政府十分欢迎外国企业以合资方式到泰国投资农产品加工，并制定了许多优惠政策。我国企业可以到泰国利用当地农业资源进行生产，以打开当地市场，也可作为进入欧美市场的基地。要以农业生产和经贸为主的企业为龙头，组织具有竞争优势的农业生产基地，走集约化、规模化的道路，提高农产品生产的规模效益，提高优势农产品的产品和品质，改变低端低价农产品出口的不利局面。

（4）广泛开展科技交流与培训项目

开展农业科技人才培训合作，争取将昆明建成中国面向东盟国家的农业技术培训基地；开展先进农业技术交流，重点在农林畜果的种养技术推广以及病虫害防治技术的研究应用方面加强交流合作；合作开展动植物疫病疫情监督和控制，防止动植物疫病跨国传播；开展作物资源种质的考察、收集、评估、保存和利用合作，促进各方生物资源的保护与持续利用；开展农业生物多样性和农业生态系统的合作保护研究。组团调研考察，开展学术交流，举办学术会议以及举办培训交流等。

（三）合作重点

1. 科技合作

鉴于中泰农业现代化的需要，中泰两国农业科技合作的重点放在以下三方面。第一，生物工程与优良种质资源的交流与合作。中国在农业科学方面的基础研究如育种研究、培育高产和优势多抗的新品种以及农业生物技术的研究等已走在世界前列。泰国水稻遗传育种有优势，在稻米品质的改善上也取得了明显成效，几乎每年都能推出几个水稻新品种，取代已退化的品种。第二，在农村能源领域加强大中型沼气工程和户用沼气技术以及谷壳发电技术的交流与合作，共同探讨农村能源开发利用的新途径。第三，在动物胚胎移植和克隆、畜禽疫病诊断及动物基因工程疫苗、生物制剂等领域开展技术合作。

2. 投资合作

中国目前正在稳步推进"一带一路"建设，如何"走出去、引进来"以提高竞争力和农业生产的经济效益则是中国农业当前必须解决的重要问题。泰国以外向型农业为主，在一些领域具有较高水平。为了获取更高的经济效益，一些具有实力的泰国农业企业要走出国门，而与此同时，农业和农业加工也是泰国政府促进投资时优先考虑的行业，包括食品加工、农作物种植和动物饲养等多个部门，泰国政府十分欢迎外国企业以合资方式投资农业生产和农产品加工业。可以说泰国农业和农产品加工业的发展潜力很大，重点是从基础农业向高增值的农产品加工业转变，发展生物农业，提高产品质量，实现可持续发展。

3. 贸易合作

中泰两国可以在以下领域重点开展贸易合作：一是农业生产资料贸易。近几年来泰国的农业机械化获得了较大程度的发展。为了克服劳动力短缺、降低农业成本、提高单位面积产量和提高农业劳动生产率，泰国更迫切地需要农业机械，尤其是中国生产的小型农业机具。二是农产品贸易。中泰两国蔬菜水果零关税协定和早期收获方案的实施，使得两国农产品贸易迅速增长。中泰两国的农业各具特点，农产品贸易具有一定的互补性。未来仍该加快现代农业、食品、生物医药、新能源与可再生能源等重点领域贸易往来。

4. 产业合作

近年来，泰国投资者通过在中国的投资实践，普遍认为中国政治稳定、政策开放、劳力充足、工资低廉，经济特区的政策更为优惠，中国市场辽阔，具有投资吸引力，中国也看好泰国市场。加强热带作物培植及其加工产业方面合作。中国一方面可适当引进泰国种植业的品种和技术；另一方面，在品种的优化和产量的提高上可与泰国进行合作研究和开发。

五、中泰农业合作建议

总体上看，中泰两国农业互补性较强，合作潜力大，尤其是随着"一带一路"建设的进一步推进，中泰两国合作空间将不断拓宽。为促进中泰两国农业合作健康发展提出如下建议。

（一）加大政府间农业合作对话

农业合作是事关两国人民福祉的大事，需要政府不间断地对话协商。中国"一带一路"倡议的提出，无疑为中国和泰国的农业合作对话提供了优质平台，泰国应该充分利用"一带一路"的推进作用，为农业走出去提供相应的政策服务，补充和修订相应的法规，努力完善合作的政策。积极搞好规划统筹，拟订相应的目标，分阶段、分重点地展开工作（王禹，2017）。

（二）建立投资合作保障机制

机制保障是推进国家间农业合作的基本前提。一方面，政府需要搭建合作平台推进农业合作。中泰两国各级政府应通过签订政府间战略合作协议、投资合作协议等方式，鼓励相互企业积极开展农业合作，增强互相合作的潜在意识，促进两国农业合作进一步发展。另一方面，政府层面需要优化投资环境促进农业合作。中泰两国政府在保证农业招商引资政策稳定性和连续性的基础上，各自应相应制定配套优惠政策，为相互农业投资提供便利，为两国农业企业投资营造良好的政策环境。

（三）强化科技人才合作

科技发展是国家间农业合作的重要推动力。基于中泰两国良好的农业科技发展基础，以科技合作为突破口推进农业合作，对于中泰农业合作所需的紧缺人才，既可以通过高等院校、研究所或企业合作的形式定向培养，也可以通过相互引进高层次人才实现互补，并为高层次人才提供良好的物质待遇和有竞争力的提升空间，从而为实现两国农业由劳动密集型投资向技术密集型投资转变提供智力支持。

（四）建立出口基地型合作模式

贸易是两国最早推动农业合作的主要方式。两国政府要变资源优势为经济优势，由"资源开发型合作模式"向"出口基地型合作模式"转变，进一步加大互补型农产品的贸易量，贸易产品从过去的粮食等初级农产品为主向蔬菜、水果、畜产品、水产品等深加工食品为主过渡，并逐年增加进出口农产品的科技含量和附加值。同时，要促进有机食品贸易的发展。两国合作开展有机食品技术、天然药物开发及应用技术研究，建立以规模大、技术含量高、牵动力大的农产品加工基地，满足日益提高的消费市场需求。

参考文献

陈军军.2015.泰国农业支柱产业研究［J］.时代农机，（1）：86-87.
陈良敏，吕玲丽.2012.基于政策视角的泰国有机农业发展分析［J］.东南亚纵横，（12）：8-12.
崔光华.2008.农业政策性金融国际比较及启示［J］.国际经济合作，（10）：84-90.
丁振京.2005.印度和泰国农业政策性金融概况［J］.农业发展与金融，（1）：5-6.
郭铁志.2005.中国对泰国投资行业分析［J］.国际经济合作，（7）：44-48.
郭小芳.2014.论泰国农业生产率的提高［J］.创造，（8）：60-62.

韩　冰.2005.2004年泰国科技发展综述[J].全球科技经济瞭望,(6):37-39.

胡国英.2004.论农业在泰国现代化中的地位和作用[D].上海:华东师范大学.

黎海波.2005.泰国发展农业机械化的政策[J].现代农业装备,(9):115-116.

李芒茫.2016.泰国如何抓"三农"问题[J].农产品市场周刊,(9):60-62.

李　荣,涂先德,高小丽,等.2014.泰国农业技术推广与循环农业发展的启示[J].世界农业,(9):146-148.

李有江.2009.1997年金融危机以来泰国农业政策发展趋势[J].东南亚纵横,(6):33-36.

梁源灵.2000.中泰经贸关系的回顾与展望[J].东南亚纵横,(2):9-15.

刘　稚.2004.云南与东盟国家农业合作的前景与思路[J].东南亚,(1):26-31.

龙吉泽.2015.泰国农业合作社及农业业机械化[J].时代农机,(3):168-169.

吕玲丽.2004.广西与东盟国家次区域农业合作的现状及措施[J].东南亚纵横,(12):19-23.

毛国清.2006.2005年泰国科技发展综述[J].全球科技经济瞭望,(7):9-13.

毛国清.2009.浅析泰国农业的转基因技术[J].全球科技经济瞭望,(10):13-18.

孟　蕾.2007-11-07.泰国发展农业机械化的政策[N].今日信息报.

潘　超.2016.泰国投资项目风险管理研究[J].中国商论,(28):115-116,118.

蒲文彬.2005.云南与东盟国家农业合作的互补性和竞争性研究[J].东南亚纵横,(5):64-69.

瞿　綮.2016-03-31.农业大国泰国如何抓"三农问题"[N].粮油市场报.

王同涛,孔江涛,朱晓暄,等.2013.泰国科技发展现状及趋势[J].全球科技经济瞭望,(7):48-53.

王　禹,李干琼,李哲敏,等.2017."一带一路"背景下中国和泰国农业合作研究[J].农业展望,(1):54-57.

王　禹,李哲敏,雍　熙,等.2017.泰国农业发展现状及展望[J].农学学报,(11):95-100.

王育谦.2010.云南省与泰国农业合作的现状与前景分析[J].东南亚纵横,(6):45-49.

吴　勇.2006.中泰农业合作研究[D].武汉:华中农业大学.

许灿光,安　全,张　曦,等.2017.泰国农业合作社现状及其对开展农产品对外贸易的研究[J].世界农业,(10):182-185.

许　健,王　翠.2003.云南省与泰国科技合作与交流[J].云南科技管理,(6):26-27.

杨　馨.2004.中泰建交以来经贸关系探析[D].云南师范大学.

张海华.2012.2011年泰国的科技发展及主要成果[J].全球科技经济瞭望,(4):16-20.

张　曦,陈　雪,张　凯,等.2017.泰国农业合作社发展状况与启示[J].中国农技推广,(10):18-19.

张志文.2016.合作化之路激发泰国农业活力[J].农村·农业·农民,(4):51-52.

郑国富.2017.泰国农产品贸易发展的特征、问题与建议——以2001—2016年数据为例[J].东南亚纵横,(5):32-37.

菲律宾

菲律宾位于西太平洋，是东南亚一个多民族群岛国家。菲律宾是东盟的重要成员国，也是中国发展农产品贸易的重要合作伙伴，更是中国构建"21世纪海上丝绸之路"不可或缺的重要伙伴。2016年，中国超过日本成为菲律宾第一大贸易伙伴，菲中贸易额219.4亿美元，贸易前景十分广阔。中菲双方强调，"一带一路"倡议是推动两国农业发展的强大助力，是加强基础设施建设、农业、贸易等领域合作的重要保障，同时也将为菲律宾提升自身发展提供强劲动力。

一、国家基本概况

（一）自然地理

菲律宾全称菲律宾共和国，是亚洲、大洋洲两大陆和太平洋之间以及东亚和南亚之间的桥梁。北邻中国、日本、朝鲜半岛；西接柬埔寨、泰国、缅甸、越南、印度、老挝；东临太平洋；南部和西南与印度尼西亚、马来西亚隔海相望。菲律宾由7100多个岛屿组成，其中11个大岛占全国总面积的94%，已命名的岛屿共有2773个，故有"千岛之国"之称。菲律宾地貌复杂多样，有峡谷、大河、山脉、高原、平原、草原、湖泊、火山、森林等诸多形态。

（二）人口概况

菲律宾人口增长较快，2004—2015年，人口年均增长率为1.6%。2015年，菲律宾人口总数高达1.01亿人，是20年前的1.4倍。其中，农村人口约占总人口的55.5%，城镇人口约占44.5%。菲律宾劳动力资源丰富，老龄化程度低。2013年，15～64岁的劳动力人口总量接近6300万人，占总人口的63%。劳动力人口的平均劳动参与率为67%，其中男性劳动力的参与率为81%。女性人口比例为53%，65岁以上老人的人口比例仅为4.5%。

菲律宾劳动力以青壮年为主，且人口整体素质较高，全国识字率高达90%以上，能够熟练表达英语的人口在70%以上，但劳动力受教育水平总体偏低。

（三）社会和经济发展状况

近些年，菲律宾的经济发展取得了令人瞩目的成绩，经济增长率在亚太地区一直名列前茅，特别是在2016年以6.9%的成绩超越中国。世界银行数据显示，2016年菲律宾国内生产总值（GDP）为3049.05亿美元，人均GDP为2951.10美元，较2000年分别增长276.3%和184.1%，经济增长显著，且连续几年经济增速相对平稳（表1）。

表1　2000—2016年菲律宾经济发展状况

年　份	GDP总量（亿美元）	人均GDP（美元／人）	GDP年均增长率（%）
2000	810.26	1038.90	4.4
2001	762.62	957.30	2.9
2002	813.58	1000.10	3.6
2003	839.08	1010.60	5.0
2004	913.71	1079.00	6.7
2005	1030.72	1194.70	4.8
2006	1222.11	1391.80	5.2
2007	1493.60	1672.70	6.6
2008	1741.95	1919.50	4.2
2009	1683.35	1825.30	1.1
2010	1995.91	2129.50	7.6
2011	2241.43	2352.50	3.7
2012	2500.92	2581.80	6.7
2013	2718.36	2760.30	7.1
2014	2845.85	2842.90	6.1
2015	2927.74	2878.30	6.1
2016	3049.05	2951.10	6.9

资料来源：世界银行

菲律宾产业结构有所变化，2001—2014年，菲律宾的经济结构由第一产业向第三产业转移，而制造业对GDP的贡献率有所降低，导致经济发展后期乏力。世行数据显示，2000年菲律宾一、二、三产业增加值占GDP增量的比重分别为14.0%、34.5%和51.6%，而2015年一、二、三产业增加值占GDP增量的比重分别为10.3%、30.9%和58.8%，一、二产业对GDP的贡献率有所回落。为此，菲律宾政府制订了产业发展计划，下决心振兴国家制造业，打造一批具有全球竞争力的制造业品牌。现任总统杜特尔特上台后，提出了"10点经济社会议程"，加速菲律宾社会经济转型。

目前，菲律宾贫困现象仍旧严重，全国超过1/5的人口仍然生活在贫困线以下。为此，菲律宾国家发展署特别批准了《2017—2022年菲律宾发展规划》，旨在通过保持稳定的中长期宏观经济政策和推进税制改革，将菲律宾总体贫困率从2015年的21.6%降低到14.0%，农村地区贫困率从2015年的30%降低到20%，力争到2022年实现菲律宾成为中上收入国家的目标。

（四）政治制度

菲律宾是亚洲最早实行政党政治的国家（孙美晖，2013），目前实行的是三权分立的总统制政治体制。总统是国家元首、政府首脑兼武装部队总司令，拥有行政权，总统任期6年且不能连任。国民议会拥有立法权，分为参议院和众议院。其中，参议院由24名参议员组成，任期6年，可连任两届；众议院议员在250名以内，任期3年，可连任3届。最高法院为最高司法机关，下设上诉法院、地方法院和市镇法院。最高法院由1名首席法官和14名陪审法官组成，最高法官在服务优良情况下可连任，直至70岁或无能力继任为止。

菲律宾经过民主实践的洗礼，逐渐形成了竞争性多党制政治制度，包含大小政党100余个，大多数为地方性小党。主要政党有5个，分别为基督教穆斯林民主力量党、民族主义人民联盟、摩洛民族解放阵线（简称"摩解"）、摩洛伊斯兰解放阵线（简称"摩伊解"）和菲律宾共产党。

二、农业发展现状

（一）农业资源条件

1. 气候类型

菲律宾属热带海洋性气候，全年阳光充足，分干湿两季。干季为11月至次年4月，炎热干燥；湿季为5月至10月，高温多雨。菲律宾南部与北部、东海岸与西海岸之间的气候均有差异，原因在于其国土南北狭长，东西有山脉分隔，全年平均气温为26.6℃上下。菲律宾优越的气候类型使其境内野生植物种类高达数万种，其中高等植物有2500余种，主要有松柏、竹子、龙脑香、红树、松树等。菲律宾境内野生动物以哺乳类为主，多达200种。

2. 水资源

菲律宾拥有61个自然港，海岸线总长1.9万千米。其中，马尼拉湾水域面积770平方千米，是世界公认最好的港湾之一；贝湖（Laguna de Bay）是菲律宾最大的淡水湖；卡格扬河（Cagayan）是菲律宾最长的河流，流经亚洲著名烟草生产盛地卡格扬峡谷。菲律宾拥有包括海洋和内陆在内的丰富水资源。海域面积22000万公顷，其中远洋和沿海海域面积分别为19340万公顷和2660万公顷，为渔业的发展提供重要资源。内陆水资源包括33.8万公顷沼泽地、22.2万公顷鱼池、20万公顷湖泊、19万公顷水库和3.1万公顷河流，成为农业灌溉用水以及渔业生产的重要保证（何小燕，2012）。

3. 土地资源

菲律宾国土面积约 3000 万公顷，其中，农业用地占比最高，达 47%，其次是商业林地，占比达 33.4%，另外还包括林业保护区、国家公园、军用和国家保护区、鱼池、民用保留地、其他土地，占比分别为 10.9%、4.5%、0.4%、0.3%、0.6%、3%。农业用地大多集中在人口相对稠密的地区。其中，粮食用地约 401 万公顷，玉米和水稻分别占粮食用地的近一半；其他作物用地约 833 万公顷。在其他作物用地中，椰子占地面积比重最大，为 51%；其次是甘蔗，占地比重达到 8.1%；经济作物、牧场、蔬菜和块根作物的占地面积比重分别为 7.1%、4.8%、3.2%；占地面积最少的是果树用地，仅为 1.8%。菲律宾法律规定，只允许其公民或者公民所持资本比例不低于 60% 的公司或协会通过租赁的方式获得公共土地的使用权，土地所有权仍归国家所有。

FAO 统计数据显示，菲律宾耕地面积大体呈上升趋势，但人均耕地面积变化趋势相反，主要原因在于近些年菲律宾人口增速较大。其中，2013—2015 年，菲律宾耕地面积均维持在 559 万公顷，而人均耕地面积由 0.06 公顷减少至 0.05 公顷。

（二）农业生产情况

1. 农业产值规模及构成

菲律宾主要以农业为主，40% 的劳动力依靠农业，农业产值占 GDP 的比重达到 20%。近 10 年来，菲律宾农业产值呈稳中有升态势，从 2006 年的 8523.08 亿比索增长到 2016 年的 1.57 万亿比索，增长 84.5%（图 1）。种植业产值占农业总产值的 56.1%，规模最大，主

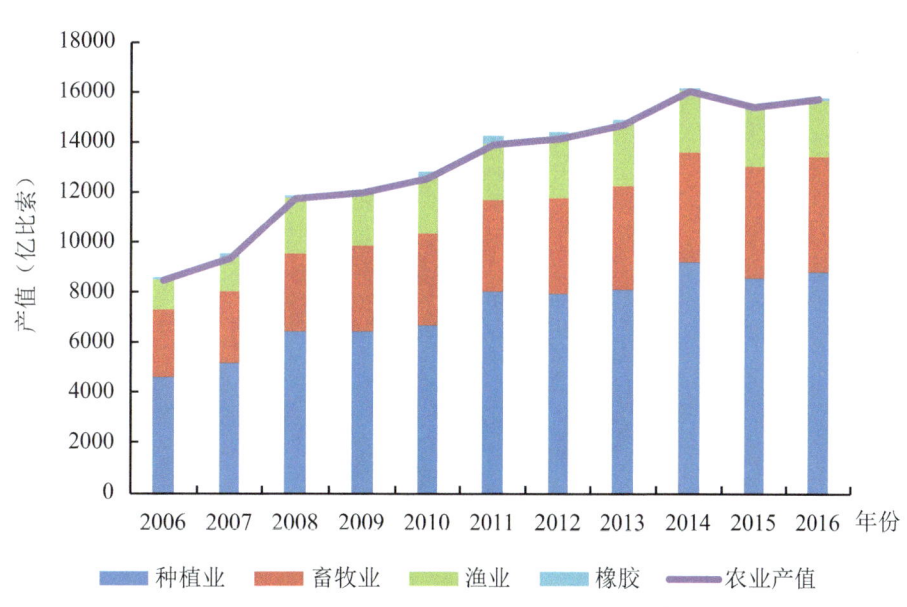

图 1　2006—2016 年菲律宾农业产值情况

资料来源：菲律宾统计局

要是受水稻、玉米、椰子、甘蔗和香蕉等作物产值大的推动,其中香蕉产值占种植业产值的34.5%,占比最大。畜牧业产值占农业总产值的29.3%,规模居于第二位,牲畜和家禽产值分别占畜牧业产值的56.1%和44.0%。其中,猪肉产值在畜牧业产值中占比最大,为45.8%,其次是鸡肉产值,占比为32.5%。渔业产值和橡胶产值分别占农业总产值的14.6%和0.6%。

2. 主要农产品产量

(1)种植业

稻谷和玉米。 菲律宾的谷类作物主要以水稻和玉米为主。稻谷是菲律宾最重要的粮食作物,生产发展较快。菲律宾作为世界第八大稻谷生产国,稻谷产量约占世界稻谷总产量的3%。2000—2008年,菲律宾稻谷产量逐年增加,从1238.9万吨增长到1681.6万吨,2009—2010年有所下降,但2011年后又快速恢复增长态势,2014年产量达到峰值1896.8万吨,随后有所降低,2016年降为1762.7万吨(图2)。稻谷种植方式分为人工灌溉种植和

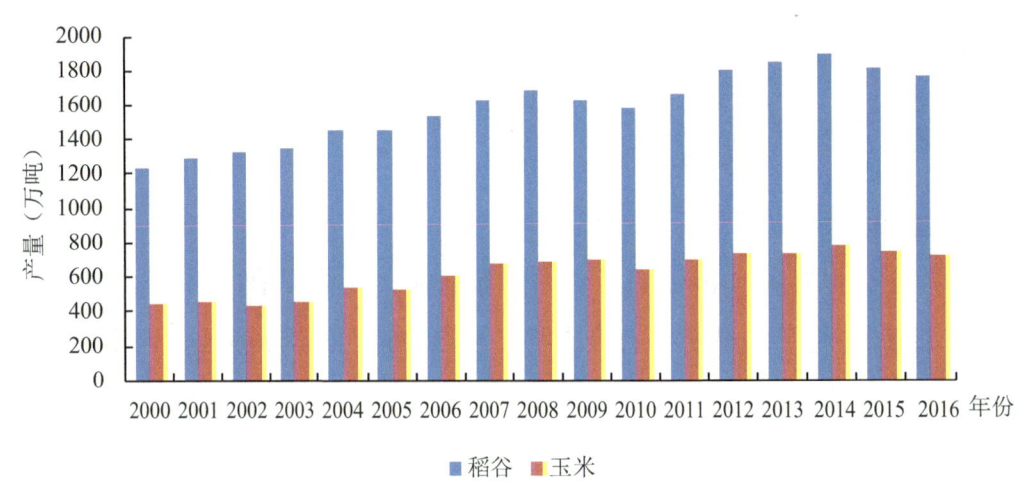

图2　2000—2016年菲律宾稻谷和玉米的产量

资料来源:菲律宾统计局

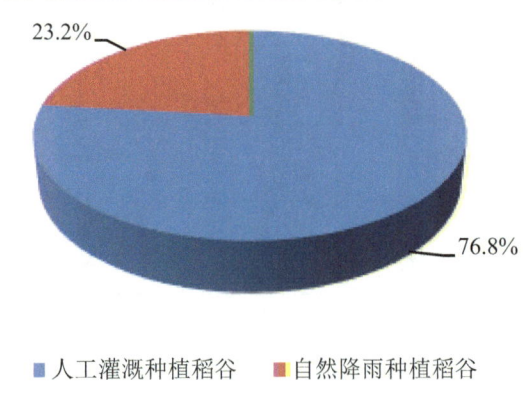

图3　2016年菲律宾不同种植方式稻谷产量占比情况

资料来源:菲律宾统计局

自然降雨种植,稻谷产量主要来源于灌溉种植。2016 年,灌溉种植的稻谷产量占稻谷总产量的 76.8%,而自然降雨种植产量仅占 23.2%(图 3)。

玉米是菲律宾第二大粮食作物,其产量不及稻谷的一半,但仍呈稳步递增态势,产量自 2000 年的 451.1 万吨增长到 2016 年的 721.9 万吨,年均增长率为 3.9%。菲律宾主产黄、白玉米两个品种,产量大多集中在黄玉米上,两个品种的产量差距逐年拉大,2000 年黄玉米产量比白玉米高出 38.8%,而 2016 年两者差距高达 156.9%。2016 年,黄玉米产量占总产量的 72.0%,白玉米则占 28.0%(图 4)。

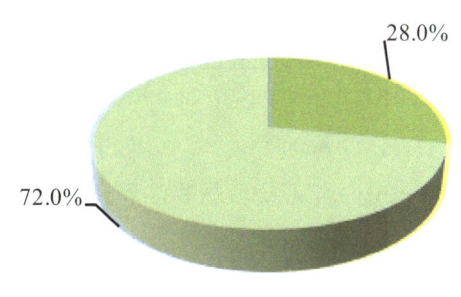

图 4　2016 年菲律宾不同种类玉米产量占比情况

资料来源:菲律宾统计局

从单产情况来看,菲律宾谷物大体呈上升趋势。2010 年以前,除 2009 年出现稍许降低外,其余年份稳步提升,2009 年谷物单产为 3.23 吨 / 公顷。2010 年后连续四年稳步增长,直至 2015 年出现第二次下降状态,2016 年仍有稍许降低,单产为 3.53 吨 / 公顷,每公顷下降 27.10 千克。玉米单产情况变化趋势同谷物大体相同(表 2)。

表 2　2010—2016 年菲律宾农作物单产　　　　　　　　　　　　(单位:千克 / 公顷)

年　份	2010	2011	2012	2013	2014	2015	2016
谷物	3231.90	3340.60	3492.60	3531.80	3637.40	3556.10	3529.00
玉米	2551.70	2739.60	2855.50	2877.60	2975.60	2934.80	2905.60

资料来源:FAOSTAT

油料。植物油产量先增后减。2000—2010 年,植物油产量由 147.30 万吨增加到 205.02 万吨。随着总产量的增加,人均占有量相应地从 2000 年的 18.89 千克增加至 2010 的 21.87 千克,2011 年后人均产量明显下降,2013 年人均产量为 13.67 千克。同时,植物油的进口波动较大,2000 年植物油进口量为 11.94 万吨,2011 年进口量达到最大,达 55.58 万吨。2012—2013 年进口量有所下降(图 5)。

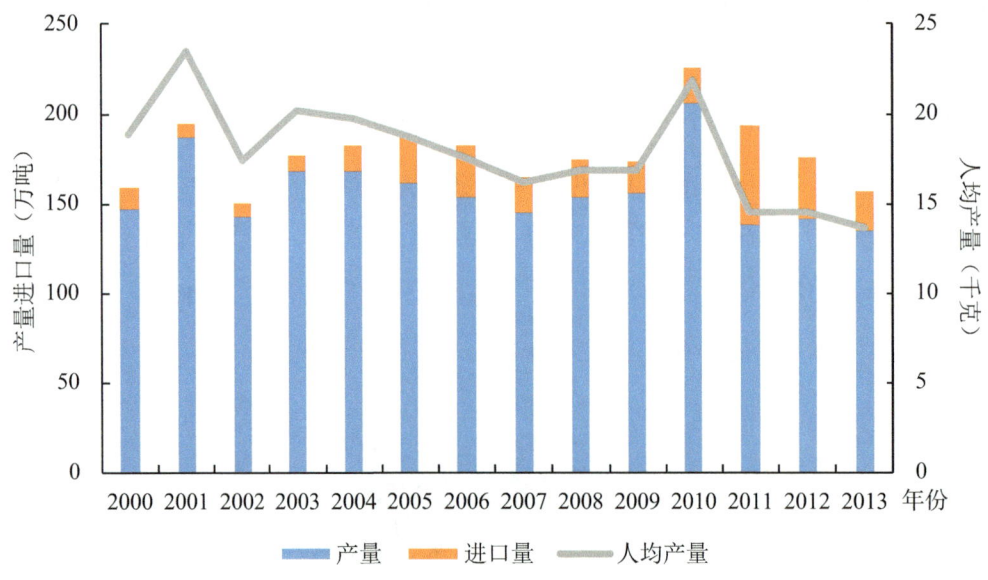

图5 2000—2013年菲律宾植物油产量和进口量

资料来源：FAOSTAT

水果。 菲律宾的热带水果以香蕉、菠萝、芒果为主，其次是柑橘、木瓜和西瓜。菲律宾水果中产量最高的是香蕉，2015年香蕉产量是位居第2位的菠萝产量的2.5倍，是位居第3位的芒果产量的9.1倍。菲律宾香蕉产量除2013年外均呈增加态势，2000—2008年增加显著，年均增长率7.3%，随后至2012年增长较为平缓，年均增长率为0.8%，2013年第一次出现减产，随后又呈增长态势（表3）。菠萝产量增加幅度大于芒果产量增加幅度，且除2009年和2010年外均呈上升趋势，而芒果产量较为稳定，2007年达到峰值102.39万吨。

表3 2000—2015年菲律宾主要水果产量　　　　　　　　　　（单位：万吨）

年 份	香 蕉	菠 萝	芒 果	柑 橘	木 瓜	西 瓜
2000	492.96	155.96	84.83	18.08	12.13	5.94
2001	505.94	161.79	88.17	18.17	12.78	5.83
2002	527.48	163.92	95.6	18.1	12.77	7.89
2003	536.9	169.8	100.62	18.09	13.08	9.25
2004	563.13	175.98	96.75	17.9	13.39	10.71
2005	629.82	178.82	98.43	20.08	14.66	11.51
2006	679.46	183.39	91.9	19.66	15.71	11.73
2007	748.41	201.65	102.39	20.16	16.42	12.59
2008	868.76	220.93	88.4	19.97	18.29	10.32
2009	901.32	219.85	77.14	19.22	17.67	9.71
2010	910.13	216.92	82.57	18.83	16.6	11.02

(续表)

年份	香蕉	菠萝	芒果	柑橘	木瓜	西瓜
2011	916.5	224.68	78.81	18.26	15.79	10.15
2012	922.68	239.77	76.84	17.85	16.49	10.51
2013	864.64	245.85	81.64	16.41	16.63	13.00
2014	888.49	250.71	88.50	16.07	17.26	13.15
2015	908.39	258.27	90.27	16.27	17.26	14.80

资料来源：菲律宾统计局

（2）畜牧业

菲律宾的畜牧业发展较为迅速，肉类产量增长较快。2000—2015 年，肉类总产量从 205.16 万吨增加至 333.81 万吨，增长近 50%，年均增长率为 3%，主要原因在于禽肉产量大幅增加。2000 年，禽肉产量 54.36 万吨，占肉类总产量的 26.5%；2015 年，禽肉产量为 120.16 万吨，增长 121%，占肉类产量的 35.0%（表 4）。

表 4　2000—2015 年菲律宾主要畜禽产品产量　　　　　（单位：万吨）

年份	猪肉	牛肉	羊肉	鸡肉	鸭肉	鸡蛋	鸭蛋
2000	121.25	26.18	3.37	53.31	1.05	24.34	5.35
2001	126.59	25.52	3.35	58.71	1.09	24.67	5.39
2002	133.23	25.93	3.36	62.71	1.11	26.08	5.36
2003	138.46	25.74	3.31	63.51	1.10	27.48	5.40
2004	136.56	25.89	3.36	66.49	1.09	29.66	5.66
2005	141.50	24.99	3.61	62.35	1.07	32.03	5.32
2006	156.50	25.18	4.48	65.80	1.18	33.03	5.00
2007	161.67	28.82	4.95	74.54	1.50	33.51	4.70
2008	160.58	28.60	5.33	81.23	1.47	35.08	4.26
2009	162.88	28.84	5.44	82.67	1.43	36.85	3.96
2010	163.58	30.00	5.54	86.86	1.37	38.73	3.67
2011	164.16	30.06	5.56	92.01	1.40	40.34	3.77
2012	165.29	29.50	5.43	102.60	1.48	42.11	3.97
2013	168.11	29.71	5.46	108.47	1.50	42.77	4.11
2014	169.07	30.15	5.53	111.49	1.50	41.57	4.15
2015	177.57	30.41	5.67	118.59	1.57	44.46	4.24

资料来源：菲律宾统计局

猪肉是菲律宾最主要的肉类产品，2015 年猪肉产量为 177.57 万吨，占肉类产量的一半以上，但增长速度相对较慢。禽肉是第二重要产品，且增长较快。牛羊肉的产量较少，2015 年牛肉和羊肉的产量分别为 30.41 万吨和 5.67 万吨，分别占肉类产量的 9% 和 1.7%。相对而言,牛肉产量增长较慢,羊肉由于基数较低增长较快。

菲律宾禽蛋产量以鸡蛋为主,2015年,鸡蛋产量44.46万吨,鸭蛋产量4.24万吨。鸡蛋产量除2014年同比减少2.8%以外,其余年份稳步递增。鸭蛋产量经历了2006—2010年连续减产后,产量逐步提升。

2014年以前鲜奶产量增速较快,但近两年下降明显。菲律宾奶产量由2000年的1.02万吨增加到2014年的2.0万吨,增长96.0%。2015年奶产量明显下降,降幅达28.8%,2016年较上年持平略增(图6)。

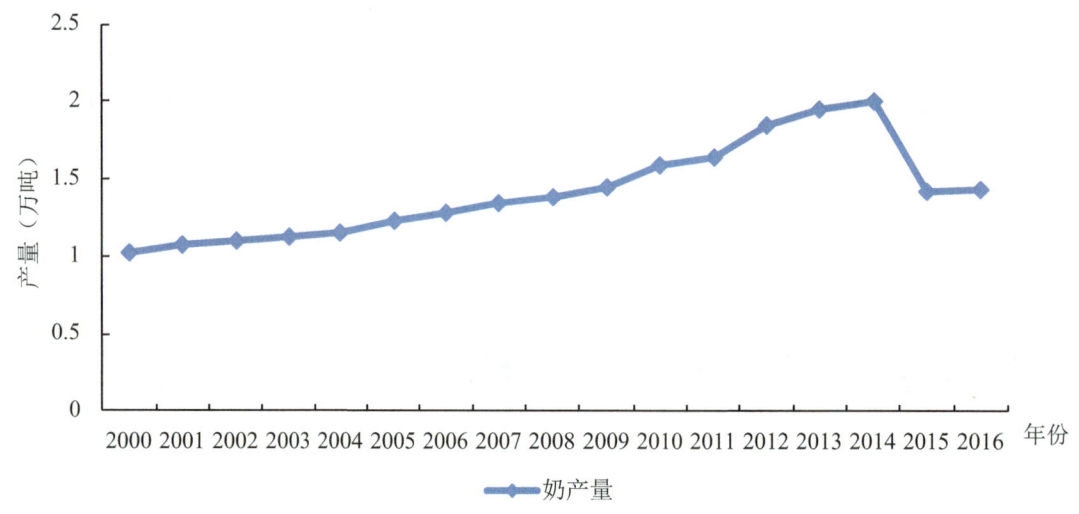

图6　2000—2016年菲律宾奶产量情况

资料来源:FAOSTAT

(3)渔业

菲律宾的渔业资源比较丰富,发展较快。2000—2010年,水产品产量从2000年的299.70万吨增加到2010年的515.80万吨,水产品产量年均增长率为5.6%,人均水产品产量为由38.43千克上升到55.03千克。2011年水产品产量有所回落,降为497.10万吨,人均产量也有所下降,到2013年,人均产量为50.48千克,较2010年下降8.3%(图7)。

(4)林业

菲律宾作为木材生产国,林业在其国民经济中占据着重要位置。多年以来,菲律宾一直是亚太地区最主要的原木和其他林产品的生产和出口国。天然橡胶作为菲律宾重要的林产品,近十几年来,其产量经历了由升转跌而后又升的过程,2014年达到峰值11.33万吨,2015年有所下降(图8)。2001年,橡胶产量增长率达到最高值22.1%,并且除2009年和2015年橡胶有所减产外,其余年份均呈正增长态势。菲律宾的橡胶产业发展主要依赖于出口,国内市场非常狭小。

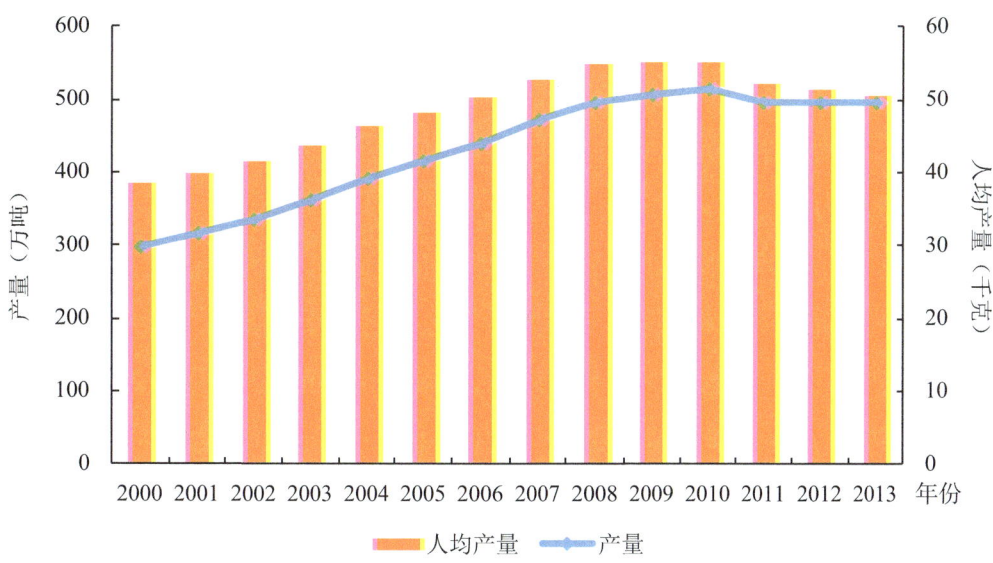

图 7　2000—2013 年菲律宾水产品产量情况

资料来源：FAOSTAT

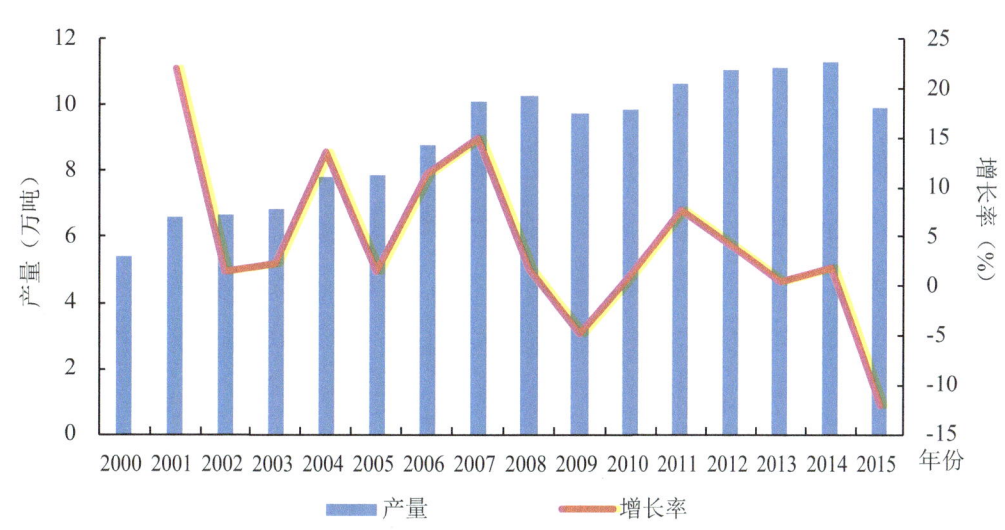

图 8　2000—2015 年菲律宾橡胶产量情况

资料来源：菲律宾统计局

3. 主要农业产业布局

据菲律宾统计局统计，菲律宾农业生产主要分布在 17 个地区。在种植业中，稻谷产量相对集中在中央吕宋区（Central Luzon）、卡加延河谷区（Cagayan Valley）、伊罗戈斯区（Ilocos Region）、西米沙鄢区（Western Visayas）及比科尔区（Bicol Region）等。其中人工灌溉稻谷主要分布在中央吕宋区、卡加延河谷区及伊罗戈斯区等；自然降雨种植的稻谷主要分布在西米沙鄢区和东米沙鄢区以及伊罗戈斯区等。玉米产量主要集中在卡加延河谷区、北棉兰老区（Northern Mindanao）、南哥苏萨桑区（Soccsksargen）、棉兰老穆斯林自治区

（ARMM）及伊罗戈斯区等。其中，黄玉米产量较高的地区有卡加延河谷区、南哥苏萨桑区和北棉兰老岛区等；白玉米产量相对集中在北棉兰老岛区、棉兰老穆斯林自治区和南哥苏萨桑区等。菲律宾三大热带水果分布明显，其中香蕉和菠萝生产大多集中在棉兰老岛，而芒果生产则主要以吕宋岛为主。

在畜牧业中，牛、羊、猪及禽肉养殖主要分布在吕宋岛、北棉兰老区、甲拉巴松区（Calabarzon）、伊罗戈斯区、西米沙鄢区和中米沙鄢区、南哥苏萨桑区、达沃区（Davao Region）及比科尔区等。其中，北棉兰老区牛的产量最高，2016年产量为3.9万吨，较居于第二位的甲拉巴松区高出37.5%。猪和禽肉养殖主要集中在中央吕宋区，而伊罗戈斯区主要养殖山羊。

（三）农产品贸易情况

1. 贸易规模

（1）农产品贸易规模

菲律宾是农产品短缺国家，大力推进对外贸易对满足国内农产品供需均衡意义重大。总体来看，菲律宾农产品进出口总额逐年递增，但始终处于逆差状态。FAO统计数据显示，2004—2008年，菲律宾农产品进出口额均呈稳步上升趋势，2009年出现双降态势，可能是受美国次贷危机等事件影响导致。其中，菲律宾农产品进口额自2004年的31.3亿美元增至2014年的86.8亿美元，增长177.3%；同期农产品出口额自20.5亿美元增至66.0亿美元，增长2.2倍（表5）。由于菲律宾是农产品贸易逆差国，年均逆差在19亿美元左右，农产品出口额逐年递增，逆差态势不断收窄。

表5　2004—2014年菲律宾农产品进出口情况　　　　（单位：亿美元）

项目	2004年	2005年	2006年	2007年	2008年	2009年	2010年	2011年	2012年	2013年	2014年
贸易总额	51.8	58.1	60.7	70.1	98.3	77.5	92.1	110.8	107.4	130.4	152.8
进口额	31.3	34.4	36.7	42.6	65.4	51.9	58.2	64.5	66.6	71.3	86.8
出口额	20.5	23.6	24.1	27.5	32.9	25.6	33.9	46.3	40.8	59.1	66.0
同比增（%）	7.0	12.0	4.6	15.4	40.2	-21.2	18.8	20.4	-3.1	21.4	17.2
贸易差	-10.8	-10.8	-12.6	-15.1	-32.5	-26.3	-24.2	-18.2	-25.8	-12.3	-20.8

资料来源：FAOSTAT

（2）主要农产品贸易规模

从进口农产品贸易额来看，菲律宾农产品进口种类繁多，包括食物及动物、烟草及其制品、原料、动植物油等（表6）。其中食物及动物进口额占比较重，主要由谷物及动物饲料的大量进口带动。此外，菲律宾动植物油进口额增长显著，2014年进口额为6.4亿美元，是2004年进口额的5.8倍；烟草及烟草制品和原料的进口额相对平稳。

表6 2004—2014年菲律宾主要农产品进口额　　　　　　　　（单位：亿美元）

项　目	年　份										
	2004	2005	2006	2007	2008	2009	2010	2011	2012	2013	2014
食物及活体动物	26.2	29.6	31.7	37.2	58.7	47.8	59.6	56.9	61.1	60.9	73.1
肉及肉制品	1.7	1.6	1.7	2.0	3.0	2.7	3.8	4.4	4.9	5.7	8.4
乳制品及禽蛋	5.0	4.3	4.7	6.6	7.3	4.8	7.4	8.7	7.9	8.9	9.3
鱼及鱼制品	0.4	0.7	0.7	1.0	1.3	1.7	1.4	1.7	2.3	2.4	2.7
谷物及谷物制品	7.5	10.4	12.1	12.6	28.8	21.1	24.7	16.4	17.6	14.1	18.7
果蔬	1.2	1.3	1.9	2.0	2.8	2.6	2.8	3.6	4.1	4.3	4.4
糖类及糖制品	0.8	0.7	1.1	1.0	1.0	0.9	3.7	2.4	2.4	2.7	2.8
咖啡、茶、可可、香料等	0.9	1.1	1.0	1.2	1.6	1.7	2.4	2.7	3.6	3.3	4.2
动物饲料（未碾磨谷物除外）	4.8	5.1	4.6	5.6	7.1	6.7	6.9	9.3	10.6	11.4	13.7
烟草及烟草制品	2.0	2.0	1.7	1.9	2.2	2.0	1.3	1.7	1.7	2.0	1.6
原料	2.7	2.0	2.3	2.5	3.5	2.3	2.9	3.5	3.1	2.5	2.6
油籽及含油脂水果	1.3	0.7	0.6	0.9	1.1	0.7	1.1	1.2	1.0	0.6	1.1
天然橡胶	0.3	0.4	0.7	0.9	1.2	0.4	0.2	0.3	0.4	0.3	0.3
动植物油（总体）	1.1	1.5	1.6	1.8	2.5	1.6	2.0	5.7	4.1	2.8	6.4
动植物油	0.4	0.4	0.5	1.3	2.2	1.3	1.6	4.4	2.9	1.9	4.5
混合性植物油	0.8	1.2	1.2	0.5	0.4	0.3	0.4	1.3	1.2	0.9	1.9

资料来源：菲律宾统计局

从出口农产品贸易额来看，菲律宾出口农产品主要以果蔬产品为主，其次是鱼及其制品（表7）。此外菲律宾对外出口原料主要来自天然橡胶。动植物油出口额也相对较大，其中混合性植物油出口额占到96%以上。

表7 2004—2014年菲律宾主要农产品出口额　　　　　　　　（单位：亿美元）

项　目	年　份										
	2004	2005	2006	2007	2008	2009	2010	2011	2012	2013	2014
食物及活体动物	15.4	16.1	17.9	20.2	23.4	20.6	21.6	30.6	32.0	42.1	42.8
活体动物	0.0	0.0	0.0	0.0	0.0	0.0	0.1	0.1	0.1	0.2	0.0
肉及肉制品	0.0	0.1	0.1	0.2	0.3	0.3	0.4	0.6	0.7	0.5	0.5
乳制品及禽蛋	0.8	0.8	0.9	1.4	1.7	1.0	1.4	1.8	0.9	0.5	0.7
鱼及鱼制品	4.1	3.5	3.9	4.7	6.4	5.7	6.3	6.5	8.1	11.6	9.9
谷物及谷物制品	0.4	0.6	0.6	0.7	0.9	0.9	1.0	1.1	1.0	1.3	1.4
果蔬	7.8	8.8	9.6	10.3	11.0	9.4	9.2	14.0	16.2	19.7	23.2
糖类及糖制品	1.0	1.1	1.4	1.3	1.3	1.6	1.1	4.5	2.1	3.5	1.8
咖啡、茶、可可、香料等	0.1	0.2	0.1	0.1	0.2	0.1	0.1	0.1	0.1	0.2	0.3

（续表）

项目	年份										
	2004	2005	2006	2007	2008	2009	2010	2011	2012	2013	2014
动物饲料（未碾磨谷物除外）	0.4	0.3	0.4	0.5	0.7	0.5	0.9	0.6	1.3	2.3	1.3
烟草及烟草制品	1.2	1.4	1.4	1.4	1.9	2.1	2.7	3.3	2.3	3.4	4.5
原料	1.6	1.4	1.5	1.7	2.1	1.5	2.4	3.3	2.8	3.4	4.0
天然橡胶	0.4	0.4	0.5	0.4	0.5	0.3	0.6	0.8	0.6	0.8	0.8
动植物油（总体）	6.1	6.9	6.1	7.7	10.7	6.1	12.9	14.6	11.9	13.5	13.3
动植物油	0.3	0.3	0.4	0.4	0.3	0.1	0.2	0.3	1.0	2.7	0.5
混合性植物油	5.8	6.6	5.8	7.3	10.4	5.9	12.7	14.3	10.9	10.8	12.8

资料来源：菲律宾统计局

2. 主要贸易伙伴

菲律宾奉行独立的外交政策，迄今已同126个国家建交。菲律宾对外政策目标包括：确保国家安全、主权和领土完整；推动社会发展，保持菲律宾在全球的竞争力；保障菲律宾海外公民权益；提升菲律宾国际形象；与各国发展互利关系。

从菲律宾农业贸易情况来看，在出口方面，菲律宾出口目的地有美国、荷兰、中国、日本和韩国等。其中，椰子油的出口市场以美国和荷兰为主；香蕉、菠萝、芒果、木瓜和椰子出口到日本、韩国、中国等市场。在进口方面，小麦和混合麦的主要供应商是美国；水果和蔬菜来源国有美国、澳大利亚、加拿大以及中国。菲律宾继续保持农业贸易逆差状态，与澳大利亚、美国、东盟国家和欧盟等主要贸易伙伴存在贸易逆差，而与日本的农业贸易呈顺差状态。

3. 中国与菲律宾贸易情况

菲律宾是东盟的重要成员国，也是中国发展农产品贸易的重要合作伙伴（张柯等，2016）。2016年，中国超过日本成为菲律宾第一大贸易伙伴，菲中贸易额219.4亿美元。自2016年杜特尔特访华后，中菲贸易稳健上涨，中国已从菲律宾进口水果1亿美元；自2016年11月至2017年1月，中国连续三个月成为菲律宾单月第一大贸易伙伴。

中国与菲律宾的农产品贸易呈顺差格局，总体向好发展。据中国海关数据，2016年，中国对菲律宾出口农产品141.63万吨，出口额19.41亿美元；中国从菲律宾进口农产品80.42万吨，进口额6.30亿美元，贸易顺差13.11亿美元（图9）。从2000—2016年中菲两国农产品贸易往来情况来看，中国除2013年出口额大量减少，导致唯一的逆差外，其余年份均呈顺差态势，且顺差额逐年递增。中国对菲律宾农产品出口额增速总体大于进口额增速，且进口额在2007年以前波动较为平稳，2008年起显现出较为显著的增长趋势。

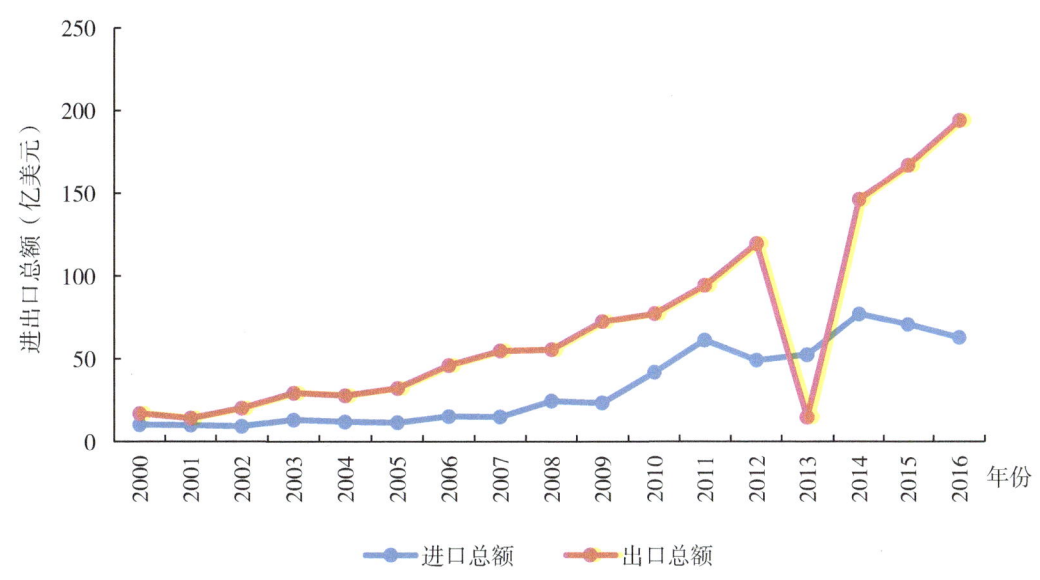

图 9　2000—2016 年中国对菲律宾农产品进出口走势

资料来源：中国海关

从中菲农产品贸易品种来看，中国主要从菲律宾进口水果，2016 年中国从菲律宾进口的水果量占农产品进口总量的 89.9%，占据主要地位。其次，还进口大量的植物油、水产品和棉麻丝等。在中国出口到菲律宾的农产品中，总量最大的是糖料及糖，达到 57.86 万吨，占出口农产品总量的 40.9%，其次是水果、蔬菜、水产品、粮食制品和谷物。

2008—2016 年，中国对菲律宾出口的农产品品种变化不大（根据历年海关数据），2008 年出口农产品按产量由大到小排名前五位的品种依次是水果、蔬菜、粮食制品、糖料及糖、粮食（谷物），2016 年变为糖料及糖、水果、蔬菜、水产品、粮食制品，糖料及糖的出口量增长显著，从起初的第四大出口品种跃升为第一大出口品种。同期，中国从菲律宾进口的农产品仍以水果为主，所占比重从 81.2% 增长到 89.9%；但植物油的进口量下降较大，2016 年较 2008 年降低了 67.5%。

（四）农业科技发展

1. 农业科研机构

菲律宾农业研究机构主要分三类：一是公共机构，其作为菲政府的有机组成部分，主要依靠公共资金的支持；二是私营机构，其从事农业领域研究旨在满足自身需求；三是国际机构或中心，其在农业领域的研究资金大多来自国际捐助机构，并且研究范围已不仅限于本国。

鉴于以往菲律宾农业研究组织结构较为松散，也缺乏协作能力，因而菲政府创建了菲律宾农研委会，该委员会有权对任何不执行相关规定的公共研究机构停发或扣发研究资金。自菲农研委会创建后，菲律宾农业研究机构格局发生了新的变化，主要由国家研究中心、地区研究中心和田间协作站组成。国家研究中心主要从事一种或多种农产品基础研究和应用研究，其中一部分从事单一农产品研究，如菲律宾烟草研究与训练中心，另一部分从事多种农产品研究。国家研究中心主要以国立农业院校为代表，分布在菲大、米沙鄢国立农学院、中吕宋国立大学和南棉兰老大学等。地区研究中心往往进行五、六种以上农产品的研究，主要负责针对当地具有重要意义的农产品进行引用研究，并对国家研究中心的研究结果进行进一步验证。田间协作站主要为适应性试验或实地试验提供设备或场地（蒋细定，1992）。

2. 农业科技发展状况

菲律宾农业的快速发展与其农业科技进步是分不开的。自2000年起，广东省农业科学院作物研究所在菲律宾培育优良新作物，如甜玉米"超甜38号""正甜613号"及茄子"金刚1号"和番茄"东方红1号"等，试验示范效果表现良好。为大力推进菲律宾新作物产业发展，2004年7月，中国与菲律宾华商联总会签署了农业科技合作意向；2011年9月，中菲共建的"热带亚热带作物耐热技术研究联合实验室（中菲农业科技合作研究中心）"开启挂牌仪式。该研究中心旨在加强两国农业合作关系，推动在甜玉米和糯玉米、能源作物、生物技术等方面的合作。

水稻作为菲律宾重要的粮食作物，产量增长速度不能满足人口快速增长的需求，历年进口量较大。中国在杂交水稻技术研究及应用上处于世界领先水平，中国杂交稻种类繁多，增产优势显著，很多品种适合在菲律宾这类热带地区种植。从杂交稻试种情况来看，2000年，从中国挑选的44个杂交稻组合中，产量最高的组合较菲律宾杂交稻Mestiso增产1/4左右；2004年，菲律宾从中国引进40个杂交稻组合，每公顷产量在10吨以上的组合有25个，70%的组合比当地常规稻Rc82增产30%以上，20%的组合比当地杂交稻Mestiso增产10%以上。从中菲杂交稻合作情况来看，2003年，中国无偿援助菲律宾建立"中菲农业科技中心"，并向菲提供杂交稻良种及农机设备贷款；2007—2008年，中国优质种业入驻菲律宾，成立了种业合资公司和研发中心，为菲律宾杂交稻组合的筛选和选育提供技术支持（毛瑞清等，2015）。

(五)农业管理体系与政策

1. 农业管理体系

菲律宾农业部是主要负责加速农业和渔业发展的政府部门,通过制定法规、投资和农业援助等方式实现对本国农业和进出口贸易的支持。其首要目标是提高农民收入,提供农业就业以及鼓励人民更多地参与农业活动。农业部机构由内部审计、计划监管、政策研究、项目发展等10个服务中心,以及畜牧局、种植业局、农业培训机构、农业和渔业机械局、农业和渔业标准局、渔业和水产品资源局、农业研究局、土地和水资源管理局8个管理局,分别对农业、渔业、水产品、土地、水资源等进行监督和管理以保证农业生产所需要的土地和水资源充足、安全,保证农产品的生产、消费、运输安全,确保菲律宾农产品市场的健康快速发展。同时,农业部还下设15个地方办公室。

2. 农业支持政策

菲律宾农业的大力发展离不开政府的支持,政府在农业发展过程中充分发挥职能,制定了一系列农业发展政策来加强宏观管理。相关农业支持政策主要有以下几种。

(1)农业机械化政策

菲政府为加大本国农业投资,促进农业机械化发展,提出了鼓励投资、低利率贷款和相关税收及补贴政策。具体表现在:一是菲政府为鼓励国内外投资者开发农业,于1977年6月颁布了《农业投资奖励法》,政府对投资农业的外国公司给予优惠的奖励待遇。例如,凡在菲律宾设立发展农业的公司,可减免开办农业公司的经费税收以及引进农机具的进口税,可优先获得贷款和外汇,免征扩大再生产税收等。二是对农业机械化实施低利率政策。其中,在世行CB—IBRD的低利率专项贷款中,农业贷款占23%;菲律宾发展银行、土地银行和国家粮食局等机构为特定农机具提供贷款;中央银行曾要求各商业银行将贷款基金的1/4用于农业贷款等。三是为实现农业机械化和粮食自给自足,对农机具的税收和关税保持最低利率,并对化肥、灌溉等农业投入实施补贴政策[①]。

(2)农业保险政策

菲律宾农业保险政策的实施具有深刻的社会和经济原因,菲政府致力于降低农业生产者面临自然灾害和病虫害等情况下的损失,不仅能在灾后为农业生产者提供有效救济,还能稳定农民收入,使农户在某种程度上改变风险厌恶的偏好,加大技术投入,提升农业生产率(姚壬远,2010)。具体内容分以下五点:一是可参加保险的水稻、玉米生产者分为贷款

---

① 来源:中国农业机械化信息网信息中心。

农民和自筹资金农民两种类别。二是保障风险包含台风、洪水、各种病虫害、火山等，疏忽损失除外。三是保费及赔款的设定。保险费率是根据精算风险的纯损失确定的，范围在8%~13%，政府认为该费率会对农民造成一定的负担，因而给予补贴，补贴保费由政府和贷款机构共同承担。赔款按发生损失时实发成本来赔偿。四是定损工作的完成。发生损失后10日内，被保险人须发出出险通知，定损工作在收到通知后一个月内完成。五是管理机构。1978年，国家独资成立菲律宾农作物保险公司（PCIC），内部管理人员包括主席（菲总统任命）和副主席（PCIC总经理兼任），还包括农业部部长、国防部部长、预算管理部部长和劳动就业部部长等人员（罗帅民，1997）。

（3）农业管理政策

菲律宾政府一直以来高度重视农业市场化问题，20世纪90年代初在西方市场经济发达国家的帮助下，建立了本国的农业市场信息系统。该信息系统主要由管理机构、市场信息需求估价小组、省级农业市场信息系统规划、信息资源管理、开发与服务、人员培训与设施保障六大块组成。通过提供系统性、条理性、效率性的市场信息服务，提高独立市场经营个体的市场观察判断能力和市场销售技能，进而加强初级农产品生产者与农业市场之间的有机联系。领导机构的建立使得农业市场具有系统性，自上而下地对市场信息进行分析决策。由于建设的部门和机构较多，对各部门之间的协作配合性要求较高，各自贡献所掌握的信息，及时有效地进行资源共享，各执其职，互不干扰，提高获取市场有效信息的效率（张兴旺，2000）。

（4）土改政策

菲政府认为土地改革能有效激发农民的生产积极性，进而提升农业生产水平，推动本地农业经济发展。菲律宾采用的土改政策与战后日本土改政策类似，但土地资源情况有所不同。日本是在战后废墟中重新分配土地，而菲律宾土改政策的实施主要由政府按一定价格收购农场主土地，之后再转卖给农民。虽然农民只要在规定期限内将年收入的30%缴付国家，清偿后，土地归其所有，但是以收购农场主土地为代价，某种程度上为土改政策的落实增添了阻力（黄仁，1989）。

（5）对资源匮乏地区的农民实行扶助政策

以前菲政府将农业发展力度放在生产条件相对完善的平原地区，但并未改善占农村人口七成的山坡地区农民的生活状况，因而政府改变发展方向，把农业发展的战略重点落在坡地和山地这类靠天吃饭的农业地区。菲政府对这些地区的农民实施的辅助政策包括：实施减租减税，设立农村综合开发项目吸引投资，为农民提供良种和引进先进技术，加强农民文化教育和技术方面培训的力度等（黄仁，1989）。

3. 农业发展规划

农业关乎国家食物、资源和生态的安全。大力推进农业可持续发展，充分利用其得天独厚的自然资源条件、丰富的劳动力以及众多投资机会等优势，是菲律宾逐步迈向农业发展强国的必由之路（孙樱铭，2012）。为指导农业可持续发展，菲律宾制定了一系列有效的农业发展规划，在一定程度上引领了农业发展方向，为加速本国农业发展指明了前进的道路。

（1）"投资优先"计划（IPP）

菲律宾投资署每年会制定一份"投资优先"计划表，将政府鼓励的投资项目列入其中，并享有多项优惠政策。2017年3月，菲律宾杜特尔特总统签署了"2017—2019年投资优先"计划，首选投资领域包括制造业、农业、渔业、林业、战略服务、医疗服务等。

（2）"农业机械化"计划

2012年，菲律宾农业部提出要尽快实现农业机械化，未来5～10年赶超泰国、马来西亚和越南等国家。目前，菲律宾农业机械化水平相对较低，其机械化程度仅为日本的8%、韩国的14%[①]。为提高菲律宾机械化水平，缩短与其他国家的差距，2014年菲政府提高农机补贴预算，加大农机使用量。

（3）"农业可持续发展伙伴"计划（PPSA）

菲律宾政府为推动农业快速发展，启动"农业可持续发展伙伴"计划。PPSA由国家秘书处及委员会制订发展计划，通过协调政府、企业及农民等各方面关系，推动农村发展。该计划不仅将玉米、椰子、咖啡及渔业等优势产业列为优先发展领域，还加大农业的资金投入力度。2015年，菲律宾将大部分资金投入到基础设施建设中，其中，24.4%用于种植业和养殖业，16.3%用于"农田—市场网路"项目，1.4%用于渔业建设项目等（安邦咨询，2015）。

（4）"渔业发展"计划（CNFIDP）

菲律宾于2016年正式实施"2016—2020全国渔业发展"计划，通过对未来5年菲律宾渔业中的捕捞业、养殖业、加工业和市场营销等多个环节进行规划，优化本国渔业资源，促进本国渔业发展，提升本国渔业的全球竞争力。

（5）"粮食自给"计划

作为粮食进口大国，粮食安全问题一直是菲律宾政府有待解决的重中之重。目前，菲律宾正在实施粮食自给计划，包括扩大种植面积和灌溉面积，采用先进、科学的综合管理

---

① 资料来源：中华人民共和国商务部。

措施，提升机械化程度，加大科研投入和食品管理，以及为农民提供信用贷款等，以期提高粮食产量。菲律宾政府还致力于开发闲置岛屿种植水稻，希望在短期内实现大米的自给自足。

三、农业投资环境

（一）国家商业环境

截至 2015 年 9 月，菲律宾共有金融机构总部 6532 家，其中包括 635 家银行，形成了以中央银行、商业银行和投资机构为主体的金融体系。自 1993 年起，菲律宾央行以场内检查和场外检查为抓手，通过监视银行资本负债的方式，加强对银行业及其附属机构的监督管理，并针对易卷入非法活动的跨境业务采取了一系列监管措施，也因此于 2013 年被评为"最佳亚洲宏观经济监管者"。

在世界银行发布的《2017 年全球营商环境报告》中，菲律宾在全球 190 个经济体中排名第 99 位，较 2016 年提升了 4 位。尤其在处理建筑许可证和交纳税费两方面，改革已初见成效，不仅大大提高了管理透明度，还在一定程度上简化了办理环节，给企业的商业经营带来了极大便利（表 8）。

表 8　2015—2017 年菲律宾在《全球营商环境报告》190 个经济体中排名

项　目	2015 年	2016 年	2017 年
营商环境	97	103	99
开办企业	157	165	171
建筑许可证处理	94	99	85
获得电力	21	19	22
房产登记	110	112	112
获得信贷	105	109	118
保护小股东	154	155	137
交纳税费	125	126	115
交叉贸易	94	95	95
执行合同	139	140	136
解决破产	50	53	56

资料来源：世界银行

（二）农业优势和潜力

菲律宾地处热带地区，光照充沛，自然条件得天独厚，主要农产品为水稻、玉米以及包括椰子、甘蔗、香蕉、菠萝、芒果和木瓜等在内的多种水果。其椰子产量和出口量占全世界的六成以上，主要出口对象以美国、英国和荷兰等欧美国家为主。菲律宾农业主要偏向于发展外向型的水果生产。从种植面积和出口上看，香蕉、芒果和菠萝三类水果产业优势十分明显。菲贸工部2016年发布的数据显示，日本市场上99.7%的菠萝、93.3%的香蕉和27.3%的芒果均来自于菲律宾。另外，菲律宾紧邻太平洋、南海和西里伯斯海，水资源丰富，渔业生态系统多样。近年来，在国家政策的大力支持下，菲律宾渔业初步形成了规模化养殖。目前已发现的鱼类品种达到2400多种，其中超过60种具有较高经济价值，已开发的海水、淡水渔场面积超过2000平方千米（韩杨 等，2014）。

就农业发展程度来说，菲律宾并非农业强国，尤其是水利、灌溉、电力等基础设施建设不完备，种植栽培规模化程度很低，收割作业和加工作业的机械化水平不高，严重制约了农业现代化的发展。然而，菲律宾却是不折不扣的农业大国，全国1/3的人口生活在农村，农业总产值占国内生产总值的10%左右，农业发展尚有巨大空间。尤其是最近几年菲政府为促进本国农业发展提供了大量支持政策，包括启动"农业可持续发展伙伴"计划，从国家层面为重点农产品提供产业规划。同时，菲政府还加大了对农业的投资力度，聚焦农渔产业发展、乡村道路改造、灌溉设施修建、农业机械设备购置，农业已经成为菲律宾优先发展的领域之一。此外，由于菲律宾需要常年进口大米维持国内供需平衡，因此对于优质高产的水稻种子、化肥和农药等需求巨大。随着"大米零进口"目标的设立，相关农业生产资料的市场潜力将会被深入挖掘。另外，针对菲律宾农业机械化水平较低的问题，菲农业部于2016年加大了相关投入，力争使菲农业机械化水平在2024年以前超越泰国、马拉西亚和越南，实现农业现代化。

（三）风险分析

近些年菲律宾经济增长较快，但受环境、政治、投资、贸易等因素困扰，失业率高，贫困人口多。中菲农业合作仍面临一些问题。

1. 自然环境风险

菲律宾位于太平洋西北部，属海洋季风性气候，年降雨量较大，且受暖湿气流影响，台风发生较为频繁，制约了菲律宾农业发展的进程。菲律宾年均发生台风22场，其中具破坏性的台风不低于20%，阻碍了中部和北部地区的农业发展。例如，2012年台风"宝霞"给农业带来290亿比索的损失；2013年"海燕"造成农业损失280亿比索；2015年"莫拉克"造成农业损失337亿比索。虽然南部受台风影响较轻，但干旱和虫害等自然灾害也对农业发展造成不小的阻力（罗帅民等，1997）。农业部年度报告显示，2011—2015年，仅自然灾害就给菲律宾农业造成1636亿比索的损失，其中稻谷减产289万吨，玉米减产102万吨。菲律宾统计局数据显示，2011—2015年，菲农业增速均低于政府制定的3%~5%的增长目标，增速未达到目标与遭受自然灾害造成严重损失有密不可分的关系。

2. 政治风险

菲律宾政局不稳以及公共部门的腐败在某种程度上制约了企业的生存和发展。菲政府组织"透明国际"数据显示，2014年，菲律宾公共部门的清廉度指数在被调查的177个国家中排名仅为第85位，而世界银行也曾对其每年因腐败造成的损失做过相关估算，结果约为28亿~43亿美元（黄耀东等，2011）。

3. 投资风险

菲律宾拥有丰富的自然资源，以及大量教育程度良好且英语能力强、价格低廉的劳动力。除资源和劳动力具有竞争优势外，菲整体投资环境欠佳，主要表现在以下几个方面：一是政治及社会局势长期动荡，国内安全局势不容乐观，经济波动显著，政策多变，其经济和投资政策的稳定性需进一步关注。二是基础设施薄弱，公共投资力度不够。交通运输设施多年搁置以及电力部门改革滞后等严重制约了菲律宾资源的有效利用及经济的稳步提升。三是菲经济发展主要依赖于国外资本和援助，政府支出常年赤字，可支配资金不足，想要在投资项目中获得政府资金支持的可能性很小[①]。总之，由于政策因素造成农业信贷不足，政府对农业及农村基础设施投资不足和交通瓶颈成为农业增长的障碍，吸引投资变得比较困难。

4. 贸易风险

菲律宾地处亚洲，作为发展中国家，也是中国的邻国。自中菲建交以来，两国经济关系发展迅速。中菲贸易额从建交之初的7200万美元跃升至2011年的322亿美元，占菲律宾贸易总额的30%。菲律宾农业发展主要依靠热带水果出口，农业经济发展比较单一。中菲长期的水果贸易往来，致使菲律宾过度依赖中国市场，若中国改从别的渠道进口水果，势必会给菲律宾农业带来重创。中国对菲律宾出口的香蕉实施严格的监察和检疫，阻碍了菲律宾果业的发展。据菲官方声明称，自中国对菲律宾出口的香蕉进行限制以后，菲律宾大约损失了10亿比索。

---

① 资料来源：中国信保《国家风险分析报告》。

5. 法律风险

法律风险表现在劳工法案、税收优惠政策、土地政策、环境法律风险等。菲律宾各项法律法规虽十分健全，但执法不够严格，法律法规的执行过程带有一定的随意性。菲法院办案效率低，且司法体系不够完善，难以满足社会和经济发展的需要。历届政府都将加强法制建设放在首位，但行动迟缓，并未带来显著成效，给外来投资者的业务发展带来一定的影响。

（四）总体评价

菲律宾的旅游业和业务流程外包在全球范围极具竞争力，而近年来菲律宾在创意产业和农商业等方面也取得了长足的进步。然而长期以来，受限于滞后的基础设施建设和较不稳定的政治局势，国外资本对踏入菲律宾一直持谨慎态度。世界经济论坛于2017年9月发布的《2017—2018年全球竞争力报告》显示，菲律宾全球竞争力指数为4.35，在全球137个经济体中排名第56位，较2016年提升1位。而影响其商业发展的主要问题包括基础设施落后、税收政策和税率政策不稳定等因素（World Economic Forum，2017）。菲律宾国家竞争力委员会表示，总统杜特尔特上台后，菲政府正尝试对税收体制和公司法进行调整，如果改革成功，菲律宾的商业环境将更上一个台阶。

总体来说，菲律宾政府近年来的一系列改革措施为本国商业发展奠定了良好的基础。特别是在吸引农业投资方面，不仅加大了投资环境的建设力度，也在相关政策法规方面予以倾斜支持，加上本身拥有的巨大发展潜力，虽然仍有一定的投资风险，但菲律宾的农业前景值得期待。

四、中菲农业合作现状与合作重点

（一）农业合作现状

早在10世纪的时候，郑和就到访过菲律宾，并开创了中菲之间丝绸、农产品、手工业品的贸易历史，中菲两国在农业领域的合作与交流源远流长。自中国与东盟建立自由贸易区以来，中国和东盟的经贸合作进入了一个崭新的阶段，为中菲农业合作提供了有力条件。近年来，中菲两国在双边、多边和地区等各层面积极开展农业合作，在科技、贸易和投资等领域都取得了新的突破。

1. 合作机制

中国与东盟自1991年建立对话关系以来，经过26年共同努力，双方建立起全方位、各层次、宽领域合作机制框架，缔造了东亚区域合作的巨大成就。每年举行1次的领导人会议是中国—东盟（10+1）合作框架下最高层级的机制，自1997年12月起共举行19次（徐步，2017）。

2016年9月7日，中国—东盟（10+1）领导人会议在老挝万象成功召开。中国国务院总理李克强与老挝总理通伦共同主持会议，东盟十国领导人参加会议。中国已进入全面建成小康社会决胜阶段，东盟也在推进《东盟共同体愿景2025》。双方以此为契机，把握双方关系发展大方向，加强发展目标和路径的对接，建设更为紧密的中国—东盟命运共同体。会议提出应全面有效执行《落实中国—东盟面向和平与繁荣的战略伙伴关系联合宣言行动计划（2016—2020）》（以下简称《联合宣言》），阐明了应进一步落实《中国和东盟关于食品和农业合作的谅解备忘录》以及《中国和东盟关于加强卫生和植物卫生合作的谅解备忘录》，继续落实《10+3大米紧急储备协议》，并通过实施"中国—东盟粮食综合生产能力提升行动"计划加强在畜牧业、农作物、林业以及渔业领域的合作，通过开设农业科技和食品安全培训课程，加强农业科技研发合作等。

2. 科技合作

中国与菲律宾农业合作的重点领域包括育种技术、先进农机设备及农业生产等，并已开展了大量合作。为推进两国科技合作与技术交流，中菲两国签订多份农业科技合作协议。1999年，中方承诺在菲律宾建设"菲中农业技术中心"，为落实双方达成的有关协议，1999年7月，中菲签署了《关于加强两国农业合作的意向书和向菲律宾提供商业杂交水稻良种的谅解备忘录》（胡莹，2016）；1999年8月，中方组织农机企业家代表团访菲，并带多台农机具到菲律宾作示范表演；1999年10—11月，分批运送1吨杂交水稻种子到菲律宾做试种试验，效果良好，广受当地政府和农民的关注；2003年1月，《中菲农业技术中心项目技术合作》会谈纪要正式签订；2003年3月，"中菲农业技术中心"竣工，中国杂交稻种和玉米开始在菲推广。随后，双方在该中心相继开展了杂交水稻、农业机械等不同方面的技术合作。

为使菲律宾尽快领会先进技术的使用方法并大量运用于农业，中方向菲律宾提供多种农业机械装备、农机使用和维修服务等先进农业技术以及农业技术人员培训。"中菲农业技术中心"成为两国农业科技人才交流和培训的基地，促进中菲之间长期的科技交流与合作。

3. 贸易合作

菲律宾是农产品短缺国家，对外贸易对菲律宾国内农产品供求平衡意义重大。中菲农产品贸易额比重相对较小，其发展前景十分广阔。2011年，两国经贸部门签署了《中菲经贸合作五年发展规划（2012—2016）》，旨在加强农、林、渔业、基础设施与公共工程、信息通信技术等方面的合作；2016年，菲律宾总统访华期间，为促进两国贸易发展，中菲共签署13项双边合作文件；2017年，中菲双方还签署了《中国经贸合作六年发展规划（2017—2022）》，这项规划将确定未来六年内中菲两国一系列优先合作项目，还将为中菲两国在交通、灌溉等基础设施建设领域的合作项目中出现的各类问题制定操作规范，促进两国合作项目迅速落实；2017年3月7日，在中国商务部部长钟山访菲期间，两国不仅重启了中菲经贸联委会机制，还在贸易、投资、园区建设以及多边区域贸易安排等方面达成多项共识；在2017年3月15日举办的"中国—菲律宾企业贸易对接会暨签约仪式"上，两国企业共签署贸易协议73项，涉及香蕉、椰子油、菠萝、椰壳纤维等菲优势农产品（刘旭颖，2017）。双方将加强"一带一路"倡议与"菲律宾雄心2040"战略对接，为经贸合作提供更多的机遇。

4. 投资合作

除农业科技和经贸合作外，中菲两国不断加强投资方面的合作。中国对菲律宾的投资主要涉及农业、矿业、纺织、机电加工等领域，规模偏小，但增速较快，从2005年的457万美元增加至2013年的5440万美元[①]，增长了近11倍。2015年，中国对菲律宾直接投资流量为3142万美元，直接投资存量达4.32亿美元。但和其他东盟国家的投资相比，中国对菲律宾的直接投资量很小，中国应在制造业、纺织业、食品、渔业等领域加大对菲律宾的投资，不断扩宽两国的发展空间和领域。

中国是菲律宾继日本和东盟之后的第三大投资伙伴，截至2016年6月底，中国对菲律宾直接投资8亿美元，菲对华直接投资32.9亿美元，并且中方企业在菲共签订承包工程合同额152.6亿美元，完成营业额119.5亿美元。菲律宾是天灾发生率较为频繁的国家，农业生产仍以"靠天吃饭"的模式进行，一旦遇到天灾，本国农产品供给会受到影响。为此，促进菲律宾农业发展迫在眉睫，菲律宾引进中国的杂交水稻及先进农机设备等，靠投资拉动本国经济，未来有望真正实现粮食自给自足。

（二）合作潜力

中菲两国农业互补性强，合作潜力较大。自1975年建交以来，中菲农业合作交流不断增多，特别是20世纪90年代后期以来，中菲农业合作进入新阶段，签订了多份农业合作协议，在农业技术培训、兴修水利、培育良种等方面开展了合作。两国在农业机械、渔业等领域的合作也都有新的进展，农产品贸易更加频繁，贸易额逐年增加，农业合作已成为中菲经贸合作的典范。

---

① 商务部，2013年度中国对外直接投资统计公报。

1. 合作基础

随着菲律宾农业现代化改造的进一步深入，中菲合作正在不断加强，已经签订的合作协议包括进口中国水稻良种、共同保护和开发渔业及海洋资源等。在合作过程中，实现需求互补是两国贸易合作的关键问题。例如，中国在农机、优良作物品种、饲料和化肥等方面具有较强的成本竞争优势，而菲律宾得天独厚的自然资源环境也是我国开拓海外市场的不二选择。因此，加强优势互补是两国农业合作实现双赢的必然途径。

2016年10月，两国签署《中菲农业合作行动计划（2017—2019）》，进一步加大能力建设、水产养殖、水稻及玉米种植、农渔产品加工和农机合作等领域的合作。2017年4月，中菲农业合作联委会第五次会议的召开进一步落实了双方在农技中心三期、农业产学研一体化合作、蚕桑业发展、产后和机械化开发、农业投资与农产品贸易以及橡胶研究推广等领域的合作。未来，中菲两国将会提出更多有助于双方农业发展的协定，为两国农业贸易发展提供保障。

2. 合作前景

中国与菲律宾虽曾受各种因素的影响和制约，农业合作并不广泛，但自建交以来，中菲农业合作已不断加强，特别是20世纪90年代后期以来，中菲农业合作进入新阶段。1999年，中菲两国签署了《中华人民共和国政府和菲律宾共和国政府关于农业及有关领域合作协定》，该协定指导两国在农业上开展广泛深入的合作，使中菲农业合作有计划地开展。随着中菲两国农业的不断发展，未来双方在农产品贸易合作和农业技术合作等方面发展潜力巨大。主要表现在以下几个方面：

（1）**农产品贸易合作前景**

中国与菲律宾在贸易发展上具有很强的互补性。2010年1月，中国—东盟自由贸易区如期建成，为中菲贸易的发展带来了契机。菲律宾位于热带和亚热带地区，而中国的出口产品大多产自亚热带和北温带地区，气候条件在很大程度上决定了中国和菲律宾在农业资源上的禀赋差异和产品互补性。菲律宾向中国出口的优势农产品主要包括香蕉、坚果、纸浆、木薯、葛根、番薯、棕榈油、椰子、蕉麻、蔬菜、橡胶及橡胶制品等，中国向菲律宾出口柑橘、苹果、猕猴桃、棉花、烟草等农产品（秦绍娟等，2015）。菲律宾有望进一步开拓中国市场，增加对中国的热带水果出口。

菲律宾是世界上仅次于厄瓜多尔的第二大香蕉生产商。2016年，中国政府解除了对菲27家香蕉出口商的出口禁令，也在考虑加大对菲律宾芒果、椰子、火龙果等高价值经济作物及蟹、虾、石斑鱼和牛奶鱼等渔业产品的进口。未来中方在带动菲律宾果业出口的同时，也将拉动菲渔业产出，促进菲律宾农业经济增长。

（2）农业技术合作前景

在农业技术方面，科技进步对中国农业的贡献率已经超过50%，超级稻、转基因抗虫棉、禽流感疫苗等农业相关技术水平均处于世界领先地位（张莎，2013）。但长期以来农业资源的匮乏，尤其是耕地面积的不断减少成为中国农业发展的瓶颈，而菲律宾则具有良好的气候条件和丰富的自然资源，其农业本该具有发展优势，但菲律宾的农业经营分散，栽培管理粗放，农业生产效率低下，导致本国粮食无法达到自给自足。中国的粮食、蔬菜等农业生产方式同样适宜菲律宾，因此，两国之间开展农业技术合作的前景十分明朗。双方的合作必然会带来共赢的局面。近些年，中国的机械化水平明显提高，中国的机械也比较适合菲律宾，且价格便宜，中国与菲律宾在农业机械设备方面同样具有很大的合作潜力。

（3）农业投资合作前景

菲律宾农业资源丰富，是一个以农业为主的国家，历史上菲律宾的经济发展主要以繁荣和萧条循环交替的方式为主。虽然现在菲律宾仍存在治安混乱、政治不稳定等因素，但其得天独厚的自然条件和大量的劳动力，深受众多外国投资者的青睐。中国在向菲律宾投资时应着重考虑菲律宾的资源优势，在农业开发、水果及相关产品的加工等菲律宾劣势领域加大投资力度。

（三）合作重点

1. 重点领域

目前，菲国最缺乏也最值得中国政府合作的农业领域是水稻和玉米的育种及栽培技术、农副产品的深加工技术、农业机械引进、海洋捕捞和养殖、椰子产品加工等。由于中国在农业领域的科技水平远高于菲律宾，而菲律宾拥有丰富的自然资源，中国与菲律宾的农业合作领域涉及面广，重点应加强中菲农产品贸易合作、科技合作、投资合作和渔业合作。

（1）农产品贸易

加强蔬菜和水果的贸易合作。农产品不仅是人民生活的必需品，农业也是创造就业岗位的主要产业。加强中菲农产品贸易对菲律宾改善民生和提高就业意义重大。菲律宾从中国进口的蔬菜能极大改善本国中低收入群体的生活质量，而通过向中国出口优势水果则可为其提供更多的就业机会，由此可见，加强中菲贸易合作具有重要的意义。在就业方面，菲律宾第二大出口农产品香蕉为菲律宾提供了众多的就业机会。香蕉业由于对保鲜条件的要求较高，且处理过程尚未实现自动化，因此属于劳动密集型产业，需要大量人工劳动。据菲香蕉种植及出口企业协会估算，2011年，对华出口香蕉的相关蕉农人数达3.5万人左右，主要从事种植、培育和收获等过程；参与生产、运输、装卸和配送的服务人员约在14万人左右。在进口方面，菲律宾的蔬菜主要来自中国、美国、加拿大等，而中国出口到菲律宾的蔬菜单价低于美国，拥有明显的价格优势。加大中国蔬菜进口，有利于降低菲律宾蔬菜进口成本，有望改善菲律宾中低收入人群的生活。

（2）农业科技合作

加大中国农业技术在菲律宾的推广力度和幅度，切实帮助菲律宾解决粮食等主要农产品供应短缺问题。目前，虽然中国已经在菲律宾建立了技术合作中心，也开展了一些培训活动，但总体来说，受合作资金的限制，规模较小，培训的科技人员数量有限，今后应加大双边科技交流与合作，共同解决农业的技术瓶颈问题。2017年4月，中方在中菲农业合作联委会第五次会议上承诺，未来3年内将为菲方培训100名以上农业技术及管理人员。

（3）投资合作

农业始终是吸引外资的重点领域，随着中国经济的不断发展，中国企业已不仅局限于在本国投资经营，而将目光放远全世界。中国在菲律宾的投资主要集中在两大领域。一是农业开发。菲律宾气候适宜，土壤肥沃，植被长势良好，但水稻和玉米的产量非常低，每年依靠大量进口来满足内需，亟须品种改良技术和农业生产管理技术。中国在农业开发技术方面优势显著，应在这方面把握住重点。二是水果及其相关产品的加工。菲律宾生产多种水果，且椰子产量巨大，椰子的加工产品像椰汁、椰肉、椰油、椰子纤维等在中国销路非常好，并且对椰子的加工技术要求并不是很高。中国可以在菲律宾投资建厂，进行简单加工后出口世界各地（孙樱铭，2007）。

（4）渔业合作

虽然菲律宾岛屿众多，海岸线长，渔业资源丰富，但其技术、设备等相对落后，陆地设备和冷却系统等相对缺乏，且只有少数优良的淡水鱼塘、渔港和部分未完全开发的海洋渔业资源。相比菲律宾，中国在水产捕捞养殖技术、水产品种苗培育、冷藏保存和深加工等方面有着明显的优势。2016年11月，中国农业部工作组赴菲访问，中国表达了对菲渔业发展的支持，愿意将最先进、最适用的发展经验和渔业技术分享给菲律宾，尽最大努力向菲提供技术支持。2017年1月，为推进中菲两国渔业合作重启，17位菲律宾渔业代表访华进行渔业技术培训交流活动，内容包括参与中菲渔业交流培训会、中菲渔业合作探讨、中国现代渔业技术培训及实地考察等。上述合作活动都体现出中国支持菲发展渔业、培训渔民及促进渔民就业增收的良好意愿，中菲渔业如能采取优势互补性的合作方式，未来合作前景非常广阔（原晶晶，2010）。

2. 重点项目

（1）中菲农业科技合作基地建设项目

中国与菲律宾当地的科研机构、大学或其他相关组织共同构建农业科技合作基地，旨在充分利用中国在农业科技和产品上的优势，在菲律宾建立甜玉米、番茄、辣椒、杂交稻等主要经济作物的产业化生产试验示范基地，通过筛选适合当地种植的优质品种，研制出配套的栽培技术及产品保鲜加工技术，这会在无形中推进中菲两国农业产业化进程。同时，开展农业科技相关培训项目，在菲律宾建立起高产优质的产业化生产技术体系，将中国的优良品种和高科技产品渗透到菲律宾市场。中国也可在合作中搜集引进当地的甜玉米、蔬菜及热带果树等品种资源材料，丰富中国种质基础及遗传资料。通过构建以新成果、新技术、新产品为依托的中菲农业科技合作平台，提高中菲两国农业在国际市场上的竞争实力，最终实现互惠互利、合作共赢、共同发展的目标。

（2）中菲良种技术合作项目

目前，菲律宾农业发展处于滞后状态，大米缺口约为10%～15%，每年需进口200万～240万吨以维持平衡。解决粮食自给是菲律宾政府的重要目标，但由于自身农业基础薄弱，杂交稻技术落后，制约其发展，使计划一次次落空，急需引进先进的杂交水稻技术和物美价廉的杂交稻种子。中国杂交水稻技术的研究和应用具有世界领先水平，中国杂交稻增产优势明显，品种繁多，很多品种也适合在热带种植，菲律宾可以从中国引进先进的杂交水稻技术来提高本国的产量。中国也可以在菲建立示范区，帮助培训技术人员和农民。杂交稻种子短缺是制约杂交稻种植面积扩大的主要因素，这对于中国种业进军菲律宾市场是个难得的机遇。

（3）农业机械设备合作项目

从菲律宾自身角度来看，其农业机械基础条件薄弱，使用简单低价的农业机械设备严重制约了本国农业生产，远不能满足现代化农业的发展趋势，但从长远来说蕴藏着很大的发展潜力，且发展前景广阔。菲律宾使用的农机主要以小型、低价、简单为主，如割晒机、手扶拖拉机、烘干机、脱粒机、水泵、碾米机等。因此，菲律宾亟需质量过硬、价格实惠的农机设备改善其薄弱的农业机械基础条件。在这一大背景下，中国农机企业应紧抓时机，在提高自身产品质量、树立品牌的基础上，通过示范推广，逐步开拓插秧机、小四轮拖拉机、割晒机等中型拖拉机农机销售市场，逐步在菲律宾建立一个信誉良好的中国农机销售、服务中心。

五、中菲农业合作建议

（一）小　结

本研究系统分析菲律宾的农业发展现状，了解菲律宾农业的发展优势和存在的问题，判断未来菲律宾农业的发展前景，同时回顾了中菲农业合作的发展历程和取得的成绩，并探讨未来中菲农业的合作前景、合作空间和重点合作领域。通过研究得出如下主要结论。

第一，菲律宾的经济形势总体向好。近些年，政局较为稳定，政府制定了一系列措施促进经济发展，经济增长较快，农业产值保持增长。虽然粮食、蔬菜和畜产品等农产品仍然产不足需，需要进口来满足国内需求，但粮食自给率已明显提高。

第二，菲律宾地处热带，拥有丰富的自然资源和劳动力资源，土地面积广，劳动力成本低，海洋和森林资源丰富，有利于农业的发展，尤其是有利于热带水果和水产品的生产，其中，热带水果是重要的出口创汇产品。

第三，中菲两国资源技术优势互补，农业合作不断推进，已取得明显成效。中菲两国都是发展中国家，农村人口占主体，农业在两国经济中都占有十分重要的地位。中菲两国政府和领导人对农业合作高度重视，开展了多种形式的合作交流。菲律宾主要生产天然橡胶、甘蔗、咖啡、棕油，以及椰子、香蕉、荔枝、龙眼等热带农产品，而中国主要生产蔬菜和温带水果。中国从菲律宾进口热带水果，向菲律宾出口蔬菜和苹果、梨等温带水果。近些年，中菲合作不断深化，在杂交水稻、农业机械上已经开始技术合作，取得了显著的效果。

第四，中菲农业合作有待进一步加强。受历史和政治等因素综合影响，与其他东盟国家相比，中菲农业合作的范围和力度都相对较小，双边贸易额不大，双边农业投资规模较小，资金分散，新品种新技术的推广面积十分有限。

第五，菲律宾自然灾害频发、基础设施落后、政局不稳等问题都成为中菲农业合作的制约因素。

第六，未来中菲在农产品贸易合作、农业科技合作和海洋渔业资源开发等诸领域具有广阔的合作空间，也是未来合作的重点，尤其可以优先推进中菲果蔬贸易、良种技术合作和农业机械化等。

（二）建　议

中国和东盟战略伙伴关系的确立以及中国—东盟自贸区的建成，在为中国和东盟农业合作提供发展机遇的同时也为中菲农业合作提供了有力条件。近年来，中菲农业合作势头良好，不仅促进两国农业发展，还带动了制造业、旅游业等其他领域的合作，推动中菲关系在互利共赢的基础上健康发展，为两国人民带来更多实实在在的利益。为进一步提高双方农业合作水平，针对两国在农业发展过程中遇见的问题和发展潜力，提出如下建议。

1. 扩大双边农产品贸易

东盟是中国重要的贸易伙伴，而菲律宾又是东盟的重要成员，在中国—东盟自贸区的助推下，中菲经贸关系将取得长足发展。此外，中菲两国在地理位置、自然环境、气候类型等因素上均存在较大差异，为两国农产品贸易提供了空间。要充分挖掘两个市场、两种资源的优势，互通有无，稳定市场预期，扩大双边贸易。在中国—东盟自贸区和"一带一路"倡议下，进一步改善双边贸易关系，加强相互了解和信任，排除贸易障碍，扩大双边农产品贸易。

2. 加大农业技术推广力度

科技是第一生产力，也是改善农业生产条件的基石，要想摆脱农业发展落后的局面，唯有提升农业科技水平。中国政府始终坚持科技兴农，在与菲律宾进行农业合作的过程中也非常重视农业科技合作，分别在种植技术、良种培育技术等方面展开一定程度的合作。此外，应加大对菲律宾的农业技术示范和推广力度，建立稳定的合作机制。

目前，中国在菲律宾的农业技术示范点较少，推广力度较小。应加大农业技术的推广以起到示范效应，并开展农技人员的教育和培训，从而带动菲律宾引进中国的种子、农药、化肥和农机设备。

3. 进一步改善双边关系和投资环境

扩大双边农业投资，降低农业投资风险。目前中国企业对菲律宾农业的投资规模较小且分散，而菲律宾又需要外商投资来提高农产品的生产效率和竞争力。因此，有必要加强双边谈判，改善投资环境，吸引中国企业到菲律宾投资，促进菲律宾农业发展和改善居民生活。

4. 加强中菲两国农业信息资源共享

在信息化时代，信息资源已成为社会财富的重要来源，获取信息的及时性、有效性、准确性变得尤为重要。目前，中国企业对菲律宾农业政策、科技水平、农产品现状等方面的信息获取不全，因此形成了中国企业在菲投资较少、增速较缓的局面。首先，中国应充分利用互联网的优势，建立农业信息资源共享平台，将中菲两国农业信息网络互联互接，提高信息交流的速度和效率。其次，建立能够反映市场供需的信息库，为农业企业提供最新的农业信息，增强对市场的了解，进而获取感兴趣的农业项目。

参考文献

安邦咨询.2015.菲律宾农业发展前景广阔［J］.时代金融旬刊,（7）：55-55.

韩　杨,杨子江,刘　利.2014.菲律宾渔业发展趋势及其与中国渔业合作空间［J］.世界农业,（10）：56-61.

何小燕.2012.多样化农场经营推动菲律宾农业进步［J］.粮油市场报,（2）.

胡　莹.2016.中国与东南亚国家粮食安全合作的困境与对策［J］.经济研究导刊,300（19）：164-166.

黄　仁.1989.菲律宾的农业发展与农业政策［J］.农业经济问题,（2）：61-63.

黄耀东,黄兴忠.2005-4-27.中菲农业合作大有可为［N］.广西日报.

黄耀东,赵树勋.2011.菲律宾：2010—2011年回顾与展望［J］.东南亚纵横,（3）:29-33.

蒋细定.1992.菲律宾国家农业研究系统［J］.南海问题研究,（4）：88-95.

科技部国际合作司.2006.从中菲农业科技合作基地建设看农业"走出去"战略［J］.中国科技产业,（10）：22-24.

刘　东.2013.中菲经济关系与政治安全关系的差异性分析［D］.广东：暨南大学.

刘旭颖.2017-3-22.中菲经贸合作跑步向前［N］.国际商报.

罗帅民,郭永利,王效绩.1997.菲律宾的农业保险计划［J］.保险研究,（5）：48-49.

毛瑞清,曾良贵,黄益国,等.2015.中菲杂交水稻合作开发前景探讨［J］.农业科技通讯,（8）：9-12.

秦绍娟,霍　强,孙　鹤.2015.提升中国与东盟国家经贸合作的构想及对策研究［J］.经济论坛,（9）：119-136.

孙美晖.2013.政党制度与社会稳定研究——加拿大、新加坡与菲律宾比较分析［J］.黑龙江社会科学,（6）：45-47.

孙樱铭.2007-12-12.中国投资菲律宾前景分析［N］.经理日报.

徐　步.2017.中国—东盟合作：机制、成果与前景［J］.亚太安全与海洋研究,（3）：1-17.

姚壬元.2010.菲律宾政策性农作物保险的做法及其启示［J］.保险职业学院学报,2（24）：63-67.

原晶晶.2010.从经济互补性看中国与菲律宾的经济合作［J］.东南亚纵横,（5）：65-70.

张　柯,梁丹辉.2016.中国与菲律宾农产品贸易特征分析［J］.农业展望,（11）：85-92.

张　莎.2013.中国与东盟合作［D］.上海：上海师范大学.

张兴旺.2000.菲律宾的农业市场信息系统建设［J］.世界农业,21（1）：52-52.

朱陆民.2017.菲律宾杜特尔特政府的外交调整、影响及中国的对策研究［J］.统一战线学研究,（1）：91-112.

马来西亚

马来西亚位于东南亚中心，地处马六甲海峡要道，是中国构建"21世纪海上丝绸之路"倡议框架的重要节点之一。长期以来，马来西亚都是中国重要的农产品国际贸易合作伙伴之一，两国具备良好的贸易合作基础，目前，中国是马来西亚农产品的全球首要出口国和第二大进口来源国。同时，农业也是中马两国的国民经济基础产业，在中国提出的"一带一路"倡议框架建设发展背景下，深化两国农业产业相关领域的交流合作，可以有效促进两国农业和社会经济发展，形成友好合作、互利互惠的共赢局面。

一、国家基本概况

（一）地理区划

马来西亚全称马来西亚联邦，于1957年宣布独立。建国后，其国土分为东马和西马两部分。东马位于世界第三大岛加里曼丹岛的北部，与印度尼西亚、菲律宾和文莱等国家相邻；西马则位于马来半岛南部，北临泰国，南至柔佛海峡，与新加坡隔海相望，东临南中国海，西临马六甲海峡。马来西亚国土面积约为33万平方千米，海岸线总长约为4192千米。全国共分为13个州以及3个联邦直辖区，13个州包括东马的沙巴、沙捞越以及西马的柔佛、吉打、吉兰丹、马六甲、森美兰、彭亨、槟榔屿、霹雳、玻璃市、雪兰莪、丁加奴，3个联邦直辖区分别是首都吉隆坡、布特拉加亚和纳闽。

（二）人口构成

马来西亚是多种族国家，全国共32个民族，以马来人、华人和印度人为主要族群。其中，华人一直是除马来人以外的第二大族群，2015年，华人总数约为662.00万人，使马来西亚成为海外华人数量最多的国家和地区之一。2015年，马来人在马来西亚全国人口中的占比约为61.8%，华人约为21.4%，印度人约为6.4%[1]。

在人口数量方面，世界银行发布的统计数据显示，2000—2016年，马来西亚人口总量不断增长，2014年人口数量超过3000万人，2016年为3118.73万人，首都吉隆坡是人口数量最多的城市。同时，人口增长率呈不断下降趋势，由2000年的2.3%降至2016年的1.5%。在人口构成方面，马来西亚农村人口占比不断下降，城镇人口占比则不断上升。2016年，农村人口为768.10万人，占比为24.6%；城市人口为2350.60万人，占比为75.4%（表1）。

---

[1] 来源：中华人民共和国商务部网站 http://www.mofcom.gov.cn/。

表1 2000—2016年马来西亚人口及构成情况　　　　　　　　（单位：万人，%）

年份	人口数量	增长率	城镇人口占比	农村人口占比
2000	2318.56	2.3	62.0	38.0
2001	2369.89	2.2	62.9	37.1
2002	2419.88	2.1	63.9	36.1
2003	2468.87	2.0	64.8	35.2
2004	2517.41	2.0	65.7	34.3
2005	2565.94	1.9	66.6	33.4
2006	2614.36	1.9	67.5	32.5
2007	2662.58	1.8	68.4	31.6
2008	2711.11	1.8	69.2	30.8
2009	2760.54	1.8	70.1	29.9
2010	2811.23	1.8	70.9	29.1
2011	2863.51	1.8	71.7	28.3
2012	2917.05	1.9	72.5	27.5
2013	2970.67	1.8	73.3	26.7
2014	3022.80	1.7	74.0	26.0
2015	3072.32	1.6	74.7	25.3
2016	3118.73	1.5	75.4	24.6

资料来源：世界银行

（三）政治制度

马来西亚是实行君主立宪议会民主制的联邦国家，国内沙捞越和沙巴两州拥有较大自治权。国会作为马来西亚最高立法机构，由最高元首、上议院和下议院组成。其中，最高元首由国内9个州的世袭苏丹轮流担任，上议院有70名议员，下议院由222位民选议员组成。内阁是马来西亚最高行政机构，下议院选举中获得多数席位的政党拥有组阁权，组成内阁的所有成员均为国会议员，由总理领导，并向国会下议院负责。

（四）经济和社会发展

2016年，马来西亚国内生产总值（GDP）为1.23万亿林吉特，人均GDP为3.94万林吉特。马来西亚经济发展状况在东南亚地区总体较好，但年均经济增长速度逐渐变慢。世界银行公布的数据显示，2000—2016年，除2009年受到美国次贷危机等因素影响GDP和人均GDP[1]出现负增长外，其余年份一直保持增长态势，但同期GDP增速总体趋于波动性下

---

[1] GDP和人均GDP按马来西亚现价货币计算。

降态势，GDP增长率从8.9%降至4.2%（表2）。

表2 2000—2016年马来西亚经济发展情况

年 份	GDP（亿林吉特）	GDP增长率（%）	人均GDP（林吉特）
2000	3564.01	8.9	15371.65
2001	3525.79	0.5	14877.44
2002	3832.12	5.4	15835.98
2003	4187.69	5.8	16961.97
2004	4740.49	6.8	18830.82
2005	5435.78	5.3	21184.37
2006	5967.83	5.6	22827.15
2007	6653.40	9.4	24988.50
2008	7699.48	3.3	28399.77
2009	7128.57	-2.5	25823.11
2010	8214.34	7.0	29219.75
2011	9117.33	5.3	31839.67
2012	9712.51	5.5	33295.71
2013	10186.13	4.7	34288.97
2014	11064.66	6.0	36603.99
2015	11571.34	5.0	37663.25
2016	12293.84	4.2	39419.42

资料来源：世界银行

马来西亚以服务业和制造业为主要产业。中国商务部数据显示，2015年，马来西亚服务业产值占GDP比重为53.5%，制造业为23.0%。2000—2016年，马来西亚农业产值在GDP中的比重均未超过10%。

马来西亚社会发展较稳定，民族关系较为融洽。在东南亚各国中，马来西亚对华人华侨相对友好。马来西亚社会虽偶有冲突事件发生，但总体来说冲突的烈度不大，能够维持一种长期的基本稳定的社会秩序。截至2016年4月，国际评级机构标准普尔对马来西亚的主权信用评级为BB-/B，展望为稳定。

二、农业发展现状

长期以来，农业一直是马来西亚最为重要的经济部门之一。20世纪80年代以后，随着马来西亚国家经济发展水平的不断提高，政府逐步推进制造业转型升级，农业发展速度开始放缓。1980—1990年，马来西亚年均经济增长6.4%，而农业只有3.6%，是增长最慢的领域。在20世纪90年代的前5年,马来西亚经济年均增长率为8.0%,但农业几乎没有增长。其后,政府实施新政并长期保持对农业的高投入以支持农业产业发展,在政策和资金的双重利好下,马来西亚农业发展态势在趋于好转后获得了长足发展。

(一)农业资源条件

1. 土地资源

马来西亚土地面积约为32.9万平方千米,境内多为山地丘陵地貌,可耕地资源相对有限,人均耕地面积较少,森林覆盖率较高,森林资源丰富。在耕地资源方面,2000—2014年,马来西亚农业用地和耕地面积均呈现波动上升的趋势,但两者增幅都较小。农业用地面积由2000年的702.13万公顷增至2014年的783.90万公顷,农业用地占土地面积的比重由21.4%升至23.9%;耕地面积则由2000年的95.13万公顷小幅增至2014年的95.40万公顷,但同期人均耕地面积则受人口增长等因素的影响有所下降,由0.04公顷降至0.03公顷。在森林资源方面,2000—2015年,马来西亚森林面积出现小幅波动增加,总体保持上升趋势,森林面积占土地面积的比重由2000年的65.7%增至2015年的67.6%(表3)。

表3 2000—2015年马来西亚土地资源情况 (单位:万公顷,公顷,%)

年 份	农业用地	农业用地占比	耕地面积	人均耕地面积	森林面积	森林占比
2000	702.13	21.4	95.13	0.04	2159.10	65.7
2001	698.39	21.3	91.39	0.04	2145.08	65.3
2002	699.21	21.3	92.21	0.04	2131.06	64.9
2003	708.19	21.6	91.19	0.04	2117.04	64.4
2004	710.30	21.6	91.80	0.04	2103.02	64.0
2005	714.26	21.7	95.76	0.04	2089.00	63.6
2006	711.17	21.7	92.67	0.04	2113.68	64.3
2007	721.55	22.0	93.55	0.04	2138.36	65.1
2008	720.09	21.9	92.09	0.03	2163.04	65.8
2009	730.30	22.2	92.80	0.03	2187.72	66.6
2010	746.60	22.7	93.10	0.03	2212.40	67.3
2011	761.90	23.2	95.40	0.03	2213.82	67.4
2012	773.50	23.5	95.00	0.03	2215.24	67.4
2013	783.90	23.9	95.40	0.03	2216.66	67.5
2014	783.90	23.9	95.40	0.03	2218.08	67.5
2015					2219.50	67.6

资料来源:世界银行

2. 气候资源和水资源

马来西亚地处热带，具有鲜明的热带气候和热带雨林地貌特征。在气候资源方面，马来西亚属热带雨林气候，每年10月至次年3月为雨季，4月至9月为旱季，内地山区年均气温为22～28℃，沿海平原为25～30℃，适宜热带、亚热带经济作物的种植。在水资源方面，马来西亚作为东南亚岛国，降水量较好，年降水量在2000～2500毫米，农作物生长所需的淡水资源较为充足，但人均淡水拥有量在不断下降。2014年，马来西亚人均可再生内陆淡水资源为19187.50立方米。

（二）农业生产情况

20世纪80～90年代，由于受到经济发展政策和经济危机等外部因素影响，马来西亚的农业生产发展比较缓慢。进入21世纪以后，政府通过一系列振兴计划使农业产业的生产和经营秩序逐渐恢复了稳定，形成了以种植业为主、畜牧业和渔业为辅的农业生产格局。

1. 农业生产规模及构成

马来西亚国家统计局公布的数据显示，2015年，马来西亚农业总产值为951.40亿林吉特[①]，同比增长1.2%，农业占国民生产总值的比重约为8.9%，农业就业人口约170万。另根据世界银行公布的数据（图1），除2009年前后，2000—2015年，马来西亚农业增加值总体上升，但2016年较2015年有所下降。农业增加值占国民生产总值的比重波动较为显著，总体保持在8%～12%的区间，农业占比在2001年达到最低的8.0%，最高则是2011年的11.5%。

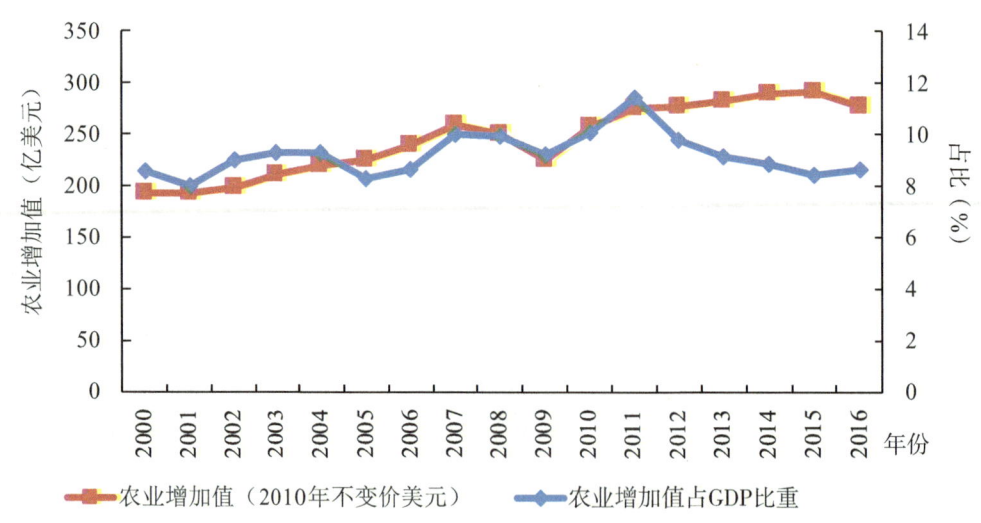

图1　2000—2016年马来西亚农业增加值及其占GDP的比重

资料来源：世界银行

---

① 马来西亚农业总产值按2010年不变价格计算。

马来西亚农业生产区域性明显，境内北部各州是农业生产重点区域，其中沙巴州是全球第 3 大棕榈油生产基地。农产品以生产经济作物为主。种植业是农业的核心，主要产品包括棕榈油、橡胶、可可、稻米、胡椒、烟草、菠萝和茶叶等。畜牧业和水产业也是马来西亚农业生产的主要组成部分。畜牧业以肉类生产为主，禽蛋和奶类为辅；渔业资源虽丰富，但淡水产品产量和海水产品捕捞量却逐年减少。

2. 主要农产品生产情况

（1）种植业

种植业是马来西亚农业的基础和核心，主要包括以谷物为主的粮食作物、以棕榈为主的油料作物、以橡胶为主的热带经济作物，以及热带水果和蔬菜等。棕榈油和橡胶是马来西亚两大最主要的种植业产品。马来西亚是世界第二大棕榈油及相关制品生产国，出口量曾经约占全球总量的50%，但占比呈逐年下降趋势；同时，马来西亚曾是全球第三大天然橡胶生产国，目前其橡胶产业已逐渐完成由生产天然橡胶等原材料向橡胶初、深加工制品行业的转型。

从面积上看，以油棕榈为主的油料作物的收获面积最大，不同作物收获面积的增减情况不一。根据 FAO 统计数据，2000—2014 年，油料作物的收获面积获得相对大幅增加，由 337.40 万公顷增至 493.66 万公顷，总体增长 46.3%；蔬菜收获面积也整体增加，2000—2015 年收获面积由 3.60 万公顷增至 6.80 万公顷，但 2016 年收获面积有所减少，降至 6.44 万公顷，降幅 5.3%；在谷物方面，与近年来产量的稳定增加不同的是，谷类的收获面积整体略有下降，2014—2016 年收获面积有所震荡，但总体增加；在橡胶方面，由于国内橡胶产业逐渐由初级产品向精深加工方面发展，马来西亚逐渐由橡胶生产国变为橡胶消费国，国内橡胶收获面积总体上趋于减少；在水果方面，收获面积则呈现出波动变化的态势（表4）。

表 4　2000—2016 年马来西亚种植业作物收获面积　　（单位：万公顷）

年　份	谷物面积	油料面积	橡胶面积	水果面积	蔬菜面积
2000	72.57	337.40	130.00	8.56	3.60
2001	69.56	359.62	125.00	8.14	3.32
2002	70.15	365.82	125.00	8.86	3.64
2003	69.58	354.16	131.50	9.81	3.82
2004	70.47	368.21	127.50	9.89	3.94
2005	70.12	387.74	123.70	9.97	3.71
2006	67.00	394.15	125.10	9.33	4.01
2007	67.99	400.83	124.80	8.54	4.09

(续表)

年 份	谷物面积	油料面积	橡胶面积	水果面积	蔬菜面积
2008	66.29	416.12	124.70	8.09	4.19
2009	68.21	423.99	105.80	8.02	5.48
2010	68.65	437.59	101.52	7.79	6.41
2011	69.73	457.67	102.70	9.92	6.51
2012	69.39	459.90	104.12	9.15	6.28
2013	68.14	476.29	105.73	9.15	6.27
2014	69.94	493.66	106.56	8.64	6.80
2015	62.52		107.45	9.33	6.80
2016	71.82		107.29	8.99	6.44

资料来源：FAOSTAT

从产量上看，种植业品种的产量变化情况不一。2000—2014 年，除个别年份外，马来西亚以水稻为主的谷物产量均保持稳步增长态势，但 2015 年出现大幅下降，由 2014 年的 270.40 万吨降至 181.89 万吨，当年降幅 32.7%，2016 年谷物产量有所恢复；以棕榈为主的油料作物以及蔬菜的产量增长幅度大于谷物产量的增长幅度，总体保持良好的增加趋势；受国内橡胶产业结构变化影响，作为马来西亚支柱产业之一的橡胶产量则经历了由升转跌的过程，在 2006 年达到峰值 128.36 万吨后震荡下降，2014 年马来西亚橡胶产量 66.86 万吨，为 2000 年以来的最低值；水果产量则呈现小幅下降又逐渐回升的发展趋势（表 5）。

表 5 2000—2016 年马来西亚种植业作物产量　　　　　　　　　　（单位：万吨）

年 份	谷 物	油 料	橡 胶	水 果	蔬 菜
2000	220.58	1243.71	92.80	118.46	54.88
2001	216.20	1349.22	88.20	123.31	50.50
2002	226.74	1355.08	89.00	122.95	54.89
2003	232.90	1514.68	98.56	131.79	58.12
2004	233.60	1579.06	116.87	128.42	64.22
2005	238.90	1690.49	112.60	120.93	68.31
2006	226.70	1789.11	128.36	107.71	70.77
2007	240.71	1782.32	119.96	90.03	72.46
2008	238.60	1996.22	107.24	96.77	76.97
2009	254.74	1973.80	85.70	93.91	94.44
2010	251.24	1909.07	93.92	96.70	127.81
2011	263.58	2120.34	99.62	95.98	131.39
2012	268.30	2108.51	92.28	94.14	128.12
2013	269.02	2158.69	82.64	93.89	148.60

（续表）

年 份	谷 物	油 料	橡 胶	水 果	蔬 菜
2014	270.40	2205.10	66.86	99.59	143.28
2015	181.89		72.21	114.33	142.02
2016	231.73		67.35	108.24	133.35

资料来源：FAOSTAT

（2）畜牧业

畜牧业是马来西亚农业的重要组成部分。随着国内清真食品加工等行业的迅猛发展，马来西亚畜牧业得到了快速发展的机会。尤其是进入21世纪以后，马来西亚的畜牧业生产，包括肉类、禽蛋和奶类等生产，一直保持着较快的增长趋势。畜牧业已经逐渐成为带动马来西亚农业发展的中坚力量，有着较好的发展前景。

具体来看，根据FAO的统计数据，自2000年以来，马来西亚的畜牧业发展处于整体上升阶段。2000—2016年，肉类产量由89.28万吨增至194.46万吨，增幅高达117.8%，年均增幅5.0%；禽蛋类产量增长略慢于肉类，由40.05万吨增至84.62万吨，增幅为85.5%，年均增幅4.8%，其中鸡蛋占产量的绝大部分；奶类发展则有所不同，2000—2015年，马来西亚奶类产量由3.68万吨增至8.42万吨，但2016年产量大幅下降至5.17万吨，当年下降幅度达到38.6%（表6）。从畜牧业整体发展情况来看，虽然2016年奶类产量出现明显下降，在今后一段时期内，马来西亚畜牧业生产仍有继续增长的趋势。

表6　2000—2016年马来西亚畜牧业主要产品产量　　　　（单位：万吨）

年 份	肉 类	猪 肉	禽蛋类	鸡 蛋	奶 类	牛 奶
2000	89.28	15.98	40.05	39.06	3.68	3.05
2001	95.61	18.47	40.80	39.78	3.60	2.93
2002	103.06	19.29	42.23	41.18	4.21	3.49
2003	107.02	19.81	43.21	42.13	4.30	3.55
2004	115.83	20.35	44.20	43.10	4.58	3.77
2005	119.16	20.00	45.30	44.20	4.95	4.24
2006	127.62	21.68	46.40	45.30	5.46	4.71
2007	130.54	20.01	48.70	47.60	5.98	5.18
2008	135.61	19.51	49.04	47.90	6.51	5.65
2009	140.39	20.60	52.39	51.00	7.13	6.23
2010	153.21	23.40	60.09	58.66	7.62	6.70
2011	157.08	23.10	63.70	62.15	8.04	7.09
2012	162.51	21.85	65.98	64.42	8.13	7.24
2013	170.82	21.74	69.86	68.40	8.30	7.40

（续表）

年 份	肉 类	猪 肉	禽蛋类	鸡 蛋	奶 类	牛 奶
2014	182.37	21.76	74.30	72.76	8.43	7.53
2015	190.75	21.91	80.91	79.33	8.42	7.60
2016	194.46	21.83	84.62	83.05	5.17	4.36

资料来源：FAOSTAT

（3）渔业

作为海岛国家，马来西亚拥有优越的渔业自然条件和丰富的渔业资源，渔业（尤其是海洋渔业）一直是农业产业的重要组成部分，海产品深加工业也是马来西亚的优势产业之一。马来西亚海洋渔业资源丰富，但渔业捕捞和资源开发能力不足。2007年，马来西亚国内海域中有600余艘深海捕捞船只开展渔业作业，而其中本国深海作业船只却不足100艘，数量较少。马来西亚国家统计局公布的数据显示，2014年，马来西亚渔业总产量为144.6万吨，较2013年同比下降2.5个百分点；淡水和咸水（非海水）渔业产量分别下降5.5%和8.3%，降至10.7万吨和42.8万吨[①]。

（三）农产品贸易现状

进出口贸易是马来西亚农业发展的重心。一直以来，马来西亚倾向于外向型经济发展方式，政府非常重视本国农产品的进出口贸易，出口农产品多为附加值较高的经济作物和制品，而对粮食、饲料作物等农产品和农资产品则在一定程度上依赖进口。

1. 主要农产品贸易规模

在政府不断出台鼓励农产品进出口政策等利好因素影响下，马来西亚的农产品进出口贸易总体规模不断扩大，并在国际贸易中一直保持顺差优势，但近年来，顺差优势有所收窄，出口额有所下降。国际农产品贸易统计年鉴中的统计数据显示，2000—2011年，除受美国次贷危机等突发事件影响，2009年进出口双降外，马来西亚农产品国际进出口贸易总额整体呈现上升趋势。其中，农产品进口总额从2000年的38.09亿美元增至2011年的174.90亿美元，同期农产品出口总额从53.35亿美元增至313.34亿美元（图2）。自2011年起，马来西亚农产品出口总额开始出现较为明显的下降趋势。2015年，马来西亚农产品出口额降至213.30亿美元，同比下降16.1%，降幅明显，同期农产品进口额变化则相对平稳，马来西亚农产品对外贸易顺差不断收窄。这成为中国与马来西亚进行农业合作所必须考虑在内的影响因素。

---

① 来源：马来西亚联邦统计局："2015年农业统计报告"。

（续表）

年 份	谷 物	油 料	橡 胶	水 果	蔬 菜
2014	270.40	2205.10	66.86	99.59	143.28
2015	181.89		72.21	114.33	142.02
2016	231.73		67.35	108.24	133.35

资料来源：FAOSTAT

（2）畜牧业

畜牧业是马来西亚农业的重要组成部分。随着国内清真食品加工等行业的迅猛发展，马来西亚畜牧业得到了快速发展的机会。尤其是进入21世纪以后，马来西亚的畜牧业生产，包括肉类、禽蛋和奶类等生产，一直保持着较快的增长趋势。畜牧业已经逐渐成为带动马来西亚农业发展的中坚力量，有着较好的发展前景。

具体来看，根据FAO的统计数据，自2000年以来，马来西亚的畜牧业发展处于整体上升阶段。2000—2016年，肉类产量由89.28万吨增至194.46万吨，增幅高达117.8%，年均增幅5.0%；禽蛋类产量增长略慢于肉类，由40.05万吨增至84.62万吨，增幅为85.5%，年均增幅4.8%，其中鸡蛋占产量的绝大部分；奶类发展则有所不同，2000—2015年，马来西亚奶类产量由3.68万吨增至8.42万吨，但2016年产量大幅下降至5.17万吨，当年下降幅度达到38.6%（表6）。从畜牧业整体发展情况来看，虽然2016年奶类产量出现明显下降，在今后一段时期内，马来西亚畜牧业生产仍有继续增长的趋势。

表6　2000—2016年马来西亚畜牧业主要产品产量　　（单位：万吨）

年 份	肉 类	猪 肉	禽蛋类	鸡 蛋	奶 类	牛 奶
2000	89.28	15.98	40.05	39.06	3.68	3.05
2001	95.61	18.47	40.80	39.78	3.60	2.93
2002	103.06	19.29	42.23	41.18	4.21	3.49
2003	107.02	19.81	43.21	42.13	4.30	3.55
2004	115.83	20.35	44.20	43.10	4.58	3.77
2005	119.16	20.00	45.30	44.20	4.95	4.24
2006	127.62	21.68	46.40	45.30	5.46	4.71
2007	130.54	20.01	48.70	47.60	5.98	5.18
2008	135.61	19.51	49.04	47.90	6.51	5.65
2009	140.39	20.60	52.39	51.00	7.13	6.23
2010	153.21	23.40	60.09	58.66	7.62	6.70
2011	157.08	23.10	63.70	62.15	8.04	7.09
2012	162.51	21.85	65.98	64.42	8.13	7.24
2013	170.82	21.74	69.86	68.40	8.30	7.40

（续表）

年 份	肉 类	猪 肉	禽蛋类	鸡 蛋	奶 类	牛 奶
2014	182.37	21.76	74.30	72.76	8.43	7.53
2015	190.75	21.91	80.91	79.33	8.42	7.60
2016	194.46	21.83	84.62	83.05	5.17	4.36

资料来源：FAOSTAT

（3）渔业

作为海岛国家，马来西亚拥有优越的渔业自然条件和丰富的渔业资源，渔业（尤其是海洋渔业）一直是农业产业的重要组成部分，海产品深加工业也是马来西亚的优势产业之一。马来西亚海洋渔业资源丰富，但渔业捕捞和资源开发能力不足。2007年，马来西亚国内海域中有600余艘深海捕捞船只开展渔业作业，而其中本国深海作业船只却不足100艘，数量较少。马来西亚国家统计局公布的数据显示，2014年，马来西亚渔业总产量为144.6万吨，较2013年同比下降2.5个百分点；淡水和咸水（非海水）渔业产量分别下降5.5%和8.3%，降至10.7万吨和42.8万吨[①]。

（三）农产品贸易现状

进出口贸易是马来西亚农业发展的重心。一直以来，马来西亚倾向于外向型经济发展方式，政府非常重视本国农产品的进出口贸易，出口农产品多为附加值较高的经济作物和制品，而对粮食、饲料作物等农产品和农资产品则在一定程度上依赖进口。

1. 主要农产品贸易规模

在政府不断出台鼓励农产品进出口政策等利好因素影响下，马来西亚的农产品进出口贸易总体规模不断扩大，并在国际贸易中一直保持顺差优势，但近年来，顺差优势有所收窄，出口额有所下降。国际农产品贸易统计年鉴中的统计数据显示，2000—2011年，除受美国次贷危机等突发事件影响，2009年进出口双降外，马来西亚农产品国际进出口贸易总额整体呈现上升趋势。其中，农产品进口总额从2000年的38.09亿美元增至2011年的174.90亿美元，同期农产品出口总额从53.35亿美元增至313.34亿美元（图2）。自2011年起，马来西亚农产品出口总额开始出现较为明显的下降趋势。2015年，马来西亚农产品出口额降至213.30亿美元，同比下降16.1%，降幅明显，同期农产品进口额变化则相对平稳，马来西亚农产品对外贸易顺差不断收窄。这成为中国与马来西亚进行农业合作所必须考虑在内的影响因素。

---

① 来源：马来西亚联邦统计局："2015年农业统计报告"。

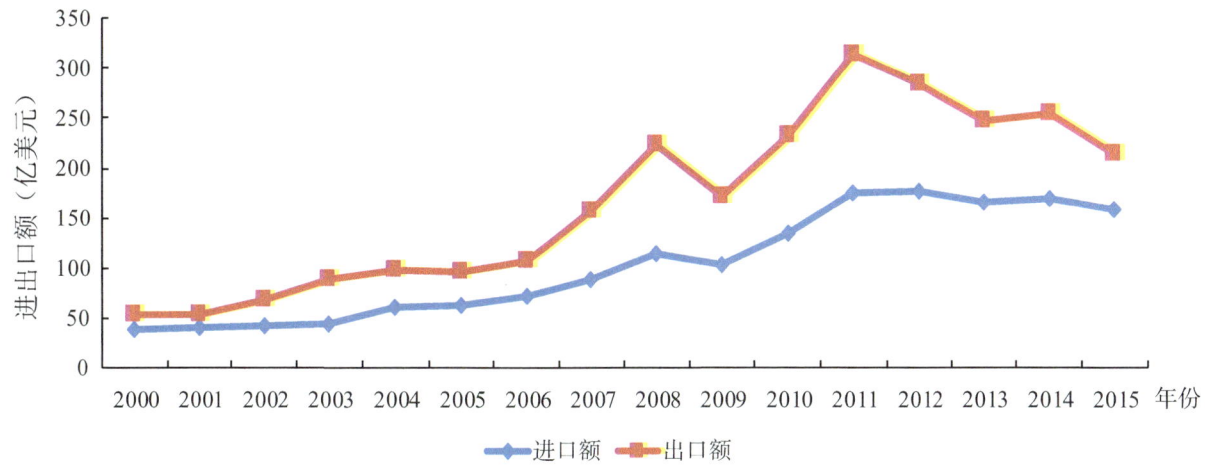

图2 2000—2015年马来西亚农产品进出口贸易走势

资料来源:《国际农产品贸易统计年鉴》

(1) 主要进口农产品

马来西亚进口农产品种类比较丰富,主要有谷物、饮品、畜产品。其中,进口谷物以玉米为主,稻谷制品和小麦制品为辅。此外,马来西亚还进口水果、蔬菜、水产品、食用植物油、食糖等。

马来西亚主要农产品进口额总体呈上升趋势。2000—2015年,马来西亚五类主要进口产品的进口额均总体上升,但谷物、饮品和畜产品的进口额在2015年均出现了比较明显的下降,分别下降11.5%、10.4%和16.0%,降幅均超过10%。同时,水果和蔬菜整体保持上升,水果变化幅度不大,蔬菜有个别年份波动剧烈。例如,2013年,蔬菜进口降幅达46.4%,为5.28亿美元;2014年,蔬菜进口升至10.44亿美元,增幅96.2%(表7)。

表7 2000—2015年马来西亚主要农产品进口额 （单位：亿美元）

年 份	谷 物	饮 品	畜产品	水 果	蔬 菜
2000	6.86	2.04	6.03	1.36	2.92
2001	6.21	2.25	7.00	1.37	3.13
2002	6.47	3.15	6.55	1.39	3.34
2003	6.03	4.82	6.18	1.34	3.23
2004	8.42	6.11	7.50	1.44	4.33
2005	9.04	6.65	8.20	3.44	4.72
2006	10.14	10.23	8.45	3.69	5.57
2007	13.76	12.66	11.69	4.61	6.52
2008	20.86	17.59	12.96	5.69	6.21
2009	15.78	13.18	9.75	6.09	7.26

（续表）

年 份	谷 物	饮 品	畜产品	水 果	蔬 菜
2010	17.38	17.19	13.09	8.05	9.72
2011	22.13	21.78	16.42	9.74	10.24
2012	21.34	21.84	17.46	11.12	9.86
2013	21.07	22.33	20.61	12.47	5.28
2014	20.52	24.11	23.39	12.75	10.44
2015	18.17	21.61	19.65	13.37	11.73

资料来源：《国际农产品贸易统计年鉴》

需要特别指出的是，马来西亚水稻生产能力并不高。FAO 数据显示，2014 年，马来西亚稻谷单产为 3835 千克/公顷，明显低于中国、日本等国家，仅与印度相当（图3），与世界主要水稻主产国相比，马来西亚水稻单产和种植技术都不占优。水稻产量并不尽如人意，粮食自给率不足 70%，加之主要以种植经济作物为主，因此只能通过大量进口粮食来满足国内需求。2003—2014 年，马来西亚大米及制品的进口量由 36.9 万吨增长到 94.2 万吨，尤其在 2008 年之前，进口量增速迅猛（图4），虽然 2008—2014 年进口量有所回落，增长趋势也有所放缓，但粮食供给仍然存在较大缺口。马来西亚曾大量进口中国谷物，但受两国粮食政策等因素的影响，目前马来西亚主要从泰国、越南和巴基斯坦等国家进口水稻，自中国进口的水稻数量非常有限。马来西亚未来将与中国进行粮食进出口贸易和水稻种植技术方面的合作，这有可能成为双方农业合作的一个重要领域。

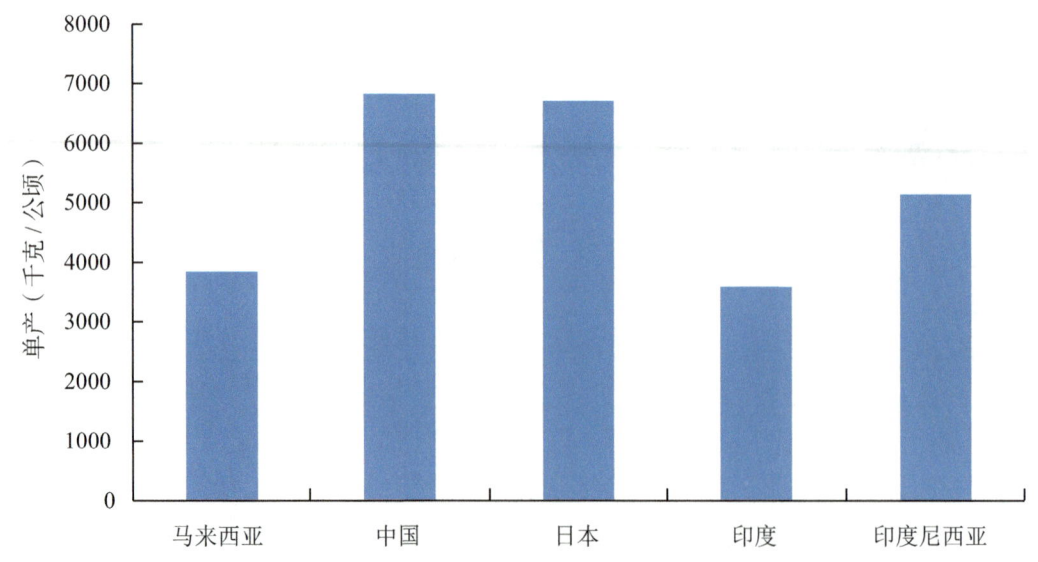

图3 2014 年马来西亚与主要水稻主产国稻谷单产比较情况

资料来源：FAOSTAT

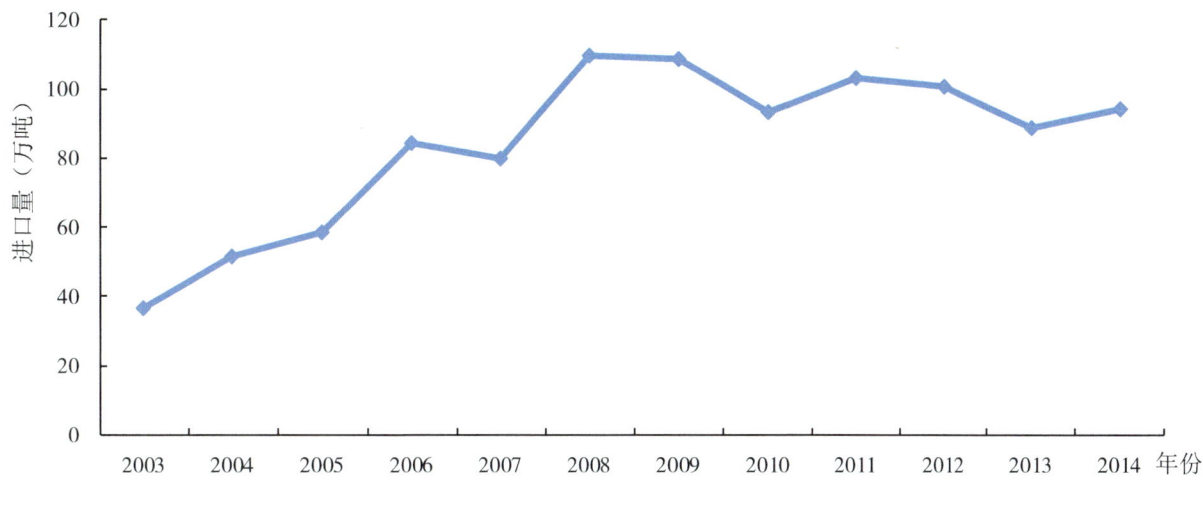

图 4　2003—2014 年马来西亚大米及制品的进口量变化

资料来源：FAOSTAT

（2）主要出口农产品

马来西亚对外出口的农产品种类主要是食用植物油，其中绝大多数都是棕榈油，此外还出口饮品、畜产品、水果、水产品、蔬菜等。2000—2015 年，马来西亚主要农产品出口情况如表 8 所示，以棕榈油为主的食用植物油是马来西亚最大的农产品出口种类，其出口量和出口金额均远大于其他农产品种类。但值得注意的是，食用植物油出口并不稳定，自 2012 年起更是连续 4 年下滑，考虑到近年来总体贸易顺差的收窄趋势，食用植物油出口的回落是其中的重要影响因素之一。

表 8　2000—2015 年马来西亚主要农产品出口额　　　　（单位：亿美元）

年　份	食用植物油	饮　品	畜产品
2000	24.62	3.18	2.32
2001	24.23	3.71	2.33
2002	35.35	4.43	2.45
2003	47.18	5.63	2.79
2004	49.04	7.36	2.75
2005	44.29	8.38	3.09
2006	53.68	9.37	3.34
2007	84.55	12.65	4.91
2008	130.05	15.75	6.55

(续表)

年 份	食用植物油	饮 品	畜产品
2009	94.68	15.19	4.87
2010	126.45	21.19	5.64
2011	177.96	23.93	7.11
2012	157.53	23.05	7.51
2013	126.08	24.41	7.94
2014	123.29	27.76	9.18
2015	97.95	25.49	8.62

资料来源：《国际农产品贸易统计年鉴》

需要指出的是，清真食品也是马来西亚具有一定优势的出口农产品类型。根据有关资料的统计数据，2013年，马来西亚清真食品及加工产品的出口总额已经达到了99.30亿美元；仅2014年上半年，清真食品及加工产品的出口额就已超过60亿美元。马来西亚清真食品及加工产品每年出口到全球70多个国家和地区，主要出口市场除美国外，大多是亚洲邻国，包括中国和中亚、东南亚的部分国家。其中，中国是其清真食品最大的出口市场。近年来，中国与马来西亚在清真食品领域的合作愈加密切，清真食品相关产业可能成为中马农业合作的重要领域。

2. 主要农产品贸易伙伴

马来西亚地处亚洲，地缘因素决定了其进出口贸易伙伴主要分布于亚洲各邻国，包括中国、印度尼西亚、新加坡、印度、泰国等国家。此外，还与位于美洲、欧洲、大洋洲的部分国家保持着较好的贸易伙伴关系。故此将从农产品主要进口来源地和主要出口市场两种视角进行分析。

（1）农产品主要进口来源地

马来西亚农产品主要进口来源地分布较广，但主要来源地是亚洲国家，除此以外，还包括位于美洲、大洋洲、欧洲的美国、阿根廷、澳大利亚、新西兰、法国和荷兰等国家。从进口额来看，2016年，马来西亚农产品进口来源地排名前5位的国家分别是印度尼西亚、中国、巴西、泰国和澳大利亚，进口额均超过了10亿美元，分别为18.15亿美元、16.89亿美元、11.44亿美元、11.19亿美元和10.11亿美元，马来西亚自上述5国的农产品进口总额占当年农产品进口总额的45.3%（图5）。

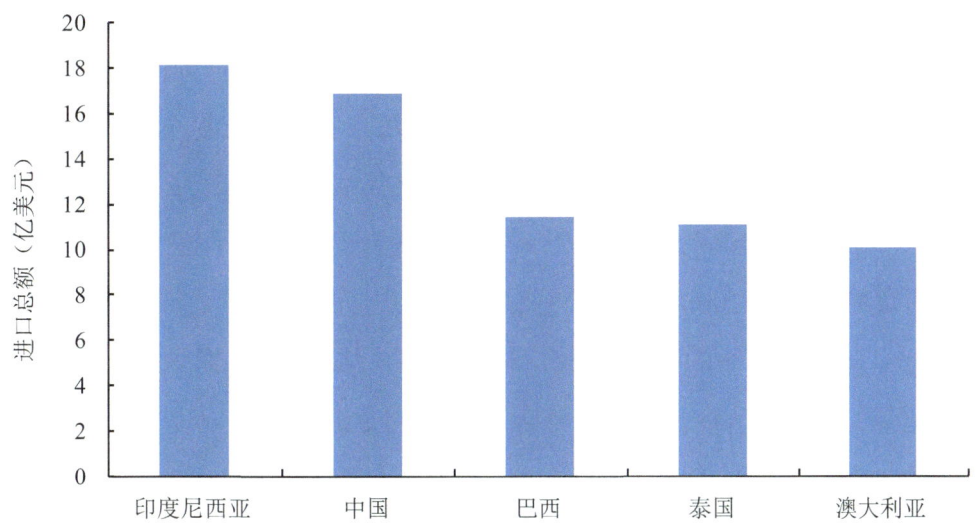

图5　2016年马来西亚农产品进口来源地前5位进口额

资料来源:《国际农产品贸易统计年鉴》

（2）农产品主要出口市场

马来西亚农产品主要出口市场分布地区也较广，与进口来源地类似，农产品出口市场主要分布于亚洲，此外，美国、荷兰、澳大利亚、土耳其等欧美国家也是其主要出口贸易伙伴。从出口额来看，2016年，马来西亚农产品主要出口市场排名前5位的国家分别为中国、新加坡、印度、荷兰和越南，出口额分别为23.15亿美元、23.07亿美元、18.79亿美元、10.37亿美元和9.17亿美元，马来西亚对上述5国的农产品出口总额占当年农产品出口总额的38.9%（图6）。

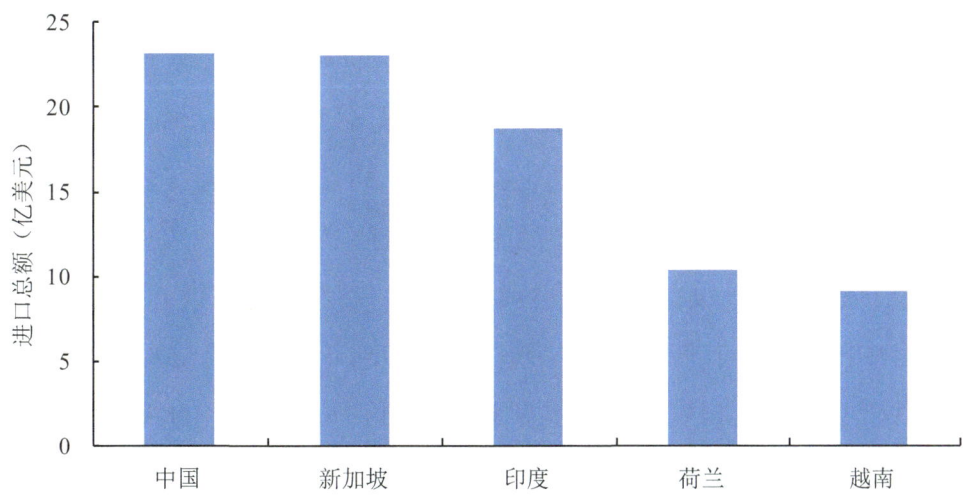

图6　2016年马来西亚农产品出口市场前5位出口额

资料来源:《国际农产品贸易统计年鉴》

3. 中马农产品贸易现状

中马两国于1974年建交，起初官方和民间的交流合作不多。直到1990年马来西亚取消公民访华限制后，两国交往渐趋活跃。多年来，中马双方农产品贸易总量不断增加，马来西亚已逐渐成为中国在东南亚地区最大的农产品贸易伙伴。2013年，中马双边贸易额首次突破1000亿美元大关，达到1060.80亿美元，创下历史新高。马来西亚成为继日本、韩国之后第3个与中国贸易额超过1000亿美元的亚洲国家。

从农产品进出口贸易总额的角度来看，总体来说，从2000年以来，马来西亚处于农产品贸易顺差的地位，但自2011年起，贸易顺差不断收窄，中国对马来西亚的农产品出口额增长稳定，显示出贸易向好的趋向（图7）。

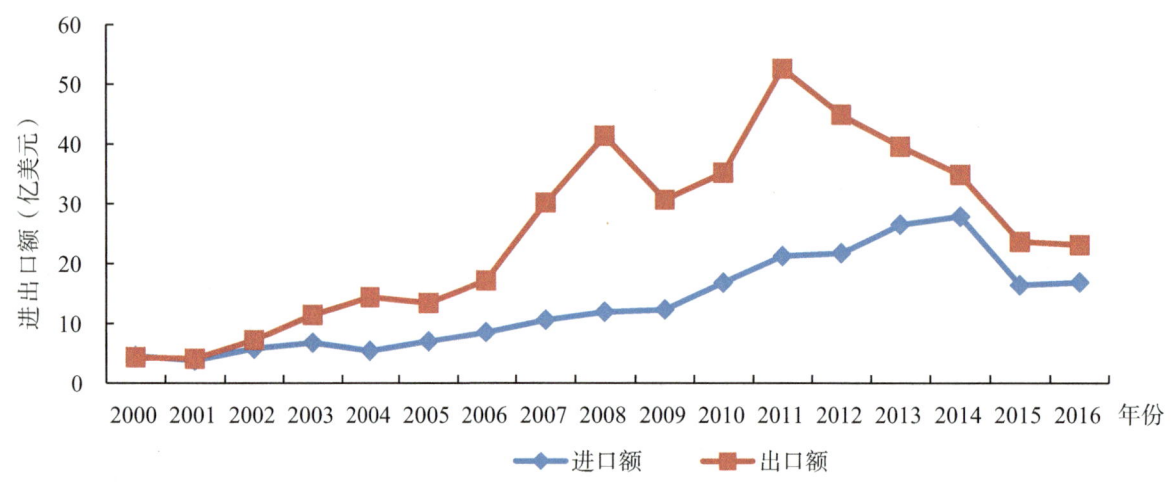

图7　2000—2016年马来西亚对中国农产品进出口走势

资料来源：《国际农产品贸易统计年鉴》

马来西亚向中国出口的农产品金额随年份波动明显，总体呈现先增后减趋势。2000—2016年，马来西亚向中国出口农产品金额从4.29亿美元增至23.15亿美元，总体上升。2000年，中马两国农产品贸易往来相当；自2001年起，马来西亚出口中国的农产品金额逐渐大于自中国进口的农产品金额，农产品贸易顺差处于不断增加的状态；但自2011年起，贸易顺差开始不断减少。

马来西亚自中国进口的农产品金额呈现小幅稳定增长的态势。2000—2016年，除少数年份外，马来西亚自中国进口农产品的金额稳定提升，从2000年的4.48亿美元增至2016年的16.88亿美元。

从中马农产品贸易的具体品种来看，马来西亚自中国进口的农产品品种变化较大。中国国内学者的研究表明，马来西亚自中国进口的农产品原本以谷物居多，现在逐渐转变为以蔬菜、水产、肉类和水果为主（李文霞等，2015）；马来西亚出口中国的农产品则一直以油脂类为主，主要是以棕榈油为代表的食用植物油，但其占比随年份递进而不断下降，出口农产品结构更加多元。中国海关相关统计数据显示，2001—2016年，在马来西亚自中国进口的农产品中，谷物占比从40.3%大幅降低到0.03%；畜产品占比从6.1%下降到2.2%；水产品占比则从2.3%增加到21.7%；蔬菜和水果所占比重分别从8.1%和8.3%提升到33.6%和17.4%。2016年，马来西亚自中国进口的前10大农产品占进口总额的97.3%。2001—2016年，在马来西亚出口中国的主要农产品中，油脂所占比重从94.2%降低到57.1%。2016年，马来西亚出口中国的前5大农产品占出口总量的96.8%。

（四）农业管理体系与政策

1. 农业管理体系

马来西亚的农产品市场运行采取市场经济模式，农产品贸易均采取市场运作为主、政府职能为辅的模式。马来西亚独立初期，农业管理体制曾经历过一系列的变化，目前与农业相关的主要主管部门包括马来西亚农业与农基产业部（Ministry of Agriculture and Agro-Based Industry）、马来西亚自然资源与环境部（Ministry of Natural Resources and Environment）和马来西亚种植业与原产品部（Ministry of Plantation Industries and Commodities）[①]。其中，农业与农基产业部是主要管理部门，负责对农业的统一管理，下设农基产业部门（Agro-based Industry Division）、农业排水和灌溉部门（Agriculture Drainage and Irrigation Division）、农作物、畜产品和水产品工业部门（Crops, Livestock and Fishery Industry Division）、信息管理部门（Information Management Division）、稻谷和大米工业部门（Paddy and Rice Industry Division）以及农业政策规划部门（Policy and Strategic Planning Division）[②]等相关部门。此外，马来西亚还设有国家农业培训委员会（National Agriculture Training Council，NATC），协助国家培养高素质农业人才。

2. 农业支持政策

为实现本国农业的长足发展，马来西亚政府相继出台了多项鼓励农民生产和促进农业发展的政策措施。

（1）农业生产政策

马来西亚鼓励本国粮食产业和清真食品的生产。一是鼓励企业投资粮食生产。投资粮

---

① 来源：中华人民共和国商务部网站 http://my.mofcom.gov.cn/。
② 来源：马来西亚联邦农业与农基产业部网站 http://www.moa.gov.my/。

食生产的公司和企业，可享受与投资额相等的扣税额或 10 年内农业投资收入 100% 的免税，而且免税期间的亏损可转至免税期后，由免税收入产生的股息被视为股东的免税收入。橡胶树种植面积达到 10% 最低标准的非橡胶种植公司可以享受加速农业税赋抵减，投入的资本支出可以从 2 年减至 1 年内注销。二是鼓励清真食品领域的发展。政府出台政策支持国内外企业在马来西亚从事清真食品加工等行业，相关从业公司在成功取得马来西亚政府的清真食品加工相关认证之后，自符合规定的第一笔资本支出之日起，5 年内所发生的符合规定的资本支出费用可享受 100% 的投资税赋抵减。

（2）农业贸易政策

为带动本国农业发展，马来西亚政府鼓励外资进入农业领域并出台相关政策，规定外资在农业生产、农产品加工、橡胶、木浆制品、食品加工、生物能源科技、冷链物流等领域都可享受政策优惠，在马来西亚投资的外国企业首先享有最惠国待遇。

3. 农业发展规划

马来西亚政府一直以发展出口导向型经济为主，国际贸易是国家经济发展的重要途径。近年来，受农业产值占比持续下滑、粮食安全问题日益突出等因素影响，政府为提振本国农业产业发展采取了多项规划措施。

（1）"五大经济走廊"规划

自 2011 年起，政府开始实施本国第十个五年计划，并且提出"五大经济走廊"建设规划。在五大走廊中，有四大走廊（包括北部经济走廊、东海岸经济区、沙巴发展走廊和沙捞越再生能源走廊）都有农业项目和农业服务政策出台。

（2）"大吉隆坡"计划

该计划是 2010 年起实行的马来西亚经济转型计划（Economic Transformation Program）的一部分，政府通过"大吉隆坡计划"等区域性规划，积极发展大型基础设施建设和民生工程，意在改善投资环境，鼓励外商投资，其中包括对农业基础设施投资项目的鼓励政策。

（3）"国家关键性经济项目"规划

目前，马来西亚政府正在实行"国家关键性经济项目"规划，其中提出了未来将要着力发展的 51 个重要领域，包含农业科技发展、农业信息化服务等相关内容，鼓励国外企业向这些领域进行投资。

此外，马来西亚自 2016 年起开始了"第十一个马来西亚计划"的实施过程，在今后一段时期，马来西亚将会在农业领域开展农产品深加工、农业科技和信息化建设等重大项目。中国应把握这一有利契机，积极拓展马来西亚农产品市场，并加强在食品加工业和农业高新技术产业方面的深入交流与合作。

三、农业投资环境

（一）国家商业环境

马来西亚商业环境在东南亚地区总体相对较好，主要体现在其拥有较好的营商环境和利于商业投资的政策取向两个方面。

1. 营商环境较好

世界经济坛发布的《2016—2017年全球竞争力报告》显示，马来西亚在全球最具竞争力的138个国家和地区中排名第25位；世界银行发布的《2017年营商环境报告》显示，马来西亚营商效率在全球190个国家和地区中位列第23位，DTF（前沿距离）评分为78.11，比2016年下降5个位次，排名下降的主要原因是2016年马来西亚提高了企业注册门槛，要求注册资金不低于50万林吉特。此外，马来西亚在经商信誉和税费方面存在着一定优势。

2. 拥有利于商业投资的政策氛围

一直以来，马来西亚政府非常重视利用境外商业投资带动本国发展，在政策层面上不断发力助推来自境外的贸易投资行为。在农业方面，政府鼓励内资和外资进行农业基础设施建设投资，并对投资者施以税收优惠。

首先，鼓励对农业基础设施建设的投资行为。在马来西亚投资农业项目的个人和单位，其固定资产投入的60%，可于5年内抵销其应缴纳所得税的70%；在马来西亚从事农业领域再投资的个人和单位，其用于土地开垦和改良、修改排灌、改造道路和桥梁等投入的60%，可在15年内抵销其应缴纳所得税的70%。其次，对投资农业的个人和单位，予以税收优惠政策。在马来西亚投资农业的个人和单位，可获得新兴工业地位和投资税赋抵减的优惠，包括土地开垦、农作物种植、农用道路开辟、农用建筑建造等方面的支出费用。马来西亚政府还规定，在大型综合农业投资项目中，农产品加工或制造过程所产生的资本支出，可以享受5年单独的投资税赋抵减。

马来西亚政府利于商业投资的政策取向在一定程度上与目前中国所大力提倡的通过建设"一带一路：21世纪海上丝绸之路"加强区域间经贸往来、实现共同繁荣的政策取向存在一致性，这有利于中国和马来西亚进行深入合作。

(二)农业发展优势及潜力

1. 农业发展优势

(1) 气候资源优势

热带雨林气候条件利于棕榈和橡胶等热带经济作物的种植。马来西亚地处热带,本国热带雨林气候为农业发展带来充沛的降雨量和适宜的温度条件,雨季和旱季的交替也与棕榈和橡胶等作物的生长周期相符,这些条件使得马来西亚在种植热带经济作物方面有着比较明显的优势。

(2) 农业产业优势

棕榈油及橡胶相关制品等产业是马来西亚的传统优势产业。除此之外,完善的认证体系使清真食品加工等衍生产业成为马来西亚具有独特优势的产业。马来西亚的清真标志凭借其独具特色的认证体系获得到世界范围内的一致认可。目前,马来西亚已逐渐成为世界清真食品相关产业的中心,其清真食品产业具有非常明显的优势,体现在三个方面:第一,马来西亚有着天然的文化和宗教优势。马来西亚国内的穆斯林人口约占其总人口的61.4%,人口聚集带来了穆斯林的宗教理念和文化积淀,为本国清真食品产业的发展奠定了基础。第二,马来西亚清真食品加工产业发展程度高。马来西亚拥有大规模的清真食品生产基地,并配有相对完善的基础设施,使得其产品容易获得伊斯兰国家的清真认证资质。马来西亚获得清真认证的企业平均每年以大约25%的速度增长,清真产业跨越了马来民族及穆斯林商界的范围,在马来西亚已获得清真认证的企业中,70%以上都是由非穆斯林者所经营的。第三,马来西亚是唯一由政府颁布清真食品认证的国家。2004年,马来西亚研发出本国的清真食品标准和统一的清真标志,并受到多元机构的认证系统支持。马来西亚伊斯兰发展署(JAKIM)是唯一负责发布清真认证的机构,并为全国企业提供统一和可靠的认证框架,为遵守Halal标准的企业就Halal认证事务进行协调、审核并签发证书。马来西亚标准局制定了《清真食品生产、配制、加工和储存的一般准则》(MS1500:2009标准),该准则遵从良好操作规范(GMP)、良好卫生操作规范(GHP)等国际标准,与ISO兼容,并获得伊斯兰会议组织(OIC)的认可,为马来西亚带来竞争优势。

2. 农业发展潜力

根据前文对马来西亚农业的生产发展和农产品进出口贸易现状的分析,未来马来西亚农业发展具备一定上升潜力。从马来西亚最主要的种植业作物生产走势情况,可以做出如下判断:从粮食作物生产角度看,马来西亚粮食作物的生产在种植面积减少的同时,依靠科技手段有效提高了生产效率,多年来一直维持着产量稳定增加的势头,未来马来西亚粮食生产仍会保持稳定增加，但在今后一个时期里粮食供给问题仍会比较突出，马来西亚粮食供给将在一定程度上依赖进口。从经济作物生产角度看，对比以油棕榈为主的油料作物和橡胶两大优势农作物的不同走势，以油棕榈为主的油料作物发展趋势将会更加良好，未来可能会保持产量的增加势头，棕榈油出口优势应该会得以继续保持。而未来天然橡胶的生产则可能进入持续下降的通道，但由于马来西亚是传统的橡胶产销大国，且目前马来西亚逐渐从天然橡胶出口国变为天然橡胶消费国，橡胶产业已不再依靠出口，而是依靠国内以橡胶为原料的工业产业，产出高附加值的工业制品后再进行贸易活动，因此未来橡胶产业在国际社会中的地位可能不会有很大波动。

（三）农业风险分析

1. 制度风险

澳大利亚经济与和平研究所（Institute for Economics and Peace）构建的全球和平指数（Global Peace Index，GPI）是世界公认的反映一国和平状况的权威指标。在该机构发布的2017年GPI指数排名中，马来西亚在全球163个国家中排名第40位，得分为2.57。其和平指数排名在东南亚地区仅次于新加坡，位列东南亚第2位，显示出其在东南亚地区的国家环境趋于和平与稳定。

世界银行构建的全球治理指标体系（World Governance Indicators，WGI）是世界公认的反映一国政治和法律情况的权威指标体系，其中的腐败控制指数、政治稳定性指数和政府效率指数等量化指标可以有效反映一国政治制度情况，各项指标以百分制计算，得分越高，合作风险越低。最新发布的数据显示，2016年，马来西亚腐败控制指数得分为61.54，腐败控制较好；政治稳定性指数得分为50.00，稳定程度较高；政府效率指数得分为75.96，政府办事效率较高。马来西亚三项分数均高于东南亚地区平均水平。

2. 经济风险

美国传统基金会（FRSER）构建的经济自由度指数是全球公认的能够反映一国是否支持经济自由发展的重要指标，其中，贸易自由化指标可以很好地反映一国政府对于对外贸易的支持力度。该机构发布的最新资料显示，2017年，马来西亚贸易自由化指标得分为81.2，排名全球第72位，总体来看其在东南亚地区属于贸易相对自由的国家。

需要注意的是，企业经营也是不可忽视的经济风险之一。中国企业在马拉西亚投资的一个不容忽视的问题便是如何在马来西亚进行经营管理。马来西亚的许多大型基建和投资工程运作模式与国内不同，往往会给企业融资、信贷等活动带来风险负担，降低企业运行效率。

3. 法律风险

在世界银行构建的 WGI 体系中，法治水平指数是国际上衡量一国法律风险的重要指标，其采取百分制衡量，得分越高，法治程度越高，合作风险就越低。世行最新发布的数据显示，2016 年，马来西亚法治水平指数得分为 71.15，法治水平较高，在东南亚地区排名总体靠前，仅次于新加坡，居于第 2 位。

但需要注意的是，在进行农业合作时，需要注意两国不同的法律口径问题。例如，在签订贸易合同和撤销合同时，两国法律口径并不一致。在撤销合同时，马来西亚法律认为随时可撤销，但中国法律则规定需要满足对方知情等一系列撤销条件方可撤销，双方容易因此造成不必要的误会。这些也是中马合作需要考虑的因素。

（四）总体评价

总体来看，马来西亚政府在政策上支持农业对外合作活动的开展，国内商业环境较好，交通条件便利，自身农业在热带经济作物种植、清真食品加工等领域具备比较优势，并在粮食和油料作物生产、农产品贸易等方面拥有较好的发展潜力。同时，马来西亚合作风险各项指标在东南亚地区排名总体靠前，中国与其进行农业合作的风险程度不高，适宜在以往合作基础上开展更进一步的深入合作交流。

四、中马农业合作现状与合作重点

（一）农业合作现状

1. 合作机制

中马农业合作主要依靠两种合作机制。一是政府主导、社会组织合作交流为辅的合作机制。中马两国依托于政府、社会和国际间的贸易组织进行农业合作，并通过签订合作协议等方式，促成合作项目落地。在政府层面，主要依靠两国领导人或部门官员的定期会晤以及政府部门间的定期会议。在民间社会组织层面，1988 年，成立双边经贸联委会；2002 年 4 月，成立双边商业理事会。这些民间组织间的交流、互动也是两国农业合作的重要桥梁。二是依托国际平台进行贸易往来的合作机制。稳定而有效的国际间合作平台成为中马两国贸易往来正常化的重要保障。中马农业合作要充分借助"中国—东盟自由贸易区"和"一带一路"等跨区域多边合作平台，以及中马两国间现有的"两国双园"等双边产业园合作平台，在由中国所倡导的"一带一路：21 世纪海上丝绸之路"合作框架和区域布局形成之后，中马两国的合作又将迎来一个新的战略合作平台。

2. 科技合作

中马两国在农业科技领域的合作较为频繁。2013年10月，中马两国政府首脑在马来西亚首都吉隆坡签署了《中华人民共和国政府和马来西亚政府科学技术和创新合作协定》，双方将成立科技创新联委会，通过互派专家和学者、研讨培训等方式加深合作交流，并在国家联合实验室、遥感卫星数据共享与服务平台等方面展开务实合作，为两国农业科技创新合作打下了坚实基础。近年来，中马两国在农业领域开展多项农业科技开发合作项目。例如，2015年4月，中马合作"中国—马来西亚清真食品国家联合实验室"建设项目正式落户甘肃。清真食品加工是马来西亚传统优势加工业项目，甘肃省将充分发挥自身优势，在清真食品检测技术、加工技术、生物材料技术研究以及建立认证标准体系等方面开展长期合作。另外，中国农业科学院哈尔滨畜牧兽医研究所也与马来西亚相关机构合作，共建疫病疫苗研发联合实验室项目。

3. 贸易合作

中国与马来西亚在农产品进出口贸易方面的交流和合作主要是基于2010年建立的"中国—东盟自由贸易区"这一国际合作平台来开展的。平台建立之后，经过多年的友好合作，中马农产品贸易得到了健康、快速的发展，中国成为马来西亚最大的进口来源地和第二大出口市场，两国农产品贸易往来正在健康发展的道路上前行。

4. 投资合作

中马两国双向投资合作历史由来已久。马来西亚对华投资开始于1984年。1996年，马来西亚对华投资额达到历史最高的4.60亿美元，此后保持每年大约3.00亿美元的投资规模。在共建"一带一路"框架背景下，中马双向投资金额猛增。商务部统计数字显示，2015年，中国对马来西亚直接投资流量增至4.89亿美元。但需要指出的是，中国农业部国际合作司发布的《中国对外农业投资合作报告》中的相关数据显示，2015年，中国涉农企业在马来西亚共有13家，累计投资额为8162.90万美元，企业数量和投资金额在整个东南亚地区都相对较少，后期可能会有较大的增长空间。

近年来，中马两国的农业投资合作主要体现在"两国双园"（Two Countries Twin Parks）国际园区合作项目之中。

2012年4月，"中国—马来西亚钦州产业园区"建设项目正式启动，园区位于广西钦州市，为中马两国投资合作旗舰项目。钦州产业园区以着力打造"一带一路"智慧走廊为出发点，在农业产业方面针对食品加工、农业生物科技和海洋科技等领域进行合作。其中，食品加工主要包括清真食品加工、燕窝加工、海产品深加工、特色农产品加工、食品添加剂，以及渔业饲料与用药等。

同一时期,"马来西亚—中国关丹产业园"也于2012年正式开工建设,园区位于彭亨州首府、马来西亚重要港口城市关丹。关丹产业园与农业相关的领域包括棕榈油加工、橡胶、清真食品加工等传统优势加工业项目和农业信息化等战略性新兴产业,此外,还在物流和农业科研开发合作等领域展开合作。关丹产业园拥有进出口、市场准入等方面的政策优惠和100%所得税减免等税收优惠,是中马两国合作的另一重大项目。2015年11月20日,李克强总理访马期间,中华人民共和国和马来西亚发表联合声明,表示双方同意继续推动"两国双园"协调发展,进一步提升两国农业合作水平。

目前,中马两国凭借"中国—马来西亚钦州产业园区"和"马来西亚—中国关丹产业园"两大合作园区开创了"两国双园"国际园区合作新模式。在两国政府的引领下,双向投资日趋活跃,园区建设稳步发展,加快推进"两国双园"建设,实现同步协调发展。

(二)农业合作潜力

中马两国都非常重视农产品的进出口贸易,两国政府均鼓励外资进出本国,马来西亚本国拥有较好的营商环境、可与中国形成优势互补的农业产业以及优越的地理区位和交通优势,加之马来西亚政府着力营造适于投资的环境并出台鼓励投资的政策等,两国农业合作潜力较大。

1. 合作基础

中马两国农业合作有着良好的合作基础,主要体现在两国在政府和民间贸易往来中签订了许多友好合作协议,为促进两国农业贸易往来起到了重要的支撑作用。

中国与马来西亚建交以来,两国政府相继签订了《中马两国政府农业合作协定》《避免双重征税协定》《双边投资保证协定》《贸易协定》《海运协定》和《民用航空协定》等10余项经贸合作协议。2002年4月24日,中国贸促会与马来西亚亚洲战略及领导精神研究院共同签署成立了中马联合商务理事会。双方已定期分别在中国和马来西亚召开联席会议,迄今为止已成功举办10次会议,在促进中马工商界沟通与合作方面发挥了重要的桥梁作用。同年,中国与东盟签署了《中国—东盟农业合作谅解备忘录》《中国与东盟全面经济合作框架协议》等合作协议,其中明确约定:到2010年,建成中国—东盟自由贸易区;至2007年1月,中国与东盟六国(含马来西亚)60%的商品关税降至5%以下;至2010年自贸区建成时,除特殊商品外,进出口商品基本实现零关税。

2012年,中国与马来西亚政府共同签署《农业产品营销与推广谅解备忘录》,双方在备忘录中就今后一段时间中马蔬菜、水果等农产品的进出口贸易达成共识,此后两国各自组织成立专门工作小组,积极推进两国市场信息共享,建立农业展示窗口创造商业机会,为农业合作往来提供平台。

2013年10月，中马两国签署了《中马经贸合作发展五年规划》，为两国未来扩大与深化经贸合作走向奠定了基础。规划指出，中马两国今后在天然橡胶种植和加工、农业机械贸易、渔业捕捞、深水养殖等领域内进行深化合作。

未来，中马两国还将签署《马来西亚输华棕榈油质量安全的谅解备忘录》等相关贸易协议，为两国农产品贸易往来提供进一步保障。

2. 合作前景

在全球化高度发展的今天，国家间利用农业优势互补不断拓宽农业合作领域，将会对两国农业产业均有裨益。中马双方农业合作的最终目的是为了充分发挥两国资源、技术、资金优势，取长补短，增强粮食安全，促进经济发展，实现人民富裕，进一步巩固和深化两国战略合作伙伴关系，并通过合作促进两国农业产业在合作领域中的共同发展，强化双方在区域内农产品贸易的话语权。

资源禀赋优势互补是两国推动合作、互利共营的最主要因素之一，中马两国在这方面的互补优势明显，客观上推动了两国经贸往来的发展。马来西亚地处热带，橡胶、棕榈、热带水果等热带作物资源丰富，同时国土、气候等因素又对马国的粮食作物，尤其是饲料粮的生产带来负面影响；而中国地处温带，又是传统农业大国，粮食、蔬菜等产量居世界首位，但热带作物的生产能力和生产空间均受到限制。两国产业结构的差异性产生良好互补，加之两国目前都大力推行农产品市场信息化等新兴战略，为两国农业合作创造了优良条件。

中马两国相距较近，海运、空运便利，中国出口产品运费低、时间短，有利于鲜活农产品储运成本控制，这进一步巩固了中国农产品在此领域的优势地位，马来西亚的榴莲、中国的富士苹果等均在对方市场深受欢迎。随着马来西亚经济的不断发展，人民生活水平的不断改善，市场对农产品数量和质量的需求也会不断增加，届时，中国农产品将会凭借自身竞争优势而占据巨大的市场空间。

（三）农业合作重点

双方农业合作领域既要符合现阶段中马两国农业政策发展动态，又要满足两国农业及农民切身利益。据此，在今后一个时期内，中马两国农业交流合作工作的重点应包括清真食品加工、粮食生产科技和农产品贸易等重点领域，通过重点开展在食品加工、农业科技研发、农业技术推广等领域的通力合作，合理规划战略布局，在每个领域找到突破口，采取政府牵头、企业管理、市场运作的方式，并通过项目辐射带动各个领域其他项目集群式发展，最终达到两国农业产业共同发展的目的。

1. 重点合作领域

（1）清真食品

清真食品及相关产品加工是马来西亚农业发展的重要领域之一，中国和马来西亚在清真食品研究领域已经共同成立了联合实验室，具备共同合作的科研基础条件。下一步，中国和马来西亚可以将科研领域内的合作拓展到产品合作领域，开展清真食品领域的相互合作。合作时，可以先从取得清真食品及与其相关工业制品的相关认证的角度入手，实现产品销售渠道的通畅；再在合作中积累清真食品的生产、加工、仓储和货运等一系列生产经营流程的经验，掌握和利用先进的技术和标准，以期未来得到更进一步的发展。

（2）农作物生产科技

农作物生产科技领域内的合作主要体现在两方面，分别是水稻等粮食作物的种植技术研发和推广以及机械化种植设备开发。水稻是马来西亚的主要粮食作物，虽然当地的气候非常适合水稻种植，但由于农业生产基础薄弱，水稻单产较低、效益差，导致马来西亚长期通过进口的方式补充国内粮食需求。对比中国和马来西亚单产统计数据，中国谷物单产多年都比马来西亚高出50%左右。长期以来，中国在水稻高产栽培、蔬菜设施化栽培，农作物育种，农业生产技术，农业机械化等方面积累了丰富的经验。中国企业可以充分利用中国农业"走出去"的机遇以及马来西亚提供的优惠条件，到马来西亚开展粮食生产技术服务推广和机械化生产设备研发等方面的合作。

（3）农产品进出口贸易

马来西亚农业以种植经济作物为主，辅以通过进口国内居民生活所必需的粮食、蔬菜和水果的方式满足国内生活和消费需求。与此对应的是，中国幅员辽阔，物产丰富，温带和亚热带、热带的蔬菜和水果产量巨大，品种丰富，正好能满足马来西亚的需要。中马双方应充分利用"中国—东盟自由贸易区"和未来的"21世纪海上丝绸之路"的平台和框架，进一步拓宽农产品贸易的范围和领域。在进口方面，中国可以优先扩大来自马来西亚的热带水果进口品类的范围。目前，中国批准从马来西亚进口6种水果，包括龙眼、山竹、西瓜、木瓜、红毛丹及冷冻榴莲，今后可根据国内市场需求适当扩展进口范围。同时，在出口方面，中国可以向马来西亚直接出口水稻等粮食作物，扩大原有水果和蔬菜的出口量及出口品种，继续加深贸易伙伴关系。

2. 重点合作产业

农业产业投资大，见效慢，因此农业合作要着眼长远。中马两国农业合作要取长补短，互利互惠，形成双方农业合作长效机制，规范合作行为，避免风险和争议，在长期合作中探索一套适于两国国情和利益的长效合作机制，提高合作效率，降低交易成本。因此，中马两国农业合作可采取"四步走"的推进方式。第一，确定优先发展项目。在重点合作领域中发掘一两个适合当前两国国情发展的具体项目优先开展合作。第二，做好优先发展项目的规划布局。通过对优先发展的合作项目的总体设计，规划合作基地和项目建成后的规模，之后围绕该重点产业项目，进行科学合理布局。第三，打造产业链，形成产业集群。在优先发展的合作项目规划建成后，充分利用其带动效应，逐步在各领域内形成全产业链企业集群式的发展态势。最后，在实践中建立两国农业合作长效机制。在现阶段及未来的一段时间里，中国可以从清真食品加工和水稻种植技术开发两个重点产业入手，与马来西亚开展合作。

（1）清真食品加工产业

马来西亚清真食品加工产业发展潜力巨大，目前已有多家农业跨国企业与当地企业开展了相关合作。例如，2017年，日本最大的食品制造商NH Foods与马来西亚当地企业Lay Hong开展清真鸡肉产品生产销售合作，双方已在马国组建合资公司，并开始兴建生产工厂，日方还有意继续与马国企业在清真认证等方面进一步合作。中国企业可以在借鉴他国大型跨国企业合作模式的基础上，找准合作伙伴和清真食品品种的切入点，利用已有的科研合作基础，进行企业间的贸易合作。

（2）水稻种植产业

水稻种植的合作主要体现于科技和机械化装备的合作。中马双方可以从以下两方面进行合作：一方面，中国将本国水稻种质资源研究、育种栽培技术等提质增产先进技术向马来西亚推广使用。例如，利用隆平高科等国内农业科技型企业的水稻种质、资源等研究优势，与马来西亚粮食生产商直接签约合作。另一方面，针对马来西亚当地特点设计并生产机械化设备，并可从中国国内向马来西亚出口优质的农机产品，既帮助马来西亚提升本国粮食生产能力，也为中国企业和科研单位提供了新的市场和商机，实现双赢的局面。

五、中马农业合作建议

马来西亚所处的地理区位决定了其在中国提出的建设"一带一路：21世纪海上丝绸之路"中将扮演的重要角色。中国应该抓住这一有利契机，在重点领域开展长期务实合作。来自政府的政策支持至关重要。建议政府在法律保障体系、企业扶持、争议解决和基础设施建设等方面强化政策支持力度，以促进中国和马来西亚农业合作更好的发展。

（一）以清真食品等领域为起点，开展长期战略合作

中马农业合作成败的关键是选准合作领域。及时掌握马来西亚国内政治动向、消费倾向

和其他相关信息对决策者正确制定决策可起到至关重要的作用。根据中马资源、社会、经济因素，以及政治动态、文化习俗、饮食习惯和市场消费需求、消费结构等因素，建议选择清真食品加工和农作物种植技术研发推广等领域入手，率先展开友好合作，探索形成良好合作机制，为开展长期合作做好充足准备。同时，建议成立专门海外研究机构或依托现有相关单位和机构，组织力量展开对马来西亚政治、文化、市场等领域进行广泛、长期的研究，并及时发布研究成果，为有关企、事业单位和政府部门与马方开展合作提供参考。

（二）推进合作平台建设，形成政府间良性互动局面

中马两国的贸易往来是以政府间互通合作为主导的。目前，中马两国在原有的"中国—东盟自由贸易区"合作平台和"两国双园"产业合作平台的建设过程中，已经逐渐形成了良好的政府间互动机制，政府高层间的往来越加密切。今后，建议加强两国在"21世纪海上丝绸之路"合作框架内进一步促进两国政府各层往来，形成经常性往来机制，为中马两国农业贸易合作提供更加便利和稳定的合作环境。

（三）提供法律和经营服务保障，为企业合作保驾护航

中马两国在政治、法律、风俗、标准等方面的不同，容易引起一些不必要的纠纷。建议中国政府相关部门为企业在法律、经营管理、人员培训等方面提供全方位的指导和服务，为"走出去"企业保驾护航。首先，建议政府有关部门加强对马来西亚法律体系的研究，尤其需要深入研究在企业运营管理、投融资、项目建设、合作协议签署等方面的法律法规，切实保护本国企业、投资人在外合法权益，为合作企业、投资人和研究人员进行法律普及和咨询，为中国企业在马国投资提供指导。同时，建议政府相关部门在现有优惠政策基础上，借鉴与东南亚各国合作的已有经验，在相关领域成立有一定权威性的行业商会、社会组织，协调农产品进出口价格和数量，扩大在两国合作产业的资金、技术投入，给予企业更多扶持和指导，给予在马国投资企业更多税收和项目申请等方面的优惠政策。

参考文献

编委会.2011.农业"走出去"重点国家农业投资合作政策法规及鼓励措施概况［C］.中国农业出版社，209-223.

陈军军，Anchalee Chang-In. 2015.马来西亚农业发展现状及主要经济作物［J］.时代农机，42（4）：107-108.

范文娟，朱宏登.2015.中国与马来西亚农产品产业内贸易研究.世界农业，（11）：92-96.

胡超.2014.后自贸区时代中国—东盟农业合作的困境与转型［J］.南昌大学学报，（3）：99-103.

康海华.2010.马来西亚华人农业跨国公司对外直接投资研究［J］.东南亚纵横,（5）:27-32.

李文霞,杨逢珉,周华凯.2015.中国农产品出口马来西亚的二元边际分析.经济问题探索,（8）:170-178.

李志龙.2015.中国与马来西亚经济合作的发展特点与前景分析［J］.对外经贸实务,（8）:21-24.

林　梅,闫　森.2011.中国与马来西亚的经贸关系:竞争性与互补性分析［J］.南洋问题研究,（1）:25-35.

刘怀桔.2010.中国对马来西亚蔬菜出口国际竞争力的比较分析［J］.北方园艺,（19）:227-230.

拿督翁忠义.2015.马来西亚十二大领域蕴含商机［J］.中国投资,（11）:60-62.

闫　森.2012.马来西亚经济转型计划的实施与成效［J］.亚太经济,（4）:76-80

尹必健,朱　行.2014-09-23.马来西亚:粮食难以自给的棕榈油大国［N］.粮油市场报.

郑　达.2009.改革开放以来马来西亚华商对华直接投资［J］.当代中国史研究,（2）:85-93,127.

周　婧,刘　静.2013.中国企业对马来西亚投资现状与前景分析［J］.现代商贸工业,（19）:74-75.

邹桂斌.2010.中国与马来西亚海洋渔业合作机制研究［D］.广东海洋大学.

缅 甸

缅甸是东盟的重要成员国，是"孟中印缅经济走廊"的重要支点。缅甸积极响应中国的"一带一路"倡议，伴随着中缅油气管道的全线贯通以及中缅铁路规划的出台，两国关系日益紧密，双边合作不断深化。中国是农业大国，缅甸也将农业作为重点发展产业。中缅在农业生产、科技、贸易和投资等方面的合作潜力巨大。厘清缅甸农业发展情况，分析中国与缅甸农业合作现状及面临的问题，可以为制定中缅合作相关政策提供有力支撑。

一、国家基本概况

（一）地理位置

缅甸全称缅甸联邦共和国，位于印度支那半岛西部，北部和东北部与中国的西藏和云南交界，东部与老挝和泰国相邻，南邻安达曼海，西南是孟加拉湾，西部与印度和孟加拉国接壤。缅甸是东亚、南亚和东南亚交通枢纽，南北长约2090千米，东西宽约925千米。大部分领土在北回归线南侧，属于热带。

（二）经济状况

第二次世界大战以来，由于政局动荡等原因，缅甸经济长期停滞不前，一度被联合国列为世界上最不发达国家之一。2015/2016财年，缅甸国内生产总值（GDP）为72.78万亿缅元（约合626亿美元），其中，第一、二、三产业占比分别为26.7%、34.5%和38.7%[1]。由此可见，农业是缅甸国民经济的基础。此外，缅甸盛产柚木和玉石，是全世界柚木产量最大的国家，也是玉石生产和加工大国。

（三）人口构成

缅甸约有人口5247.6万人，男性2525.4万人，女性2722.2万人。其中，68%为缅族，少数民族包括掸族（9%）、克伦族（7%）、孟族（2%）、克钦族、克伦尼族（1%）、钦族（2%）、若开族等，华人、印度人、孟加拉人也占一定比例。

（四）政治制度

2010年，缅甸结束了军政府统治，进行民主改革。根据2008年的宪法规定，缅甸是一个总统制的联邦国家，实行多党民主制度。总统既是国家元首，也是政府首脑。缅甸联邦议

---

[1] 资料来源：缅甸计划与财政部统计信息服务局网站 http://www.mmsis.gov.mm/。

会实行两院制，由人民院和民族院组成。

缅甸奉行独立自主的外交政策，倡导"不结盟、积极、独立"，不依附任何大国、强国，保持中立，是"和平共处五项原则"的共同倡导者之一。缅甸同中国关系较为亲密，无论在军政府时期还是新政府时期，双方国家元首和军方人士互访频繁。2017年5月，缅甸国务资政昂山素季来华出席了"一带一路"国际合作高峰论坛，并与习近平主席会晤。21世纪以来，缅甸与另一毗邻大国印度的关系取得了突破性进展，双方合作的领域和深度得到极大拓展。伴随着缅甸的民主改革，西方国家逐渐减少对缅经济制裁，双边关系得到明显改善。

二、农业发展现状

（一）农业资源条件

缅甸是东南亚各国中地理位置最为偏北的国家。由于特殊的地形，东、北、西三面被高山和高原包围，阻止了北方冷空气的入侵，而南部冲积平原面向大海，容易受印度洋暖湿气流的影响，因此，大部分区域属于热带季风气候和亚热带季风气候（廖亚辉等，2014）。缅甸全年气温变化不大，最冷月（1月）的平均气温为20～25℃；最热月（4、5月间）的平均气温为25～30℃。缅甸雨量丰沛，降雨量自海岸向内陆逐渐减少。

缅甸整体地势北高南低，北部、西部和东部被山脉占据。缅甸北段为高山区，西段有那加丘陵和若开山脉，东段为掸邦高原。伊洛瓦底江冲积平原，地势低平，夹在东西部高山和高原之间，缅甸主要城市和农业区都集中于此。缅甸土地资源丰富，可耕面积达2000万公顷。其中，伊洛瓦底江三角洲河道纵横，池塘密布，土地松软而肥沃，水路交通方便，是缅甸有名的鱼米之乡，被誉为"缅甸粮仓"。

境内有四大河流、两大水系，这些河流不仅联系着南北交通，也蕴藏着丰富的水利资源，占东盟国家水利资源总量的40%（廖亚辉等，2014；李敬，陈荣，2017）。缅甸境内没有较大的湖泊，最有名的是克钦邦的茵道枝湖和掸邦的莱茵湖。缅甸还有很多雨季形成的季节性湖泊。这些湖泊一年之中只存在五到六个月，可以灌溉田地和饲养鱼虾，也可进行观光旅游。缅甸中部有一个人工湖——密铁拉湖，位于上缅甸干旱地区密铁拉市近郊，是900年前水利工程的遗迹（廖亚辉等，2014；钟智翔等，2012）。

缅甸曾经是亚洲的粮仓，大部分地区雨量非常充足，一年可以种植三季水稻。1988年以来，随着国家土地政策的不断调整，鼓励私人开垦空地、闲置地、荒地等措施的不断实施，种植面积成倍扩大，农田水利设施建设也取得快速发展。目前，缅甸土地利用空间仍然巨大，主要产粮省还有很多尚未开发的耕地，全国适合进行农业生产的土地总计有

1812.47万公顷（廖亚辉等，2014；钟智翔等，2012）。

（二）农业生产情况

缅甸农业占国内生产总值的26.7%，是国民经济的基础和支柱产业，农产品出口是缅甸出口创汇和财政收入的主要来源。缅甸约有70%的人口居住在农村，农业人口超过60%。

缅甸自然条件优越，土地肥沃，雨水丰沛，光照充足，孕育了丰富的农业资源，种植着超过60种不同的农作物。主要农作物有玉米、小麦、水稻、豆类、花生、芝麻、水果、蔬菜、甘蔗、咖啡、棉花、天然橡胶、黄麻、烟草和林木等（王丽珍，2015）。牛、羊、鸡等畜牧业是农户家庭经济的重要支柱。水产资源丰富，水产品出口是缅甸重要的创汇来源。

1. 农业产值规模及构成

21世纪以来，缅甸农业增加值稳步攀升，从2001/20财年的2.03万亿缅元增加到2015/20财年的19.47万亿缅元。若按不变价格计算，农业增加值在15年间年均增长6%。与国民经济发展规律一致，随着缅甸经济发展水平的提高，农业增加值占国民经济的比重呈下降趋势，从57.1%逐步滑落到26.7%，年均下降2.2%（图1）。

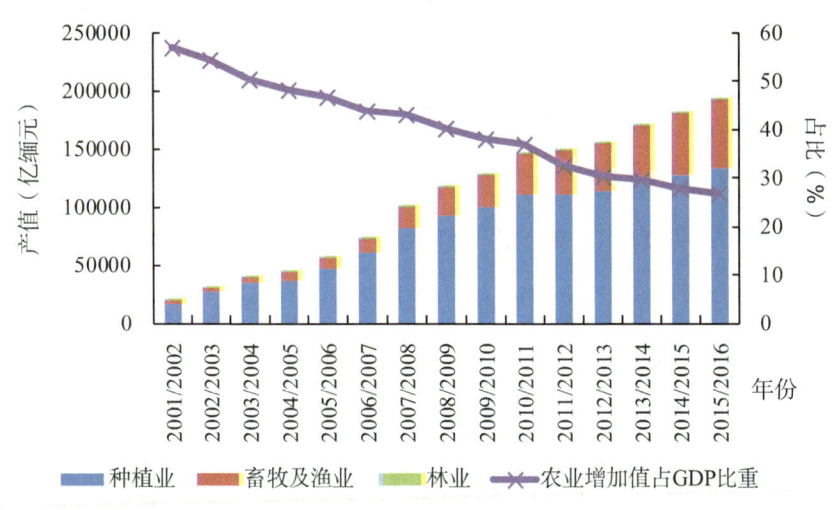

图1 2001—2016年缅甸农业增加值及其占GDP比重

资料来源：缅甸统计信息服务局数据库

从农业产业结构来看，农业以种植业为主。虽然种植业增加值占农业的份额有所下降，从接近90%下滑至不足70%，下降近20%，但仍然占绝对比重。畜牧业及渔业增加值稳步提升，占农业的份额从13.2%逐步攀升到30.3%。林业增加值占比较小，始终在1%上下徘徊。

2. 主要农产品产量

（1）种植业

缅甸耕地资源富饶，适宜种植业生产，代表性农产品有水稻、玉米、豆类、油料、棉花、甘蔗、天然橡胶、咖啡和茶等。但由于农业技术较为落后，种植业产能有待进一步提高。

水稻是最主要的农作物，可以一年三熟。20世纪90年代，缅甸从国际组织和其他国家引进杂交水稻品种，水稻单产得到明显提升（陈庆根等，2000）。近年来，缅甸水稻面积萎缩，导致产量出现波动。从2011年起开始，稻谷产量出现连续三年下滑；2013年以来，产量基本维持在2600万吨以上（表1）。

表1　2007—2016年缅甸水稻生产情况

年　份	种植面积（万公顷）	单产（吨/公顷）	产量（万吨）
2007	801.12	3.77	3043.50
2008	807.75	3.86	3095.40
2009	805.81	3.97	3205.85
2010	801.12	3.99	3216.58
2011	756.68	4.00	3206.51
2012	698.89	3.77	2855.21
2013	695.29	3.75	2621.66
2014	686.95	3.79	2637.21
2015	676.95	3.85	2642.33
2016	672.40	3.87	2621.03

资料来源：FAOSTAT

玉米是除水稻外最重要的谷物作物，不仅是国内畜牧业饲料的主要原料，也是重要的出口农产品。随着市场需求增加，缅甸通过使用杂交品种提高玉米生产能力。近10年，缅甸玉米种植面积逐年扩大，单产稳步提升，产量持续增加。2016年，缅甸玉米种植面积已扩大到48.81万公顷，产量达到183.06万吨（表2）。

表2　2007—2016年缅甸玉米生产情况

年　份	种植面积（万公顷）	单产（吨/公顷）	产量（万吨）
2007	34.52	3.27	112.81
2008	35.49	3.34	118.47
2009	36.30	3.38	122.57
2010	38.89	3.48	135.44
2011	41.16	3.55	146.15

（续表）

年份	种植面积（万公顷）	单产（吨/公顷）	产量（万吨）
2012	41.89	3.59	150.16
2013	43.99	3.64	160.06
2014	45.81	3.70	169.34
2015	46.98	3.72	174.85
2016	48.81	3.75	183.06

资料来源：FAOSTAT

缅甸是仅次于加拿大的世界第2大豆类出口国，也是东盟第1大豆类出口国。豆类种植面积约占缅甸农作物种植面积的21%，包括黑豆、绿豆、鹰嘴豆、牛豌豆、木豆和黄油豆等20多个品种。由于出口和国内自给需求不断增加，缅甸豆类生产量稳步攀升。近些年，豆类作物种植面积维持在460万公顷左右。2016年，豆类产量超过600万吨（表3）。

表3 2007—2016年缅甸豆类生产情况

年份	种植面积（万公顷）	单产（吨/公顷）	产量（万吨）
2007	400	1.11	444
2008	423	1.17	497
2009	428	1.23	527
2010	438	1.25	549
2011	450	1.29	579
2012	442	1.22	541
2013	445	1.28	570
2014	453	1.30	590
2015	455	1.32	599
2016	466	1.33	621

资料来源：Myanmar Agriculture Sector in Brief 2016

油料作物包括花生、芝麻、向日葵等。与邻国相比，缅甸在饮食中对油料的消费较高，加之人口的快速增长，油料生产难以满足国内对油料的需求。为了提升本国油料自给水平，缅甸通过引用高产品种和杂交种子、运用现代栽培技术和选择适当的种植模式努力增加油料作物的种植面积和产量。近10年来，缅甸三大传统油料作物中，花生种植面积逐年增加，到2016年已达到95.5万公顷；芝麻种植面积基本稳定在160万公顷左右；向日葵种植面积从2011年起呈下降趋势，2016年仅为46.6万公顷（表4）。

表4　2007—2016年缅甸三大传统油料作物种植面积　　　　　　（单位：万公顷）

年　份	花　生	芝　麻	向日葵
2007	75.6	144.3	61.4
2008	81.5	150.8	83.5
2009	84.4	157.0	88.4
2010	86.6	163.4	88.3
2011	87.7	158.5	85.9
2012	88.7	159.5	54.3
2013	91.4	155.3	62.4
2014	93.1	162.2	48.1
2015	94.9	158.1	48.4
2016	95.5	164.0	46.6

资料来源：Myanmar Agriculture Sector in Brief 2016

棉花是主要经济作物之一。为了提高棉花生产效率，缅甸积极推广和应用综合虫害管理技术，同时引进高产的长纤维品种。最近10年，棉花单产已从2007年的0.76吨/公顷提高到2016年的1.79吨/公顷。正是由于生产率的提高，尽管种植面积有所减少，棉花总产量依然翻了一番（表5）。

表5　2007—2016年缅甸棉花生产情况

年　份	种植面积（万公顷）	单产（吨/公顷）	产量（万吨）
2007	35.4	0.76	26.8
2008	36.8	0.84	30.8
2009	36.7	1.23	45.3
2010	35.9	1.46	52.3
2011	35.1	1.57	55.0
2012	32.6	1.64	53.3
2013	27.8	1.68	46.7
2014	29.9	1.70	50.9
2015	30.4	1.75	53.2
2016	29.1	1.79	52.1

资料来源：Myanmar Agriculture Sector in Brief 2016

甘蔗也是缅甸出口创汇的重要农产品。近10年来，通过新品种和栽培技术的应用，缅甸甘蔗单产从2007年的58.33吨/公顷提高到2016年的63.78吨/公顷，总产量突破1000万吨，同时蔗糖品质也得到明显提升（表6）。

表6 2007—2016年缅甸甘蔗生产情况

年 份	种植面积（万公顷）	单产（吨/公顷）	产量（万吨）
2007	16.59	58.33	967.77
2008	16.19	60.20	974.42
2009	15.78	60.58	956.20
2010	15.01	61.61	924.95
2011	15.34	62.18	953.74
2012	15.38	61.21	941.31
2013	16.92	60.93	1030.74
2014	17.85	62.36	1112.84
2015	16.19	62.66	1014.24
2016	16.37	63.78	1043.71

资料来源：FAOSTAT

缅甸政府于2001年制定了30年橡胶种植长期规划，将橡胶作为重点出口物资予以支持（钟智翔等，2012）。近10年，缅甸天然橡胶种植面积和产量逐年增加。2016年，橡胶种植面积已达到29.30万公顷，产量攀升至22.17万吨（表7）。

表7 2007—2016年缅甸橡胶生产情况

年 份	种植面积（万公顷）	单产（吨/公顷）	产量（万吨）
2007	13.84	0.63	8.72
2008	14.41	0.64	9.18
2009	16.67	0.66	11.03
2010	18.66	0.68	12.62
2011	19.83	0.74	14.73
2012	21.37	0.76	16.18
2013	23.19	0.75	17.41
2014	25.86	0.75	19.49
2015	28.10	0.74	20.87
2016	29.30	0.76	22.17

资料来源：FAOSTAT

缅甸咖啡一直以绝佳而独特的口感受到国际社会的追捧。目前，咖啡种植面积为1.22万公顷，年产量超过8000吨（表8）。据缅甸官方报纸《缅甸之光》称，到2030年时全国咖啡种植有望达到5万英亩（约合2.02万公顷），年产量达到1.5万吨[①]。

---

① 资料来源：《缅甸咖啡发展前景探讨》，http://www.mhwmm.com/Ch/NewsView.asp?ID=25477。

表8 2007—2016年缅甸咖啡生产情况

年　份	种植面积（万公顷）	单产（吨/公顷）	产量（万吨）
2007	0.93	0.63	0.59
2008	0.97	0.65	0.63
2009	1.05	0.67	0.70
2010	1.09	0.67	0.73
2011	1.09	0.70	0.76
2012	1.17	0.68	0.80
2013	1.17	0.69	0.81
2014	1.17	0.72	0.84
2015	1.17	0.71	0.83
2016	1.22	0.69	0.85

资料来源：FAOSTAT

近些年，缅甸茶叶种植面积不断扩大，单产逐渐提高，年产量已突破10万吨（表9）。

表9 2007—2016年缅甸茶生产情况

年　份	种植面积（万公顷）	单产（吨/公顷）	产量（万吨）
2007	7.69	1.13	8.70
2008	7.81	1.15	9.00
2009	7.89	1.17	9.26
2010	7.93	1.19	9.45
2011	7.85	1.18	9.25
2012	8.01	1.18	9.46
2013	8.17	1.18	9.63
2014	8.38	1.18	9.86
2015	8.38	1.20	10.02
2016	8.62	1.19	10.24

资料来源：FAOSTAT

（2）畜牧业

畜牧业在缅甸农业发展中发挥着越来越重要的作用，尤其在促进农民增收和提高动物蛋白供应等方面的作用不可忽视。缅甸畜牧业主要以农户家庭饲养为主，成规模的养殖场数量较少。畜牧业主要品种为黄牛、猪、水牛、绵羊、山羊和家禽。

其中，黄牛是最主要的养殖品种。近5年来，黄牛存栏量一直呈上升趋势，2016年存栏量已达到1650.6万头。猪存栏增长速度最快，存栏量从2012年的1143.2万头增加至2016年的1634.2万头。此外，水牛、绵羊和山羊、家禽的存栏量也有较快增长，分别从

2012年的320.8万头、523.9万只和1.94亿只增加至2016年的363.8万头、858.6万只和2.94亿只（表10）。

表10 2012—2016年缅甸畜禽存栏量

畜禽种类	2012年	2013年	2014年	2015年	2016年
黄牛（万头）	1451.1	1499.3	1548.1	1599.3	1650.6
猪（万头）	1143.2	1256.7	1376.1	1505.6	1634.2
水牛（万头）	320.8	331.8	342.2	353.2	363.8
绵羊和山羊（万只）	523.9	598.1	677.8	764.6	858.6
家禽（万只）	19422.3	21711.5	24186.1	26928.6	29360.3

资料来源：Myanmar Agriculture Sector in Brief 2016

（3）渔业

按水域划分，缅甸渔业分为内陆渔业和海洋渔业两大类。内陆渔业又分为内陆有偿水域养殖和内陆开放水域捕捞，海洋渔业又分为海洋养殖和海洋捕捞。近年来，缅甸各种类型的渔业生产均逐年增加。2016年，渔业总产量559.18万吨，其中，内陆有偿水域养殖、内陆开放水域捕捞、海洋养殖和海洋捕捞的产量分别达到33.87万吨、124.20万吨、101.44万吨和299.67万吨（表11）。

表11 2011—2016年缅甸渔业生产情况   （单位：万吨）

年份	内陆有偿水域养殖	内陆开放水域捕捞	海洋养殖	海洋捕捞	总量
2011	25.00	91.31	83.05	216.98	416.35
2012	28.26	96.38	89.91	233.28	447.84
2013	29.00	101.30	92.94	248.39	471.62
2014	30.44	107.66	96.41	270.23	504.74
2015	31.54	114.78	99.96	285.42	531.70
2016	33.87	124.20	101.44	299.67	559.18

资料来源：Myanmar Agriculture Sector in Brief 2016

3. 主要农业产业布局

对农业产业布局而言，实皆省、勃固省、曼德勒省、马圭省以及伊洛瓦底省的作物播种面积最大，土地资源利用程度较高；克钦邦和掸邦土地资源利用程度低，开发空间较大。其中，伊洛瓦底省、实皆省、勃固省、曼德勒省和仰光市是缅甸水稻主产区。

除孟邦外，玉米的种植几乎遍布全国。豆类主要分布在缅甸干旱带、勃固省、实皆省和伊洛瓦底省等广阔区域。油料作物主要分布在中部干旱区，小部分也在三角洲和山区种植。

棉花广泛分布于中央干旱区，本地棉花以短纤维品种为主，种植区域覆盖整个短纤维生长地区；长纤维棉花品种主要分布在内比都、实皆省、勃固省、曼德勒省、若开邦、南掸邦和伊洛瓦底省等地区。

甘蔗主要种植于中部热带平原气候带、沿海热带季风气候带和高原亚热带季风气候带。

天然橡胶广泛分布在德林达依省、孟邦、克伦邦、勃固省、仰光、伊洛瓦底省、克钦邦和掸邦等地区。

咖啡的种植主要分布在掸邦、克伦邦、钦邦、勃固省和曼德勒省等地区。茶叶种植主要分布在掸邦和钦邦。

畜牧和水产养殖业主要分布在曼德勒省、实皆省和马圭省。

（三）农产品贸易情况①

1. 农产品贸易规模

近些年，由于国内对农业的重视和支持，缅甸农业发展较快。缅甸农产品贸易呈顺差格局，进出口总额持续增长，从2010年的18.73亿美元增加到2016年的73.32亿美元。其中，出口额从2010年的15.19亿美元增加到2016年的43.37亿美元，进口额从2010年的3.54亿美元增加到2016年的29.95亿美元（图2）。

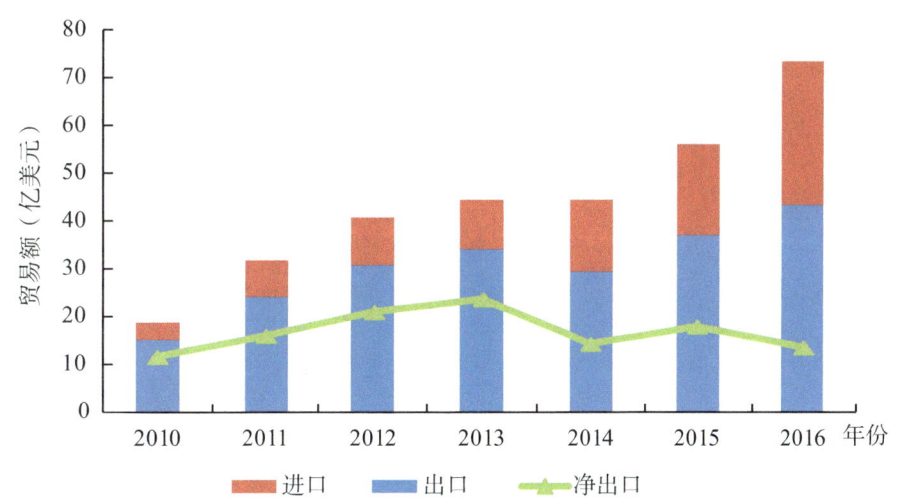

图2　2010—2016年缅甸农产品进出口情况

资料来源：UN Comtrade

---

① 本节的农产品口径包括WTO谈判乌拉圭回合《农业协定》规定的农产品范围，同时还包括HS2007编码1—24章中的所有水产品。

从 HS 编码的分类农产品贸易来看，2016 年，缅甸对外农产品贸易金额排名前 5 位的农产品类别包括糖及糖食（HS17）；食用蔬菜、根及块茎（HS07）；谷物（HS10）；动、植物油、脂及其分解产品，精制的食用油脂，动、植物蜡（HS15）以及鱼、甲壳动物、软体动物及其他水生无脊椎动物（HS03）。对外贸易额分别为 24.43 亿美元、14.70 亿美元、6.88 亿美元、5.54 亿美元以及 5.39 亿美元。

出口规模超过 1 亿美元的农产品类别分别为食用蔬菜、根及块茎（HS07）；糖及糖食（HS17）；谷物（HS10）；鱼、甲壳动物、软体动物及其他水生无脊椎动物（HS03）；油籽和油果，杂粮、种子和水果，工业或药用植物，稻草和饲料（HS12）；食用水果和坚果（HS08）。出口额依次为 14.23 亿美元、10.67 亿美元、6.63 亿美元、5.37 亿美元、3.06 亿美元和 2.37 亿美元。值得一提的是，大米和玉米在缅甸农产品出口创汇中扮演着重要作用，2016 年，出口金额分别达到 4.39 亿美元和 2.23 亿美元。

进口规模超过 1 亿美元的农产品类别分别为糖及糖食（HS17）；动、植物油、脂及其分解产品，精制的食用油脂，动、植物蜡（HS15）；食品工业的残渣，配制的动物饲料（HS23）；杂项食品（HS21）；制粉工业产品，麦芽，淀粉，菊粉，面筋（HS11）；谷物、粮食粉、淀粉或乳制品，糕饼点心（HS19）；乳品、蛋品、天然蜂蜜和其他食用动物产品（HS04）。进口额依次为 13.76 亿美元、5.53 亿美元、1.84 亿美元、1.82 亿美元、1.39 亿美元、1.11 亿美元和 1.08 亿美元。

2. 主要贸易伙伴

缅甸农产品贸易的主要伙伴国家大都集中在亚洲地区。根据双边农产品贸易规模排名，中国、印度、泰国、新加坡、印度尼西亚和马来西亚是缅甸最重要的农产品贸易伙伴国家。从 2016 年贸易数据来看，中国是缅甸第 1 大农产品贸易伙伴国和第 1 大农产品出口国，双边贸易总额 25.76 亿美元，其中，缅甸对华出口 24.60 亿美元。印度是缅甸第 2 大农产品贸易伙伴国和第 1 大农产品进口国，双边贸易总额 16.04 亿美元，缅甸从印度进口 7.37 亿美元。东盟国家是缅甸农产品进口的主要来源国，泰国、新加坡、印度尼西亚、马来西亚等国对缅甸农产品贸易顺差明显（表 12）。

表 12　2016 年缅甸与主要伙伴国家农产品贸易情况　　　　（单位：亿美元）

贸易对象国家	出口额	进口额	进出口总额
中国	24.60	1.16	25.76
印度	8.67	7.37	16.04
泰国	2.66	5.22	7.88
新加坡	1.24	3.38	4.62

（续表）

贸易对象国家	出口额	进口额	进出口总额
印度尼西亚	0.44	3.93	4.37
马来西亚	0.70	2.15	2.85

资料来源：UN Comtrade

3. 中缅贸易情况

近年来，中国与缅甸农产品贸易飞速发展。中国是缅甸最主要的贸易伙伴，2010—2016年，中缅农产品贸易总额累计超过100亿美元。其中，缅甸向中国累计出口95.46亿美元，从中国累计进口8.21亿美元。缅甸对中国农产品贸易顺差明显，7年累计顺差87.25亿美元（表13）。

表13　2010—2016年缅甸对中国农产品贸易情况　　（单位：亿美元）

年　份	出口额	进口额	贸易总额	贸易顺差
2010	1.36	0.13	1.49	1.23
2011	5.63	0.35	5.98	5.27
2012	8.13	3.47	11.60	4.66
2013	20.96	1.08	22.04	19.88
2014	15.74	0.83	16.56	14.91
2015	19.04	1.19	20.23	17.85
2016	24.60	1.16	25.76	23.45

资料来源：UN Comtrade

从中缅双边贸易的农产品具体类别来看，缅甸向中国出口的农产品主要包括糖及糖食（HS17）；谷物（HS10）；食用蔬菜、根及块茎（HS07）；油籽和油果，杂粮、种子和水果，工业或药用植物，稻草和饲料（HS12）；食用水果和坚果（HS08）；鱼、甲壳动物、软体动物及其他水生无脊椎动物（HS03）等。缅甸从中国进口的农产品主要包括食用水果和坚果（HS08）；杂项食品（HS21）；制粉工业产品、麦芽、淀粉、菊粉、面筋（HS11）等。

（四）农业科技发展

1. 农业科研机构

缅甸农业、畜牧和灌溉部的高等教育司，负责缅甸农业教育和培训。高等教育司下属耶津农业大学（Yezin Agricultural University）和兽医科技大学（University of Veterinary Science），是农业科技研发和农业技术培训、教育及服务的专业机构。

耶津农业大学是缅甸仅有的一所综合性农业大学，主要为国家培养专门的农业技术人才，为农业、畜牧和灌溉部提供管理人才储备，为国家农业发展提供科学技术支撑，主要发挥培训、科研、推广和产学研一体化等功能，并在文化、采后技术、稻米种植、种业、气候智能型农业、循环农业、农技推广、在地化知识与创新、农民生计和粮食安全等领域积极参与国际交流与合作。

畜牧科技大学是缅甸唯一一所畜牧类专业科技大学，其核心价值是"教育、研究与推广"，旨在培养专业的兽医和称职的动物科学研究者，为缅甸畜牧业发展和农村振兴发挥关键引领作用。一方面，畜牧科技大学的学者们在动物科学和兽药领域从事基础创新和应用研究，促进缅甸畜牧业可持续发展和增强国家兽医服务能力；另一方面，积极参与畜牧生产、动物疫病的防控等领域的公共教育。此外，畜牧科技大学还与联合国粮农组织等国际机构进行合作，提高畜牧养殖水平，改善农民生计。

2. 农业科技发展状况

整体而言，缅甸农业科技水平低下，科研经费投入不足，农业教育和推广相对落后。大量作物的育种技术主要来源于其他国家的技术援助；农产品加工技术落后；农药、化肥生产能力弱，主要从其他国家进口，再次包装后再销售或分发费农民；农业机械主要从泰国等国进口。以水稻育种技术为例，缅甸大部分水稻育种技术来自泰国和越南，缺乏自主研发实力，导致稻谷生产效率低下，缺乏国际竞争力。尽管农业科技推广部门在缅甸农业发展中起着关键作用，但由于政府缺乏农业推广资金，农业技术推广人员素质不高，缺乏系统性技术培训，缅甸农业技术的推广和应用十分困难。

（五）农业管理体系与政策

1. 农业管理体系

缅甸农业、畜牧与灌溉部是缅甸中央政府的重要组成部门，负责缅甸全国农业生产经营、农业技术研发、农业对外合作等农业方面事宜。机构设置如图3所示。

缅甸农业、畜牧与灌溉部下设多个部门，每个部门有自己的职责和权限。其中，合作司负责制定合作规则，指导对外合作事宜，负责海外贸易及服务等；小规模产业司负责指导中小企业履行义务，监督和管理漆器技术学院等专业技术学院，为缅甸传统纺织业企业提供财政、技术和市场服务；计划司负责与缅甸农业、畜牧与灌溉部所属其他部门协商，制定农业政策和规则等；农业司负责为作物提供优质种子，组织农业种植技术培训，推动农业发展，通过科学研究研发高产种子，推广和应用GAP方法来推动农业标准化；灌溉与水利司负责建设多功能大坝，推广和利用先进的灌溉技术和设备，来节约集约利用水资源；农地管理及

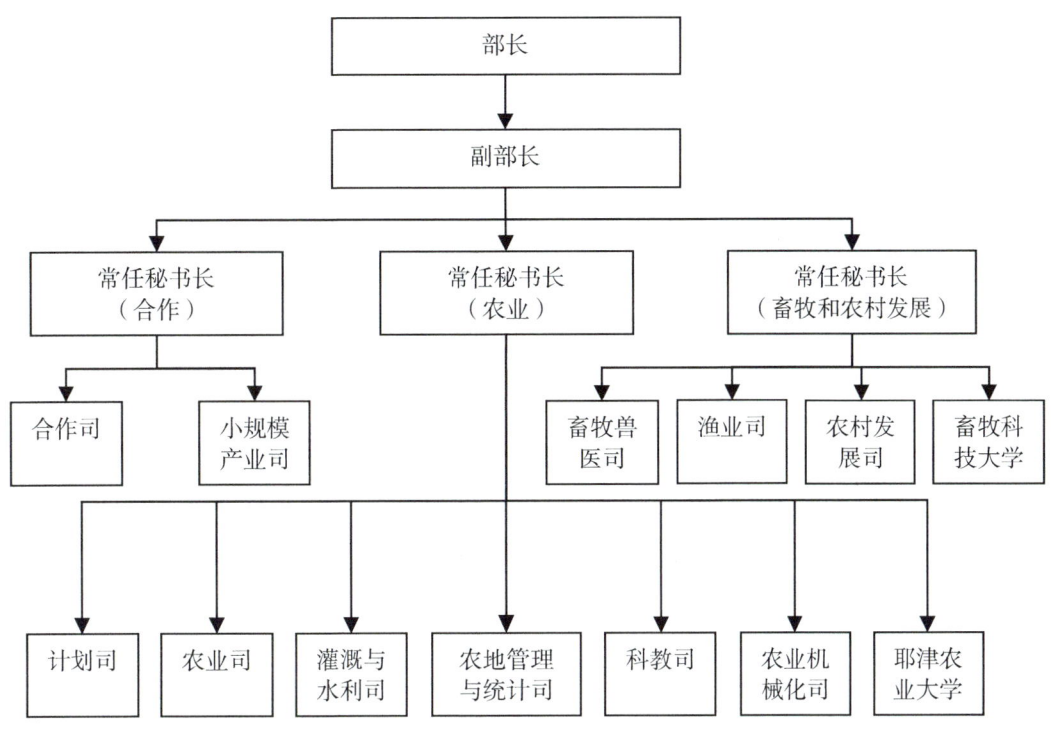

图 3　缅甸农业、畜牧与灌溉部机构设置

统计司负责更新农地地图和地籍信息，推行土地调查和农产品地图调研，对土地利用和作物种植情况进行监测；科教司负责推广高产和杂交的农作物，对作物品种和生产技术进行改良，在全球变暖的情况下，改进农业生产技术的多样性和适宜性；农业机械化司负责农业土地开发、合并和利用，为土地整理、收获和脱粒准备农业机械，分发、推广和应用农业机械，研发农业机械新技术；畜牧养殖与兽医司负责通过动物健康管理提高畜产品的国内消费需求，提高役用牛的数量，推动畜产品贸易发展，对畜产品产业链进行调查和研究；渔业司负责渔业资源的保护、传承和可持续发展，推动渔业研究和调查，收集渔业数据和信息；农村发展司负责推动农村地区的社会经济发展，缩小城乡差距，通过与多方利益相关者合作来推动农村发展。

2. 农业支持政策

缅甸农业政策主要涉及以下内容：土地使用与管理政策，用水与管理政策，融资政策，农业机械化和投入部门政策，合作企业与合作制发展政策，农村基础设施发展政策，研究、开发和推广政策，营销、增值加工和出口政策，治理、制度和人力资源开发政策以及环境保护与气候变化抵御政策等。

2011年7月，缅甸新政府制定了支持农业发展的三大基本方针和五大战略措施。

三大基本方针包括：① 发展农产品市场，促进农业和农产品加工业发展，保障粮食和食用油供给；②增加农业种植面积，维护农民土地权益；③鼓励私人投资者参与农业农村发展。

五大战略措施包括：①增加农业用地面积；②广泛募集资金投入农业基础设施建设；③推进农业机械化；④促进农业技术推广，加强农民能力建设；⑤通过对良种的海外引进和国内培育，提升良种覆盖率。

在种植业领域，缅甸政府为鼓励稻米生产，制订了稻谷增产计划、水洼地开发种植计划、双季稻改三季稻计划、优质品种选育和引进计划、高效农资和农机具推广计划等一系列专门政策；同时，为提高农民种粮积极性，还首次规定了稻谷基本保护价，并降低了对农业投入品的进口关税。为促进豆类生产和出口，1988年，缅甸政府准许国内市场豆类交易，并放开私营部门出口；2008年，缅甸政府还以提供贷款的方式支持豆类加工业发展，以提高出口效益。为促进天然橡胶增产，21世纪以来，缅甸从马来西亚、印度尼西亚等国家引入优质秧苗，使得橡胶产量增加3倍，出口得到快速增长。

在林业领域，为促进森林资源可持续发展和野生生态系统保护，缅甸政府林业政策重在保护自然生态、生物多样性以及景观和文化遗产等；同时，为充分发挥林业经济潜能，增加农民非农收入，还积极鼓励发展乡村林业和农林混合作业。

在畜牧水产领域，为促进畜牧业发展，牲畜饲养和兽医部作为专门的政府机构，主要负责动物疫病防控、提供兽医服务以及协助提高农村养殖业发展水平；家畜、饲料和牛奶产品企业主要负责提供优质饲料和保障畜产品市场价格稳定。为提高水产品产量和加工水平，缅甸鼓励渔业捕捞，并积极吸引外资，建设一批高标准的水产品加工、仓储企业。

3. 农业发展规划

为了提升农民社会经济条件，提高农业部门的绩效，农业、畜牧与灌溉部实施"2016年农业政策"，为种植业、畜牧业和渔业等分行业部门创造一个有利环境，协调促进彼此的业绩。"2016年农业政策"的使命是：支持利用现代化且可持续的生产、加工和包装技术，并改善供应、运输和营销技术，努力增加各种安全和营养的农业、畜牧和渔业食品的生产，满足国内外市场日益增长的需求。此外，为促进缅甸农村减贫与发展，缅甸政府还启动了国家出口战略计划，实施期从2015年至2019年，鼓励出口的商品中涵盖大米、豆类、油料作物、天然橡胶、水产品、林产品等多种农产品。

三、农业投资环境

(一)国家商业环境

世界银行发布的全球营商环境报告《Doing Business 2017: Equal Opportunity for All》从 10 个维度对各国营商环境进行了评估,2017 年,缅甸在 190 个参评经济体中以 44.56 分排名第 170 位,在东南亚国家中几乎处于垫底(表 14)。缅甸的营商环境主要受三个方面的制约。一是政府行政效率不高,各项审批手续复杂烦琐,造成时间和成本的浪费。在开办企业、办理施工许可和登记产权等方面分别需要完成 11 道、14 道和 6 道手续,平均耗时分别达到 13 天、95 天和 85 天。二是基础设施条件较差,网络不健全。缅甸是东南亚地区基础设施最为落后的国家之一,因此大大抬高了外来投资者的投资配套成本。以获得电力为例,缅甸在获得电力方面的成本很高,大约是国内人均收入的 12.7 倍。三是金融市场改革刚刚起步,金融体系尚不完备。在缅甸,日常交易以现金结算为主,信用卡使用数量很少;银行业对外国投资者有诸多限制,几乎只允许项目抵押方式融资,还要求外国投资企业为其获得的利息收入缴纳 15% 的预扣税。此外,缅甸在法制建设、专业技术人才队伍建设等方面也较为欠缺。

表 14 2016—2017 年缅甸的营商环境

指 标	2017 年排名	2017 年得分(前沿水平 =100)	2016 年排名	2016 年得分(前沿水平 =100)
总体	170	44.56	167	45.27
开办企业	146	77.10	160	70.02
办理施工许可	66	72.23	74	71.03
获得电力	149	52.17	148	50.92
登记产权	143	49.37	145	49.32
获得信贷	175	10.00	174	10.00
保护中小投资者	179	28.33	184	26.67
纳税	119	64.05	84	74.80
跨境贸易	159	47.40	140	55.05
执行合同	188	24.53	187	24.53
破产处理	164	20.39	162	20.39

资料来源:Doing Business 2017: Equal Opportunity for All

（二）农业优势与潜力

缅甸农业资源丰富。受季风气候影响，大部分地区降雨充沛，适合水稻、小麦、玉米、花生、芝麻、棉花、豆类、甘蔗和橡胶等多种作物生长。畜牧养殖条件优良，拥有优质的天然牧场和丰富的常绿草料资源。水产养殖优势明显，大部分水域十分清洁，未受污染。

缅甸劳动力成本低廉。缅甸有着充裕的劳动力资源，据缅甸官方统计，15～59岁的适龄劳动力人口为3340.7万人，占全国人口的59.1%。为提高缅甸劳动力的工资收入，2013年政府通过基本工资法，在全国范围内执行不分地区和工种的统一最低工资标准。截至目前，最低工资标准已上调至每天4800缅元（约合3.6美元）。尽管如此，缅甸目前整体工薪水平仍然较低。2016年，缅甸普通工人月平均工资仅为10万～20万缅元（约合75～150美元）。这对缅甸农业要素投入而言，劳动力成本优势明显。

缅甸对外资进入本国农业领域提供优惠政策。缅甸通过颁布实施新的《外国投资法》和加入《承认及执行外国仲裁裁决公约》，大幅度增强了对外国投资者的优惠力度，不仅批准外资企业5年免税期，并保证不会对合法企业和项目实施国有化或搁置，还允许外商在合同期满后用投资币种提取收益。在农业领域，缅甸修改了在外国投资法项下需要成立合资企业方可经营的经济活动清单，放开了种子和橡胶领域的外资准入。缅甸还允许外资企业长期租赁闲置土地进行农业开发经营，租用年限一般为50年，还可根据项目实施的实际情况协商延长。

（三）风险分析

缅甸新政府上台后，国内政治、经济、社会呈现出和谐、改革、创新和进取的积极态势，国际政治关系和外交空间得到不断拓展。在国内外形势持续向好的背景下，缅甸农业的对外合作迎来发展机遇期。但由于历史传统因素使然，加上农业自身的沉疴，在缅甸农业领域开展投资合作仍面临一些风险和挑战。

1. 农业基础设施落后

长期以来，由于缅甸政府对基础设施投资不足，现有的基础设施严重落后。缅甸至今尚未建立全国性的运输系统，道路密度不足邻国泰国的1/3，而且60%以上的公路路况很差，一半以上的农村居民无法满足正常的通行需求。电力供应严重不足，人均电力消费量在东盟国家排名垫底，电气化率仅为30%左右。据2014年世界银行调查，缅甸是亚洲断电、企业自备发电设备最普遍的国家之一，经历过断电的企业比例高达94%，自备发电设备的企业比例高达76%。经常性断电问题已经严重影响到企业的正常生产经营。农田水利灌溉设施极其匮乏，造成缅甸大量优质的水资源难以得到充分利用，水资源利用率仅为6%左右，农田灌溉面积占耕地总面积的比重甚至不足20%。

2. 农业生产投入体系尚不完善

目前，缅甸种子、化肥、农药、农机等农业投入品供应体系尚不健全，农业生产的保障能力欠缺。在种子方面，缅甸农作物良种繁育体系和商品种子市场体系尚未建立，依靠自身力量繁育新品种的能力较弱，作为主要粮食作物的水稻良种覆盖率甚至不足15%；农民种子来源主要是自留种和相互之间的私人交易，导致品种混杂、质量参差不齐。在化肥、农药方面，短缺形势十分严峻。以肥料为例，缅甸全国肥料的年产量不足10万吨，只能满足全国肥料需求量的1/15，进口依存度很高，尤其是磷肥和钾肥，几乎完全依赖进口。在农机方面，随着农业机械化水平的逐步提高，缅甸对中小型农机需求持续增加，在本国工业体系尚未建立的情况下，农用机械及其零配件大都依赖进口。

3. 农业教育和技术水平较为落后

缅甸农业劳动力受教育程度较低，大多数农民只有小学文化程度，中学入学率仅40%。农业高层次科研院校数量很少，其中，综合性农业大学只有1所，专业农业学校和农业科研机构都不超过10家。全国的农业专业在校生仅5000人左右。由于农业技术推广资金投入不足，推广技术人员水平有限且缺乏培训，加上农业科研院校、农业技术推广机构和农民联系互动不紧密，缅甸农业技术水平十分落后。

（四）总体评价

总体而言，缅甸在东南亚国家中营商环境相对薄弱，主要表现在政府行政效率、基础设施建设和金融体系等方面较为落后。近年来，缅甸也着力通过减少审批手续、加强土地供应和改善信贷融资等方式积极提高对外资的吸引力。

缅甸具有得天独厚的农业资源禀赋，加上国内劳动力成本低廉和政府优惠政策扶持的优势，其农业发展的潜力巨大。但与此同时，受农业生产投入不足、基础设施滞后、农业劳动力教育水平较低、技术水平落后等多种因素制约，缅甸农业生产率较为低下，发展潜力未能充分释放。因此，对缅甸的农业投资是否能够取得成效，取决于能否有效发挥缅甸农业自身的比较优势并应对好诸多风险和挑战。

四、中缅农业合作现状与合作重点

（一）合作现状

1. 合作机制

2014年9月，中国农业部部长韩长赋在缅甸出席第14届东盟与中日韩农林部长会期间，与缅甸农业与灌溉部部长吴敏莱共同签署了《中华人民共和国农业部与缅甸联邦共和国农业与灌溉部关于加强农业合作的谅解备忘录》，决定建立副部级双边农业合作机制，并成立农业、畜牧兽医和渔业合作分委会，全面指导在缅甸开展农业技术示范推广合作、现代农业改造与育种合作、跨境动植物疫病联防联控合作和涉农小额贷款合作等。

2014年11月，在中国国务院总理李克强对缅甸进行正式访问并出席东亚合作领导人系列会议期间，中国和缅甸在内比都发表《中华人民共和国与缅甸联邦共和国关于深化两国全面战略合作的联合声明》，决定成立中缅农业合作委员会，为深化双边农业合作初步构建起一个国家层面的对话协调机制。同期，韩长赋部长与缅甸畜牧水产和农村发展部部长吴翁敏共同签署了《中缅畜牧渔业合作谅解备忘录》，未来5年内，两国将在农业技术与管理人员培训、农业技术示范中心建设、无规定动物疫病区建设、小额农业贷款等领域开展深入合作。

2016年3月，澜沧江—湄公河次区域合作首次领导人会议在中国海南三亚成功举行，宣告了包括中国、缅甸在内的澜沧江—湄公河沿岸六国共同创建的澜湄合作机制诞生。澜湄合作机制以互联互通、产能合作、跨境经济、水资源、农业和减贫为优先合作方向，旨在推动区域内各国可持续开发和开展互惠务实合作。在澜湄合作机制框架下，中方设立澜湄合作专项基金，5年内提供3亿美元支持六国提出的中小型合作项目。2018年1月，中国驻缅甸大使洪亮和缅甸外交部常秘敏都在内比都签署澜湄合作专项基金缅方项目协议。根据此协议，中方将资助开展10个项目，其中涉及水稻良种培育及优化种植、咖啡产能增效、水果和蔬菜安全优质种植技术应用、家庭园艺技术推广、农村减贫与发展等多个农业、农村领域的合作。

2. 科技合作

近年来，中缅两国在多双边合作框架下开展了一系列农业科技交流与能力建设方面的合作。2009年起，中国农业部就支持国内种子企业在缅甸等亚洲国家开展优良品种的选育试验。云南等地方积极依托自身地理区位和农业科研院所优势，与缅甸开展了形式多样的交流合作。

自2008年与缅方在昆明正式签署合作框架协议，共同推动建立"大湄公河次区域农业科技交流合作组"以来，云南省农业科学院与缅甸农业、畜牧与灌溉部下属的研究部门交往频繁，在水稻、大豆、马铃薯、甘蔗生产以及植物保护等方面开展了务实合作。2015年6

月，云南省农业科学院与缅甸亚洲农业有限公司签署农业科技合作协议。双方重点在谷物、食用豆类、经济作物、园艺作物等领域开展生产研究，并在植物保护、产后处理、生物技术、社会经济等领域开展合作。同时，在缅甸农业、畜牧与灌溉部的支持下，致力于推动"中缅农业联合研究中心"共建等工作。2016年11月，缅甸农业、畜牧与灌溉部部长吴昂都一行到访云南大学，就加强农业领域的合作进行考察、交流。2017年1月，云南农业大学与缅甸耶津农业大学在昆明签订战略协议，推动双方在食品科学和农业科技教育等多个领域开展深入合作，并致力于共同建设中缅农业研究院。中缅农业研究院将主要围绕缅甸农业技术升级和产业改造等问题，开展产学研教一体化联合工作，为中缅农业科技合作提供平台支撑。

3. 贸易合作

2014年9月，在第4届中国—东盟质检部长会议期间，中缅两国政府签署了SPS合作备忘录和缅甸大米、玉米出口中国植物检验检疫议定书。这标志着缅甸两种重要谷物品种出口中国检验检疫准入问题得以解决，从而能够以一般贸易方式进入中国。这是中缅双方推动解决农产品贸易检验检疫准入问题的有益尝试，有利于促进中缅农产品贸易进入加速发展通道和形成双边贸易畅通格局。不仅如此，为构建开放口岸，中国云南检验检疫部门对缅甸北部替代种植返销农产品实行"一次检疫、分批放行"的管理模式，大大提高了通关便利程度，贸易合作得到稳步推进。

4. 投资合作

2015年，中国对缅甸农业投资流量为3351.5万美元，主要投向种植业（2261.0万美元）和农林牧渔服务业（798.1万美元）。截至2015年年底，中国对缅甸农业投资存量约达2.59亿美元，主要投向种植业（1.64亿美元）和林业（6183.3万美元）。当年，中国在缅甸开展投资合作的农业企业有43家，是中国在亚洲地区设立企业数目最多的国家。其中，种植业企业28家，林业企业6家，农林牧渔服务业7家，畜牧业和渔业各1家（表15）。

表15 2015年中国对缅甸的农业投资情况

行　业	企业数（个）	流量（万美元）	存量（万美元）
种植业	28	2261.0	16433.9
林业	6	239.4	6183.3
渔业	1	0	—
畜牧业	1	53.0	301.0
农林牧渔服务业	7	798.1	2986.1
合计	43	3351.5	25904.2

资料来源：《中国对外农业投资合作分析报告（2016年度）》

从历年的投资项目来看，2007年，中缅两国政府签署罂粟替代种植行动方案，经过10年的发展，该项目取得显著成效。目前，包括橡胶、玉米、热带水果等在内的40种替代作物已累计种植面积超过200万亩，缅北罂粟种植面积已从上世纪末最高峰时期的250万亩减少到60万亩，替代种植企业还在当地修建了道路、桥梁、学校、卫生所、饮水工程、变电站等一批基础设施，同时带动当地交通、餐饮、旅游、酒店等服务行业的快速发展，造福民众超过13万人。

2014年7月，中国中信集团联手泰国正大集团与缅甸畜牧水产和农村发展部签署了《中信正大出资援助缅甸边远贫困地区发展项目的谅解备忘录》，推出100个公益"乡村基金"计划，向缅甸边远贫困地区民众提供农业发展资金，提高农业技术水平，加强农民能力建设，服务当地可持续发展。

2016年3月，云天化集团与云南农业大学签订合作协议，通过校企协同，发挥云天化集团产品、营销优势和云南农业大学科研、技术优势，共同开发缅甸农产品市场。

2017年7月，中信建设与缅甸大米协会、缅甸农业公营公司在内比都市签署了缅甸农业综合服务中心项目的三方合作备忘录，拟共同出资4亿美元，在缅甸多个省邦建设集种子储藏、农技服务、加工仓储、农技培训等为一体的农业经济中心。

（二）合作潜力

1. 合作基础

中缅两国山水相连，拥有悠久的睦邻友好合作的传统，两国人民更是以"胞波"（亲戚）相称。早在1950年，两国政府就已正式建交。半个多世纪以来，双边关系保持平稳向前发展。近年来，双边关系更是迈上新的台阶。2011年，中缅两国关系提升为全面战略合作伙伴关系。2014年，两国在农业合作领域取得新突破，不仅两国农业部长共同签署了《中华人民共和国农业部与缅甸联邦共和国农业与灌溉部关于加强农业合作的谅解备忘录》，还成立了中缅农业合作委员会，为深化双边农业合作初步构建起一个国家层面的对话协调机制。

中缅农业合作不仅拥有夯实的政策基础，双方优势互补也十分明显。中国在快速城市化、工业化进程中，人地、人水关系日趋紧张，劳动力要素价格显化且不断攀升，与缅甸开展农业合作，可以充分发挥缅甸优良的农业气候、水土资源条件和劳动力成本优势，从而拓展中国农业产业发展的空间，保障农产品的有效供给。另外，缅甸农业面临基础设施薄弱、生产投入体系不健全、技术水平落后等方面的问题，与中国开展合作，可以充分发挥中国在农业装备、技术、资金等方面的优势，从而挖掘缅甸农业发展的潜力，实现农民减贫和收入增长。

2. 合作前景

随着"一带一路"倡议下孟中印缅经济走廊建设的深入推进和澜湄合作的不断深入，在两国政府对双边农业合作高度重视且抱有强烈意愿的情况下，中缅农业合作的前景广阔美好，加强两国农业合作有利于双方各取所需、取长补短、互利共赢、共同发展。未来，中国将进一步加大对缅甸的农业投资力度，采取多种方式在多个领域开展合作，可以预见，缅甸的农业生产加工技术、化肥和农药的生产能力、良种繁育和农机装备水平以及农业人口素质将会得到大幅度提升，从而全面提高缅甸农业生产率和竞争力。而中国在输出农业先进技术和优势产能的同时，能够打造保障中国农产品供给安全的商品粮基地。

（三）合作重点

1. 重点领域

中国与缅甸在农产品贸易、农业投资和农业科技方面展开了广泛合作，并取得一定成效。中国每年从缅甸进口大米、天然橡胶等农产品，出口棉花、鲜苹果、鲜花等农产品到缅甸，满足了两国消费者的不同需求。最近几年，越来越多的中国企业和个人去缅甸承包土地，进行农业生产和经营。

云南农业大学、云南大学等科研院所，针对植物保护技术、育种技术、农药生产等领域，与缅甸开展农业科技合作，发展势头良好。未来，从中缅两国的农业比较优势来看，大米、果树等农产品贸易，农化、农机、种子等农业投入品的产能合作以及农业科技和能力建设的合作仍将是中缅两国农业合作的重点领域。

2. 重点产业

（1）粮食作物良种选育

水稻、豆类、玉米是缅甸的主要粮食作物，但囿于良种覆盖率不高，单产提高得比较缓慢。而中国拥有较为纯熟的杂交水稻、大豆和玉米的种植技术和管理经验，双方可以在新品种研发、引进、改良、筛选、繁育等方面开展深入的技术交流与合作，并对适合缅甸本地条件的优良品种和适宜技术进行示范种植和推广。

（2）经济作物生产加工

甘蔗、天然橡胶、棉花等是缅甸重要的经济作物，也是中国紧缺的战略物资。深化两国在这些农产品方面的产能合作，扩大种植面积，提高加工能力，有利于拓展中国战略农产品的来源渠道。以现有合作格局为基础，在缅北地区扩大替代种植规模，鼓励国内涉农企业建立上述农产品生产、加工、仓储基地，打造物流体系，形成境外全产业链的开发整合。

（3）畜牧养殖加工

缅甸黄牛资源丰富，但养殖方式以农户家庭饲养为主，生产率较低；而与此同时，奶和奶制品的对外依存度较高。而中国畜牧标准化养殖、加工水平已有明显提升，加上缅甸政府鼓励外商投资肉牛养殖和乳制品加工行业，双方合作前景乐观。当前，中缅跨境动植物疫病防控合作持续推进，以此为契机，可推动饲料生产、规模养殖和牛奶生产加工等领域的合作（张芸 等，2015）。

（4）农化贸易和农机推广

缅甸化肥、农药等农化产品的缺口很大，而中国是化肥、农药生产第一大国，双方在农化领域的合作空间巨大。由于缅甸工业体系尚不完善，农化配套产业相对薄弱，因此，农化合作主要以进出口贸易为主。而在农业机械方面，缅甸农机的普及程度不高，农业经营方式以粗放式为主，对农用拖拉机、收割机、灌溉设备、脱粒机以及相关零配件需求较大，市场开发潜力较大。中国应充分发挥在中小型农机具方面的成本和技术优势，大力开展农机装备合作与推广，支持在缅甸建立集农机研发、生产、销售、培训、维修等多功能为一体的示范基地。

五、中缅农业合作建议

（一）原则方针

政治上，加强与缅甸全国民主联盟的沟通，增进政府间互信并凝聚合作共识。2016年，昂山素季领导的缅甸全国民主联盟组建的新政府上台以来，推进改革开放，并积极响应中国的"一带一路"倡议；昂山素季本人多次访华，并参加"一带一路"国际合作高峰论坛和中国共产党与世界政党高层对话会，这对中缅合作而言是重要的历史机遇期。我国应进一步加强与新政府的沟通，坚决贯彻平等互信、团结互助原则，深化双方全面战略合作伙伴关系，为农业合作营造宽松的政治氛围。

经济上，加强与缅甸互联互通网络建设，提升双方合作经济效率。缅甸基础设施在东南亚国家中排名末位，亟待投资建设。中缅经济合作应以交通、电力、通信等基础设施建设为先导，在互利共赢的原则下共建全方位、立体式的互联互通网络，提升双方合作的正外部效应，为挖掘农产品市场潜力和构建农产品商贸、仓储、物流体系提供支撑。

文化上，尊重缅甸传统文化，主动承担社会责任，提高缅甸民众对中国企业的认同感。中国农业走出去企业，不能只顾经济利益，应以可持续发展为目标，勇于承担社会责任，积极嵌入当地社会发展中去，形成收益共享、风险共担的良性互动机制，提高缅甸当地对中国企业的认同感。

（二）具体举措

1. 建立中缅国家级农业产业园或技术示范区

缅甸农业发展受投入不足和技术落后的长期影响而发展迟缓，缅甸政府对中国投资和技术支持抱有很高期望，也愿意提供配套的优惠政策。为响应"一带一路"倡议和孟中印缅经济走廊建设，抓住中缅双边政策红利的窗口期，可以通过建立国家级农业产业园或技术示范区，形成平台集聚效应，引领种子、农化、农机以及农产品生产、加工、物流、仓储等产业链上下游企业抱团出海。

2. 鼓励企业联盟，形成范围经济

当前，中国赴缅甸的农业投资企业整体上规模偏小、实力有限，加上缅甸农业自身存在一些不足，单个企业"走出去"很难抵御相关风险和挑战。因此，应依托云南、广西壮族自治区（以下简称广西，全书同）、广东等省区的区位优势，在已有的合作基础上，促进赴缅甸投资的涉农企业形成联盟，并鼓励非农业企业和金融机构有效衔接，从而形成产业协同体系，不仅能够避免企业盲目投资，减少不必要的内耗与摩擦，还能够形成区域内范围经济，提高企业共同抵御风险的能力。

3. 完善政策支持和公共服务体系

中缅农业合作有利于双方互利共赢，具有积极的战略意义。为促进中缅农业合作提质增效，应加大对农业走出去企业政策支持力度。在贸易便利化方面，应适当放开对农化、农机等的出口管制，灵活调整对缅甸粮食、原糖、天然橡胶等物资回运的进口配额分配。在金融保险方面，对中缅重点农业合作项目提供长期低息贷款，并加大贷款贴息和海外投资险保费补贴支持力度和范围，探索建立农业走出去企业互助融资担保基金，针对性解决企业融资难、融资贵等问题。与此同时，充分发挥行业协会等中介组织和相关智库的作用，提高信息情报、决策咨询、项目对接、风险预警等公共服务支撑水平，降低企业走出去成本，促进对缅甸市场开拓。

4. 加强对缅甸农业技术和管理人才培训

缅甸农业技术和管理人才缺乏，农业官员、农技人员素质亟待提高。加强对缅甸农业人才队伍的培训，投资少、见效快、影响广。一方面，依托各类农业技术试验示范基地和两国农业科研院所联合研究项目，面向缅甸农业技术人员和农民开展农业技术培训；另一方面，吸引更多缅甸农村青年和农业领域政府官员来中国留学和访问，并在学费、生活、学分等方面给予优惠和补助。

参考文献

陈庆根，林贤青，王磊．2000．缅甸的稻米生产［J］．世界农业，（2）：18-19．

杜兰．2017．"一带一路"建设背景下中国与缅甸的经贸合作．东南亚纵横，（1）：29-35．

李灿松，葛岳静，马纳，等．2015．基于行为主体的缅甸排华思潮产生及其原因解析［J］．世界地理研究，24（2）：20-30．

李敬，陈荣．2017．"一带一路"相关国家贸易投资关系研究：东南亚十一国［M］．北京：经济日报出版社，279．

李国章．2011-7-19．缅甸农业促进政策成效显著［N］．经济日报．

李凌秋．2016．缅甸经贸投资环境简析［J］．智富时代，（10）：11-12．

李未醉，魏露苓．2012．论古代中国与缅甸的农林技术交流［J］．农业考古，（3）：251-254．

廖亚辉，等．2014．缅甸经济地理情况［M］．广州：世界图书出版广东有限公司．

刘祖昕，赵跃龙，石彦琴，等．2015．缅甸农业发展现状与中缅农业合作探析［J］．世界农业，（9）：196-201．

缅甸中文网．缅甸咖啡被国际市场热捧［EB/OL］．http：//www.mhwmm.com/Ch/NewsView.asp?ID=23353．

农业部国际合作司，农业部对外经济合作中心．2017．中国对外农业投资合作分析报告．2016年度．总篇［M］．北京：中国农业出版社，20．

农业部农业贸易促进中心政策研究所，中国农业科学院农业信息研究所国际情报研究室．2017．缅甸大米出口遭遇寒冬 政府努力开拓市场［J］．世界农业，（2）：204．

瞿剑．2016-11-17．我国61项农业科技产品走出国门［N］．科技日报．

王璐．2015．滇缅次区域经济合作的效应与风险研究［D］．昆明：云南师范大学．

王丽珍．2015．21世纪以来缅甸农产品出口发展研究［D］．昆明：云南大学．

薛紫臣，谢闻歌．2015．缅甸国际直接投资环境分析［J］．现代国际关系，（6）：47-56．

佚名．2015．缅甸村民围攻中资铜矿［J］．南风窗，（1）：21．

原瑞玲，翟雪玲．2017．"一带一路"背景下中缅农业投资合作研究［J］．国际经济合作，（7）：82-86．

张芸，崔计顺，杨光．2015．缅甸农业发展现状及中缅农业合作战略思考［J］．世界农业，（1）：150-153．

郑国富．2015．2014—2015财政年度缅甸外资发展的特征、趋势及中国应对策略［J］．经济论坛，（5）：94-98．

钟智翔，尹湘玲，扈琼瑶，等．2012．缅甸概论［M］．广州：世界图书出版广东有限公司．

驻缅甸经商参处．2017-9-3．缅甸近期从木姐口岸出口90吨咖啡豆到中国［EB/OL］．http：//www.mofcom.gov.cn/article/i/jyjl/j/201708/20170802625061.shtml．

越 南

越南位于东南亚腹地，是中国重要的邻国，也是"一带一路"沿线重要的国家。越南农业生产条件优良，是世界主要的农产品出口国，其中腰果仁、胡椒和木薯出口量居世界第一位，大米、咖啡豆的出口量居世界第二位，天然橡胶出口量居世界第三位，茶叶出口量也位居世界前列。越南革新开放以来，经济增长较快，经济总量不断扩大。农业作为支柱产业，对国民经济贡献较大，农产品出口是外汇收入的重要来源。越南对外贸易保持高速增长，中国是越南最大的进口来源国。随着中国—东盟自由贸易区的建立，中越双方在政治、经贸、基础设施建设、自然资源和环境保护等领域开展了广泛的合作。2017年中越双方签署了《共建"一带一路"和"两廊一圈"合作备忘录》，将利于"两廊一圈"规划和"一带一路"倡议有效对接，进一步促进双方经贸合作，实现亚太区域包容性和共同发展。

一、国家基本概况

（一）地理及行政区划

越南位于东南亚的中南半岛东部，北与中国的云南、广西接壤，西和老挝、柬埔寨交界，东邻中国南海，南濒暹罗湾。越南处于东南亚的腹地，被称为东南亚的心脏，扼太平洋、印度洋海上交通要冲，战略地位十分重要，素有中南半岛的"前沿屏障"和"重要门户"之称。越南国土狭长，地势西高东低，南北全长1650千米，东西最窄处为50千米，海岸线长3260多千米。其中，北部和西北部为高山和高原，中部长山山脉纵贯南北，有一些低平的山口，东部沿海为平原，地势低平、河网密布。越南东面、南面沿海的海岸线漫长，有众多的天然港湾，主要有岘港、归仁、芽庄、金兰湾等。越南划分为58个省和5个直辖市（河内、胡志明市、海防、岘港、芹苴）。河内为越南首都，位于红河三角洲西北部，是越南政治、文化中心，水、陆、空交通便利。胡志明市位于湄公河三角洲的东北侧，南临南中国海，是越南的经济中心、全国最大的港口和交通枢纽，西贡港年吞吐量可达450万～550万吨。

（二）人口规模与构成

近年来，越南的人口增长率维持在1%左右。2016年，全国人口9270万人，其中城镇人口占34.5%，农村人口占65.5%。15岁及以上的劳动力人口为5445万人，比2015年增加了46.11万人，其中农林渔、工业建筑业和服务业劳动力占比分别为41.9%、24.7%和33.4%。

越南是一个多民族国家，共有54个民族，京族（也称越族）为主要民族，占86.2%。

官方语言为越南语。

(三) 社会发展状况

2016年越南居民生活稳定。随着经济持续增长，城镇居民的生活水平有所提高。由于农产品和食品价格提高，农村居民的生活水平也有所改善，但不同行业、不同地区的劳动者收入差距较大。越南物价稳定，相比2016年，2017年居民消费价格指数（CPI）为103.5%，通胀率为101.4%。按照越南最新修订的国家贫困线标准，农村贫困户为人均年收入低于480万越盾（约合211.34美元）的家庭，城镇贫困户为人均年收入低于600万越盾（约合264.18美元）的家庭。越南全国平均贫困发生率从2010年的14.2%下降到2016年的5.8%，农村贫困发生率远高于城市，从2010年的17.4%下降到2016年的7.5%。从6个农业生态区看，贫困发生率最低的是东南部地区，从2014年以来贫困率就在1%以下，2016年仅0.6%；其次是红河三角洲和湄公河三角洲，2016年贫困发生率分别为2.4%和5.2%；中部、北部山区贫困发生率最高，2016年仍高达13.8%（表1）。渔业和国际贸易发达的东南沿海以及农业生产条件较好的红河、湄公河三角洲经济发达，贫困发生率较低。

表1 2010—2016年越南贫困发生率 （单位：%）

区域	2010年	2011年	2012年	2013年	2014年	2015年	2016年
全国	14.2	12.6	11.1	9.8	8.4	7.0	5.8
城市	6.9	5.1	4.3	3.7	3.0	2.5	2.0
农村	17.4	15.9	14.1	12.7	10.8	9.2	7.5
红河三角洲	8.3	7.1	6.0	4.9	4.0	3.2	2.4
中部、北部山区	29.4	26.7	23.8	21.9	18.4	16.0	13.8
北中部和中部海岸	20.4	18.5	16.1	14.0	11.8	9.8	8.0
西原	22.2	20.3	17.8	16.2	13.8	11.3	9.1
东南部	2.3	1.7	1.3	1.1	1.0	0.7	0.6
湄公河三角洲	12.6	11.6	10.1	9.2	7.9	6.5	5.2

资料来源：越南国家统计局

越南拥有较完善的教育体系，分为学前教育、基础教育和大学教育三个阶段，著名高等院校有河内国家大学、百科大学和胡志明市国家大学等。小学入学率达到98%，小学教育基本实现普及推广，但高等教育的入学率仅占27%，目前大学以上学历的人数仅占劳动力总数的2.3%，总体教育水平仍然较低。

越南奉行独立、自主、和平、合作与发展的外交路线，实行开放、全方位、多样化的对外政策，积极主动地融入国际社会。近年来，越南积极开展对外交往，同美国关系发展迅速，同欧盟合作扩大，同日本、俄罗斯等大国关系良好，同东盟成员国的合作加强，多边外交活跃。已与180个国家建交，并同20个国际组织及480多个非政府组织建立合作关系。在中国—东盟自贸区和澜湄合作框架下，与中国的政治经济关系发展迅速。

（四）宏观经济情况

1. 经济总量

越南经济保持较快增长，经济总量不断扩大。根据越南统计局数据，2011年以来经济增长率处于5.3%~6.7%，2015年达到最高值6.7%，增长速度较快。

2016年，国内生产总值（GDP）约为1982亿美元，比上年增长6.2%。其中，农林渔业增长1.4%，工业和建筑业增长7.6%，服务业增长6.98%。人均GDP为2215美元（图1）。

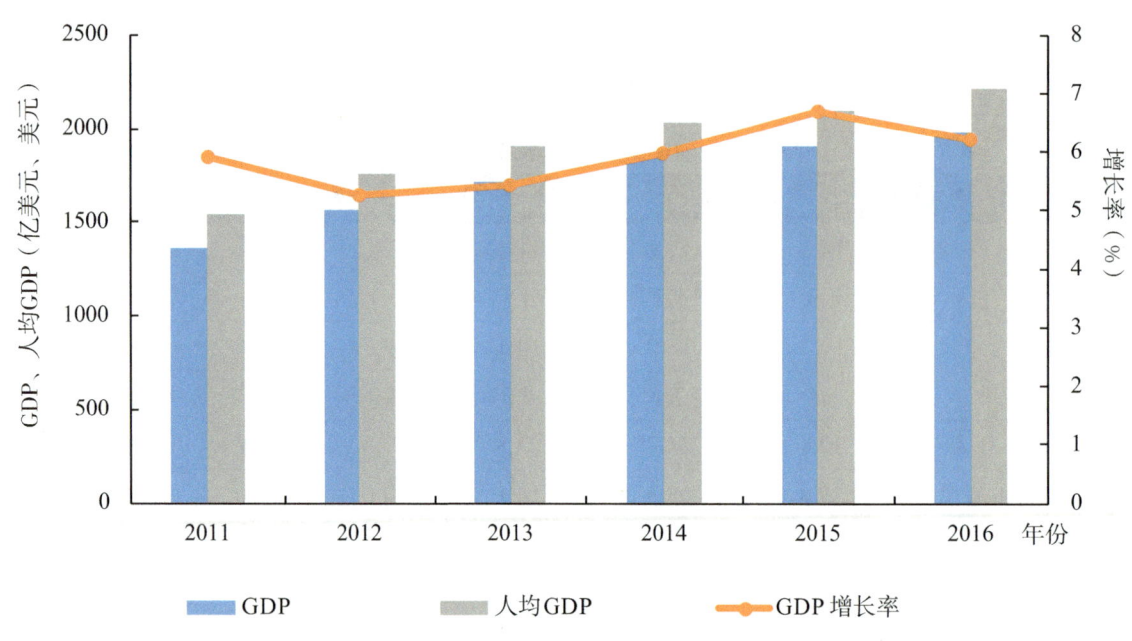

图1　2011—2016年越南宏观经济增长变化

资料来源：2011—2014年GDP、人均GDP数据来自世界银行；2015、2016年数据，以及2011—2016年GDP增长率数据来自越南统计局

注：越南实行有管理的浮动汇率制度；货币名称：越南盾（Dong）；汇率：1美元（USD）≈22300越盾（VND）（2016年1月）

2016年，越共十二大通过了《2016—2020年经济社会发展五年规划》，规划提出2016—

2020年经济年均增速达到6.5%～7.0%，至2020年，人均GDP增至3200～3500美元。

2. 经济结构构成

越南1986年开始实行革新开放，1996年越共八大提出要大力推进国家工业化和现代化。2001年越共九大确定建立社会主义市场经济体制，并确定了三大经济战略重点，即以工业化和现代化为中心，发展多种经济成分，发挥国有经济主导地位，建立市场经济的配套管理体制。

革新开放以来，三产结构进一步协调发展。农业产值占比逐年下降，工业和服务业占比逐年增加，服务业是主要产业，越南产品税作为GDP中独立项目单独统计。2016年，越南农业占国民经济的16.3%，工业和建筑业占32.7%，服务业占40.9%，产品税（Products Taxes Less Subsidies on Production）占10.0%（表2）。

表2 2010—2016年越南GDP（现价）和产业构成变化 （单位：亿越南盾，%）

年 份	GDP	农林渔业	占 比	工业和建筑业	占 比	服务业	占 比	产品税	产品税占比
2010	21578	3966	18.4	6933	32.1	7972	36.9	2707	12.6
2011	27799	5440	19.6	8963	32.2	10211	36.7	3185	11.5
2012	32454	6238	19.2	10891	33.6	12095	37.3	3230	10.0
2013	35843	6439	18.0	11896	33.2	13883	38.7	3625	10.1
2014	39379	6970	17.7	13079	33.2	15371	39.0	3959	10.1
2015	41929	7125	17.0	13941	33.3	16660	39.7	4203	10.0
2016	45027	7348	16.3	14731	32.7	18427	40.9	4521	10.0

资料来源：2016越南统计年鉴

越南农林渔业占国民经济的比重总体上呈下降趋势，占比由2010年的18.4%下降到2016年的16.3%。工业和建筑业占GDP的比重总体上变化不大，2010—2016年在32.1%～33.6%徘徊。主要工业产品有煤炭、原油、天然气、液化气等，近年有向新能源、清洁能源转变的趋势。越南服务业一直保持较快增长，服务业占GDP的比重持续上升，由2010年的36.9%提高到2016年的40.9%。服务业增长主要来自批发和零售业、金融、银行和保险业，以及住宿和餐饮服务业。

3. 国际贸易情况

近年来，越南对外贸易保持高速增长，除了2008—2009年受金融危机影响出现小幅波动外，进出口贸易额逐年增加。

由于越南工业发展薄弱，很多工业品主要从国外进口。因此，越南长期进口贸易额大于出口额，尤其在 2007—2011 年，贸易逆差基本在 1 亿美元以上，2012 年以来开始出现贸易顺差（图 2）。

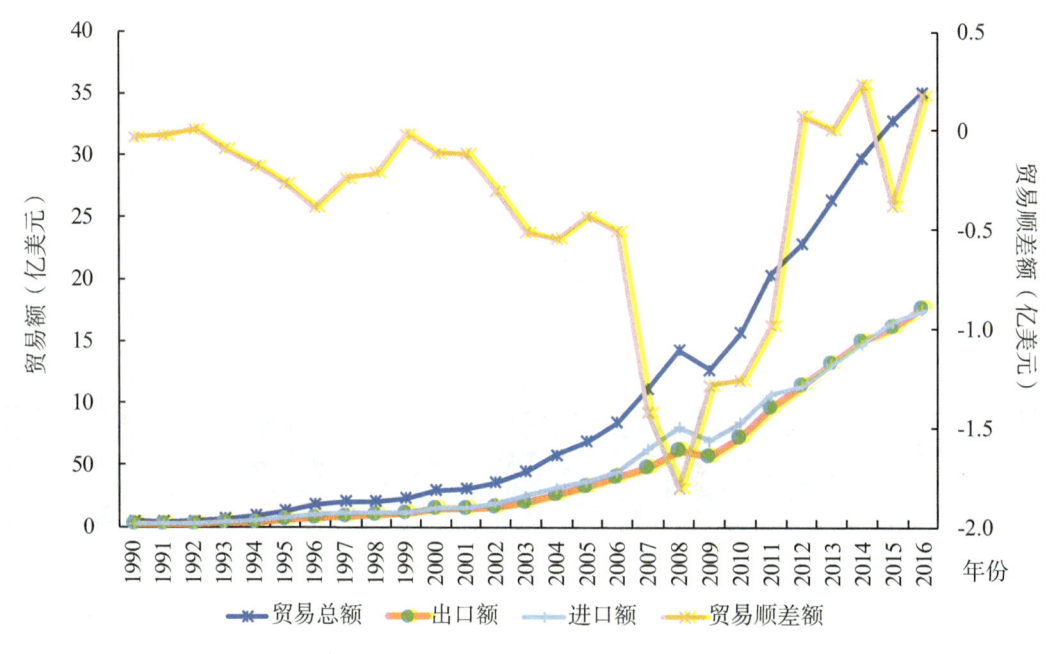

图 2　1990—2016 年越南进出口贸易情况

资料来源：越南国家统计局

注：2015 年开始进口额包括越南航空公司在国外机场购买的燃油费

同时，出口结构逐步改善，出口商品技术含量和附加值有所提高，电子产品和普通机械设备出口比重增加。进口以机械设备、工业原料和农用物资为主。

2016 年，越南商品出口额 1766 亿美元，同比增长 9%。出口商品以电话及其零件、纺织品、电子产品、计算机及其零件、鞋类、渔业产品及木制品为主。商品进口额 1748 亿美元，同比增长 5.4%。服务进口额达 165 亿美元，同比增加 3%，主要进口商品有：汽车、机械设备及零件、成品油、钢材、纺织原料、电子产品和零件。主要贸易对象为中国、美国、欧盟、东盟、日本和韩国。

2011—2015 年，越南和中国的双边贸易呈增长态势，进出口贸易额逐年增加，越南从中国进口额从 248.66 亿美元上升至 494.41 亿美元，增长 98.8%；对华出口额也由 116.13 亿美元增加到 165.68 亿美元，增长 42.7%（表 3）。

表3 2011—2015年越南与主要国家进出口贸易情况　　　　　　（单位：亿美元）

国家	进口额					出口额				
	2011年	2012年	2013年	2014年	2015年	2011年	2012年	2013年	2014年	2015年
全部	1067.50	1137.80	1320.33	1478.39	1657.76	969.06	1145.29	1320.33	1502.17	1620.17
中国	248.66	290.35	368.86	436.48	494.41	116.13	128.36	131.78	149.28	165.68
日本	104.01	116.02	115.58	128.57	141.82	110.92	130.65	135.44	146.75	141.00
韩国	131.76	155.35	206.78	217.28	275.79	48.67	55.81	66.83	71.67	89.15
美国	45.55	48.42	52.42	62.86	77.93	169.70	196.81	238.70	286.50	334.75

资料来源：UN Comtrade

4. 外国直接投资情况

外资的进入对越引进先进生产技术和管理经验，推动经济增长，解决就业起到了重要作用。根据世界银行的统计，越南外商直接投资净流入额上涨较快，从2000年的12.98亿美元上涨到2014年的118亿美元。而外商直接投资净流入占GDP的比重则呈现先上升后下降又上升的波动变化，从2000年的3.9%持续上升到2008年的9.7%，随后下降到2014年的4.9%，2015年回升到6.1%（图3）。按照世界银行统计指标的解释，外国直接投资是指投资者为获得在另一经济体中运作的企业的永久性管理权益（10%以上表决权）所做的投资的净流入。它是股权资本、收益再投资、其他长期资本以及国际收支平衡表中显示的短期资本之和。外国直接净流入是指经济体来自外国投资者的净流入（新投资流入减去撤资），数据按现价美元计。外国直接投资净额表示经济体从国外来源获得的外国直接投资净额减去该

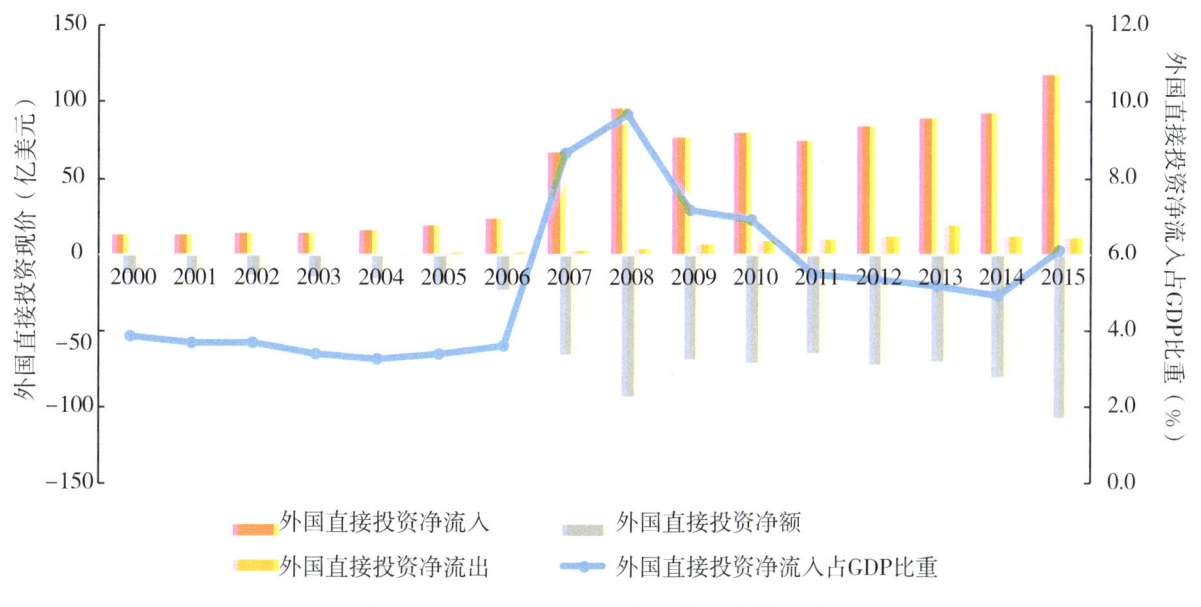

图3 2010—2015年越南外国直接投资

资料来源：世界银行

经济体对世界其他国家的对外直接投资净额之差，越南外国直接投资净额一直呈现负值。外国直接投资净流出表示经济体对世界其他国家的新投资流入减去撤资。截至 2015 年年底，越南吸引了 2013 个新签投资项目，协议金额达 227.6 亿美元，同比增长 12.5%；实际到位资金 145 亿美元，同比增长 17.1%。

对越南直接投资占比较高的国家和地区主要有韩国、日本、新加坡和中国等。其中，韩国一直是越南最主要的外资来源国，2016 年投资占比高达 29%。2016 年中国对越南投资 18.75 亿美元，占比 8%，是越南第四大外资来源国（表 4）。

表 4 越南外资主要来源国家

国家	2016 年		2017 年 1—3 月		
	投资额（亿美元）	占比（%）	国家	投资额（亿美元）	占比（%）
韩国	70.36	29	韩国	37.48	49
日本	25.9	11	新加坡	9.12	12
新加坡	24.19	10	中国	8.24	11
中国	18.75	8	台湾	6.44	8
其他	104.53	43	其他	15.82	21
总计	243.73	100	总计	77.1	100

资料来源：越南国家统计局

二、农业发展现状

（一）农业资源条件

1. 气候条件

越南地处北回归线以南，属热带季风气候区。北部四季分明，多数地区年平均气温为 23～25℃。南部分为旱季（10 月至次年 4 月）和雨季（5 月至 9 月），多数地区年平均气温为 26～27℃。空气湿润，雨量充足，全国年平均降雨量 1500～2000 毫米。

2. 土地资源

越南境内以山地和高原为主，山地和高原占国土面积的 2/3，平原占国土面积的 1/3。2015 年全国土地利用面积达到 3312.31 万公顷，其中农业用地 2730.22 万公顷，主要包括农业生产用地、林业生产用地和水产养殖等，分别占农业用地的 42.2%、54.7% 和 2.9%（表 5）。农业用地占土地面积的比重不断增长，2015 年农业用地占比达到 82.4%，但近年来增长速度减缓。农业用地中，耕地面积约 10.23 万平方千米，占全国利用土地面积的 19.4%。

根据地形、土壤和气候条件，可将越南农业划分为 6 个农业生态区，分别为：红河平原

(11个省市)、北部丘陵山区(14个省市)、中北部及中部沿海地区(14个省市)、西原地区(5个省市)、东南部(6个省市)和在九龙江平原(13个省市),又称湄公河三角洲。

表5 2015年越南土地利用类型 （单位：万公顷）

类　型	全　部	土地分配—农户家庭	土地分配—公司经营
全国	3312.31	2680.21	632.1
农业用地	2730.22	2444.62	285.6
农业生产用地	1153.02	1143.55	9.47
林地生产用地	1492.36	1217.04	275.32
水产养殖	79.77	79.03	0.74
盐生产	1.75	1.71	0.04
其他农用地	3.32	3.29	0.03
非农业用地	582.09	235.59	346.5

资料来源：2015越南统计年鉴，数据截至2015年3月31日，根据自然资源与环境部的第455/QĐ-BTNMT号决定

3. 水资源

越南降雨量大、湿度高，年平均降雨量为1500～2000毫米。越南河流数量众多（10千米长以上的江河有2360条），每年提供3100亿立方米水资源。主要河流有湄公河、红河、黑水河、泸江、太平河、马江、西贡河等。红河是越南的第一大河流，因水呈土红色得名，发源于中国境内云南大理市，在越南境内508千米。湄公河在越南境内长220千米，只占湄公河全长的1/20。越南只有约37%的水资源来自国内，其他63%源自其他邻国（越南自然资源与环境部，2014）。

4. 生物资源

越南生物资源丰富，有6845种海洋生物，其中鱼类2000余种，蟹类300余种，贝类300余种，虾类70余种。越南盛产红鱼、鲐鱼等多种鱼类，在中部沿海、东南部沿海等海域，每年海鱼产量高达数十万吨。越南野生植物物种丰富，自然森林分布广泛。热带雨林分布在黑水河、红河、兰江、长山山脉和中部高原的低谷地带，热带落叶季风林多分布在山坡上。海拔1700米以上的高山区有亚热带森林和针阔叶混交林。2005—2008年，橡胶林被大量种植，成为越南主要的人工林。

（二）农业生产情况

越南农产品品种丰富，主要农产品包括水稻、玉米、木薯、咖啡、腰果、橡胶、热带果蔬等，畜产品主要包括猪肉、牛肉和禽肉，水产品以主要来自海水捕捞和淡水养殖，鱼虾品种丰富，产量高。

1. 农业产值规模及构成

越南农业总产值和增加值均持续增长，占 GDP 比重在 2011 年达到最高，分别为 19.6% 和 22.1%，随后持续下降。农业总产值和农业增加值的增长率也在 2011 年达到峰值，分别为 37.2% 和 4.2%，随后开始下降，2016 年分别为 3.1% 和 1.4%（表6）。

表6 2010—2016 年越南农业产值变化情况　　　（单位：亿越南盾，%）

年份	农业总产值	占 GDP 百分比	增长率*	农业增加值占 GDP 百分比	增长率*
2010	3966	18.4	-	21.0	0.5
2011	5440	19.6	37.2	22.1	4.2
2012	6238	19.2	14.7	21.4	2.9
2013	6439	18.0	3.2	20.0	2.6
2014	6970	17.7	8.2	19.7	3.4
2015	7125	17.0	2.2	18.9	2.4
2016	7348	16.3	3.1	16.3	1.4

资料来源：越南统计年鉴2016。*表示增长率以上年为基准

2. 主要农产品产量

越南主要农作物有水稻、玉米、木薯、热带果蔬、咖啡、橡胶、腰果、茶叶和胡椒等。由于国际国内市场需求拉动，越南经济作物咖啡、橡胶、胡椒、腰果、火龙果等热带作物的种植面积和产量增长迅速。越南畜产品主要有猪肉、牛肉和禽类。水产品以出口为主，品种主要有虾类、鳍鱼、查鱼、金枪鱼等。水产品以池塘养殖、稻田养殖、围栏与网箱养殖为主，其中复合养殖模式如稻田养鱼、稻田养虾、红树林水产养殖等被广泛推广应用，取得了良好的经济和生态效益。

（1）种植业

1995—2016 年，越南种植业总播种面积从 1050 万公顷增加到 1489 万公顷，增长 43%，然而粮食作物占比下降，1995 年粮食作物播种面积为 732 万公顷，2013 年达到最高值 907 万公顷，后略有下降，2016 年为 895 万公顷，占比从 69.8% 下降到 59.7%。水稻和玉米是越南最主要的粮食作物，1995 年以来水稻播种面积持续增加，2013 年达到最高值 790 万公顷，随后下跌，2016 年为 779 万公顷，占总播种面积的比重持续下降，从 64.5% 下降到 52.0%。玉米、木薯和水果播种面积总体保持增长态势，播种面积分别增加 107%、105% 和 148%，年均分别增长 4.7%、4.6% 和 6.4%。1995 年玉米占总播种面积的 5.3%，持续增加到 2008 年达到峰值 8.2% 后开始震荡下跌，2016 年下降为 7.7%。1995 年以来，木薯

播种面积持续增加，1995—2016 年播种面积占总播种面积的比例由 2.6% 上升到 3.8%。水果是主要出口创汇农产品，1995—2016 年种植面积占比从 3.3% 增加到 5.7%（表 7）。此外，甘蔗也是主要农作物，2013 年产量达到最高值 2013 万吨。

表 7　1995—2016 年越南主要作物播种面积和占总播种面积比（单位：万公顷，%）

年份	总播种面积	粮食	占比	水稻	占比	玉米	占比	木薯	占比	水果	占比
1995	1050	732	69.8	677	64.5	55.68	5.3	27.74	2.6	34.64	3.3
1996	1093	762	69.7	700	64.1	61.52	5.6	27.56	2.5	37.55	3.4
1997	1132	777	68.6	710	62.7	66.29	5.9	25.44	2.2	42.61	3.8
1998	1174	802	68.3	736	62.7	64.97	5.5	23.55	2.0	44.7	3.8
1999	1232	835	67.8	765	62.1	69.18	5.6	22.55	1.8	51.28	4.2
2000	1264	840	66.4	767	60.6	73.02	5.8	23.76	1.9	56.5	4.5
2001	1251	822	65.8	749	59.9	72.95	5.8	29.23	2.3	60.96	4.9
2002	1283	832	64.9	750	58.5	81.60	6.4	33.7	2.6	67.75	5.3
2003	1298	837	64.4	745	57.4	91.27	7.0	37.19	2.9	72.45	5.6
2004	1318	844	64.0	745	56.5	99.11	7.5	38.86	2.9	74.68	5.7
2005	1329	838	63.1	733	55.2	105.26	7.9	42.55	3.2	76.74	5.8
2006	1341	836	62.3	732	54.6	103.31	7.7	47.52	3.5	77.14	5.8
2007	1356	830	61.3	721	53.2	109.61	8.1	49.55	3.7	77.85	5.7
2008	1387	854	61.6	740	53.3	114.02	8.2	55.4	4.0	77.55	5.6
2009	1381	853	61.8	744	53.9	108.92	7.9	50.78	3.7	77.4	5.6
2010	1406	862	61.3	749	53.3	112.57	8.0	49.8	3.5	77.97	5.5
2011	1436	878	61.1	766	53.3	112.13	7.8	55.84	3.9	77.25	5.4
2012	1464	892	60.9	776	53.0	115.66	7.9	55.19	3.8	76.59	5.2
2013	1479	907	61.3	790	53.4	117.04	7.9	54.39	3.7	70.69	4.8
2014	1481	900	60.7	782	52.8	117.90	8.0	55.28	3.7	79.91	5.4
2015	1492	900	60.3	783	52.5	116.48	7.8	56.79	3.8	82.44	5.5
2016	1498	895	59.7	779	52.0	115.24	7.7	56.99	3.8	85.74	5.7

资料来源：越南国家统计局

水稻种植面积小幅增长，单产显著提升，产量屡创新高。1990 年以来，越南水稻生产稳定发展。1990—2016 年，水稻播种面积从 604 万公顷增加到 779 公顷，增长 29.0%，年均递增 1.0%。单产方面，由于杂交水稻技术的快速发展，加之种植技术的不断提升，越南水稻单产持续快速增长，全国平均单产从 1990 年的 3181.49 千克/公顷增加到 2015 年最高值 5760.16 千克/公顷，增长 81.1%，年均递增 2.4%。随着播种面积和单产的增长，越南水稻总产量也显著增加，从 1990 年的 1923 万吨增加到 2015 年的 4511 万吨，增长 134.6%，年均递增5.0%。总体上看，水稻产量增加主要来自单产增加的贡献（图4）。

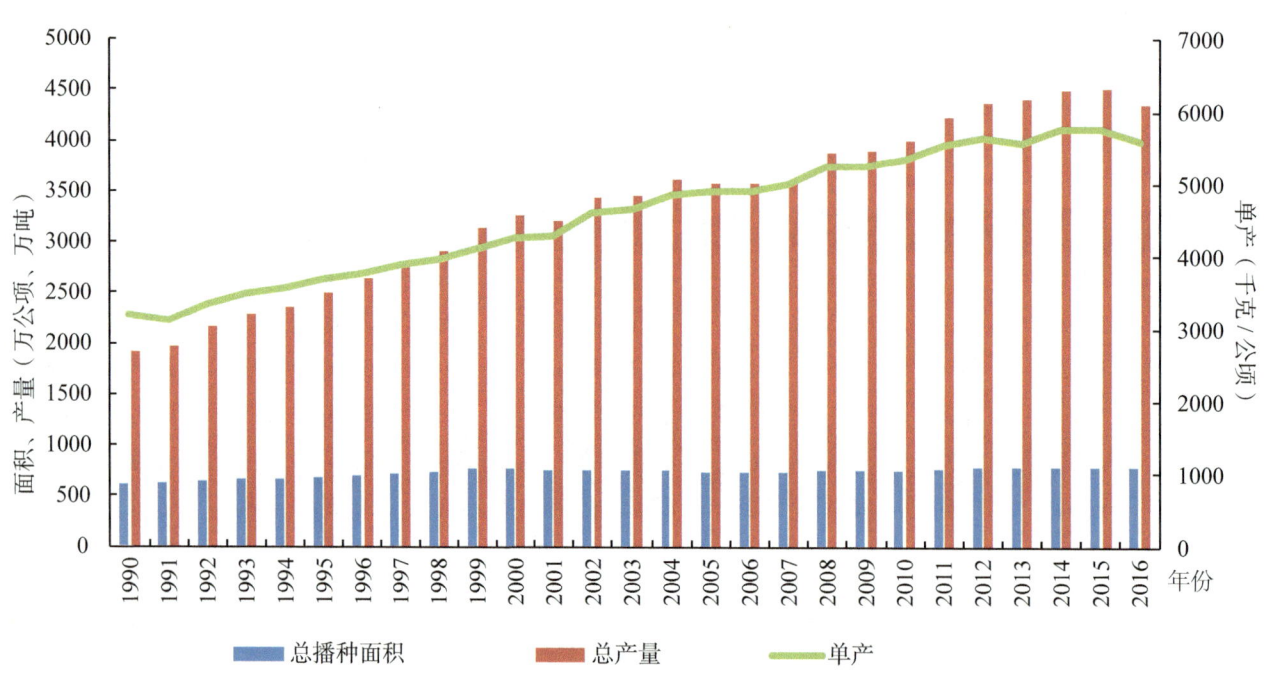

图4　1990—2016年越南水稻生产情况

资料来源：越南国家统计局

从水稻单产的区域变化看，2016年红河平原水稻平均单产最高，为6010千克/公顷。水稻平均单产最高的省份为红河平原的太平省，2016年平均单产为6580千克/公顷；平均单产超过6000千克/公顷的省份还有红河平原的北宁省（6200千克/公顷）、海防省（6310千克/公顷）、海阳省（6040千克/公顷）、洪日（6170千克/公顷），湄公河三角洲的安江省（6080千克/公顷）、同塔省（6160千克/公顷），以及后江省（6240千克/公顷）等。越南水稻单产已达到较高的水平，但与国际上水稻单产最高的国家相比仍然有一定差距，例如，水稻单产最高的埃及，最高单产可达到10290千克/公顷；中国平均单产为6430千克/公顷，高于越南水稻平均单产。

另外，越南水稻分冬春季、夏秋季和晚季稻，1990—1995年以种植晚稻为主，其次是冬春季稻和夏秋季稻。1995年以来，越南水稻种植品种发生了较大变化，夏秋季稻播种面积逐渐增加，晚季稻播种面积逐渐减少，冬春季稻播种面积基本保持稳定。目前主要种植冬春季稻、其次是夏秋季稻，晚季稻播种面积最少。冬春季稻是越南主要的水稻种植品种，冬春季稻产量占水稻总产量的比例基本保持在44%~49%。夏秋季稻总产量在1990—2001年基本保持稳定。2001年以来小幅增长，尤其2006年以来增长较快，产量占比从2006年的27%增加到2016年的34.4%。1990年以来，晚季稻产量占总水稻产量的比例由1991年的最高值 41.4% 逐年下降，2015 年达到最低值，仅为 20.9%（图 5）。2016 年冬春季、夏秋季和晚季稻平均单产分别为 6296 千克/公顷、5350 千克/公顷和 3276 千克/公顷，冬春季稻产量接近晚季稻产量的 2 倍，这也是越南减少晚季稻种植的主要原因。

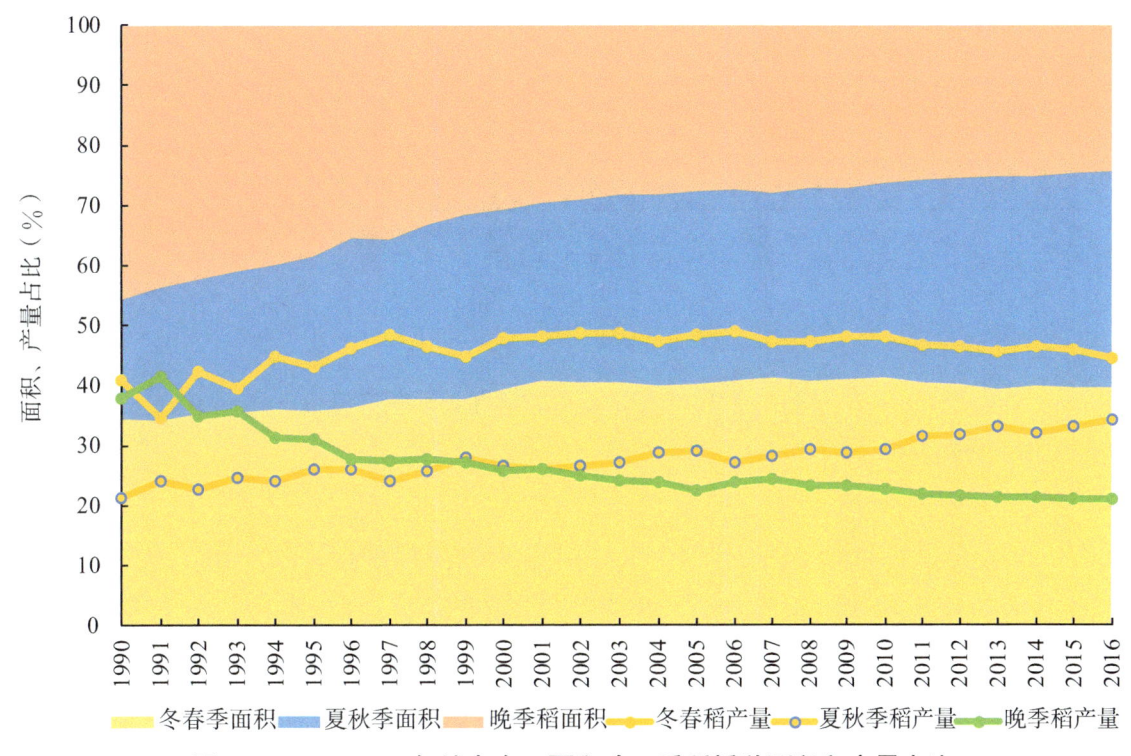

图 5　1990—2016 年越南春、夏和晚三季稻播种面积和产量占比

资料来源：越南国家统计局

从单产看，冬春季稻单产最高的是红河平原，平均单产达到 6570 千克/公顷；其次是湄公河三角洲，平均单产 6420 千克/公顷，其中红河平原的太平省最高单产达到 7150 千克/公顷，湄公河三角洲的安江省最高单产达到 7740 千克/公顷，芹苴最高单产 7390 千克/公顷，远高于越南水稻平均单产水平。湄公河三角洲冬春季稻播种面积最大，2016 年湄公河三角洲冬春季稻播种面积为 155.6 万公顷，占越南冬春季水稻播种面积的 50.5%。2016 年冬春季水稻种植面积超过 20.00 万公顷的省份均分布在湄公河三角洲，分别是建江省（30.11 万公顷）、隆安省（23.25 万公顷）、安江省（23.99 万公顷）和同塔省（20.88 万公顷）。

夏秋季水稻主要分布在越南的湄公河三角洲、中北部及中部沿海地区、东南部地区。2016 年湄公河三角洲夏秋季水稻种植面积 237.55 万公顷，占全越南夏秋季水稻种植面积的 84.6%；其次是中北部及中部沿海地区，夏秋季稻种植 33.79 万公顷，占全越南夏秋季水稻种植面积的 12%。夏秋季水稻种植面积超过 20 万公顷的省份有建江省（27.78 万公顷）、隆安省（24.90 万公顷）、安江省（23.41 万公顷）和同塔省（20.72 万公顷）。然而，夏秋季稻单产不高，2016年湄公河三角洲夏秋季稻单产为5340千克/公顷，单产最高的是北部山区的富安省及其周边地区，2016年富安省夏秋季水稻单产高达7040千克/公顷（图6）。

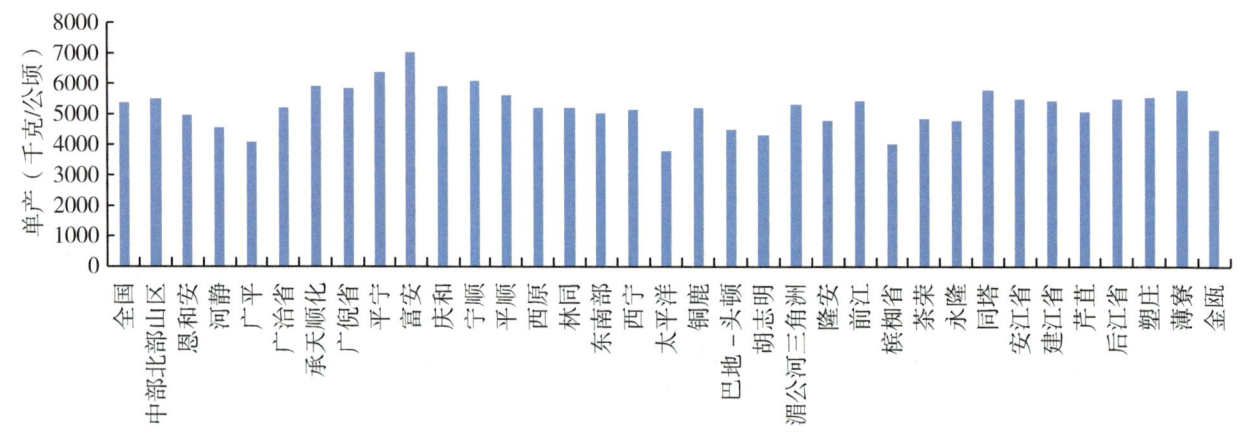

图6　2016年越南夏秋季稻单位面积产量

资料来源：越南国家统计局

晚季稻主要分布在红河平原。2016年红河平原晚季稻种植面积54.85万公顷，北部丘陵山区晚季稻种植面积42.99万公顷，湄公河三角洲为41.36万公顷。晚季稻平均产量较低，除红河平原晚季稻平均产量稍高外（2015为5540千克/公顷），其他地区晚季稻平均产量很少有超过5000千克/公顷。因此，最近几年晚季稻播种面积下降。

玉米种植面积持续增加，单产不断提高，总产量持续增加。玉米是越南第2大主要作物，也是越南主要的饲料作物。在需求拉动下，玉米播种面积持续增加，1995—2016年，玉米播种面积从55.68万公顷增加到115.24万公顷，增长107.0%，年均递增长4.9%。单产方面，由于玉米种植和育种技术的进步，1995—2016年，越南玉米单产持续快速增长，越南全国平均单产从1995年的2110千克/公顷增加到最高值4540千克/公顷，增长114.7%，年均递增5.2%。随着播种面积和单产的增长，越南玉米总产量也显著增加，从1995年的117.72万吨增加到2015年的峰值528.72万吨，增长349.1%，年均递增15.9%（图7）。

越南玉米产量最高的地区在中部北部山区，其次是西原地区。2016年，中部北部山区玉米总产量193万吨，占全国玉米总产量的37.0%；西原地区玉米总产量占越南玉米总产量的23.9%。分省区来看，玉米产量最高的省区是西原地区的多乐省，2014年玉米产量达到最高值67.14万吨。中部、北部山区的山罗省也是玉米主产区之一，2012年产量达到最高值66.73万吨。

热带水果、咖啡、茶、腰果、胡椒、橡胶等也是越南主要的经济作物和特色农产品，越南热带水果主要有芒果、橙子、柑橘、龙眼、荔枝和红毛丹等，其中种植面积前3位的

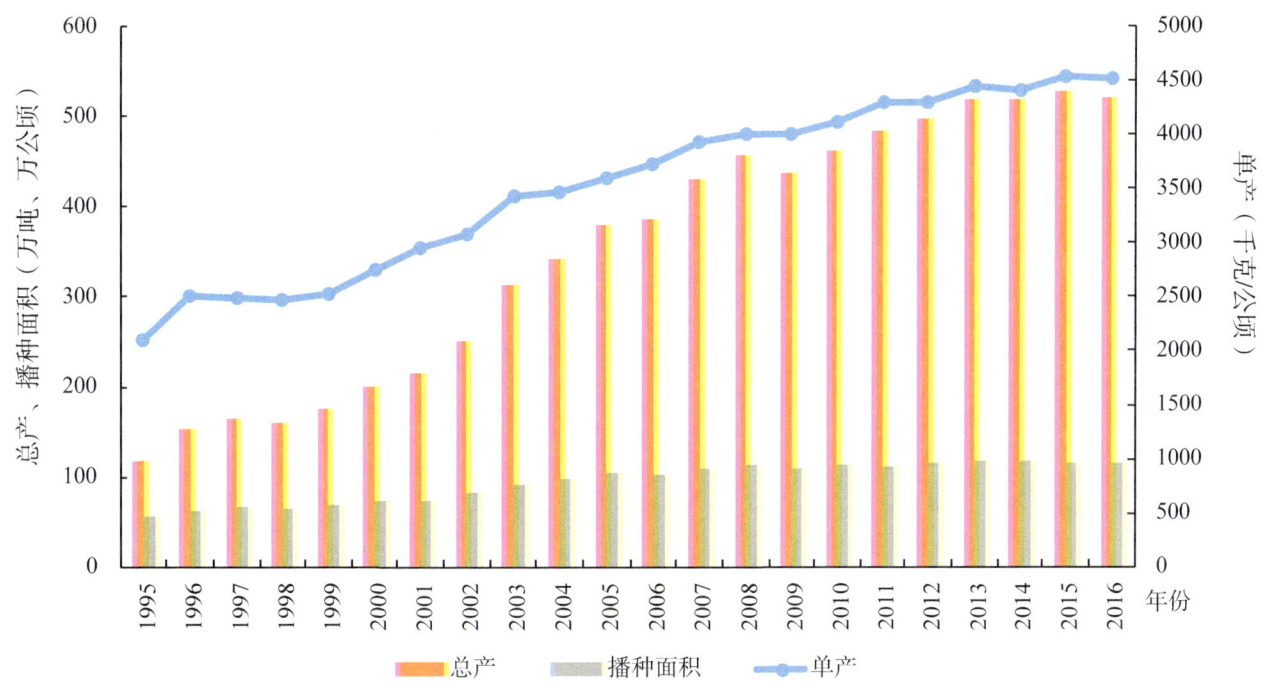

图 7　1995—2016 年越南不同区域玉米单产变化

资料来源：越南国家统计局

分别是咖啡、橡胶和腰果。但是由于消费需求、生产技术和市场价格等的变化，2005年以来，越南主要经济作物播种结构也发生了较大的变化。2005—2016年，咖啡播种面积占整个经济作物的比率小幅下降，从33%下降到30%；橡胶播种面积占比则大幅上升，从23%增加到32%；腰果播种面积占比从15%下降到14%；水果播种面积占比从19%下降到14%，其中龙眼从6%减少到3%，芒果从3%增加到4%，荔枝、红毛丹从6%降到4%。其他主要经济作物中，胡椒从3%增加到4%，茶从7%减少到6%（图8）。

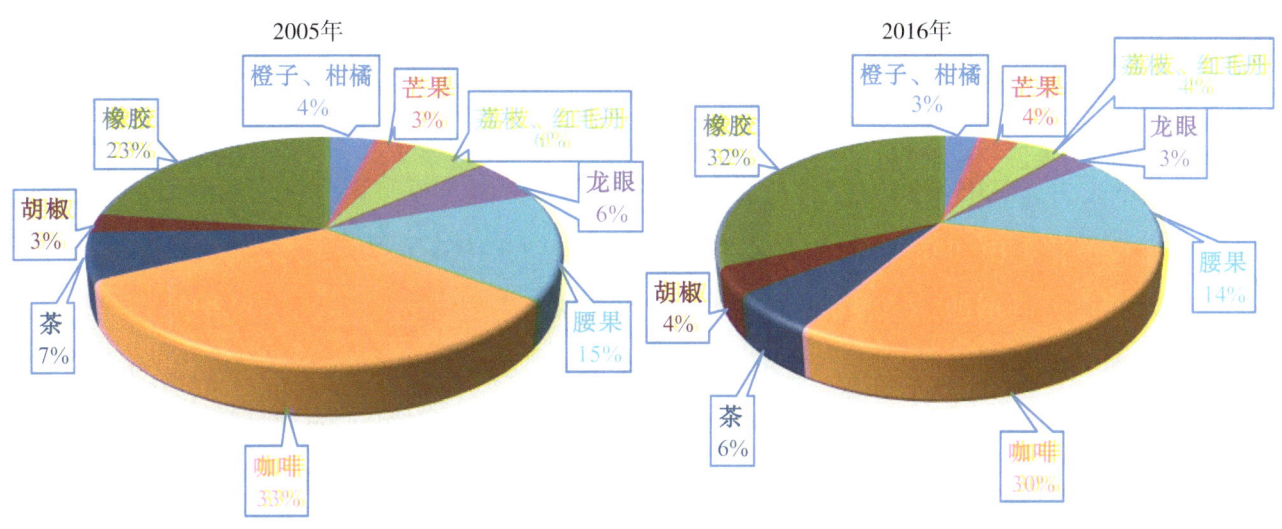

图 8　越南主要经济作物结构变化

资料来源：越南国家统计局

从种植面积看，2005—2016 年，越南咖啡、茶、胡椒、橡胶、腰果等经济作物的种植面积快速增长，其中胡椒种植面积增长最快，由 3.94 万公顷增加到 7.93 万公顷，增幅为 101.3%，年均增加 9.2%。第二是橡胶，播种面积由 33.42 万公顷增加到 62.22 万公顷，增幅为 86.2%，年均增加 7.8%。其次是芒果播种面积由 5.14 万公顷增加到 7.42 万公顷，增幅为 44.4%，年均增加 4.0%。咖啡是越南第 1 大经济作物，2008 年越南成为仅次于巴西的全球第 2 大咖啡生产国，2005—2016 年，越南咖啡种植面积从 48.36 万公顷增加到 60.01 万公顷，年均增加 2.2%。越南是世界上腰果种植面积最大的国家，2005—2016 年，腰果种植面积从 22.37 万公顷增加到 28.13 万公顷，年均增长 2.3%。茶叶播种面积由 9.77 万公顷增加到 11.74 万公顷，增加也较快（表 8）。另外，香蕉也是越南主要水果，2005 年以来香蕉种植面积持续增加，2014 年全国种植面积接近 11.44 万公顷，2014 年越南香蕉树种植面积占越南果树总面积的 19%，产量达到 140 万吨。

表 8　2005—2016 年越南热带水果和其他经济作物种植面积　　（单位：万公顷）

品　种	2005 年	2007 年	2008 年	2009 年	2010 年	2011 年	2012 年	2013 年	2014 年	2015 年	2016 年
橙子、柑橘	5.94	6.52	6.39	6.45	6.41	5.58	5.56	5.66	5.90	5.84	6.47
芒果	5.14	6.08	6.70	6.88	7.12	7.18	7.36	7.42	7.36	7.33	7.42
荔枝、红毛丹	8.93	10.28	10.01	9.66	9.72	9.55	9.02	8.85	8.46	8.54	8.34
龙眼	9.03	8.78	8.54	8.35	8.31	7.97	7.46	7.21	6.77	6.46	6.40
腰果	22.37	30.28	32.11	34.05	33.94	33.29	32.07	30.09	28.83	28.03	28.13
咖啡	48.36	48.89	50.02	50.72	51.19	54.39	57.26	58.13	58.98	59.38	60.01
茶	9.77	10.74	10.88	11.14	11.32	11.42	11.45	11.48	11.54	11.78	11.74
胡椒	3.94	4.11	4.24	4.42	4.43	4.50	4.82	5.09	5.84	6.78	7.93
橡胶	33.42	37.78	39.91	41.89	43.91	46.00	51.00	54.81	57.00	60.43	62.22

资料来源：越南国家统计局

从产量来看，2005—2016 年，胡椒、橡胶、芒果和咖啡等作物产量增长较快，其中胡椒产量增长最快，由 2005 年的 8 万吨增加到 2016 年的 19.3 万吨，增长 141.3%。橡胶产量产量从 48.2 万吨增加到 103.2 万吨，增长 114.1%；芒果产量由 36.8 万吨增加到 72.4 万吨，增长 96.7%；咖啡产量从 75.2 万吨增加到 146.8 万吨，增长 95.2%。橙子、柑橘、荔枝和红毛丹的产量也都持续增加。其中，荔枝、红毛丹在种植面积小幅减少的情况下，总产量由 39.9 万吨增加到 64.9 万吨；橙子、柑橘总产量由 60.1 万吨增加到 80.0 万吨，单产由 10117.85 千克 / 公顷增加到 12364.76 千克 / 公顷。

由于单产出现下降，龙眼的总产和种植面积也下降。腰果产量持续增加，2015 年腰果总产量达到最高值35.2万吨，比2005年增长46.7%。茶叶产量从57.0万吨上升到102.3万吨，增长79.5%（表9）。

表9　2005—2016年越南热带水果和其他经济作物产量　　　　　　　　（单位：万吨）

种类	年份										
	2005	2007	2008	2009	2010	2011	2012	2013	2014	2015	2016
橙子、柑橘	60.1	65.5	67.9	69.4	72.9	70.3	70.4	70.6	75.9	72.7	80.0
芒果	36.8	47.1	54.2	55.4	58.0	68.7	66.5	68.1	67.9	70.3	72.4
荔枝、红毛丹	39.9	67.3	68.6	55.7	52.2	72.5	64.9	62.9	69.6	71.5	64.9
龙眼	61.2	65.3	64.3	60.6	57.4	59.6	54.3	54.4	51.9	51.3	50.4
腰果	24.0	31.2	30.9	29.2	31.1	30.9	31.3	27.6	34.5	35.2	30.4
咖啡	75.2	91.6	105.6	105.8	110.1	127.7	126.0	132.7	140.8	145.3	146.8
茶	57.0	70.6	74.6	77.1	83.5	87.9	91.0	93.6	98.2	101.3	102.3
胡椒	8.0	8.9	9.8	10.8	10.5	11.2	11.6	12.5	15.2	17.7	19.3
橡胶	48.2	60.6	66.0	71.1	75.2	78.9	87.7	94.7	96.7	101.3	103.2

资料来源：越南国家统计局

（2）畜牧业

越南畜牧业基本能实现自给自足。2014年越南畜牧业产值约72亿美元，占农业总产值的24.5%。主要养殖动物有水牛、肉牛、猪和家禽等，猪肉产出量最大，2016年生猪存栏量为366.5万吨，出栏量2908万头。2016年全国养猪量已达到2907.53万头。小规模猪场（1～2头母猪，1～20头育肥猪）占80%，中型猪场（5～500头母猪，20～4000头育肥猪）占15%，大型猪场（500头母猪以上，4000头育肥猪以上）占5%。越南养猪业近年来发展很快，工业化养殖程度较高，养猪业市场不断扩大，年均增长率在5.0%左右。

越南的禽类产品产量也很大，是仅次于猪肉的第二大肉类品种。2016年家禽出栏量3.62亿只，屠宰量为96.2万吨。越南禽类养殖规模小，养殖时间长，鸡肉产品市场价格比全球平均价格高出1.5～2倍。另外，越南大部分家禽品种、兽药和饲料都依赖进口，这使得越南水禽类养殖较多，但受禽流感病毒影响严重。

牛肉有水牛和肉牛，以肉牛为主，2016年肉牛出栏550万头，水牛出栏252万头（表10）。

目前，越南养牛方式比较传统，以小规模个体经营为主，主要养殖奶牛、肉牛、杂种奶牛、杂种肉牛及水牛等。近年来，养牛量平均每年以6.5%的比率增长，特别是湄公河平原一带，平均每年的增长率高达22.7%，是一项高收入的项目。但总体上，牛肉总产量较低，尚不能满足国内需求。

此外，越南还存在一些特种经济动物的养殖，如龟、兔子、蟒蛇、水蛇、鳄鱼等，其中以龟和鳄鱼的养殖较普遍,龟类产量很高,主要供应国外市场。另外,越南还生产蜂蜜和发展养蝉业。

表10 2010—2016年主要畜禽养殖数量和产量

年份	水牛*（万头）	肉牛*（万头）	生猪*（万头）	家禽*（亿只）	屠宰家禽*（万吨）	活猪**（万吨）	活肉牛**（万吨）	活水牛**（万吨）	鲜奶（亿毫升）	鸡蛋（亿枚）
2010	288	581	2737	3.01	62	304	28	8.4	3.07	64.22
2013	256	516	2626	3.18	78	323	29	8.6	4.56	77.55
2014	252	523	2676	3.28	88	335	29	8.6	5.50	82.71
2015	252	537	2775	3.42	91	349	30	8.6	7.23	88.74
2016	252	550	2908	3.62	96	367	31	8.7	7.95	94.46

资料来源:越南统计年鉴2016。*表示畜牧数量为出栏数;**表示畜牧存栏数

(3)水产业

越南水产业相对成熟,产量巨大,以出口为主,主要出口水产品为虾类、查鱼、金枪鱼等。越南水产养殖从北部地区贯穿中部地区再到南部地区,呈典型的地域带分布。北部地区主要以池塘养殖、稻田养殖和海水网箱养殖为主。中部地区以养殖斑节对虾和海水养殖鳍鱼与龙虾为主;南部地区在养殖方式和养殖品种方面最具多样性,养殖方式主要以池塘养殖、网箱与围栏养殖为主,养殖品种以濒危鱼种,如鳢鱼、攀鲈、罗氏沼虾为主。虾场主要采取大规模或者集约化与半集约化模式经营,复合养殖模式如稻田养鱼、稻田养虾、红树林水产养殖等也被广泛推广应用。

越南水产业主要包括捕捞和养殖两个方面,早期以海水捕捞为主,1990年,捕捞水产品量占水产品总量的81.8%。捕捞以海水捕捞为主,海水捕捞量持续增长,从1990年的72.85万吨增加到2000年的166.09万吨,2016年达到316.33万吨,增长434.2%,年均增长16.1%;海水捕捞产量占捕捞量的比例从1990年的89.7%下降到1996年的82.8%,随后上升到2016年的94.0%。同时,海水捕捞以鱼类捕捞为主,鱼类捕捞量由1990年的61.58万吨持续增加,2016年达到218.61万吨,增长355.0%,年均增长13.2%;但鱼类捕捞量占总捕捞量的比例下降,由1990年的84.5%下降到2016的69.1%。虽然海水捕捞量持续增加,但与此同时淡水养殖以更快的速度发展,总体上海水捕捞占水产品总量的比例在下降。自2007年开始,养殖量超过海水捕捞量,捕捞量占水产品比例为49.4%,养殖量占比50.6%。养殖业以鱼类为主,2016年鱼类占养殖业总产量的比率为70.8%,其次是虾类,占18.2%。2016年水产品总产量达到680.39万吨,其中捕捞量316.33万吨,养殖量为364.06万吨,分别占比46.5%和53.5%(表11)。

表 11　1990—2016 年越南渔业总产量　　　　　　　　　　　　　　　　（单位：万吨）

年　份	水产品总产量	捕捞量	海水捕捞	鱼类捕捞	淡水捕捞	养殖量	鱼类养殖	虾类养殖
1990	89.06	72.85	65.32	61.58	7.53	16.21	12.93	3.27
1991	96.92	80.11	69.42	61.46	10.69	16.81	13.23	3.58
1992	101.60	84.31	73.00	62.74	11.31	17.29	13.55	3.74
1993	110.00	91.19	78.53	66.00	12.66	18.81	13.97	3.94
1994	146.50	112.09	94.63	71.25	17.46	34.41	17.84	4.47
1995	158.44	119.53	99.03	72.21	20.50	38.91	20.91	5.53
1996	170.10	127.80	105.87	80.82	21.93	42.30	25.60	4.97
1997	173.04	131.58	109.87	83.53	21.71	41.46	27.93	4.93
1998	178.20	135.70	115.52	85.67	20.18	42.50	28.56	5.49
1999	200.68	152.60	131.46	97.47	21.14	48.08	33.60	5.75
2000	225.09	166.09	141.96	107.53	24.13	59.00	39.11	9.35
2001	243.51	172.48	148.12	112.05	24.36	71.03	42.10	15.49
2002	264.79	180.26	157.56	118.96	22.70	84.53	48.64	18.62
2003	285.98	185.61	164.71	122.75	20.90	100.37	60.42	23.79
2004	314.32	194.00	173.34	133.38	20.66	120.32	76.15	28.18
2005	346.68	198.79	179.11	136.75	19.68	147.89	97.12	32.72
2006	372.16	202.66	182.37	139.65	20.29	169.50	115.71	35.45
2007	419.91	207.45	187.63	143.30	19.82	212.46	153.03	38.45
2008	460.20	213.64	194.67	147.58	18.97	246.56	186.33	38.84
2009	487.03	228.05	209.17	157.41	18.88	258.98	196.26	41.94
2010	514.27	241.44	222.00	166.27	19.44	272.83	210.16	44.97
2011	544.74	251.43	230.82	172.07	20.61	293.31	225.56	47.87
2012	582.07	270.54	251.09	181.89	19.45	311.53	240.22	47.39
2013	601.97	280.38	260.70	188.45	19.68	321.59	235.16	56.05
2014	633.32	292.04	272.71	197.02	19.33	341.28	245.87	61.52
2015	658.21	304.99	286.62	207.67	18.37	353.22	253.68	63.48
2016	680.39	316.33	297.36	218.61	18.97	364.06	257.62	66.30

资料来源：越南统计年鉴 2016

生物多样性丰富使越南水产养殖发展快，养殖方式种类多，多种类混养模式如稻田养虾、红树林水产养殖；海水或淡水集约化养殖如养殖斑节对虾、鲶鱼等品种。稻田养殖产量为 182～808 千克/公顷，而根据所采用的放养密度，家畜与鱼混养产量可达 467～1456 千克/公顷。

湄公河三角洲地区主要尝试养殖龙虾，多采取池塘养殖、水稻与虾、鹅混养以及水稻与虾、鹅轮养方式。水稻与虾复合养殖被认为是今后最具发展潜力的养殖方式。产量也根据具体养殖方式的不同而不同。水稻与虾混养模式下虾产量100～887千克/公顷，水稻与虾、鹅轮养模式下虾产量384～1681千克/公顷。

目前，国际市场对海产品的需求量仍在增加，这对越南水产养殖业的发展起到了极大的促进作用。但由于受到疾病的困扰，尤其是虾白斑病，越南水产养殖业受到很大打击，养殖效益急剧下滑。现在越南渔业面临的主要问题是水产品加工能力仍然严重滞后，水产种苗仍过于依赖捕捞或进口，远洋捕捞设备相对陈旧和落后。

（4）林业

越南森林资源丰富，林业以非国有林为主，其中私营林业占比最大。但由于大规模的工业开发和基础设施建设等，1980—2005年林业资源被大量砍伐。最近10年来，越南开始限制天然林采伐，推进重新造林，使人工林面积有所增加。主要林产品产量快速增加，2016年达到919.92万立方米，是2005年的近3倍（表12）。

表12 2005—2016年越南林产品产量 （单位：万立方米）

项目	2005	2009	2010	2011	2012	2013	2014	2015	2016
合计	299.64	376.67	404.26	469.20	525.10	525.10	590.80	770.14	919.92
国有经济	91.54	125.71	137.68	189.30	172.14	172.14	189.06	235.60	273.38
非国有经济	204.15	245.99	261.25	273.71	346.03	346.03	394.06	524.55	634.44
集体	0.22	0.25	0.30	0.34	0.37	0.37	0.42	0.57	0.67
私营	199.91	240.68	255.52	267.07	338.61	338.61	385.61	513.20	620.84
农户家庭	4.02	5.06	5.43	6.30	7.05	7.05	8.03	10.78	12.93
外商投资部门	3.95	4.97	5.33	6.19	6.93	6.93	7.68	9.99	12.10

资料来源：越南国家统计局

3. 主要农业产业布局

越南地形狭长，呈"S"形，有六大农业生态区：红河平原、中部北部丘陵山区、北中部及中部沿海地区、西原地区、东南部和九龙江平原（湄公河三角洲）。水稻、玉米、木薯、红薯、甘蔗等主要农作物依据生长习性和农业生产需求呈交叉带状分布，其中水稻是最主要的粮食作物，其次是玉米。

（1）水稻

越南水稻主要分布在湄公河三角洲、红河平原以及中北部和中部沿海，其次是中部北部山区，东南部和西原地区也有少量种植。湄公河三角洲水稻种植面积最大，产量最高，是越南著名的稻米之乡。2016年，湄公河三角洲水稻播种面积为429.5万公顷，占越南水稻总种植面积的55.1%；其次为中北部及中部沿海地区，播种面积121.5万公顷，占越南水稻总种植面积的 15.6%；第三大水稻播种区是红河平原，占比 14.0%。1995 年以来，湄公河三角洲稻谷产量波动性增加，2015 和 2016 年产量分别为 2559.82 万吨和 2422.66 万吨，占越南水稻总产量的 56.8% 和 55.6%。产量最高的省份是湄公河三角洲的建江省和安江省，2016 年产量分别为 406.87 万吨和 416.16 万吨。

从越南水稻种植区域分布时空变化看，2006 年以来只有湄公河三角洲水稻播种面积波动性上升，其他各区域水稻种植面积基本不变，甚至出现下滑（图 9），其中湄公河三角洲的同塔省、安江省、建江省和隆安省等水稻种植面积较大。由于湄公河流入安江省后分前江与后江，地形平坦，土壤肥沃，河流渠道纵横分布。得天独厚的地理环境让安江省等省份成为天然米仓，也是湄公河三角洲的农业中心。

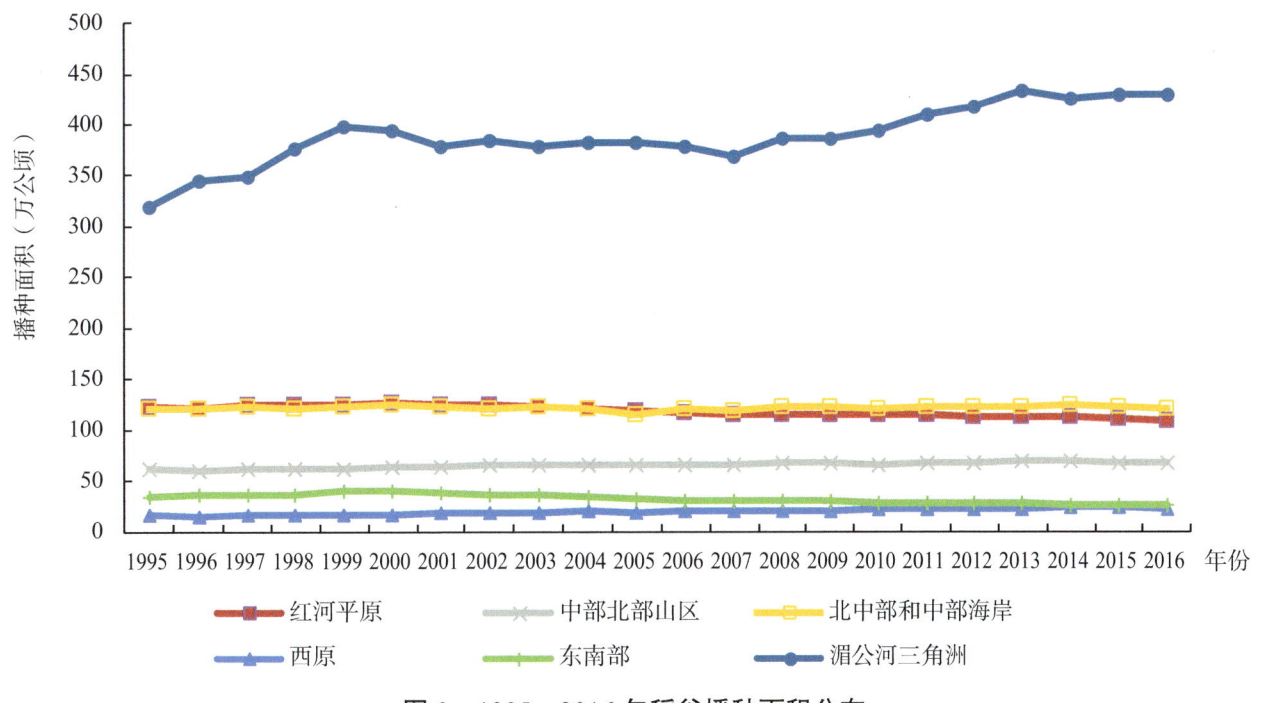

图 9　1995—2016 年稻谷播种面积分布

越南水稻单产持续增加，单产最高的是红河平原，其次是湄公河三角洲和北中部和中部海岸，东南部和西原地区最低。由于农业生产技术的改进和品种的改善，2006 年以来，越南水稻单产总体上持续上升。由于干旱等原因，2016 年水稻单产普遍降低，2015 年水稻平均单产最高。从区域分布来看，全国平均单产从 2006 年的 4890 千克/公顷增加到 2015 年的 5760 千克/公顷。单产最高的区域位于红河平原，2015 年平均单产达到 6060 千克/公顷；其次是湄公河三角州，2015 年平均单产为 5950 千克/公顷；第三位的是北中部和中部海岸区，2016 年平均单产 5660 千克/公顷；平均单产最低的是西原地区和东南部，2016 年分别为 5010 千克/公顷和 5060 千克/公顷（表 13）。

表 13　2006—2016 年越南六大农业生态区水稻单产　　　　（单位：千克/公顷）

地　区	2006年	2007年	2008年	2009年	2010年	2011年	2012年	2013年	2014年	2015年	2016年
全国	4890	4990	5230	5240	5340	5540	5640	5570	5750	5760	5600
红河平原	5740	5610	5890	5880	5920	6090	6040	5890	6020	6060	6010
中部、北部山区	4390	4300	4410	4550	4630	4770	4820	4740	4850	4880	4960
北中部和中部海岸	4930	4850	5050	5110	5070	5320	5440	5360	5660	5620	5660
西原	4260	4220	4430	4630	4780	4760	4960	4950	5240	5090	5010
东南部	3800	4130	4280	4380	4480	4640	4750	4800	4940	5040	5060
湄公河三角洲	4830	5070	5360	5300	5470	5680	5810	5760	5940	5950	5640

资料来源：越南国家统计局

（2）玉米

越南玉米主要分布在中部北部山区，其次是西原地区、北中部和中部海岸地区，红河平原和湄公河三角洲种植极少。在越南6个生态种植区中，中部北部山区是越南玉米最大的主产区，2008年以来播种面积占比持续增加，2016年中部北部山区玉米播种面积为51万公顷，占全国玉米播种面积的44.2%。其次是西原地区，2008年以来，播种面积在20%~22%波动，2016年玉米播种面积为23.5万公顷，占玉米总种植面积的20.4%。2016年北中部和中部海岸地区玉米种植面积为20.7万公顷，占玉米总种植面积的比例为18.0%（表14）。分省区看，玉米种植面积最大的省份是中部北部山区的山罗省，2015达到最大值16万公顷；其次是西原地区的多乐省，2015年玉米种植面积为11.8万公顷。

表 14　2008—2016 年越南六大农业生态区玉米播种区域分布　　　　（单位：%）

地　区	2008年	2009年	2010年	2011年	2012年	2013年	2014年	2015年	2016年
全国	100	100	100	100	100	100	100	100	100
红河平原	8.6	6.7	8.7	8.6	7.4	7.5	7.5	7.8	7.8
中部北部山区	40.3	40.7	40.9	41.5	43.4	43.1	43.7	43.3	44.2
北中部和中部海岸	19.3	18.6	18.9	18.6	17.5	17.6	17.6	18.0	18.0
西原	20.5	22.4	21.1	20.8	21.4	21.5	21.2	20.7	20.4
东南部	7.8	8.2	7.1	7.0	6.9	6.8	6.8	6.8	6.6
湄公河三角洲	3.6	3.4	3.4	3.6	3.4	3.4	3.2	3.3	3.0

资料来源：越南国家统计局

从单产区域差异看，湄公河三角洲、东南部地区和西原地区玉米单产较高，中部北部山区单产最低。东南部地区和湄公河三角洲玉米种植和管理水平较高，2016年玉米单产分别为6300千克/公顷和5570千克/公顷；西原地区玉米单产为5300千克/公顷。玉米平均单产最高的省份是湄公河三角洲的同塔省，2016年同塔玉米单产达到为7810千克/公顷；其次为湄公河三角洲的安江省，2016年玉米单产为7530千克/公顷。

从玉米单产的时间变化看，1995年以来，越南六大农业生态区整体上均持续增长，其中湄公河三角洲单产水平最高，但波动最大。1996—2000年玉米单产从4390千克/公顷下降到2730千克/公顷，随后出现持续上升，2014年达到最高值6040千克/公顷，但2015—2016年由于干旱等原因，单产再次下降。东南部地区，1995年玉米单产为2720千克/公顷，逐年持续增加，2016年达到最高水平约6300千克/公顷。西原和红河平原，玉米单产水平居中；中部北部山区和北中部和中部海岸地区玉米单产水平最低（图10）。

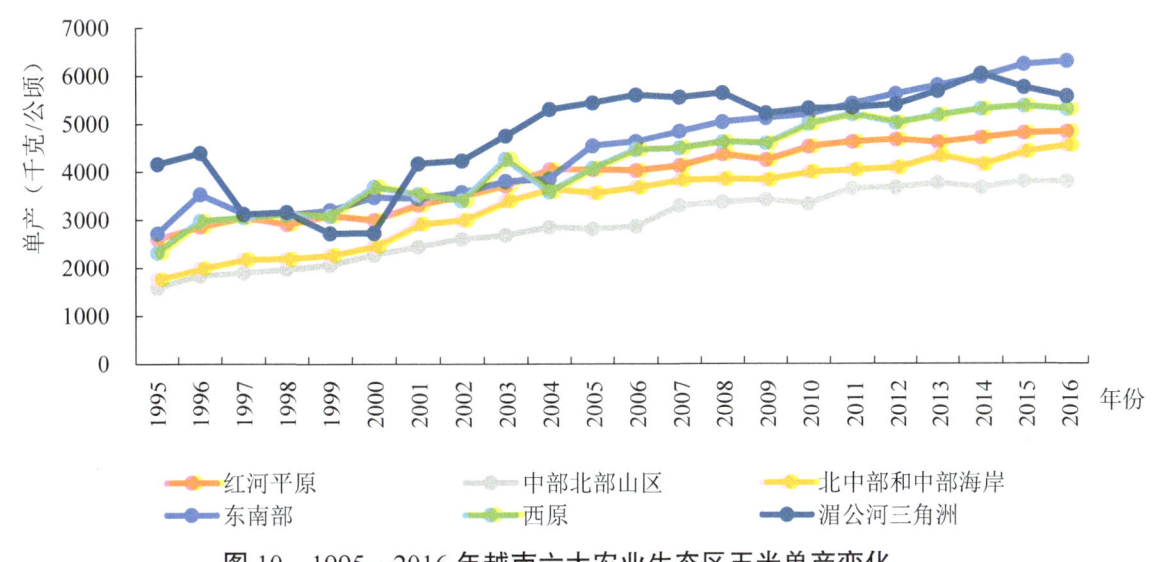

图10　1995—2016年越南六大农业生态区玉米单产变化

资料来源：越南国家统计局

（3）木薯

越南木薯主要分布在西原地区、东南部和中北部及中部沿海地区，木薯产量最高的区域是西宁、嘉莱、昆嵩省，2016年产量分别达到202.40万吨、120.71万吨和59.01万吨。

（4）热带果蔬和其他特色经济作物

越南的蔬菜种类丰富，是当地生活中是不可缺少的重要农产品。越南在冬季到春季期间所栽培蔬菜种类约60～80种，在夏季则栽培20～30种，其中主要蔬菜约30种。

越南热带水果主要包括香蕉、火龙果、龙眼等。香蕉是越南重要的水果，主要集中在湄公河三角洲及中北部及中部沿海地区，这两个地区占全国种植面积的60%以上。火龙果也是越南重要的出口创汇产品，规模化、商业化程度高，种植面积居全球之首。越南火龙果主要种植在北中部和中部海岸平顺，以及湄公河三角洲的隆安和前江，2016年三省种植面积合计已达3.7万公顷，年产鲜果约63万吨。其中，平顺省的特殊气候条件最适合优质火龙果种植，其种植面积和产量占全国的70%以上。粉红色外皮、红色果肉的红肉火龙果在越南的南部也开始出现小规模种植。

越南龙眼种植面积居世界第三，2016年龙眼产量为83.1万吨，超过泰国仅次于中国位居世界第二。越南龙眼大约85%集中在最南部的湄公河三角洲和东南部，特别是湄公河三角洲的龙眼种植面积已达4.94万公顷，占总面积的65.7%。越南龙眼早熟、果大、质脆，总产量的65%～70%作为鲜果，大部分在国内销售，30%～35%用于加工桂圆干等（吕荣华，高国庆，李丹婷 等，2011）。

咖啡、橡胶、胡椒、茶和腰果等是越南特色经济作物。橡胶主要集中在东南部和中部高原地区，其中西原地区的同奈省、东南部的林同省种植面积最大。茶叶主要分布在越南北部丘陵山区的太原、山罗、安沛、莱州、奠边府、高平、老街以及中北部及中部沿海地区的青化、河静等地区，腰果主要种植于越南南部。

（三）农产品贸易情况

农产品出口是越南外汇收入的主要来源之一，约占国家贸易总额的40%。近几年来农产品出口占总出口比重不断下降，但农产品出口额不断上升，在国家外汇收入中仍占重要地位。2005年以来，越南的农产品贸易顺差先增加后减少，2008年农产品贸易顺差最大，为18.03亿美元。2012年以来，进口额开始大于出口额，出现贸易逆差，2016年贸易逆差达到1.78亿美元（表15）。

表15 2005—2016年越南农产品进出口情况　　　　　　　　　（单位：亿美元）

年 份	贸易总额	进口额	出口额	贸易顺差
2005	69.21	32.45	36.76	4.31
2006	84.72	39.83	44.89	5.06
2007	111.33	48.56	62.76	14.20
2008	143.40	62.69	80.71	18.03
2009	127.05	57.10	69.95	12.85
2010	157.08	72.24	84.84	12.60
2011	203.66	96.91	106.75	9.84
2012	228.31	114.53	113.78	-0.75
2013	264.07	132.03	132.03	0.00
2014	298.07	150.22	147.85	-2.37
2015	327.79	162.02	165.78	3.76
2016	351.38	176.58	174.80	-1.78

资料来源：越南国家统计局

1. 农产品贸易规模

越南部分农产品的出口量位居世界前列。在农林水产品商品类中，大米、咖啡贸易顺差产品出口额均保持较快增长。2016年，蔬果出口取得突破，火龙果、芒果、荔枝、龙眼等水果成功打进了美国、欧盟和日本等检测严格市场，实现了该品类水果在这些市场零的突破。

2016年，越南农林业出口总额占GDP的比重为8.8%，渔业出口总额占比为3.4%。越南大米出口量由1996年的300万吨增加到2012年的800万吨，自1997年以来一直位居世界第2位；咖啡豆出口量由28万吨增加到173万吨，也多年位居世界第2位（仅次于巴西）；腰果仁、胡椒和木薯出口量居世界第1位；天然橡胶出口量居世界第3位。此外，茶叶、花生的出口量也位居世界前列。

越南是大米出口大国，2013年出口量为658.71万吨，2014为633.15万吨，2015年为658万吨。2016年大米出口480.93万吨，价值21.59亿美元。

越南大米最大的出口市场是中国，占越南大米出口总量的35%；其次是印尼，占比11.6%。

作为饲料原料，越南自产玉米仅能满足其国内需求的40%～50%，每年需从美国、印度等国进口大量玉米，2011年和2012年分别进口97.2万吨和178.5万吨。2016年，越南玉米进口总量达830万吨，成为十大玉米进口国之一。目前越南养殖业饲料60%的原料依赖进口，其中90%～95%的小麦和100%的饲料添加剂依赖进口。

越南木薯和木薯粉的第一大出口国是中国，每年向中国出口木薯和木薯粉约600万吨，占越南木薯出口总额的90%以上。越南火龙果鲜果的出口量和出口额一直保持世界第一，其中约50%运往美国。越南龙眼主要出口果干，且大部分销往中国。

2. 主要贸易伙伴

自从越南革新开放以来，对外贸易不断发展，与世界各国及地区的经济贸易往来关系也日益密切。

2006—2016年，越南主要产品进口市场为中国、美国、日本、韩国、马来西亚、新加坡、泰国、东盟，第一进口来源国是中国，其次是韩国和日本。

2006—2016年以来，越南从中国进口商品持续增加，从7.39亿美元增加到50.02亿美元。从东盟、欧盟等经济组织看，亚太经合组织APEC是越南主要的进口市场，2016年越南从APEC进口总额为113.14亿美元，占总进口额的64.7%；东盟仅24.06亿美元，占比13.8%（表16）。

表16 2006—2016年越南与主要进口市场的贸易情况　　　　　　　　　　　　（单位：亿美元）

国家和地区	年份										
	2006	2007	2008	2009	2010	2011	2012	2013	2014	2015	2016
进口总额	44.89	62.76	80.71	69.95	84.84	106.75	113.78	132.03	147.85	165.78	174.80
东盟	12.55	15.91	19.57	16.46	16.41	20.91	20.82	21.29	22.92	23.79	24.06
APEC	37.47	52.64	67.23	58.93	69.92	86.52	94.26	108.58	122.47	137.97	113.14
欧盟	3.13	5.14	5.58	5.34	6.36	7.75	8.79	9.43	8.84	10.45	10.97
OPEC	1.41	1.76	2.35	0.71	1.44	2.28	2.31	2.62	2.80	2.10	4.72
马来西亚	1.48	2.29	2.60	2.56	3.41	3.92	3.41	4.10	4.20	4.19	5.17
新加坡	6.27	7.61	9.38	7.02	4.10	6.39	6.69	5.69	6.83	6.04	4.76
泰国	3.03	3.74	4.91	4.47	5.60	6.38	5.79	6.28	7.05	8.28	8.85
韩国	3.91	5.34	7.26	6.71	9.76	13.18	15.54	20.68	21.73	27.58	32.16
日本	4.70	6.19	8.24	6.84	9.02	10.40	11.60	11.56	12.86	14.23	15.06
中国	7.39	12.71	15.97	15.41	20.20	24.87	29.04	36.89	43.65	49.46	50.02
美国	0.99	1.70	2.65	2.71	3.77	4.53	4.83	5.22	6.29	7.79	9.70

资料来源：越南国家统计局

越南出口贸易也发展迅速，出口市场包括东盟内部、APEC和OPEC国家、欧盟、美国等，其中越南第一大出口国是美国，其次是中国、日本和韩国。2016年越南出口美国贸易额达到38.45亿美元，出口中国、日本和韩国分别为21.96亿美元、14.67亿美元和11.41亿美元。从经济组织看，主要出口APEC、欧盟和东盟内部，分别为119.62亿美元、34.00亿美元和17.45亿美元（表17）。

表17 2006—2016年越南与主要出口市场的贸易情况　　　　　　　　　　　　（单位：亿美元）

国家和地区	年份										
	2006	2007	2008	2009	2010	2011	2012	2013	2014	2015	2016
出口总额	39.83	48.56	62.69	57.10	72.24	96.91	114.53	132.03	150.22	162.02	176.58
东盟	6.63	8.11	10.34	8.76	10.36	13.66	17.43	18.58	19.11	18.20	17.45
APEC	29.34	35.05	44.21	38.80	49.35	65.18	78.03	87.07	98.50	106.61	119.62
欧盟	7.09	9.10	10.90	9.40	11.39	16.54	20.30	24.32	27.90	30.93	34.00
OPEC	1.42	1.69	1.87	0.96	1.32	1.71	3.25	5.25	5.97	6.89	8.79
泰国	0.93	1.03	1.29	1.31	1.18	1.94	2.83	3.07	3.47	3.26	3.69
韩国	0.84	1.24	1.79	2.08	3.09	4.87	5.58	6.68	7.17	8.92	11.41
日本	5.24	6.09	8.47	6.34	7.73	11.09	13.06	13.54	14.67	14.10	14.67
中国	3.24	3.65	4.85	5.40	7.74	11.61	12.84	13.18	14.93	16.57	21.96
阿拉伯	0.14	0.23	0.36	0.36	0.51	0.92	2.08	4.14	4.63	5.69	5.00

（续表）

地区	年份										
	2006	2007	2008	2009	2010	2011	2012	2013	2014	2015	2016
英国	1.18	1.43	1.58	1.33	1.68	2.40	3.03	3.70	3.65	4.65	4.90
德国	1.45	1.85	2.07	1.89	2.37	3.37	4.09	4.74	5.17	5.71	5.96
荷兰	0.86	1.18	1.58	1.36	1.69	2.15	2.48	2.94	3.76	4.76	6.01
美国	7.85	10.10	11.89	11.41	14.24	16.96	19.67	23.85	28.63	33.45	38.45

资料来源：越南国家统计局

3. 中越农产品贸易情况

中越两国农产品具有很强的互补性。为推动农产品贸易，2013年中越双方签署了关于农产品贸易领域合作谅解备忘录，农产品贸易已成为中越双边贸易的重要组成部分。中国海关总署统计数据显示，2015年中国出口越南的农产品贸易额为34.33亿美元，进口贸易额为27.54亿美元，2016年中国出口越南的农产品贸易额为38.71亿美元，进口贸易额为28.64亿美元，分别增长12.8%和4.0%。目前中国是越南最大的农产品进口市场，中国出口越南的主要农产品包括蔬菜、水果、饮品类、饼粕、粮食外的其他农产品、水产品、畜产品和糖料等，中国主要从越南进口大米、木薯、水产品、水果、饮品类、粮食制品等。2016年中国越南出口农产品总额大于进口额，贸易顺差为10.07亿美元（表18）。

表18 2016年中越主要农产品贸易情况

项目	出口额（万美元）	出口量（吨）	进口额（万美元）	进口量（吨）
合计	387114.05	2308670.38	286438.29	5204084.72
饼粕	11908.07	319845.94	0.00	0.00
干豆（不含大豆）	7369.43	34509.56	0.55	0.30
粮食制品	5888.71	82082.05	20187.90	540984.55
粮食（谷物）	1789.93	7077.35	73393.76	1618468.85
粮食（薯类）	45.41	302.66	23604.48	1407786.58
棉麻丝	3579.75	1598.40	7036.35	144826.94
蔬菜	165216.32	838147.67	590.40	2059.41
水产品	12878.42	50504.89	30576.48	192520.93
水果	88661.10	567985.42	62536.55	1104246.07
糖料及糖	5502.81	117163.62	161.07	6001.48
畜产品	16210.92	8966.10	209.77	45.57
饮品类	26227.60	25097.81	58501.62	74272.57
油籽	5656.96	28378.84	29.35	117.15
其他农产品	29682.24	205196.14	4466.19	101738.16

资料来源：中国海关

（四）农业科技发展

1. 农业科研机构

越南主要农业研究机构为越南农业科学院，越南农业科学院下属分有许多研究所和中心，如北部有植保研究所、遗传研究所、粮食作物研究所、果蔬研究所、杂交水稻中心、玉米研究所、土壤农化研究所、北部山区农林研究所、植保资源中心、推广技术中心；中部及西部地区有北中部农业研究所，中部沿海农业研究所、西原农业研究所；南部地区有南方农业研究所、南方水果研究所、九龙江水稻研究所、棉花研究所。

渔业研究机构有海洋渔业研究所、渔业经济和规划研究所、第一水产研究所（总部设在河内附近的薄寮）、第二水产研究所（位于胡志明市）、第三水产研究所（总部设在庆和省）、全国水产技术推广站和信息中心。

农业院校主要有：越南农业大学、北江农林大学、太原农林大学、顺化农林大学、芹苴大学。越南政府十分重视农业科技的发展，在农业行政管理和科研、教育系统之外，普遍增设了农业科技推广与开发机构。1992年，农业及食品工业部首次设立了推广局，同时53个省的农业厅设立了省级农业技术推广服务中心，各类农业科研单位、大专院校也增设了科技推广与开发机构。

2. 农业科技发展状况

越南农业科技总体发展水平不高，但政府相当重视，尤其对种植业和渔业重点领域给予极高的关注。在种植业方面，优质作物品种、种子资源的选育是政府最关心的。畜牧业与渔业的科研重点领域是饲料资源开发与疫病防控技术的应用与推广。农机与加工业则重在开拓自主创新研发能力，提高产能。环境资源方面借鉴国外先进经验，推广沼气等清洁能源在农村的应用。食品安全方面则推出了《食品安全法》，制定完善生产与检验检疫标准。

越南政府高度重视杂交水稻发展，是除中国之外杂交水稻发展最快最好的国家。目前越南的种业还比较单薄，能力和水平相对较弱，尤其是没有建立"产学研结合"的研发机制，良种自给率较低，主要依赖进口，中国向越南出口杂交稻种的数量占越南进口总量的近70%。近年来，在杂交水稻方面，不育系和矮培在越南北部表现良好；越南南部以IRRI的不育系IR58025A、IR62829A、IR67684A、IR68888A、PMS10A等表现好；越南自选不育系正在试验推广。此外，越南在常规稻品种选育方面也取得一定进展，产量和米质都得到了提高。

同时，为克服国内饲用玉米短缺、过度依赖进口的状况，越南决定扩大玉米种植面积，并推广转基因玉米生产。越南国立农业大学于2003年成立糯玉米（Zea mays L. var. ceratina

Kulesh）育种项目，2003—2017年该校所属的农作物研究与发展研究所共收集了160个基因序列信息并更新至研究所数据库中，同时结合利用越南国内外的优秀种质资源，积极对糯玉米品种进行杂交选育和改良。此外，越南中央种子公司也相继推出了一系列杂交玉米种子，包括单杂交玉米LVN4、LVN10，杂交糯玉米HN90、HN45、HN88、HN48，杂交玉米NSC87等品种。

在消费者对蔬菜作物的产量、品质、安全性等需求逐渐提升的趋势下，越南政府及农业与农村发展部重点关注蔬菜生产安全方面的科技研发，致力于有机蔬菜的生产。

越南农业遗传研究院在热带、亚热带果树、花卉等方面有着深入的研究，拥有诸多热带果树、花卉种质资源，特别是新兴热带、亚热带果树黄晶果、红毛丹、仙人掌、火龙果等，又积极开展龙眼周年生产技术及红龙果的催花生理等各种园艺作物产期调节技术的研发。西原地区农林业科学技术研究院近十年展开了多项咖啡树科研项目，主要开展杂交方法研究，尝试开发各种咖啡品种，提高咖啡产量和质量，今后逐步应用生物技术服务于选育、抗病等，进一步促进越南咖啡产业可持续发展。

越南对栽培火龙果技术进行了许多改进，发展了有机肥代替化肥，树冠修剪与培养以及反季节成花诱导等技术。为提高果实外观，尤其是果实硬度及鳞片翠绿度，使用了叶面肥。在火龙果低温冷藏贮运保鲜技术方面，越南发展了火龙果的清洗—浸泡保鲜液—吹干—包装—低温冷藏—冷链运输等技术，提高了火龙果的贮藏和保鲜时间。

越南渔业主要研究方向为水产育种、水产技术改良、水产饲料应用、水产品保鲜技术，以及水产养殖环境应急问题等。用于水产养殖的饲料研究也已日臻成熟，如鲶鱼、虾、橙点石斑鱼、海鲡、东风螺、罗非鱼等品种的养殖饲料是就地取材的天然廉价原料，其他一些基础研究包括研究海参与斑节对虾池塘混养技术以及海水网箱养殖褐色大理石斑鱼、鲍鱼、绿色贻贝、海带以改善养殖环境等。越南水产科学家主要从事人工选育优良品种方面的研究，研究成果已经在实际中得到推广，成功繁育出海水虾、攀鲈、印度尼西亚小盾鳢、线足鲈、青蟹、梭子蟹、海鲡、橙点石斑鱼等品种。

（五）农业管理体系与政策

越南将农业科技创新发展作为推动现代化建设的基础性任务，通过颁布了一系列法律法规和政策，力图创造有利于推动农业科技成果创新向广度和深度发展的优良环境。2011年，越南共产党第十一次全国代表大会制定了2011—2020年越南经济社会发展战略，大力促进农业科技成果转化。

1. 农业科研管理体系

目前越南形成了以农业与农村发展部为主导的三大科技研究系统：一是专门的科研组织系统，包括区域性研究院、各地方分支研究院、科技部下属各处、研究室等部门，科技研究中心下设的分支中心、企业等。二是大学、中、高等院校研究系统，包括大学的研究所、中、高等院校的研究站。三是农村部属企业研究系统，包括部属企业设置的科研所、研究站。越南科技研究与开发的主要力量是政府部门的研究机构和大学，国有企业和私营部门的科研力量较弱。

农业科技推广方面，越南建立了相对合理的项目推广机制，越南科技项目注重调查、考察和地点选择，根据具体条件加强当地农民参与；运用山区农村地方资源、文化、习惯的优势；成果应用单位注重选择新科技、新工艺，有销售市场、技术跟进能力、资本注入能力等。越南科技厅跟有关各厅、各级地方政府密切合作，通过优惠贷款、宣传工作、加强教育培训、鼓励农民工作等，推广有科学依据的农村科技项目成果。

通过一系列实质性举措，越南从中央、省到区、村形成了4个级别的国家推广系统，体现了农业科技成果从中央到地方层面延伸的趋势。2010年1月越南政府颁布的新法令规定的推广活动包括：农业科研和生产的培训、信息和通信技术培训、示范、咨询和推广培训、国际合作等。该法令规定贫困农户和小规模农户参加培训全免交通费和住宿费，农场主、牧场主、合作社及其成员、工人参加发展培训时，补助100%的交通费和50%的住宿费，中小型企业参加培训补助50%的住宿费。新法令指出越南农业技术推广的重点任务是推进种植业、畜牧业、林业、渔业、水利、盐业生产、加工和保鲜等领域发展，促进信息技术在农业和农村发展中的应用。

2. 农业支持政策

总体来说，越南农业政策的重点是实现农业产业化、农村现代化和劳动力重组，确保食品自给，最终目的是提高农民的收入。政府近年来实施了两项最主要的农业改革政策，一是承认家庭农场作为一种生产单位而存在，二是根据1993年颁布的土地法及其修正案延长土地使用权到70年。政府颁布的土地法确定了土地使用权转让、交换、出租、继承和抵押的程序。目前，政府拥有全国绝大多数土地，并且长期租用给农民。

除了释放制度改革的红利外，越南还通过构建农业支持政策体系来保护本国农业。国内支持政策主要包括价格支持、投入品补贴、优惠信贷和直接补贴。

（1）价格支持政策

越南对涉农产品（包括投入品、产出品和终端消费品）制定价格稳定列表，一旦价格稳定列表上的产品出现异常波动，政府会通过调节国内农产品供需和调控农产品进出口、采购或抛售国家储备、设定最高最低价格等举措来稳定农产品价格。价格支持政策是越南最主要的支农工具。

（2）投入品补贴政策

具体包括对灌溉服务费、种子和动物繁育以及农机购置等的补贴。其中，灌溉服务费减免是主要投入品补贴政策。

（3）优惠信贷政策

越南政府规定政策性的农业与农村发展银行向"三农"领域的贷款占其贷款总额的比重不低于75%，并制定措施激励商业银行优先向"三农"领域放贷。早在1999年，越南即推出无抵押贷款，并针对不同主体不断增加信贷额度。此外，针对越南灾后损失严重的状况，自2010年起对受灾农户实施补贴性信贷。

（4）直接补贴政策

2000—2013年，越南农业部门获得的支持总量从16.29万亿越南盾增至46.47万亿越南盾。自2003年起，减免农民的土地使用税或其他费用。为支持和保护水田发展，保障国家粮食安全，越南自2012年起实施水稻直补，政策包括以下几方面：一是从6月1日开始，在每年的固定补贴外，政府将对遭受自然灾害的稻谷进行额外补贴。若农民损失了70%以上的稻谷，政府将补贴其肥料和杀虫剂成本的70%；若损失30%～50%的稻谷，政府将补贴50%。二是政府将承担用于水稻种植的休耕地复耕费用和土地修整费用的70%。三是政府将在休耕地复耕的第一年免费提供水稻种子，在土地休整后第一年补贴70%的种子费用。四是规定对种植水稻的土地提供25美元/公顷的补贴，对种植其他谷物的土地（除梯田外）提供5美元/公顷的补贴。补贴额要保证越南的稻田面积在400万公顷，且农户种植水稻的利润率达到30%。

此外，越南农业外贸政策有：① 进口关税。越南的最惠国农业关税从2000年的25%降至2013年的16%。虽然农业生产的关税保护力度已经下降，但是依旧高于非农产品的最惠国应用关税（9.5%）。特别是在一些亟需保护的商品（像甘蔗、猪肉和一些果蔬产品）上，关税水平较高。② 关税配额。越南对蔗糖、烟草、鸡蛋和盐实施关税配额，由越南工商部决定年度进口配额，由越南财政部决定配额外关税税率。③ 食品安全和检疫措施。自加入WTO以来，越南已经对从不同国家进口的肉、新鲜水果蔬菜等产品实施不同的动植物检疫标准（SPS）措施。虽然越南已经同意与国外食品安全措施保持同等效力，但是它并没有完全采用国际标准。例如，越南采取更严格的保护性措施以限制疯牛病牛肉的进口。④ 出口促进。近年来，越南政府出台了许多农业政策为市场开发和贸易促进提供便利。从2011年起，政府已经向茶、胡椒、腰果、成品果蔬、糖、肉、家禽、咖啡、海产品等的出口商提供贷款帮助。此外，越南还对咖啡等农产品实行增值税出口退税。从 2014 年 1 月 1 日起，政府承担了农产品出口商国外媒体广告费用的 50%，获得市场信息和其他来自国家促进机构服务花费的 50%。

此外，越南政府还积极将外国资金引入国家种植、加工和畜牧业计划。2016 年，外国投资商对越南农业所投资的项目共 551 个，投资资金占越南吸引外资总额的 1.3%。对于农业生物技术发展，政府也十分重视，农业与农村发展部已经就生物作物田试种植事宜制定出相关规定。2007 年，越南正式批准进行生物玉米、大豆和棉花田试种植。

3. 农业发展规划

2016 年 1 月召开的越共十二大，通过了《2016—2020 年经济社会发展战略》，提出 2016—2020 年经济年均增速达到 6.5%～7%，至 2020 年人均 GDP 增至 3200～3500 美元。

《2017—2020 年越南大米出口发展战略》提出，长期目标是到 2030 年出口大米 400 万吨。按计划，香米和特米将占出口量的 40%，糯米 25%，白米约 25%；到 2030 年，亚洲将占越南国外稻米销售总额的一半，非洲约 25%，中东地区 5%，欧洲 4%，美洲 10%，大洋洲 4%。中国仍然是越南最大的稻米进口国。

越南还拟订了《2025 年虾类养殖业发展计划》，计划 2017—2020 年虾类出口额达到 45 亿～50 亿美元，年均增长率 9.5%～12%；2021—2025 年，建立高科技虾类养殖产业和大规模生态养殖基地，虾类出口额达到 100 亿美元，年均增长率 12%～14%。此外，计划将薄辽省建设成为九龙江三角洲乃至越南全国最大的高新技术虾类养殖基地。

三、农业投资环境

（一）国家商业环境

世界银行发布的《2016 年营商环境报告》显示，越南在全球 189 个经济体中排名 90 位。在世界经济论坛发布的《2015—2016 年全球竞争力报告》排名中，越南在全球最具竞争力的 140 个国家和地区中排 56 位，比上年上升 12 位。该报告从基础条件、效率增强、创新与精细化要素 3 个方面，对全球各国竞争力进行评价，按照人均 GDP 和原材料出口占出口总额的比例，将各国划分为要素驱动型、效率驱动型和创新驱动型 3 类国家，越南处于第一阶段和第二阶段的过渡阶段。可以看出，越南经济发展速度很快，但是经济发展整体水平不高，出口以原材料或者初加工为主。

越南的商业环境较好，对外开放程度高，且目前改革力度大，对外资具有一定吸引力。越南投资的优势主要表现在以下几点。

(1)经济发展迅速、有活力

2010年以来GDP增长率在5%～6%,2015年开始超过6%。同时,越南加大改革开放速度,开展一系列社会经济改革,经济发展条件和制度环境明显改善。

(2)越南采取各种优惠的金融和税费政策为外商提供良好的投资环境

投资法为国外投资者提供了全面的法律保障。在税费和融资方面,外资企业与当地企业享有同等待遇。对于特别鼓励投资地区的项目,自获利年度起4年免征所得税,其后4年减半征收,将经济区内投资者的土地租金降低5%,并给予企业各种税收优惠。准许全外资企业及外资合营企业享受将年度亏损转至下年度的现行规定,取消要求外资企业设立预防基金的原有规定等。

(3)劳动力充足,工资水平相对较低

外资企业在越招收的生产工人平均月薪50美元左右,商店雇员月薪为约40美元。

(4)地理位置优越,海岸线长,港口众多,交通便利

最近基础设施建设力度加大,改善了投资环境。

(5)越南作为东盟成员国的优势

投资者可以利用东盟经济共同体、中国—东盟自由贸易区等自由贸易平台,充分利用东盟市场。根据中国—东盟全面经济合作框架协议的早期收获计划,享受农产品进出口"零关税计划",国际市场广阔。

(6)工业和深加工产品欠发达,市场潜力巨大

越南许多工业产品从日本、韩国、台湾、欧美等国家和地区进口,且价格也比较高,存在着广阔的、潜力巨大的市场,有利于外国企业与越南的经济贸易合作。

越南国家投资的不利因素是:①宏观经济主要依赖出口,内生消费拉动不足,产品定价权和话语权不足,易受国际经济环境的影响。另外,与中国云南和广西的资源和产品有很大的同质性,不利于产品向国内出口。②政治风险和其他不确定性因素。虽然中越两国政治经贸关系日渐密切,但南海问题具有一定的不确定性。③劳动力素质不高,受过高等教育和培训的人员比例较低。④工业配套落后,很多机械设备和原材料依赖进口。⑤外汇管制较为严格,面临越南盾汇率不稳定的风险。⑥政府部门行政效率较低。

(二)农业优势与潜力

越南位于亚热带及热带地区,土地肥沃,海岸线绵延数千公里,全年阳光充足,雨量充沛,这使得越南在农产品种植生产、水产业发展等方面具有得天独厚的优势。

越南的优势农产品主要有水稻、咖啡、腰果、茶叶、橡胶、热带果蔬等。自1986年越

南革新开放以来，其经济取得了巨大成就，其中农产品出口保持持续增长趋势。2012年，越南超越泰国成为世界第一大大米出口国，此后其大米出口一直位列前茅，2016年越南大米出口量位居世界第三。此外，越南还是世界第一大腰果出口国、世界第二大咖啡出口国、世界第三大橡胶出口国，同时也是胡椒、林木产品等的出口大国。另外，越南在热带水果火龙果、龙眼、芒果、香蕉和热带反季节蔬菜方面的优势明显。另外，越南的水产品、花卉等也是具有很大优势的出口产品。

越南水稻主要生产区在湄公河和红河三角洲，水土资源非常优越，目前水稻单产水平距离世界最高产量水平还有一定的差距，可以通过改良品种，水肥配合提高单产。同时，进一步扩大稻田养殖、红树林养殖等复合、立体化养殖技术，可以很大程度上提高单位面积经济效益，同时获得生物多样性改善等生态效益。热带水果和咖啡、橡胶等经济作物也可以通过扩大种植规模，改良品种，提高农业生产技术，进一步实现产业化、集约化和规模化生产，从而提高生产潜力。

此外，目前越南农产品深加工能力较差，可进一步利用国际上农业及食品加工方面的技术及管理优势发展食品加工产业，行业发展潜力很大。

（三）风险分析

随着中国"一带一路"倡议的推进，以及中国—东盟自贸区的发展，中国对越南等东盟国家的农业投资将会拥有很好的发展机遇，但也存在着各种风险。

1. 政治风险

政治风险包括政府违约、国家征收、政府低效率和腐败等风险（宗佶，2016）。政府违约风险是投资越南应当特别注意的国家风险之一。政府违约风险是指东道国政府解除或不履行签订的投资协议给跨国公司造成的损失（宗佶，2016）。越南一些地方政府对外来投资者存在矛盾的心理，有时不能及时兑现承诺减免土地税等优惠政策。

越南《投资法》规定投资商的投资资金及合法财产不会被国有化，政府不以行政手段加以征收。但发生极端事件和政治争端时，会存在征收风险（许梅，陈炼，2011）。

越南存在一定政府腐败，也存在行政效率低下和政府干预企业经营等管理风险。程序审批繁琐、行政效率低下、招投标不透明、执法不严和过多的政府干预等问题产直接影响投资环境（许梅，陈炼，2011）。同时，社会骚乱和排华事件、罢工事件等不确定性事情也是政治风险之一。

越南《投资法》对国有征收和外汇汇出等条款均有相应的有利于投资人的规定，为了预防违约风险，在投资或者安排项目时，应确保获得越南政府及相关合作方的书面保证，以保证越南政府及合作方能够承担合约变更的法律风险（许梅，陈炼，2011）。

除了法律保障外，投资者也可以通过购买保险、购买金融衍生产品、投资换资源、与当地企业合作、尽量参与越南议会等高级权力机关通过的项目、与国际知名的多边机构或企业合作等途径，来降低风险。

2. 市场风险

中国投资东盟农业的市场风险主要体现在利率、汇率和通货膨胀率的变动。东盟国家利率和汇率的变动会直接导致农业投资项目的资产价值受损，影响投资企业的运营成本。最近几年，越南遇到了通货膨胀，越南盾对美元汇率出现较大波动。

汇兑限制风险是指东道国因种种原因出现国际收支困难，进而实行外汇管制，限制甚至禁止外国投资者将其投资本金（用于投资的初始资本）、收益或其他合法收入转移到东道国境外（资本输出母国或第三国）。目前越南存在一定程度的外汇限制，但在经济发展比较平稳的情况下，货币的自由兑换和外资企业的收益及合法收入的转移尚能基本得到保证（许梅，陈炼，2011）。

越南也存在一定的贸易风险，越南管理进出口贸易和投资的相关法律主要包括《海关法》《贸易法》《进出口税法》《投资法》等。根据2006年《贸易法实施细则》，部分商品被列为禁止进口的产品。越南方面还利用关税调整、出入境检验检疫、配额管理等方式限制部分产品进口。

3. 自然环境风险

东盟部分国家农业基础设施较为落后，自然灾害频发，给中国企业投资东盟农业带来较大风险。由于临近北太平洋台风源地、北印度洋飓风源地，菲律宾和越南等国的风暴灾害较多。同时也存在着环境退化、作物病虫害等风险。

（四）总体评价

越南与其他东盟国家相比，具有更绵长的海岸线，海运条件远远优于其他东盟国家，这为吸引外资提供了优越的先决条件。同时，农业生产条件优越，水稻、咖啡、热带水果等优势农产品生产条件好，生产成本低。越南国内政治环境较稳定，自革新开放以来就十分注重对投资环境的建设和改善，采取优惠的金融和税费政策措施吸引外资投资。持续增长的经济及近1亿的人口规模使得越南形成了较大的市场规模，这对中国投资者也具有一定的吸引力。另外，越南劳动力成本较低，越南劳动力人均月收入422万越南盾（约合202美元），水电房租等均相对较低。同时，为了改善投资环境，越南加大基础设施建设。因此，总体上，越南农业投资环境较好。

四、中越农业合作现状与合作重点

（一）合作现状

1. 合作机制

中越两国关系源远流长，于 1950 年 1 月 18 日建交。20 世纪 90 年代以来，随着两国经济快速增长，双边在促进经济贸易合作方面做了大量工作。1992 年，湄公河次区域（GMS）经济合作机制开始运行，农业合作成为 GMS 经济合作机制的优先领域之一，中越两国在此合作中取得了巨大成果。2002 年 3 月，中国宣布给予越南最惠国（MFN）待遇。2004 年初，"两廊一圈"战略构想予以提出，2006 年两国签订了《中华人民共和国和越南社会主义共和国政府关于开展"两廊一圈"合作的谅解备忘录》，为全面开展"两廊一圈"合作奠定了基本合作框架。2010 年 9 月 14 日，中国广西壮族自治区与越南广宁省共同签署《共同推进建立中国广西东兴—越南广宁省芒街跨境经济合作区协议》。2015 年 5 月，中国农业部与越南农业与农村发展部在河内举行了双边会谈，并签署了《中越农业合作谅解备忘录》。2015 年 9 月发布的《国务院关于支持沿边重点地区开发开放若干政策措施的意见》进一步推动了农业跨境经济合作。2016 年 7 月，中国—东盟自贸区升级版议定书正式生效，加快了本地区经济一体化进程。此外，两国地方间合作也在积极展开，如 2017 年 8 月，云南省农业科学院、越南农业科学院与越南北部边境 4 省农业与农村发展厅在昆明共同签署中越两院四厅农业科技合作联合协议，正式建立中越两院四厅农业科技合作机制。这些协议的签订，结合中国—东盟自由贸易区建成与泛北部湾区域合作背景，中越两国贸易发展及农业合作潜力将大大提高。

2. 科技合作

（1）技术合作

中越桑蚕跨国合作。中国广西那坡县与越南高平省的种桑养蚕合作始于 2010 年，中国全程负责技术指导，并提供优质桑苗和蚕种，还会以高于国内市场价 5% 的价格全部回收蚕茧；越南负责种桑、护桑和养蚕管理。至 2013 年，越南境内桑园面积已达 52.07 公顷，有 100 多农户参与种桑养蚕。

渔业技术合作。2014 年，由中国广西山区综合技术开发中心、桂林市水产技术中心推广站共同承担的中越鲟鱼健康养殖技术研究与推广示范项目通过验收。项目实施期间，分别在桂林市资源县社岭村、临桂县江洲村建立鲟鱼健康养殖示范点 2 个，在越南高平省的新利义合作社基地建立鲟鱼养殖示范点 1 个，生产商品鲟鱼 119.7 吨，新增产值 632 万元，利税

247万元。该项目对鲟鱼的健康养殖技术规程进行优化，并通过举办冷水性鱼类养殖技术培训班，培养中越技术骨干103名。

动植物疫病防控。2008年以来，中国广西农业部门与越南广宁、谅山等边境省植保、兽医等部门共同建设中越边境中大动物疫病防控试验站，共同组织中越禽流感防控技术培训。广西先后帮助越南广宁、高平和凉山3个边境省各建立1个动物疫病防控试验站（诊断实验室），并援助仪器设备和诊断试剂等，成功实施中越边境重大动物疫病、禽流感、植物病虫害防控等项目，逐步建立中越边境重大动物疫病防控阻隔带。

迁飞性害虫防控。自2016年8月起，广西农业科学院开展了中国水稻"两迁"害虫迁飞、爆发与越南虫源的关系及可持续防控策略（2009DFA30810）以及"中越南方水稻黑条矮缩病综合防控技术合作研究"（2012DFA31220）两项国家科技合作专项项目，将建立1套优化的适合越南边境省份的"两迁"害虫、姜瘟病、巴戟天疫病、巴戟天线虫病防治综合配套技术。

农作物种子种苗合作。中国广西万川种业有限公司是广西最大的农作物种子种苗出口企业，与越南等东盟国家有长期而深厚的合作基础，主要人员在越南从事种子出口示范、推广工作近20年，并与越南中央果菜总公司、宣光省农林物资种子公司、高平省种子股份公司及谅山省连山农业有限公司有多年良好合作基础。

（2）平台建设

中越农业综合技术示范研究推广基地。1999年，在中越两国科技部的支持下，中国广西农业科学院与越南河内农业大学合作建立了"中越农业综合技术示范研究推广基地"，开展杂交水稻和瓜菜品种的种植示范。该示范基地从广西引进了16个西瓜新品种、16个甜瓜新品种、8个蔬菜新品种、45个杂交水稻组合作种植示范。大部分的杂交水稻和果蔬种子都能适应当地的气候条件，在品质和产量上均优于当地品种，具有很高的经济价值和推广潜力。在同一耕作区内，杂交稻比当地品种亩产高出100～200千克以上，亩产达437～601千克（廖东声，黄美贤，2012）。

中越农业科技示范园。2013年，中国云南省和越南农业科技部合作建成两个跨国合作农业科技示范项目：在越南河内建中越农业科技示范园，集中展示中国优质品种，如香蕉、马铃薯、花卉和蔬菜等；在云南保山建成越中农业科技示范园，集中展示越南农科院优良品种，如咖啡、热带水果、蔬菜等。

中越作物病虫害综合防控联合实验室。2017年，广西农业科学院与越南农业大学计划建设中越作物病虫害综合防控联合实验室。2017年1月越南农业大学代表团到广西农业科学院就"中越作物病虫害综合防控联合实验室建设"项目进行合作交流。双方就目前共同关注的水果与水稻病虫害、温室大棚果蔬生物防治等方面进行深入探讨，并就"中越作物病虫害综合防控联合实验室建设"的相关合作进行了研讨。2017年4月中国代表团到越南国家农业大学农学系参观交流，并签订了《"中越作物病虫害综合防控联合实验室建设"项目实施合作协议》。双方共同建立中越作物病虫害综合防控联合实验室，作为技术交流和应对重大病虫草害的平台，提升中国对东盟国家和地区的农业科技的带动作用。

（3）人才交流与培训

中国广西农业科学院自2000年开始与越南河内农业大学合作实施了"中越农业综合技术示范研究推广基地建设"项目，建立了"中国—越南农业科学技术推广服务"，共派出执行项目专家25批183人（次），派出赴越进行学术考察与交流人员6批（团）146人（次），接待越南来华访问交流28批340人次，项目共开展40期（次）培训，共培训3000多人次，参与培训的人员包括农业科研人员，农业系统官员与基层农业工作者。

2005年中国农业部邀请越南政府能源官员到富川瑶族自治县实地参观、学习沼气和农村能源综合利用技术，并听取该县沼气示范项目首席专家王金海讲授的再生能源培训讲座。以"中越农业综合技术示范研究推广基地"等项目为载体，广西沼气技术被多个东盟国家先后引进，开花结果。仅越南广宁省，1个月内就仿效武鸣发展沼气池1060多座，在越南产生很强的示范作用。

在广西科技厅的支持下，广西农业科学院于2012年和2014年主办了两期热带亚热带农业技术国际培训班，2015年12月又举办"面向东盟国家的农业技术国际培训班"。培训班包括理论培训和实习，理论培训内容主要分为杂交水稻、玉米、蔬菜三个专题，每个专题都会安排相关优秀专家授课。内容涉及国内外水稻害虫抗药性现状、水稻迁飞性害虫防控技术、农业信息化管理、实验数据采集及统计。实习部分则是在水稻所进行水稻抛秧技术、健康秧苗、平衡施肥实习，在实验室进行水稻相关生理指标分析学习，在玉米研究所进行玉米播种技术、科学施肥、健康种苗培育的田间学习和到蔬菜研究所进行蔬菜育苗技术、病虫害防治、嫁接苗培训等内容学习。培训期间，越南、老挝两国学员分赴百色、靖西以及德保等市县参观考察广西的农业科技园区、农业公司、蔬菜生产基地。

（4）中国—东盟创新合作大会

2014年3月，广西东盟技术转移中心获广西自治区政府批准组建，具体承担中国—东盟技术转移中心的运营工作。至2016年年底，中国—东盟技术转移与创新合作大会展示和聚集了中国及东盟国家的优秀创新成果、促进中国—东盟技术转移合作网络发展、推动中国和东盟国家技术需求对接及创新合作。大会通过主旨演讲、先进适用技术展览、技术推介与洽谈、实地考察、技术培训等多种形式促进二者的合作和交流。2016年的第四届中国—

东盟技术转移与创新合作大会下设两个对接洽谈会专场，分别是中国—东盟技术对接洽谈会现代农业专场、新能源和节能环保专场。

3. 贸易合作

近年来，中越两国贸易总额不断增长，越南连续十几年的第1大贸易合作伙伴均为中国，双方贸易合作成果斐然。中国对越南大米及热带农产品的需求量越来越大，而越南对中国农业技术十分需求，因此两国的贸易互补性极强。目前，越南主要向中国出口大米、热带水果、橡胶、木薯、咖啡等农产品。

中越两国政府分别制定了相当优惠的贸易政策以促进贸易合作。中国方面近年出台了《关于边境小额贸易经营资格有关问题的通知》，取消各边境地区边境小额贸易企业数量的限制，同时规定边境省区可自行核定、颁布本地边境小额贸易企业资格证书。越南方面公布《关于边境口岸经济区政策的规定》，将经济区内投资者的土地租金降低5%，并给予企业各种税收优惠。此外，中国—东盟自由贸易区签订了《货物贸易协议》及《争端解决机制协议》，其中"零关税计划"的实施使得农产品关税大幅度降低，两国农产品贸易稳步增长。

4. 投资合作

近年来，中越两国持续深化合作，中国在越南的投资力度逐渐增大。越南具有丰富的粮食作物、经济作物及热带水果种类，这些农产品的出口份额不断增大，因此加工工业亟需投资来促进发展，以满足日益增长的国外市场需求。截至2015年，中国对越直接投资项目1193个，资金总额达80多亿美元，涵盖多个领域。这一系列投资活动必将有效拉动中国双方贸易的增长。此外，中国还出资培养越南人才，包括经贸人才、农业人才、旅游人才等，有力地提高了越南的人力资源水平，此举为中国对越投资企业不断注入新型人才，促进投资企业快速、稳健地发展，并吸引更多投资者。总体看来，中国对越投资规模仍然较小，但潜力很大。

（二）合作潜力

越南与中国的频繁合作始于20世纪90年代，三十年来随着中国—东盟区域合作的不断加深，两国农业科技合作的深度和广度也不断提升，不仅在种植业、畜牧业、渔业、能源等方面开展了技术合作，还建立了常态化的合作平台与机制，如中越农业综合技术示范研究推广基地、中越农业科技示范园等，2014年广西东盟技术转移中心获广西自治区政府批准组建，具体承担中国—东盟技术转移中心的运营工作。可以看到，中越两国在高产优质品种选育、动植物疫病防治、科技人才队伍建设等方面都取得了长足的进步。

1. 合作基础

1986年越南革新开放以来，中越两国农业合作进入快速发展期。自1992年大湄公河次区域经济合作机制推出以来，双方先后两次成立合作组，进行了一系列农业科技合作。中国—东盟自由贸易区全面建成，国家层面及地方层面的合作协议相继签订，为两国农业合作打下坚实的基础，营造了良好的政策环境。2017年中越双方签署《共建"一带一路"和"两廊一圈"合作备忘录》，通过"两廊一圈"农业框架，中越建立了多个农业合作平台，开展了良种培育、虫害防治等多个领域的合作与交流。同时，越南经济发展稳定，实施各种优惠政策吸引外商投资，为中越合作奠定了良好的基础。

2. 合作前景

中国幅员辽阔，四季分明，可种植的农作物种类繁多，相对于越南而言，玉米、小麦等作物及红枣、苹果、梨子等水果可以说具有绝对的优势。越南处于热带地区，热带水果种类丰富，而且不限制时节，一年四季均可种植。越南红河三角洲和湄公河三角洲地势平坦、土壤肥沃、灌溉条件优越，全年阳光充足，使得其稻谷生产具有很大优势。中国农业科技发达，尤其在杂交水稻等良种培育、生物植保技术方面有很大优势，而越南科技生产水平和资金水平相对落后，需要和中国加强合作与交流。由此可见，中越两国在农业资源及生产条件上互补性很强。中国—东盟自由贸易区的启动及中国—东盟海上丝绸之路建设进程的加快，进一步推动了中越两国农业区域经济一体化，双方合作不断深化，合作前景十分广阔。

（三）合作重点

1. 重点产业

（1）种植业

依托"中越农业综合技术示范研究推广基地"，充分运用中越双方的科研力量开展杂交水稻和瓜菜优良品种的育种研究，在水稻、玉米、瓜菜、甘蔗等农作物中，筛选出高产优质又适合栽培的品种相互引进推广，在栽培技术的经验也可以进行长期交流。

开展中国水稻"两迁"害虫迁飞、爆发与越南虫源的关系及可持续防控策略以及"中越南方水稻黑条矮缩病综合防控技术合作研究"两项国家科技合作专项项目把迁飞性害虫防控措施前移于越南境内，可以减少我国南方水稻黑条矮缩病的发生，确保我国及区域粮食生产安全。这方面的联合防控对双边农业益处很大，建议加强并深化广泛合作。

中越开展热带果树、蔬菜合作研究，可丰富两国水果资源。越南莲雾虽为小类水果，但是颇具特色。目前存在的主要问题是栽培者不懂改善果实品质的技术，缺乏采收前及采收后处理技术，货架寿命短，品质低，外销市场需求不高。近年来，越南与中国台湾、印尼及马来西亚等国家和地区就莲雾的科研人才、栽培技术和品种资源有密切合作，中国参与合作研究也可提高自身科研水平，提升国际影响力。

（2）水产业

越南虾、查鱼出口排在世界前列，但中越水产领域的交流合作较少。今后可在育种、疫苗、品种引进等方面进行合作。虾病等发病率高、影响范围广的动物疫病在防控合作、疫苗生产方面具有紧迫性。越南政府禁止向动物饲料中添加抗生素，但有些中草药有相应的疗效，中越两国可就此进行替代品合作研究。

（3）新能源产业

清洁能源与再生能源是越南政府重点关注的领域，依托国内农村沼气、太阳能相关方面的成熟经验，可与越南政府在新能源方面进行合作。2014年以来，在中国—东盟技术转移中心的大力推动下，广西科学院应用物理研究所与越南芽庄大学在太阳能发电、LED、智慧照明、并网发电等技术研发方面达成合作意向，并于2014年5月26日在南宁正式签署合作协议。根据合作协议，今后双方将在LED光伏智慧照明技术，太阳能光伏独立发电及并网发电技术，太阳能建筑模块自动控制技术等方面合作开展技术研究和新产品推广等工作。

（4）小型农机

越南农机生产水平低，但是由于地形原因小型农机需求量也不低。由广西农业科学院发明的农耕新方法——粉垄耕作技术，可在人工投入、灌溉用水、化肥农药"三不增"的前提下提高农作物产量，又能减少面源污染。中越双方农业机械核心技术和农机农艺改良合作，使之适应越南地形，用以改善越南农耕现状。

2. 重点领域

拓展在农产品深加工领域和饲料行业的合作。越南外商直接投资（FDI）的投资者只集中于少数行业，如畜牧、饲料加工、林业、渔业，其中林业和木材加工占农业外商直接投资总额的78%左右，其他如农产品加工、水产品等占比较少。目前越南出口贸易以初级产品为主，而其本国加工行业较为落后，农产品、水产品、畜牧产品等方面的加工行业都有较大的投资空间。越南农业FDI最具吸引力的是饲料行业，越南饲料市场有非常大的潜能，预计在2020年可达250万~260万吨。越南政府在有机饲料、沼气再生能源等方面也有许多优惠政策，中国企业可以考虑在这类项目上进行投资。

加强特色地理标志产品的合作。地理标志是特色产品获取溢价的最佳途径之一。中越应在《与贸易有关的知识产权协议》框架下开展农产品地理标志保护合作，完善保护平台。开发双方的农产品地理标志资源，提高双方的保护水平，进一步促进双边农业发展。

加强人才培养和国际交流与合作。农业科技发展，对人才的综合素质要求较高。越南农业科技人才储备有限，中越两国可在农业科技人才、语言类人才培育方面展开合作。专业人才、科研人员可到两国高校、科研机构互访、进修。两国也可依托基地合作项目定期开展培训班，组织人员进行考察交流。

五、中越合作建议

随着"一带一路"建设的推进，中国—东盟自由贸易区升级，澜湄合作成为国家的重要战略，中国与越南的合作日益深入，合作范围扩大，合作的主体日益增加。要抓住良好的机遇，完善合作机制，消除贸易障碍，增强贸易互信，构建合作平台，加强农业科技合作。

（一）完善区域合作机制，以政策服务农业合作

加强政府之间的沟通和协调以促进中越跨境农业合作、政府沟通渠道的通畅和中越跨境农业合作，需要系统建立中越跨境农业合作协调机制，主要包括：① 建立中越跨境农业合作定期双边磋商机制，包括农业部长定期会晤以及中越省级跨境农业合作的定期会晤机制，以保障双边沟通与合作机制的畅通。② 建立中越跨境农业合作定期联席会议制度，负责制定和落实中越农业贸易与合作的政策，协调、沟通和解决存在的问题。③ 建立中越跨境农业合作的利益协调机制，包括建立中越农业合作利益磋商机制、合作分工机制、利益共享机制等。④ 建立中越农产品贸易监测预警体系，包括农产品信息采集、农产品贸易市场监测、农业产业灾害预警和市场预测等跨境农产品监测预警体系（张鑫，2016）。⑤ 建立统一的产品质量检测标准和农产品追溯体系，建立跨区的农产品价值链，促进农产品价值增值以扩大农产品贸易。

（二）消除贸易障碍、构建良性循环，以贸易促进农业合作

长期国际合作是建立在持续产生的经济利益上的，而国际合作的最佳体现，就是双边贸易的持续共赢。贸易的繁荣也会促进国际合作的进一步发展，形成良性的合作循环。

提升中越跨境农业贸易自由化水平，需要消除各种农产品贸易障碍，可以采取的措施包括以下几点：① 充分利用中越双边农产品贸易磋商机制，及时准确发现农产品贸易障碍，并采取措施及时消除。② 消除农产品贸易的关税壁垒。目前大部分农产品贸易实现了零关税，但还有些农产品存在关税，进一步扩大免税农产品范围，消除关税壁垒。③ 消除农产品贸易的非关税壁垒。非关税壁垒是中越双方农业贸易自由化的主要障碍，双方应进一步加强市场准入、便利通关和检验检疫等方面的合作，消除非关税壁垒。应进一步简化边境商品出入手

续，降低和取消农产品收费项目、提高双方海关办事效率。通过完善中越农产品贸易相关法律法规，创造一个自由开放的跨境农产品交易环境。加强农业科技创新合作，大力发展绿色和有机农业，消除农产品绿色贸易壁垒；发展品牌农业，提高中越农产品国际竞争力。促进农业产业规模化发展，加强农产品品牌培育，增加品牌的国际知名度（张鑫，2016）。

（三）以项目为核心、以平台为依托促进农业合作

以项目为核心推进农业国际合作，具有强烈的现实意义。中越国际合作应在"一带一路""大湄公河次区域经济合作""中越'两廊一圈'区域合作""泛北部湾区域经济合作"的大背景下，实现项目的多点开花，在农业品种、技术、能源等领域开展多元化研究，促进国际合作。

农业合作平台在国际合作中具有广泛的辐射能力。依托中越跨境农业多层次和全方位的合作平台，可以使农业科技国际合作长期化、常态化，产生更深远的影响。中越农业科技国际合作应注重依托以下四个平台进行合作：① 各级政府充分利用中国—东盟自由贸易区和中国—东盟博览会等经贸合作会、农场品展销洽谈会、农业技术转移对接会、农业技术与合作论坛和农业领域高层次研讨会等平台，以增进双方的了解和沟通，为中越农业合作创造有利的条件。② 充分利用中越农业试验示范基地、农业科技示范园、农业技术转移中心等平台，扩大中国对越南农业技术、项目、人才的输出和推广范围，促进人才交流与技术转移。③ 建设跨境农产品交易平台。在中越边境地区建立集物流、仓储、配送、贸易等为一体化的现代化综合农产品国际交易市场，并建设中越大宗重点农产品交易平台、中越跨境农产品电子商务交易平台和农业信息公共服务平台。积极推进农业国际电子商务发展，建立跨国运输系统，开发网络平台，建设大型多功能国际物流配套设施和仓储中心，加快中国与边境高等级公路连接和提升铁路通过能力，提高中越跨境区域国际市场流通现代化水平。④ 积极构建农产品加工对外合作平台。对农产品加工和销售的农业企业提供优惠政策和资金补贴，鼓励企业积极参加国际展览、展销会等；培育一批农产品加工出口龙头企业，通过资金、项目支持一批市场前景广阔、发展潜力大的龙头企业；进一步完善农产品加工业服务体系，建立完善的农产品加工业信息服务系统，及时提供行业发展动态、先进生产技术、管理模式和市场行情等信息；引进高新技术，改造传统农产品加工业，加快科技成果转化，提高农产品附加值，以提高农产品的国际竞争力。

（四）以科研合作为突破口促进农业合作

加强农业科技方面合作，各科研院校与越南双方应大力实施"请进来、走出去"战略，

共同促进农业发展。具体可以从以下 3 个方面开展：① 加强农业技术合作交流：通过品种改良、设备引进、加工、保鲜、包装、销售一体化合作发展，开展种植业、畜牧业、水产、水果、花卉、参类药材、中草药等多种领域的合作，形成两国农业技术创新模式。② 开展农业科技合作项目，建设中越两国科研院校合作建立农业技术示范研究基地或农业科技示范园等，通过技术培训、品种种植示范、技术产品交流等形式，将适合中越的作物品种、复合肥料、农药和小型农机具及相关配套技术推向市场，促进农业新技术和新品种的研发，以技术带动相关产品贸易（李欣广，2013）。③ 探索新的农业科技"走出去"方式，通过整合科研院校的农业科技资源，与越南建立联合实验室或联合研发中心等开展科技合作，如与越南建立重大农业入侵有害生物防控联合试验室，双方就重大农业入侵有害生物的检测、预测预报和防控措施进行合作研究，建立健全重大入侵有害生物预警与防控体系。

此外，科研院校应调整培养适应中越合作的农业相关专业人才，畅通交流与合作的渠道，高校开设农业（双语教学）、语言类（农业方向、贸易方面）等专业，为中越农业合作输出专业人才。双方可以通过共建人才培养基地、依托基地合作项目定期开展专业技术人才培训、鼓励专业人才互相走访考察以促进交流与合作。鼓励专业人才、科研人员到两国高校、科研机构互访、进修。

参考文献

方慧玲，张晓飞.2004-05-18.广西与越南科技合作天地广阔［N］，广西日报.
广西社会科学院.2013.越南国情报告2013［M］.北京：社会科学文献出版社.
中华人民共和国外交部.2016-12-06.越南国家概况［EB/OL］.http://www.fmprc.gov.cn/web/gjhdq_676201/gj_676203/yz_676205/1206_677292/1206x0_677294/.
黄艳.2015.越南连续第10年保持世界最大的腰果出口国地位［J］.世界热带农业信息，（12）：23.
姜氏凤.2012.越南主要农产品出口国际竞争力探索［D］.上海：华东理工大学.
李爽，阮如朋，马泽.2017."一带一路"背景下中越贸易发展现状及对策［J］.牡丹江师范学院学报（哲学与社会科学版），（1）：27-32，37.
李欣广.2002.开展国际农业科技合作，促进广西农业发展［J］，广西市场与价格，（12）：13-15.
廖东声，黄美贤.2012.广西与越南农业合作问题分析［J］.广西社会科学，（3）：33-37.
吕荣华，高国庆，李丹婷，等.2011.越南农业生产概况［J］，南方农业学报，42（5）：562-565.
吕荣华，李杨瑞，梁天锋，等.2015.越南甘蔗种植及蔗糖业生产比较分析［J］.西南农业学报，（6）：2825-2828.
农文寿.2013.中越农业互补性及农产品贸易策略研究［D］.广西：广西大学.
阮氏秋莺.2016.越南吸引外资的投资环境研究［D］.北京：中央民族大学.
覃丽芳.2016.越南海洋渔业发展研究［J］.中国渔业经济，（6）:4-12.

谭砚文，曾华盛，李丛希.2017.中国投资东盟农业的风险评价及国别优先序［J］,农业经济问题,（8）：76-87.

王 勤.2014.东南亚地区发展报告 2013—2014［M］.北京：社会科学文献出版社.

王威豪，吴全清.2016.分析越南农作物种子市场需求，推动广西种业走向东盟［J］.中国种业,（11）:1-3.

许 梅，陈 炼.2011.中国企业投资越南的主要国家风险与防范［J］.东南亚研究,（3）：61-68.

袁祥州，徐媛媛，Nguyen CongBinh.2016.越南农业支持政策效应分析［J］.亚太经济,（2）:75-79.

编辑部.2016.越南农产品出口的动力及展望［J］.世界热带农业信息,（4）:21-22.

张 鑫.2016.中越跨境农业区域经济合作研究［J］.现代经济探讨,（12）:87-91.

张 鑫.2017.中越跨境农业经济一体化研究［J］.广西社会科学,（2）:39-45.

中华人民共和国驻越南社会主义共和国大使馆经济商务参赞处.2016-09-12.胡志明市出台税收优惠鼓励投资［EB/OL］.http://vn.mofcom.gov.cn/article/Ztdy/.

宗 佶.2016.云南中小企业到越南直接投资的政治风险及其防范［J］.学术探索,（11）：51-56.

编辑部.2016.2016年越南农产品出口市场有望好转［J］.世界热带农业信息,（4）：24-25.

Bui Ba Bong.Statistical Data of Agriculture and Rural Development 2001-2013（volume 2）［M］.Nha Xuat Ban Nong Nghiep：Agriculture Publishing House，2014.

General Stastics Office. 2016. Statistical handbook of Viet Nam［M］. Statistical Publishing House.

Levant Hanh. 2017. 中国与越南岛屿水产养殖业比较分析［J］.现代农业科技,（1）:237.

Nguyen，Thuc，夏 云，谭砚文，等.2015.越南农业利用外国直接投资及其对中国的启示［J］.世界农业,（12）:171-174.

Tong Cuc Thonh Ke. 2015. Nien giam thong ke, Statical Yearbook of Vietnam 2014［M］. Nha Xuat Ban Thong Ke: Statistical Publishing House.

老 挝

老挝位于东南亚重要区位，是东盟重要成员国。中国与老挝国土接壤，两国保持着长期良好的政治外交关系。2009年9月中老两国关系提升为"全面战略合作伙伴关系"。在经贸合作领域，中国是老挝最重要的贸易伙伴国与外来投资国之一，同时老挝已成为中国在全球第8大投资目的地国。老挝是未来中国在"一带一路"沿线开展农业贸易、投资与合作的重点国家之一。未来中老高铁的通车，将为中老农产品贸易与投资飞速发展带来新契机。

一、国家基本概况

（一）自然地理

老挝全称老挝人民民主共和国，地处东南亚，比邻中、越、柬，属于热带、亚热带季风气候，地形南北长东西窄，南北长1050千米，东西最宽处500千米，全境地势北高南低。老挝全国有20多条流程200千米以上的河流，湄公河纵贯老挝全境，流经中、缅、泰、老、柬和越，老挝境内河段长1877千米，境内60%的水流汇总于此。老挝全国共有17个省、1个直辖市，首都为万象，面积约3920平方千米，是老挝境内最大的城市。

（二）人口状况

根据老挝2015年第四次人口与家庭普查数据，老挝总人口为649万人，男女比例为101∶100，农村人口占总人口的67.1%，家庭平均人口数量为5.3人，人口密度为27人/平方千米。男性预期寿命65岁，女性预期寿命62岁。老挝主要有四大语族系，分别是占总人口62.4%的老泰语族系、占总人口23.7%的孟—高棉语族系、占总人口9.7%的苗—瑶语族系和占总人口2.9%的汉—藏语族系。佛教是老挝第1大宗教，64.7%的居民信仰佛教。

（三）政治制度

老挝实行社会主义制度，老挝人民革命党是老挝唯一政党。1991年老挝人民革命党"五大"确定"有原则的全面革新路线"，提出坚持党的领导和社会主义方向等六项基本原则，实行对外开放政策。2001年老挝人民革命党"七大"制定了至2010年基本消除贫困，至2020年摆脱不发达状态的奋斗目标。2006年老挝人民革命党"八大"强调继续坚持党的领导、社会主义方向和革新路线，重申落实"七大"制定的中长期经济社会发展目标。2011年老挝人民革命党"九大"的主题是加强全民团结和党内统一，发扬党的领导作用和能力，实现革新路线新突破，为2020年摆脱欠发达国家状态和继续向社会主义目标迈进奠定坚实基础。2016年老挝人民革命党"十大"提出争取在2020年摆脱欠发达状态，2025年成为中等收入的发展中国家，2030年成为中高等收入发展中国家。老挝主要政府部门包括政府办公厅、国家监察委员会、教育与体育部、公安部、劳动和社会福利部、司法部、能源和矿产部、农林部、工业与贸易部、公共工程与运输部、计划投资部、财政部、新闻文化与旅游部、卫生部、人事部、科技部、自然资源与环境部、邮电和通信部、中央银行和老挝经济特区国家委员会。

（四）社会和经济发展状况

老挝教育行业近年来持续发展，2015年识字率为84.7%。基础教育方面，老挝学制为小学5年，初中3年，高中3年，6～16岁男孩入学率为80.6%，女孩为78.7%。全国18个省市中万象市及67个县普及了初中教育，沙耶武里省和川圹省普及了小学教育。老挝国家职工和普通居民均享受免费医疗，整体医疗水平有待提高，根据老挝官方统计，2015年老挝大型综合性医院有5所，1170个床位，全国医疗人员总数为19877人。扶贫和扫盲工作继续取得成效。2016年，老挝全国47个贫困县中已有14个县脱贫，贫困家庭和贫困村比率分别降至6.6%和18.4%，与2015年相比，贫困村已由1736个减少到1689个（陈定辉，2017）。

根据老挝有关部门统计报告，2016年老挝经济增长率为7.0%，财政总收入为129.28万亿基普，失业率2.1%。2016年老挝全年人均国内生产总值（GDP）为2408美元。其中，农业增长2.7%，占GDP的17.2%；工业增长12%，占GDP的28.7%；服务业增长4.6%，占GDP的42.4%；进口增长7.8%，占GDP的11.5%。一方面，老挝政府积极开展对外务实合作，改善投资环境，加大外资吸引力度，保持外国官方发展援助持续增长；另一方面，认真整顿财政和税收，开源节流，清理政府投资和债务，收紧政府各项支出，维护老挝宏观经济稳定，保持经济快速增长（李世飒，2015）。但近年来受全球经济放缓的影响，老挝出口有所下滑。老挝是世界银行、国际货币基金组织等重要国际组织成员；1997年加入东盟，2016年接任东盟轮值主席国；2013年加入世界贸易组织；2014年加入亚洲基础设施投资银行。

二、农业发展现状

（一）农业资源条件

老挝属热带季风气候，年平均气温在25℃左右，南北气温相差不大，旱雨季分明。每年5—10月为雨季，平均气温24.2℃，届时西南季风带来充沛的雨水，年均降雨量1700多毫米，高原和山区降雨量为1300毫米左右。11月至次年4月为旱季，平均气温27.3℃，这时受干燥凉爽的东北风影响，几乎不降雨，平原地区常有旱情。

老挝是一个多山的内陆国家，有"印度支那屋脊"之称。境内山脉构成四大高原，即自北向南的会芬高原、镇宁高原、甘蒙高原和波罗芬高原。地形南北长东西窄，南北长1050千米，东西最宽处500千米，最窄处105千米，全境地势北高南低，由西北向东南倾斜。老挝河流较多，湄公河自北至南贯穿老挝全境；其次有北部的南乌江，长448千米；中部的南俄河，长354千米；南部的宾汉河和色贡河，长度均为300多千米。森林资源十分丰富，森林面积1700万公顷，具有丰富的珍贵木材资源。老挝矿产资源丰富，主要矿藏有金、银、铜铁、钾盐、铝土、铅及锌等。

老挝国土面积2368万公顷，农用地面积212.9万公顷，占9.0%。农用地中，耕地面积117万公顷，草地和牧场面积为87.8万公顷。

老挝拥有丰富的农业资源，但农业生产粗放，农业技术落后。多年来，国家对农业投入较少，农田基本建设较差，农业抵御自然灾害的能力较弱，农业发展水平低。老挝农业主要包括两类耕作系统：低地的雨养农业或湄公河及其支流冲积平原灌溉农业，以及高地的刀耕火种农业系统。在波罗芬高原还有一些较小的农业系统，生产园艺作物和咖啡。对于两大主要农业生产系统，政府确定了专门基于面积的发展行动，目的在于消除低地与高地农户的收入差距。

（二）农业生产情况

1. 农业产值规模及构成

老挝农业产值呈逐年上升的趋势，从2006年的10.52万亿基普增长至2015年的22.36万亿基普，10年间农业产值翻番（表1）。

表1 2006—2015年老挝农业产值情况　　　　　　　　　　（单位：万亿基普）

年　份	2006	2007	2008	2009	2010	2011	2012	2013	2014	2015
产值	10.52	12.62	13.89	14.57	16.01	17.63	18.93	19.83	21.22	22.36

资料来源：老挝统计局

注：1元人民币≈1268.66老挝基普

从农业产值构成来看，老挝农业以种植业和畜牧业为主，其次是渔业和林业。2006—2015年，种植业和畜牧业在老挝农业产值中占比稳定在80%左右；渔业在老挝农业产值中占比稳定在13%左右；林业产值在2007—2008年大幅上升随后逐渐回落，2015年林业产值在农业产值中占比约为3.3%（表2）。

表2 2006—2015年老挝农业产值构成及变化　　　　　　　　（单位：万亿基普）

产业产值	年份									
	2006	2007	2008	2009	2010	2011	2012	2013	2014	2015
种植业和畜牧业	8.33	9.44	10.46	11.32	12.67	14.26	15.57	16.45	17.41	18.43
林业	0.80	1.77	1.87	1.55	1.55	1.34	1.17	0.98	0.83	0.73
渔业	1.39	1.40	1.56	1.64	1.83	2.03	2.19	2.42	2.99	3.20

资料来源：老挝统计局

2. 主要农产品产量

（1）种植业

老挝的主要粮食作物是稻谷（其中90%是糯稻）、玉米和薯类等，主要经济作物包括甘蔗、蔬菜、咖啡、烟草、水果、花生、豆类等。水稻是主要农作物之一，种植面积占全国农作物种植面积的85%（徐兰珍 等，2016）。全国有72.4万水稻种植户，占总住户的71%。水稻生产主要分布在万象地区、沙湾拿吉省、沙拉湾省和占巴塞省等，中南部三省的稻谷产量占全国总产量的40%。水稻主要种植类型包括雨季低地水稻、雨季山地水稻和旱季水稻，

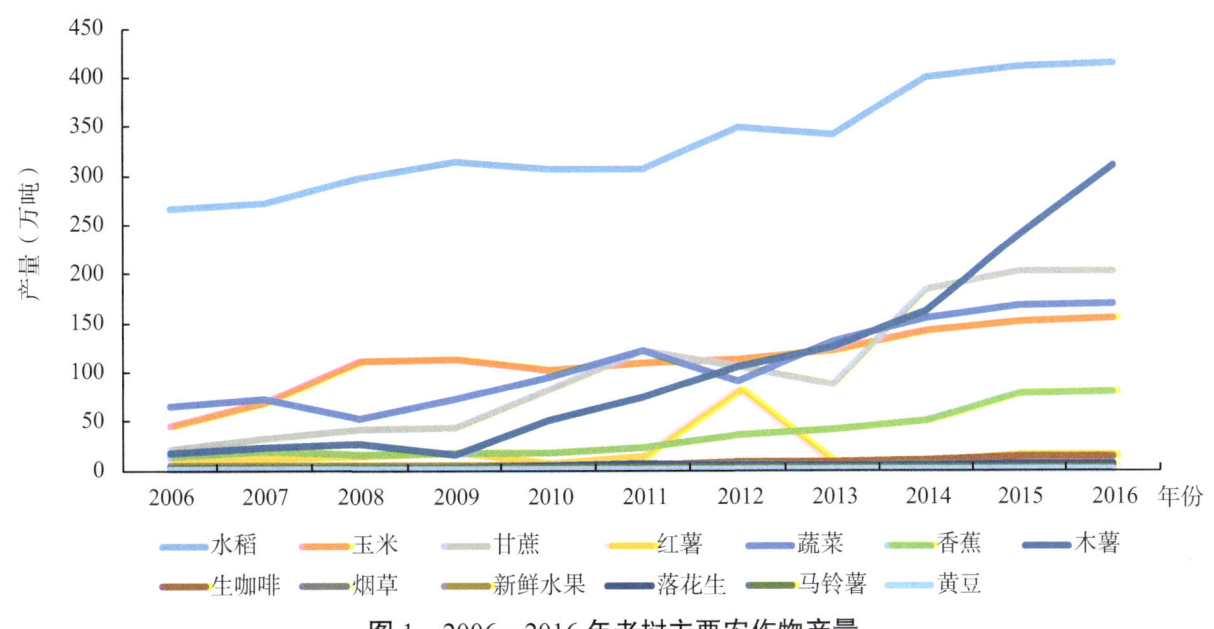

图1 2006—2016年老挝主要农作物产量

资料来源：FAOSTAT

以雨季水稻为主。玉米是老挝发展潜力最大的粮食作物之一，全国有 18.7 万玉米种植户，主要分布在丰沙里省、乌多姆赛省、华潘省和川圹省。

根据联合国粮农组织数据，2016 年，老挝水稻产量 415 万吨，玉米产量 155 万吨，木薯产量 310 万；甘蔗产量 202 万吨，蔬菜产量 169 万吨，香蕉产量 80 万吨，红薯产量 15 万吨，生咖啡产量 14 万吨，其余农作物产量均在 10 万吨以下。从历史趋势来看，2006—2016 年，老挝水稻、玉米、木薯、甘蔗、蔬菜、香蕉总产量逐步上涨，水稻总产量增长近 1 倍，玉米总产量增长近 2 倍，木薯总产量增长近 17 倍，甘蔗总产量增长近 9 倍，蔬菜总产量增长近 1.55 倍，香蕉总产量增长近 4.31 倍，红薯总产量在 2012 年达到峰值后基本回落到 2006 年水平，生咖啡总产量增长近 4.41 倍（图 1）。

（2）畜牧业

老挝拥有广袤的草场、高原、平原、山丘竹林区，猪、牛、羊、马等牲畜主要以农户饲养为主。天然牧草、玉米等农作物产品和稻草等农作物副产品成为畜牧业主要饲料来源。养猪业一直是老挝畜牧业的重要部分，多见于丘陵地区，生猪养殖规模不大，平均每户养殖 3.2 头。养牛业主要是公牛和水牛的养殖。近年老挝商品鸡养殖数量不断增加。

根据联合国粮农组织数据，2016 年，老挝猪肉产量 8.27 万吨，牛肉产量 3.29 万吨，水牛肉产量 2.06 万吨，鸡肉产量 2.72 万吨，鸡蛋产量 1.46 万吨，牛奶产量 5.94 万吨。2016 年生猪存栏量 370 万头，肉牛存栏量 192 万头，水牛存栏量 117 万头，鸡存栏量 351 万只，从历史数据来看，2005—2016 年，猪肉和鸡肉总产量和存栏量增长迅速，约增长 1 倍（图 2，表 3）。

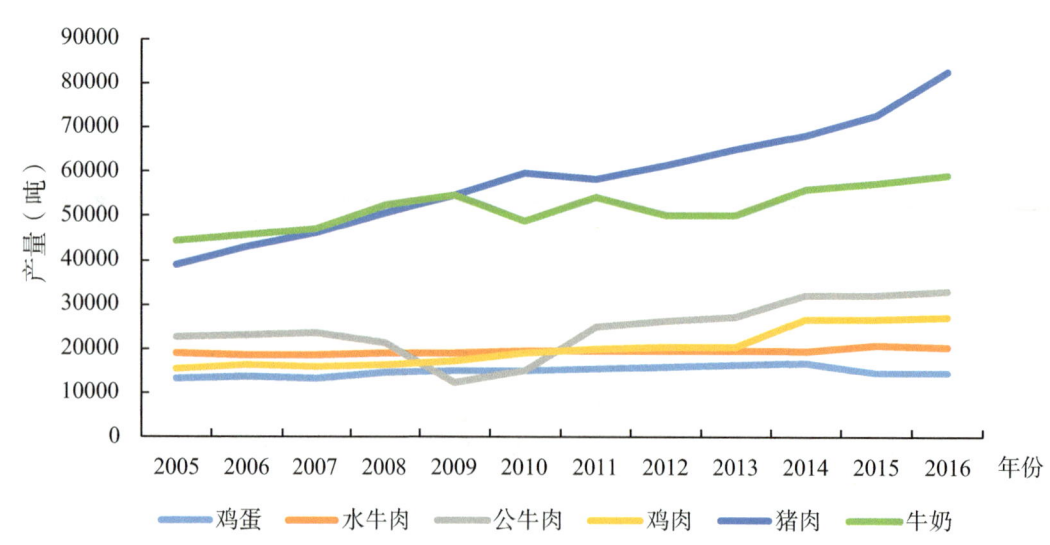

图 2　2005—2016 年老挝主要畜禽产品产量

资料来源：FAOSTAT

表3 2005—2016年老挝主要畜禽存栏量

年 份	2005	2006	2007	2008	2009	2010	2011	2012	2013	2014	2015	2016
水牛（千头）	1096	1108	1123	1154	1178	1189	1197	1188	1190	1153	1165	1177
公牛（千头）	1272	1321	1353	1397	1430	1474	1538	1692	1714	1766	1828	1923
鸡（千只）	1980	2080	2045	2121	2252	2510	2685	2877	3072	32408	3442	3515
鸭（千只）	3200	3200	3200	3200	3300	3200	3350	3400	3450	3500	3534	3530
鹅（千只）	100	100	100	100	110	100	105	105	106	106	108	110
山羊（千只）	190	210	268	269	339	367	430.9	443.8	470	481	533	560
马（千匹）	31	31	31	31	31	31	32	32	32.5	32.5	32.2	21.3
猪（千头）	1826	2033	2186	2359	2554	2752	2650	2794	2948	3122	3258	3700

资料来源：FAOSTAT

（3）林业

老挝森林资源十分丰富，森林面积1700万公顷，储量较大的有柚木、乌木、檀香木、沉香木、红豆杉、花梨木等。但老挝林业资源破坏情况十分严重，森林面积在逐渐减少。为了保护林业资源，实现可持续开发利用，老挝政府采取了许多措施，1987年政府宣布禁止原木出口，并大幅提高了林木采伐税的税率。政府还兴建了大量珍稀林木和其他林木培育（育苗）基地，大力发展植树造林，但林木的采伐速度仍大大高于林木的营造速度，老挝林业资源仍呈减少之势。2014年，老挝出台了加强木材管理的新政策，禁止木材未成品出口。根据老挝林业发展规划，计划到2020年森林覆盖率由2005年的43%提高到70%，并强调为更好地应对气候变化、减少毁林和森林退化、减少贫困，改善林农收入，重点加强森林执法，打击非法采伐；加强森林恢复和更新，增加森林面积；积极开展森林生态效益补偿和林权改革，鼓励社区林业发展，改善林农生计，减少木材出口，大力发展木材加工工业。

老挝林业产物主要为锯材原木、木材燃料和锯材。2006—2015年，锯材原木生产飞速发展，产量由40.00万立方米增长到3800.00万立方米；锯材产量由15.80万立方米增长到120.00万立方米。薪材、其他工业圆材、木炭、胶合板产量几乎持平（表4）。

表4 2006—2015年老挝主要林产品产量情况 （单位：万立方米）

林产品	年 份									
	2006	2007	2008	2009	2010	2011	2012	2013	2014	2015
木材燃料	594.35	594.37	594.59	5946	594.80	593.49	592.24	591.06	589.94	588.87
锯材原木	40.00	39.60	448.00	357.00	900.00	1500.00	1400.00	2900.00	3800.00	3800.00
其他工业圆材	13.20	13.20	13.20	13.20	13.20	13.20	13.20	13.20	13.20	13.20

（续表）

林产品	年 份									
	2006	2007	2008	2009	2010	2011	2012	2013	2014	2015
木炭（吨）	19.40	19.80	20.20	20.69	21.15	22.57	22.00	22.44	22.89	23.34
锯材	15.80	14.80	15.00	25.00	35.00	50.00	50.00	100.00	120.00	120.00
胶合板	2.40	2.40	2.40	2.40	2.40	2.40	2.40	2.40	2.40	2.40

资料来源：FAOSTAT

（4）渔业

老挝拥有富饶的淡水渔业资源，主要的捕捞资源是在湄公河及其14条支流，以及南娥、南松、南乌、南增、南同、南门等大型水库，其渔获量占全国渔业总产量的60%以上。淡水渔业的产量呈上升之势，20世纪90年代初的产量不足2万吨，20世纪末增至近3万吨，2015年产量高达15.86万吨，其中打捞鱼量为6.26万吨，养殖鱼量为9.60万吨。老挝全国三分之二的农户从事捕捞渔业。在丰沙里省的偏远北方，79%的农户捕鱼；在阿速坡省的最南部，74%的农户捕鱼。华潘省四分之一的农户和川圹省五分之一的农户从事水产养殖（史蒙，2014）。

3. 主要农业产业布局

按地理位置划分，老挝的农业生产可分为南部、中部、北部3个生产区。南部生产区包括4个省份，分别为占巴塞省（Champasack）、沙拉湾省（Saravane）、阿速坡省（Attapeu）和公河省（Sekong）；中部生产区有6个省，分别为万象市（Vientiane Capital）、万象省（Vientiane Province）、甘蒙省（khammuane）、沙湾拿吉省（Savannakhet）、川圹省（Xiengkhuang）和博利坎赛省（Borikhamxay）；北部生产区7个省，分别为博胶省（Bokeo）、丰沙里省（Phongsaly）、乌多姆赛省（Oudomxay）、琅勃拉邦省（Luangprabang）、浪南塔省（Luangnamtha）、华潘省（Huaphanh）以及沙耶武里省（Xayabury）。

老挝北部地区农业经济发展水平相对落后，基础设施落后，劳动力流失严重，降水量较少，因此主要以种植甘蔗和橡胶作物为主。同时，北部地区背靠中国，与缅甸、泰国、越南均有接壤，地缘优势明显，农作物市场较大。中部地区是老挝农业经济发展水平最高的地区，人均农作物种植面积最大，具有规模化生产基础，基础设施相对完善，因此主要以种植水稻为主，中部沙湾拿吉省则是全国水稻种植面积最大的省。同时，中部地区还大规模种植木薯和发展养殖业。中部地区在农产品市场化、精细农业、绿色农业、先进农业技术开发与应用领域也处于老挝国内领先地位。南部地区得益于湄公河航运的交通优势，发展外向型农业，市场化程度较高，主要发展订单农业，并以种植雨季水稻为主，咖啡种植也主要集中在南部地区，南部咖啡种植面积约占全国总种植面积的90%。

（三）农产品贸易情况

1. 农产品贸易规模

（1）进口情况

老挝的农产品进口额逐年增加，2010—2016 年，进口额大约增加了 1 倍，由 19.09 亿美元波动增长至 38.82 亿美元。老挝农产品最大的进口来源为谷物类，主要进口谷物为大米。活畜类进口主要以牛类为主。2010 年以来，老挝主要农产品进口波动较大，谷物进口在 2012 年和 2014 年显著减少，活畜进口在 2011—2013 年显著减少。根据联合国商品贸易统计数据，2016 年，老挝进口谷物 6052 万美元，进口活畜 4283 万美元，进口化肥 4042 万美元，进口烟草 3524 万美元（表 5）。

表 5 2010—2016 年老挝最主要农产品进口情况　　（单位：万美元）

农产品	年份						
	2010	2011	2012	2013	2014	2015	2016
谷物	2666	2599	443	2372	716	5566	6052
—大米	1336	892	76	240	1632	1225	5722
活畜	2162	707	234	550	582	1471	4283
—牛类	1725	138	12	55	284	1142	3560
化肥	1445	2413	3313	4906	3989	2116	4042
烟草	4761	2274	1354	2120	2409	4177	3524

资料来源：UN Comtrade

（2）出口情况

老挝农产品出口额较为波动。2010 年老挝烟草出口额为 2220 万美元，2011 年有小幅度下降。但 2012—2014 年呈明显的上升趋势，2014 年出口额达到 6538 万美元。2015 年又出现超过 1000 万美元的下降，到 2016 年又回升至 7024 万美元。2010—2016 年，水果出口额上升最为明显，在 2013 年达到峰值 2.29 亿美元。根据联合国商品贸易统计数据，2016 年，老挝出口水果 1.61 亿美元，蔬菜 1.02 亿美元，橡胶 7384 万美元，烟草 7024 万美元，谷物 5949 万美元，咖啡 5849 万美元（表 6）。

表6 2010—2016年老挝主要农产品的出口情况　　　　　　　　　　（单位：万美元）

农产品	年份						
	2010	2011	2012	2013	2014	2015	2016
水果	1034	1803	2603	22892	4995	3269	16098
—香蕉	429	399	550	6148	3368	445	14041
蔬菜	514	1716	1859	2011	2958	3252	10168
橡胶	105	611	2020	3664	4635	3724	7384
烟草	2220	1517	2193	5167	6538	4823	7024
谷物	10473	3668	7651	8701	5508	3874	5949
咖啡	2126	6778	7783	7814	6715	2121	5849

资料来源：UN Comtrade

2. 主要贸易伙伴

老挝贸易伙伴国家主要集中在亚洲地区，中国、泰国和越南为最主要的三大贸易伙伴国家。据联合国商品贸易统计数据库数据，2016年中国是老挝最大的出口贸易伙伴，出口总额为11.28亿美元；泰国是老挝最大的进口贸易伙伴，进口总额为25.41亿美元。

长久以来，邻国泰国一直是老挝最主要的农产品贸易伙伴。老挝生产的大米主要是糯米，品质较高，产量能满足国内需要。据联合国粮农组织称，过去老挝每年还需进口约1万吨大米，现在已完全实现自给自足。随着产量的提高，还有一部分出口到泰国、越南和中国。咖啡是老挝列居第1位的出口农产品，近年来出口比重有所下降，但仍占到了农产品出口总额的64%。主要出口市场是欧洲（57%）、亚洲（29%）及美国（14%）。

3. 中老农产品贸易

21世纪以来，中国与老挝农产品贸易经历了飞速的发展。2000年，中国对老挝农产品出口额和进口额分别为194.83万美元和223.43万美元，进出口贸易额相近，随后五年进出口贸易额均缓慢下降。2006年中国从老挝进口农产品贸易额出现急速增长，飙升至611.74万美元，之后持续快速增长，截至2016年，中国从老挝进口农产品贸易额增长至1.18亿美元。中国向老挝出口农产品贸易方面，从2009年出现增长，到2016年中国向老挝出口农产品贸易额增长至0.25亿美元（图3）。

中国从老挝进口农产品以谷物为主。根据中国海关数据，2016年中国从老挝进口谷物7586.23万美元，占当年中国从老挝进口农产品总额的64.4%，其次是糖料及糖、其他农产品、畜产品、饮品、粮食制品和油籽。中国从老挝进口水果贸易额从2006年以来逐渐下降，从2006年的174.61万美元下降到2016年的0.06万美元（图4）。

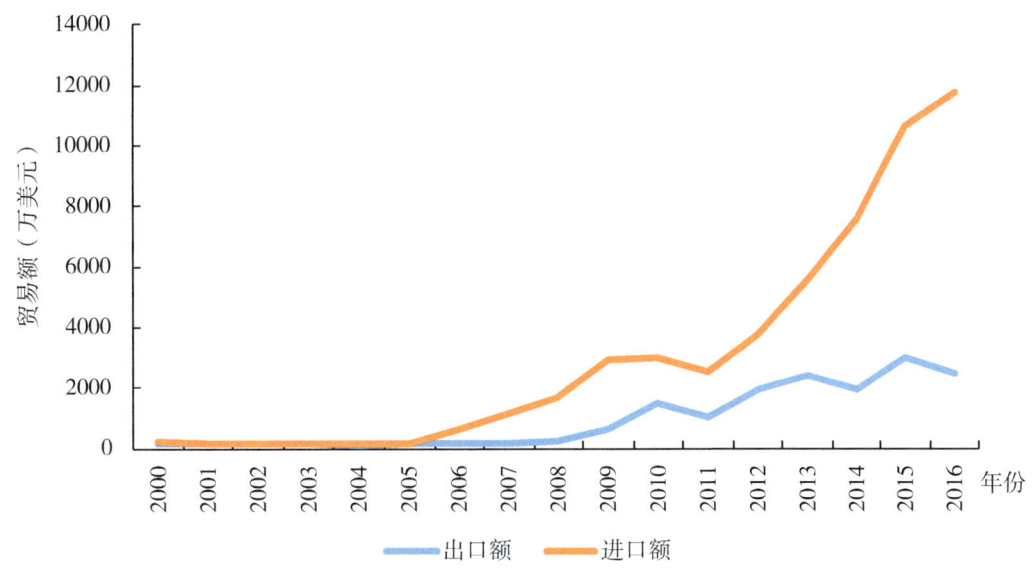

图3　2000—2016年中国与老挝农产品贸易情况

资料来源：中国海关

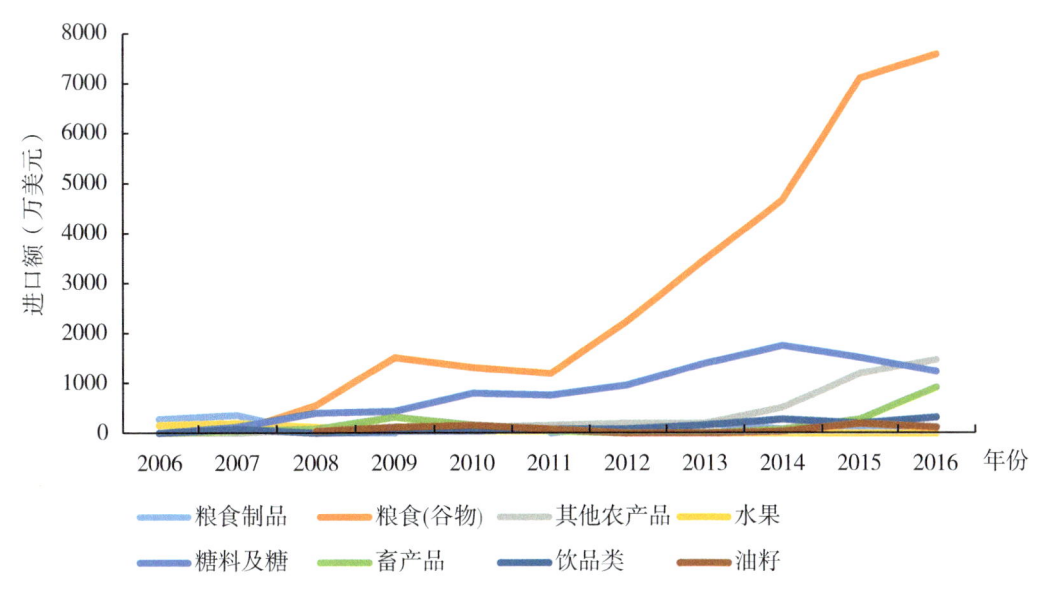

图4　2006—2016年中国从老挝进口农产品情况

资料来源：中国海关

老挝从中国进口的农产品以饮品、蔬菜、坚果、谷物、水果为主。根据中国海关数据，2016年，老挝从中国进口饮品的贸易额为445.85万美元，占当年老挝从中国进口农产品总额的17.9%；其次是蔬菜，进口额为131.24万美元；坚果进口额为50.28万美元；谷物进口额为30.31万美元；水果进口额为12.40万美元。2010—2014年，老挝从中国进口水果贸易额曾出现一个小高峰，2012年峰值达到325.82万美元，之后2015—2016年降至超低水平。此外，老挝还从中国进口粮食制品，2016年进口额为4.51万美元（图5）。

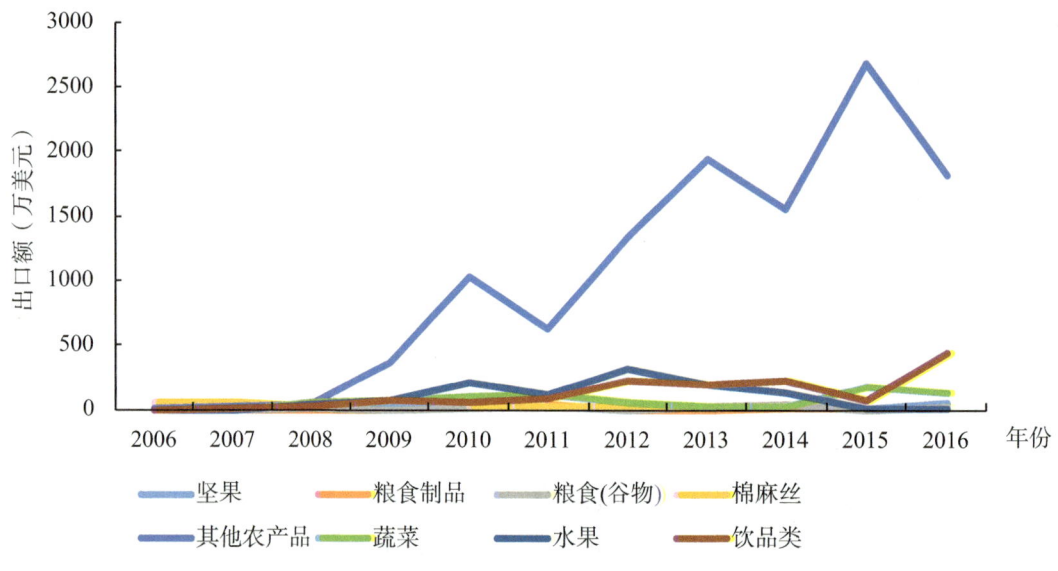

图5　2006—2016年中国向老挝出口农产品情况

资料来源：中国海关

（四）农业科技发展

1. 农业科研机构

（1）老挝国家农业和林业研究所

老挝国家农业和林业研究所（National Agriculture and Forestry Research Institute，NAFRI）成立于1999年，组建目的是为了巩固国内农业和林业研究活动，建立一个协调的国家农业和林业研究系统。该部门隶属于老挝农林部，并和农林部其他技术部门地位平等。

NAFRI的任务主要为进行农业、林业和渔业的综合研究，提供技术信息、行为准则和研究结果来制定符合国家政策的农业发展战略。其有4个主要功能，包括：开展适应性研究，开发研究方法、工具和信息包，协调和管理研究方法，提供政策反馈信息。NAFRI通过开展关于农业生物多样性可持续利用和保护的研究，为实现农业发展策略2025做贡献，提高生产力，适应和减缓气候变化，并提供相关的扶持政策。NARFI希望在2030年通过老挝农业技术现代化推动农业生产系统的发展，同时推动国家粮食安全和营养的进步，改善农业商业化生产，并提高可持续资源利用的管理水平。

NAFRI下属以农产品为基础的研究中心包括农业研究中心（ARC）、畜牧研究中心（LRC）、园林研究中心（HRC）、林业科学研究中心（FSRC）、玉米和经济作物研究中心（MCRC）和水产生物资源研究中心（LARReC）；以非农产品为基础的研究中心包括农林政策研究中心（AFPRC）、农业气候变化研究中心（CRA）和农林信息和交流中心（CIC）；以及地域性研究中心和机构，包括琅南塔农业研究中心（LTARC）、山地农业研究中

（UARC）、Thasano 农业研究中心（TARC）、咖啡多样化研究中心（CRMC）和 Nong Daeng 农业研究中心（NARC）。

（2）老挝国立大学

老挝国立大学（National University Of Laos，NUOL）是老挝历史上第一所全面并完整的大学。老挝国立大学成立于1996年11月5日，由现有的高等教育机构合并而成，并由不同部委管理，包括10个机构，分别为：万象理工大学、师范大学、医科大学、Nabong 农学院、Dongdok 林业大学、Tadthong 灌溉学院、建筑学院、交通学院、电力电子机构以及温卡姆农林中心。

2. 农业科技发展状况

老挝缺乏农业科研及农业技术推广服务体系，与湄公河流域内其他国家相比，科研机构和技术推广机构一直没有得到重视，相关预算少，成果少。农作物单产水平低，畜禽死亡率高，繁殖率低。整体上缺乏科学施肥、节水灌溉、兽医兽药等方面的常规技术和新品种，生物技术和信息技术更是匮乏。近年来，老挝在农业领域积极提倡科学种植，注重选育优良品种，进行杂交水稻高产试验。

老挝的农业科技水平落后，农业生产科技含量低。随着科学技术的发展，越来越多的农民开始使用化肥。南部和中部地区使用化肥较为普遍，在水稻种植中常常结合使用化肥和良种。此外，老挝农业机械化程度也在逐步提升，中部湄公河流域机械化水平最高，超过80%的农户在农业生产中使用拖拉机。而在老挝北部高山地区机械化程度相对较低（史蒙，2014）。

由于老挝农业科技发展水平有限，政府积极寻求国外合作与国际援助，引进杂交水稻、水果等新品种；合作建立水果、蔬菜试验示范与推广基地，开展农业技术和农业管理人员培训。

（五）农业管理体系与政策

1. 农业管理体系

老挝农业和林业部（Ministry of Agriculture and Forestry，MAF）是老挝人民民主共和国政府主管农林业的部门。老挝农业和林业部包括以下部门：森林监察司、常任秘书长办公室、人事司、监察司、计划司、农业司、畜牧和渔业司、林业司和灌溉司，还包括国家农业和林业研究所（NAFRI）、国家农业和林业推广服务（NAFES），以及17个省级农业和林业局（PAFOs）和139个区的农业和林业推广机构（DAFES）。

农业司主管农业相关政策与管理事务。农业司的总体任务是管理和发展作物部门，着重于通过技术创新和作物改良来提高生产力,与用于粮食安全和商品生产的清洁农业保持一致。具体职责包括:制定与作物部门管理有关的法律(法律、等级、规章、决定、命令、规则、指南、手册等);植物保护的开发和管理(病虫害监测、虫害处理、病虫害诊断、害虫名录、植物保护网站等);植物检疫的开发和管理(边境检查站、国家植物检疫数据库、农产品进出口管理和检验、反应性抗体检测、市场准入谈判等);农业投入控制与管理(种子、化肥、农药、实验室和田间试验注册登记);清洁农业发展,在区域和国际标准的基础上制定标准化的发展和认证体系(OA、GAP、GI 等),保证食品安全与质量。农业司下设行政处、规划处、农学管理处、标准化处、植物检疫处、监察处,以及植物保护中心和清洁农业中心。

2. 农业支持政策

自 1989 年修订《税收制度决议》起,老挝农作物征收税率得到了不同程度的降低,减轻了农业生产者负担。1993 年,老挝颁布《土地法》,通过法律的形式保护土地私有化,从根本上解决了土地权属问题,基本完成土地等生产资料的私有化。同时鼓励农业生产者相互之间交易剩余的农产品,并提高农产品收购价格,大大激励和促进了农业生产者的农业生产经营活动。

近年来,老挝加大农业基础设施投资力度,设立农业发展银行,加大政府资金支持力度,优先发展重点农业项目,改善农业水利设施建设,引进国外先进生产设备,提高农业生产经营水平。同时,出台参与性计划,旨在削减中央政府对农业发展项目的过度操控,实现行政权力下放,基层政府可以因地制宜地开展各项科学合理的支持农业发展的措施;实施现代农业生产技术,发展绿色生态有机的现代农业生产模式(江丽,2016)。

老挝制定了从市场开发、人力资源开发、农业管理的地方化、农业生产经营多样化、农业生产经营技术培训、流域整合管理、农林牧业的可持续发展等方面的优先政策,以发展农业生产,加快农村开发。

3. 农业发展规划

老挝农林部发布的《2015 年农业发展战略与 2030 年展望》报告中提出,到 2030 年,老挝农业发展目标是"确保食品安全,生产有比较优势和竞争优势的必要产品,发展一个卫生、安全并且可持续发展的农业。促进农业经济发展,努力向现代农业靠拢,加强农村发展建设与国家经济基础的联系"。到 2020 年,农林业部门的国内生产总值的平均增长率达到 3.4%,占到国家经济总收入的 19%。具体发展目标包括:① 工业化与现代化建设方面发展迅速,国家经济水平也随之提升。健全的综合基础设施确保经济增长保持在恒定的水平。有效、稳定和有保障的粮食安全以及营养方面的强有力的质量保证,为农产品生产带来高竞争力和适应气候变化的能力。② 农业生产与卫生原则保持一致，确保生产出的产品对生产者、消费者以及环境保护是清洁并安全的。③ 农业生产为员工雇佣、创收、减少农村和城市差异、保护城市文化、环境保护和保持生态稳定和平衡等方面做出贡献。

三、农业投资环境

（一）国家商业环境

据世界银行发布的《2017年营商环境报告》，老挝的经商便利程度在190个国家中排名第139位，较2016年下降了3位。其中办理施工许可、登记财产、获得信贷和执行合同的便利程度进入世界排名的百位以内，开办企业、获得电力、保护少数投资者、纳税、跨境贸易和办理破产的便利程度则位于百位之外。根据世界经济论坛发布的《2016—2017年全球竞争力报告》，老挝全球竞争力在138个国家中排名第93位。根据华尔街日报发布的《2017年经济自由度指数》，老挝经济自由度在全球180个经济体中排名第133位（表7）。

表7 2016—2017年老挝世行营商指数排名

世行营商指数	2017年排名	2016年排名	2017年与前沿水平距离(%)	2016年与前沿水平距离(%)
总体	139	136	53.29	52.44
开办企业	160	168	72.42	67.36
办理施工许可	47	42	75.11	75.06
获得电力	155	158	48.67	45.19
登记财产	65	64	68.70	68.70
获得信贷	75	70	55.00	55.00
保护少数投资者	165	166	35.00	35.00
纳税	146	143	56.98	57.01
跨境贸易	120	116	62.98	62.98
执行合同	88	86	59.07	58.07
办理破产	169	169	0	0

注：表格中的"前沿水平"反映了《营商环境报告》所包含的所有经济体在每个指标方面（自该指标被纳入《营商环境报告》起）表现出的最佳水平。每个经济体与前沿水平的距离以从0～100的数字表示，其中0表示最差表现，100表示前沿水平。资料来源：世界银行《2017年营商环境报告》

中国与老挝接壤，边境贸易活跃。从世行营商环境报告可以看到，老挝边境贸易边界合规成本较低，单证合规成本较高（表8）。

表 8　老挝世行跨境贸易指标

指　标	老　挝	东亚及太平洋地区	经合组织
出口耗时：边界和规（小时计）	12	57	12
出口所耗费用：边界和规（美元计）	73	402	150
出口耗时：单证和规（小时计）	216	73	3
出口所耗费用：单证和规（美元计）	235	132	36
进口耗时：边界和规（小时计）	14	71	9
进口所耗费用：边界和规（美元计）	153	436	115
进口耗时：单证和规（小时计）	216	71	4
进口所耗费用：单证和规（美元计）	115	128	26

资料来源：世界银行营商环境报告

基础设施方面，老挝基础设施水平落后，根据世界经济论坛发布的《2016—2017年全球竞争力报告》，老挝的基础设施在140个国家中位列第137名，其中，交通设施排名101位，电力和通信设施排名75位。近年来，老挝政府加大对基础设施尤其是交通设施的投入，目前已修建了5座连接泰国的跨湄公河大桥，中国在老挝援建或承建的项目多为水电站、桥梁和公路等，中老铁路也正在积极建设，将大大提高老挝交通运输能力。

（二）贸易管理规定

20世纪90年代以来，老挝的对外贸易有了较大的发展，1997年7月，老挝正式加入东盟，成为东盟新四国之一，并且是中国—东盟自贸区成员（10+1）及大湄公河次区域（GMS）合作成员。2013年2月，老挝正式加入世界贸易组织。

老挝的贸易主管部门为老挝工业与贸易部（下设省市级工业与贸易厅、县级工业与贸易办公室），主要职责是制定、实施有关法律法规，发展与各国、地区及世界的经济贸易联系与合作，管理进出口、边贸及过境贸易，管理市场、商品及制定价格等。老挝与贸易相关的主要法律有《投资促进管理法》《关税法》《企业法》《进出口管理令》《进口关税统一与税率制度商品目录条例》等。

老挝除少数商品受禁止和许可证限制外，其余商品均可进出口。其中与农业相关、禁止进口的商品为危险性杀虫剂；禁止出口的商品为法律禁止出口的动物及其制品、原木、锯材、自然林出产的沉香木、自然采摘的石斛花和龙血树、藤条；需要进口许可证管理的商品为活动物、鱼、水生物、食用肉及其制品、奶制品、稻谷、大米、食用粮食、蔬菜及其制品、饮料、酒、醋、养殖饲料、杀虫剂、毒鼠药、细菌。

（三）外资管理体系与优惠政策

老挝政府在中央和地方均设立了投资促进管理委员会（CPMI）。老挝政府高度重视引进外资，出台了《外资法》《电力法》《矿产法》《土地法》和《环境法》等相关法律，2009年正式提出"资源变资金战略"。为吸引更多的外国企业到老挝投资开发，相应出台了新的《投资促进法》，为外国投资者提供了更为有力的激励政策。新投资法加强了外国投资的程序化、规范化管理，老挝投资环境得到极大改善，农业领域的投资机会越来越多（张毅，2012）。

老挝的常规海关和税收系统一般进口税率在3%～40%，间接税款包括：①商业营业税，5%～10%；②消费税，5%～90%。直接税款包括：公司利润税，海外投资者税率在20%左右，本国投资者税率在35%左右。自2011年11月起，为了降低国内外投资者的利润税，老挝对其税法进行了修改。新的税率一般维持在24%～28%。税额最小值为全部收入的0.1%。

老挝对外国投资者获得土地进行了相关规定：老挝境内所有土地归国家所有。全国范围内的土地划分为8个类型：农业用地、林业用地、建筑用地、工业用地、交通用地、文化用地、国防、治安用地和水域用地。任何自然人和法人只能享有土地使用权或用益权，老挝对外国人获得土地使用权进行了详细的规定。

老挝商业部门给予海外投资者在老挝的优惠政策包括：投资者在创建企业和生产制造方面得到符合法律的政府支持；投资者可以在老挝获得高新技术和环保技术的支持，有效地利用当地自然资源和能源；获得经营活动的权利和合法权益的保护；拥有资产；得到租赁土地的优惠政策，例如拥有使用或出售租赁土地资产的权利，并利用这些资产创立合资企业以获取更大的利益；拥有土地转租权；可以按照租赁条件转让租赁权；可以在创立合营企业或特许经营权上使用土地租赁合同给予他人担保权益；必要时，外国劳动者的使用不得超过企业劳动力的10%；提供外国投资者和他们的家庭以及企业的外国专家和外籍员工多次入境签证；并可以获得在老挝境内长期居留的批准，有权依法获得老挝国籍；获得老挝有关当局登记的知识产权的保护；在汇回利润方面，依照规定和法律全额缴付资本和其他收入的税款后，可通过老挝的本地银行汇回本国或第三国；允许在老挝的银行开立账户和外币账户；允许在业务活动受到影响时，向有关当局要求判决或提出索赔。

根据《投资促进法》，鼓励类投资分为3类：一类投资是特别鼓励的投资业务；二类投资是一般鼓励的投资业务；三类投资是较为鼓励的投资业务。根据老挝《投资促进法》第

49条，其主要促进的领域集中在农业、工业、手工业和服务业。

老挝政府将投资区域分为三类：一类区域为基础设施十分匮乏的偏远地区，政府为在一类地区的投资项目提供了最为优惠的税收政策；二类区域为具备基本基础设施条件的地区；三类区域为具备相对完善的基础设施条件的地区。这三类区域均配套不同程度的税收优惠。

（四）农业优势与潜力

老挝地处热带与亚热带季风气候区，降水充沛，气候适宜农业生产，拥有丰富的未开发的自然资源，包括大面积的可用于农业生产的肥沃土地，几乎不存在具有超大破坏性的自然灾害，与此同时，老挝与周边国家相比具有低廉的农业劳动力，农业发展自然资源优势与潜力巨大。老挝生产的优质水稻在国际市场颇受欢迎；热带水果由于与中国的季节差而具有巨大的市场潜力；咖啡等地区特色农产品也发展迅速。

目前，老挝农作物单产水平低，通过引进中国先进技术，增产潜力巨大；品质方面，老挝生态环境保护好，农业污染少，在发展优质有机农产品和农业特色旅游方面具有得天优势与巨大潜力。

（五）风险分析

老挝实行改革以来，农业一直处于开放阶段，农业发展速度很快。通过国际合作促进老挝农业发展是老挝国家的重要战略之一，然而，与老挝开展农业合作仍然存在一定的风险。

1. 政治风险

老挝政局相对稳定，但国家经济发展严重依赖外援，外债呈不断增加的趋势。国际货币基金组织报告显示，老挝的外债已升至30亿美元。老挝债务额已至警戒水平，政府偿还外债的能力不足。与此同时，虽然当前老挝法律法规逐步完善，但也会出现有法不依、执法不严、法律制度变化快的情况。

2. 经济管理风险

劳动力方面，老挝人口少，居民消费能力低，农业经济发展潜力有限；农业劳动力素质普遍偏低，缺乏高素质、高水平的农业从业人员，农业劳动生产率低下；同时引进外劳审批程序复杂，人数受《老挝外籍劳务管理办法》管理限制。基础设施方面，老挝水利灌溉、防洪防旱、通路通电等农业基础设施落后；交通运输条件差；农业产业链不完善，良种、化肥、农药等辅助生产资料供应不足。金融方面，老挝目前没有农业保险和针对外商农业投资的保险政策；企业项目融资难，汇兑有限制，老挝本国银行放贷能力不足。

3. 社会安全风险

近来，老挝社会安全风险上升，社会治安问题突出，中国公民近年来遭遇多起被袭事件。中国农业企业较多的老挝北部地区安全风险有所上升。冲突等风险事件的发生会严重影响农业项目的正常开展，损害企业经济利益。

4. 自然灾害风险

老挝农业投资与生产面临干旱、洪涝及蝗灾等风险。近年来，由于气候变化，老挝干旱、洪涝灾害越来越严重，给老挝农业产量造成了极大的损失。此外，蝗灾是老挝近几年来面临的一大自然灾害，严重威胁老挝粮食生产安全。2016年爆发的蝗灾蔓延并影响老挝10多个省份，2017年蝗灾再次爆发，在老挝北部蔓延。老挝植保技术水平有限，对蝗灾的防治能力不足。

（六）总体评价

老挝投资环境的优势在于：人口增长迅速、老龄化程度低、稳定的GDP增长趋势、当地自然资源充足（煤、农业和水资源）、增长的外国直接投资量、是东南亚国家联盟和世界贸易组织的成员国之一、劳动市场丰富、拥有货币援助、人民受教育程度提高。劣势在于：经济结构脆弱、法律不健全、交易透明程度低、受贿风气严重、营商环境脆弱、外部债务高、汇率低、税务结构落后、环境污染、信贷过度增长和经济过热的风险。总体上来看，中国对老挝农业投资潜力巨大，老挝是中国在东南亚地区甚至全球范围内农业贸易、投资与合作的重点国家之一。

四、中老农业合作现状与合作重点

（一）合作现状

1. 合作机制

中国与老挝1961年正式建立外交关系，2009年9月中老两国关系提升为"全面战略合作伙伴关系"。两国高度重视双方的经贸合作，于2010年3月和6月签署了一系列经贸合作文件，极大地推动了两国经贸合作。2012年，中老两国签署《关于万象赛色塔综合开发区的协定》，投资3.6亿美元开展包括农产品加工等行业发展。2015年，两国签署《中老磨憨—磨丁经济合作区建设共同总体方案》，2017年双方签署《中老磨憨—磨丁经济合作区总体规划》。同时，通过东盟、"一带一路""中国与东盟（10+1）""澜沧江—湄公河"等多边合作机制，中国与老挝深入开展全面合作。农业领域，中国与老挝于2000年签署《中国农业部和老挝农林部关于农业合作的谅解备忘录》，于 2010 年签署《中国和老挝农业合作谅解备忘录》。中国与老挝成立双边农业工作组或联委会，定期召开会议，确定农业合作重点领域，制定双边农业合作与交流计划。2012 年 9 月，中国农业部与老挝农林部在老挝万象举行了双边会谈并签署了《2012—2013 年中国老挝农业合作工作计划》。2017 年 11 月 13 日，在两国领导人的共同见证下，《中华人民共和国政府和老挝人民民主共和国政府科学技术合作协定》在万象签署。

2. 科技合作

老挝的农业科技相对落后，需要引进品种和技术，农业科技一直是双方合作的重要方面。早在 2004 年，广西迈出了与老挝开展农业合作的新步伐——建起第一个由广西农业人员实施的"中老农业合作试验基地"。目前，该基地已成为对老挝技术推广的"窗口"，试种了 96 个中国南方水稻、玉米、蔬菜优良品种以及剑麻和甘蔗等其他经济作物。2013 年 11 月，广西农业职业技术学院与老挝农林研究院合作共同建立了中国（广西）—老挝合作农作物优良品种试验站，试验站总部在万象占地 40 公顷，同时在老挝南部占巴塞省的原中老合作农业试验基地成立了品种试验站巴松分站。试验站将筛选适合老挝种植的农作物优良品种并进行推广，同时为老挝培训农业技术人员。目前，试验站已经试种 128 个农作物品种。2007 年，云南与老挝签署农业合作协议，在老挝乌多姆赛建设了面积 10 公顷的"中国云南—老挝乌多姆赛农业科技示范园"，开展优质水稻、玉米实验。2009 年，华大集团与老挝相关部门共同建立"老挝—中国现代农业科技示范园"，以重要粮食作物（糯稻）、热带经济植物（印加果、轻木等）品种改良以及热带种质资源保护为示范，并建立了田间育种试验基地、热带经济植物品种改良基地，配以热带种质资源圃等配套设施，提供育种公共服务，还搭建了国际物种保护信息交流平台，对适用技术和产品进行了引入、应用和推广。2010 年 3 月，又分别在万象建设了中国（云南）老挝波里坎塞农业科技示范园、中国（云南）老挝浪南塔农业科技示范园。基于科技示范园项目，开展了农业科技、应用技术推广、新品种输出等合作与交流，有效提升了老挝的粮食作物产量。2014 年，中国河南长久农业技术有限公司与老挝国立大学签署合作协议，以加强农林业技术、科研方面的交流与合作。此外，中国还在老挝实施了包括红麻、优质饲料加工、种猪生产、户用沼气等一系列科技示范项目。华大基因在老挝开展了动植物育种、基因健康等方向的项目合作，有力推动了老挝生物产业发展。2017 年，四川农业大学与老挝浪南塔省农业研究中心成立"中国—老挝：农作物联合育种中心"在老挝浪南塔省农林厅挂牌成立；中国苏州大学与老挝科技部在万象签署建立绿色研究中心的协议，根据协议，中老双方同意在老挝建立绿色丝绸研究机构，共同开发并培育桑、蚕、丝品种，双方将分享有关该领域发展的理论和实践经验，同时进行人员培训。

3. 贸易合作

中国与老挝于1988年签署《中老贸易协定》和《中老边境贸易的换文》，1997年签署《中老关于成立两国经贸技术合作委员会协定》，1999年签署《中老避免双重征税协定》，2004年签署《货物贸易协议》和《争端解决机制协议》，2016年签署《关于加强两国边境地区经贸合作的协定》。在农产品贸易领域，2012年4月28日，中国国家质检总局发布公告，根据中国专家对老挝玉米有害生物风险分析结果，在实地考察的基础上，经中老两国检验检疫部门协商，双方签署了《关于老挝玉米输往中国植物检疫要求议定书》，老挝玉米获得出口中国的检验检疫资格，允许符合条件的老挝玉米进口。2012年7月，两国签署《中国商务部和老挝工业贸易部关于农产品贸易领域合作的谅解备忘录》。2013年9月26日，中国国家质量监督检验检疫总局与老挝农林部共同签署《关于老挝西瓜输华植物检验检疫要求议定书》《关于老挝香蕉输华植物检验检疫要求议定书》和《关于老挝木薯干输华植物检验检疫要求议定书》三份协议，标志着老挝西瓜、香蕉和木薯干等农产品完成了输华检验检疫准入，正式获准以一般贸易方式进入中国。

4. 投资合作

中国是老挝最大的投资国之一，其中农业是十分重要的投资领域。根据老挝规划投资部2016年年度报告，2016年中国在老挝投资超过10亿美元。老挝已成为中国在全球第8大投资目的地国。中国的大多数投资集中在水电，采矿和农业部门。中国在老挝农业部门的投资主要分为土地投资、农业投资和林业投资。土地投资方面，中国是老挝土地的最主要投资国之一，投资规模仅次于越南，中国在老挝的土地投资高度集中于老挝北部的中老边境区域。农业投资方面，2016年中国对老挝的农业投资流量为1.3亿美元，主要投向种植业（53.8%）和林业（38.5%）。截至2016年年底，中国对老挝农业投资存量10.2亿美元，主要投向农林牧渔服务业（41.2%）和林业（27.5%）。中国在老挝直接农业投资的企业有80家。其中，种植业企业41家，畜牧业企业1家，林业企业26家，农副产品加工业企业3家，农林牧渔服务业企业9家（中国对外农业投资合作分析报告，2017）。中国在老挝北部的橡胶投资具有运输成本优势，可以把生胶快速地从老挝北部运至与老挝北部接壤的中国西双版纳进行加工，因此老挝北部的林业投资主要来自于中国。但中国橡胶投资项目的规模平均为341公顷，远远低于越南在老挝橡胶投资1477公顷的平均规模。

云南和广西地处中国西南边疆，与老挝接壤，是中国面向老挝开放的重要门户。两省（区）与老挝在农业产业合作方面成效显著。云南、广西等多家企业进入老挝，在当地开展橡胶、茶叶、水稻、玉米、蔬菜、林木种植、加工及养殖业多种行业的合作与开发。中方企业引入的先进技术、优良品种、资金，对老挝科技经济发展起到了积极的影响。比较成功的例子包括：南宁金穗农业科技公司与海南有关单位合作在老挝万象附近租地，建立500亩香蕉实验基地。广西农业职业技术学院与华亚金桥公司投资建设的中国—老挝农业合作示范基地，生产出生态优质的果蔬投放当地市场，供不应求。老挝北大荒农业科技发展有限公司以占巴塞省湄公河流域广袤肥沃的土地为依托，凭借农业种植、畜牧养殖、粮食的收购、烘干、储存、加工等主要经营项目扎根老挝，重点开发占巴塞省的农业资源，目前已取得4000余公顷的土地专有勘察数据并先期拥有150公顷的土地开发权。广西香蕾茶厂在老挝丰沙里省投资400多万美元建成广西第一家跨国民营企业——普发茶厂，通过建设1400公顷的高山有机茶园基地，使当地3万多原来种植罂粟的烟农变成茶农，对老挝的农业发展和禁止毒品生产产生了巨大影响。云南省海外投资有限公司与老挝乌多姆赛省签订老挝北部饲料加工厂项目合作协议，国家开发银行和云南省海外投资有限公司签订老挝20万吨大米加工项目框架协议。2014年5月，湖南粮食集团和湖南国宏投资有限公司赴老挝考察，双方有意合作建立粮食生产、加工销售基地，开展从种子培育、种植、加工、销售到出口中国的完整产业链合作，同时也开展玉米、木薯等其他农产品贸易。2017年老挝农林部与中资企业炫烨（老挝）有限公司、中国航空技术北京有限公司就合作建设老挝现代生态农业产业园项目签署谅解备忘录，该农业产业园未来将依托中老铁路打造区域农产品交易、仓储和物流枢纽平台。

（二）合作潜力

1. 合作基础

中国与老挝双边合作具有良好的政治环境与合作机制。中老两国是全面战略合作伙伴关系，两国高度重视双方经贸合作，签署了一系列经贸合作文件，中国已经成为老挝最主要的外来投资国和贸易伙伴国家。同时，"一带一路"倡议、"中国与东盟（10+1）"、"澜沧江—湄公河"等多边合作机制为中老合作提供了广阔的区域合作平台。

近年来中国和老挝双边农产品贸易快速增长，尤其是在CAFTA推动下两国农产品贸易额和逆差额增长较快，贸易联系紧密度均有一定提升，中国已成为老挝最为重要的农产品进出口市场之一。老挝在农业资源环境方面具有比较优势，拥有丰富的未开发的自然资源、大面积的可用于农业生产的肥沃土地，几乎不存在具有破坏性的自然灾害。中国则在农业先进技术和农产品市场方面具有合作优势。中老两国在国际农产品市场出口相似度较低，竞争性较小，同时存在较大互补性，现阶段中国与老挝是基于产品互补性的产业间贸易为主，未来双边贸易还有较大的增长空间（詹一览 等，2017）。

中老在农业科技领域具有广泛合作基础。中国政府曾向老挝提供多项无偿援助，其中包括提供设备如耕作机、养殖设备和玉米烘干机以及援建老北农业示范中心等，并在老挝建立"中老农业合作试验基地"，为当地引进大批先进农业技术、品种和设施，培训技术人才。2014年，中国启动实施援助老挝跨境动物疫病防控项目，目的是推动两国在跨境动物疫病防控方面的合作，该项目将有利于加强中老边境动物疫病防控合作、促进两国经贸关系持续稳定发展。2017年11月13日，在两国领导人的共同见证下，《中华人民共和国政府和老挝人民民主共和国政府科学技术合作协定》在万象签署。该文件的签署将有力推动中老农业科技合作进一步深化发展。

2. 合作前景

中国与老挝政治上高度互信，可以说是全天候的战略伙伴关系。近年来，老挝经济发展势头良好，根据老挝"八五"（2016—2020年）及中长期发展规划，未来5年经济增速将不低于8%、未来10年不低于7.5%。老挝与中国地理位置相邻，独特的地缘优势和传统的人文渊源，政治环境稳定、农业资源丰富，作为"亚洲粮仓"国家之一，具有巨大的农业合作潜力，是中国未来对外农业合作的重点国家之一。

（1）地理区位优势相对明显，适宜发展外向农业

老挝是陆路连接中国与东盟各国路程最短的国家，北部地区与中国、越南、泰国、缅甸等4个国家接壤，同时湄公河将其国内与周边国家连接，区位优势突出，开展农产品跨境贸易优势明显，可作为中国与东南亚区域开展农业合作的桥头堡。另外，老挝已经加入东盟自由贸易区和大湄公河次区域合作计划等国际性组织，在农产品进出口方面非常便利，适宜外向农业发展（史蒙，2014）。中国与老挝开展农业合作，将有利于全球农业布局，充分利用国际资源，满足双方的需求。

（2）投资环境不断改善，政府积极吸引外资

老挝政府高度重视引进外资，出台新的《投资促进法》，加强外国投资的程序化与规范化，提出"资源变资金战略"，为外国投资者提供更为有力的激励政策。为发展本国农业，老挝政府提出了与外国投资者互利共赢的"2+3"投资模式，即老挝提供资源和劳动力，外国投资者提供技术、资金和市场。中国具有天然优势的投资便利条件，可以通过加大资金、技术、人才的输出来提高老挝农业综合发展水平，实现老挝农业的可持续发展。因此，随着老挝投资环境的不断改善，可以吸引更多的中国企业前来投资，实现规模效应。

（3）"一带一路"建设提供农业合作的新契机

老挝地处东南亚核心区位，但交通物流发展滞后严重影响了其区域枢纽作用的发挥。"一带一路"倡议引领下，中老铁路的修建，将打通老挝与中国及东南亚区域的陆路交通，同时加快中国实施"走出去"的步伐，通过在老挝进行产业布局，提升技术升级，带动老挝技术进步，同时开拓新常态下中国农业企业的经济发展空间。结合打造中国—东盟自贸区升级版的机遇，充分利用现有合作机制，加强中老农业合作，携手共同创造区域内新的增长点，促进双方相互支持、携手发展，有望成为区域和谐共赢的典范。

（三）合作重点

1. 重点领域

老挝土地资源丰富，人均土地面积大，具有发展农业生产的资源优势，又由于老挝北部与中国云南南部接壤，因此中方企业具有在老挝北部经营农业种植项目的便利条件。老挝是"一带一路"中21世纪海上丝绸之路的沿线国家之一，以独特的地理区位优势成为连接长江经济带、大西南"桥头堡"以及泛亚高铁的重要枢纽。未来，要充分发挥双方的比较优势，包括资源、技术、资金、人才、管理、市场等，加强双方政策沟通，加强农业合作。农业合作的重点领域包括种植业、水产和畜牧养殖、农产品加工以及林业领域，重点是农业资源合作开发、科学技术交流、农业现代化合作。

（1）种植业领域

老挝政府鼓励外国投资水稻、玉米、木薯、香蕉等作物的种植，并将水果、咖啡、油料作物种植作为一类鼓励发展的产业，水稻、玉米种植作为二类鼓励发展的产业。近年来，中国企业到老挝进行农业投资项目不断增多，涉及橡胶、水稻、甘蔗、木薯、中药材、蔬菜、热带水果、烟叶等种植。老挝北部具有建设旱季水稻基地、甘蔗生产基地和橡胶生产基地的潜力，因此，中方企业可以通过投资进一步加大对老挝农业发展的支持力度，同时通过"替代种植"合作，为世界消除毒品做出贡献。充分利用老挝的税收优惠政策，如稻谷、玉米、淀粉等农产品出口免征关税，力争通过作物合作开发为中国大西南地区的粮食安全做出贡献。

（2）农产品加工领域

近年，中国与老挝的农业合作领域逐步呈现多元化，已从过去的以种植业为主逐步拓展到农产品加工。饲料加工厂、屠宰厂、粮油加工厂都是老挝一类鼓励发展的产业，中方在此方面也具有一定优势，因此要积极拓展农产品加工领域的合作。通过合作，一方面帮助老挝延伸产业链，增加农业附加值，另一方面扩大中国的技术、设备影响力。此外，通过农产品加工领域的合作，逐步促进双边农产品贸易增长。

（3）畜牧与水产养殖领域

老挝的畜牧业发展比较落后，政府实施的"七五"规划在畜牧领域取得了较好的成果。

大牲畜养殖是老挝鼓励投资发展的一类产业，中方企业可以积极参与畜牧养殖领域的合作。多年来，中老已经在猪仔养殖、种猪生产、优质饲料加工、户用沼气等畜牧方面开展合作，中方企业可以充分利用当地丰富的饲草资源，推广先进适用养殖技术，帮助老挝提升畜牧业发展水平。此外，积极开展跨境动物疫病联合防控方面的合作，特别是构建禽流感、口蹄疫等重大动物疫病的防控体系。在水产养殖领域，由于老挝农户养鱼大多是为了增加食物供应和收入，养鱼对国家粮食安全和减贫意义重大。而中国是世界上最大的淡水养殖国，可以充分发挥中国的技术优势，为老挝开展渔业生产培训，帮助其促进渔业发展。

2. 重点项目

（1）种植加工一体化项目

老挝作为"亚洲粮仓"五国之一，谷物出口基础良好。老挝具有生产稻谷（糯米、粳米和旱稻）的优势，合作开发稻谷等粮食作物资源非常有前景。目前，老挝水稻平均亩产约200千克，通过合作建设粮食基地，未来亩产量有望提高3倍。云南海外投资公司实施了年产20万吨大米加工厂项目，大米加工企业的设计年产量远期为50万吨，可创造年产值1.2亿美元，增加500个就业机会，带动农田种植5万公顷。双方通过粮食作物种植领域的种植加工一体化合作，将帮助老挝引进推广优良品种和先进技术，提升农业产量与质量水平，带动相关产品加工业发展。此外，结合老挝北部具有发展天然橡胶产业的优势，为满足中国橡胶需求，继续开展橡胶种植与加工合作，加大对老挝的投资。云南云锰集团已在老挝浪南塔省成功收购和合作橡胶20多万亩，计划扩大规模，在老挝北部地区再种植20万亩橡胶，并建设有普卡橡胶加工厂。此外，云南高深橡胶集团有限公司在老挝也建有橡胶种植基地。中国将依托种植加工一体化项目合作，不断促进老挝农业经济的发展。

（2）科技示范园建设

与周边国家相比，老挝农业发展落后，迫切需要提升农业发展的科技支撑能力。中国与老挝已经在老挝境内多地合作建立了农业科技示范园、技术示范中心、种业示范基地等，这都将成为中国农业技术对外推广的窗口，要继续在先进技术、良种示范以及农资和农机应用上发挥重要作用。通过科技示范园建设，加强杂交水稻、杂交玉米、马铃薯、大豆、蔬菜、哈密瓜、花卉等新品种、新技术的科技示范，进行适宜老挝农作物优良品种的选育以及开展"替代种植"技术的研究。借助科技示范园平台，进一步加强中老两国科研机构、企业、高校之间的科技合作，比如生猪繁育及新型饲料研发加工技术、小型农业机械推广、热带作物繁育技术应用推广、天然药物资源开发利用等方面，使科技合作成为推动农业合作深入发展的重要抓手。加强双方人员交流与培训，深化两国农业合作的基础，通过为老挝培养农业技术人员和科技人才，进一步推动中国先进适用技术在老挝的示范与转移，提升中国参与区域合作的主导性。

（3）现代农业产业园项目

根据老挝农业发展战略，要逐步引入和发展现代低地市场型农业生产，适应气候变化，聚焦小农户生产，同时保护高地生态系统，保证粮食安全，改善农村社区的生计。发展现代农业，提高农业产量，创造高附加值的食品和农产品，促进绿色价值链，是老挝减少农村贫困和维护粮食安全的必然途径。虽然目前老挝农业落后，但具有发展现代农业的基础条件，特别是机械化和现代化水平较高的中部地区。为满足老挝发展需求，2015年5月，湖南炫烨生态农业发展有限公司（民营企业）与老挝农林部种植业司、沙湾拿吉省农林厅签署协议，将在沙湾拿吉省共建一个现代农业产业园。早前该公司已经与沙湾拿吉省农业厅合作建设了2000公顷的农业种植示范基地，并获得国家发改委2015—2016年粮企进口专项配额。现代农业园区建设将集粮食贸易、水稻研究、农机交易、农机服务及其他农林产品交易为一体，满足老挝未来农业市场的需求，提升农业产业质量标准，提高老挝中部粮食主产区的农业现代化水平。通过现代农业产业园建设项目，中国企业将引领和建设老挝农业高新技术设施。

五、中老农业合作建议

（一）以"土地租赁+订单农业"发展模式开展农业生产合作

目前中国在老挝投资的主要农作物为橡胶、甘蔗、玉米、木薯和膏桐等。投资模式主要有以下五大类：替代种植模式、订单农业模式、土地租赁模式、股份合作模式和农业示范园模式。其中，订单农业是老挝以及东南亚地区发展较成熟、当地政府和农民接受度比较高的模式。订单农业根据要素投入的差异主要分为两大类：一是"2+3"投资模式。农户提供：土地，劳动力；外国投资者提供：种（苗）、化肥和设备，资金，技术和市场。二是"1+4"投资模式。农户提供土地，外国投资者提供：种（苗）、化肥和设备，资金，技术和市场，劳工费。订单模式的主要优势在于能够将大量本地小农户纳入生产环节及生产收益中。经过实地调研发现，初期采取土地租赁，后期开展订单农业是中国投资者在老挝进行农业经营的良好模式。在投资初期，利用土地租赁的形式开展小规模生产与经营试验，摸索和建立稳定的经营模式与市场渠道。投资后期引入订单农业模式，将本地小农户纳入生产体系中，可以一方面迅速扩大生产经营规模，另一方面带动本地农民学习先进技术、增加收入。

（二）优先投资农业产业链微笑曲线两端，实现优势互补发展

中国对老挝的农业投资不仅仅是生产环节的投资，更是整个产业链的投资。在整个产业链环节中，微笑曲线中间是生产制造，左边是研发设计，属于全球性的竞争，右边是营销市场，主要是当地性的竞争。在农业产业链的微笑曲线上，两端朝上的农业技术研发以及农产品市场与营销是中国具有领先优势的领域，同时也是附加值最高的部分；而位于中间的农业生产环节，老挝具有土地和劳动力的成本优势。因此，当前中国对老挝农业投资中微笑曲线两端是优势投资领域，包括资金、技术（种子与农资）、经营管理、市场营销，中间的农业生产环节则通过订单农业的模式与当地农民合作，充分发挥当地成本优势的同时，与当地农民共享投资收益。

（三）积极发挥中老高铁运输优势，大力发展农产品贸易

随着宏观经济环境的变化，农业正在成为中国在老挝投资的优势产业。老挝气候和自然资源具有独特优势，土地和人力成本显著低于中国国内的生产成本。老挝目前的交通运输首先依靠公路，其次是内河航运和航空。交通运输条件差，导致物流速度慢且成本高，信息传播效率低，农业经济发展缓慢。目前中国与老挝间的农产品及相关物资运输主要依靠货车运输，运输能力不足、时间长，运输效率亟待提高。正在修建中的中老铁路是中国"一带一路"倡议下中国在东南亚地区的重点基础设施建设项目之一，将极大地推动中老两国资源、技术、市场的开放与合作。中老高铁的建成通车将全面改善中老间货物运输，全面提高老挝境内及中老间货物运输效率，降低物流成本。未来中老铁路通车，能够承受较长运输时间的经济作物和热带果树水果等农产品将有巨大市场潜力。第一，从贸易的角度来看，老挝的热带果树水果出口到中国不但没有配额限制，并且无关税和过路费，贸易成本相对低于大米等有贸易配额的产品。第二，从生产的角度来看，老挝的气候具有独特优势，可全年种植热带果树水果，如火龙果、木瓜、番荔枝、红毛丹、芒果和大青枣等。第三，从市场的角度来看，老挝可以进行针对中国市场的热带水果反季节种植。再加上老挝土地和人力成本的优势，在老挝进行热带水果反季节种植，利用中老高铁的便利物流，将有巨大的市场前景。从产业发展角度来看，农产品的规模化种植与中老贸易将带动农产品上下游产业链的全面产能输出与合作。农产品包装、运输、报关、销售、深加工，几乎所有的产业链环节都要涉及。中国在产业链各个环节上都具有发展优势，借助农产品生产环节的对外投资，与老挝开展基于农业的更深层次的产能合作。

参考文献

陈定辉.2017.老挝：2016年回顾与2017年展望［J］.东南亚纵横,（1）：14-22.

江丽.2016.老挝农业发展的现实困境与农业经济可持续发展战略［J］.世界农业,（2）：166-169.

李世飒.2015.老挝的外资投资政策与发展趋势研究［J］.中国市场,（8）：146-147.

史蒙.2014.老挝农业发展战略研究［D］.杨凌：西北农林科技大学.

徐兰珍,谌爱东,赵雪晴,等.2016.滇东南地区白背飞虱早期迁入种群的虫源地与降落机制.应用昆虫学报,（6）：1301-1316.

詹一览,陈俭,黄巧香.2017.中国—老挝农产品贸易竞争性与互补性研究［J］.世界农业,（7）：138-143.

张毅.2012.国企业对老挝农业投资探析［J］.经济师,（7）：78-82.

中华人民共和国驻老挝人民共和国大使馆（2012-04-08）.2018-08-01.老挝国家概况[EB/OL]. http://la.china-embassy.org/chn/.

中华人民共和国驻老挝人民民主共和国大使馆经济商务参赞处.（2016-12-07）.2018-08-01.中老合作[EB/OL].http://la.mofcom.gov.cn/.

柬埔寨

柬埔寨是一个传统的农业国家，自然条件优越，农业资源丰富，劳动力充足，农业经济效益较好，但基础设施和科技落后，资金和人才短缺，严重制约着本国农业更快、更好的发展。中国与柬埔寨建交近60年，秉承睦邻友好的原则，关系持续向好，经贸合作不断深化。中国具有发展农业的丰富经验，在基础设施、农业科技、人才培养等方面取得了非凡成果，中柬两国具有很强的资源和经济互补性，农业合作已取得一定成效，今后双方合作潜力巨大。2016年10月，中柬签署"一带一路"合作文件，更是为农业合作创造了空前机遇。在中国"一带一路"倡议的引领下，未来双方可重点开展农业技术、农业综合开发、稻谷等农产品加工以及产业发展方面的合作，通过农业合作项目为推进"一带一路"倡议提供有效支撑。

一、国家基本概况

（一）自然地理与区划

柬埔寨全称柬埔寨王国，地处东南亚南部，北部与老挝交界，西北部与泰国接壤，东部和东南部与越南为邻，西南濒临泰国湾。海岸线绵延460千米。地形以平原为主，平原分布在中部和南部，占全国面积的3/4以上，东部、北部和西部被丘陵和山脉所环绕。大部分地区被森林覆盖，森林资源相当丰富。柬埔寨分为20个省和4个直辖市。首都金边是柬埔寨的政治、经济、文化和宗教中心。

（二）民族与人口

柬埔寨有20多个民族，其中高棉族占总人口的90%，少数民族包括占族、老族、泰族、普农族的斯丁族等。官方语言为英语和法语，高棉话为通用语言。

柬埔寨是一个人口红利优势相对明显的国家，超过一半的人口平均年龄在25岁左右，拥有地区内最年富力强的劳动人口。据柬官方统计数据，截至2014年12月，全国17岁以下人口占38%；18～60岁人口占53%；而61岁以上的人口仅占9%。根据国际货币基金和世界经济论坛数据，2016年柬埔寨总人口为1580万人，劳动力人口664.6万人，占42.1%。其中，从事农业劳动的人口占45.3%，从事工业的人口占24.3%，从事服务业的人口占30.4%。柬埔寨女性劳动力占比相对较大，男性和女性占比分别为48.9%和51.1%。国家总体失业率较低，仅为0.3%。

（三）社会与经济

柬埔寨是亚洲最不发达的国家之一，经济持续发展面临巨大挑战，主要表现在地方性腐败严重、教育机会有限、收入高度不平等、就业前景偏弱等。近年来，国民经济保持较高的增速，年均增长 7% 以上。2016 年，国内生产总值（GDP）为 193.7 亿美元，占世界 GDP 总量的 0.05%。其中，农业占 26.7%，工业占 29.8%，服务业占 43.5%。人均 GDP 为 1229.6 美元。国家税收及其他收入占 GDP 的比重为 17.5%。

由于近年柬埔寨经济持续快速发展，世界银行于 2016 年将其认定为中等偏低收入国家。柬埔寨政府也积极与双边和多边援助机构合作，以解决国家的迫切需求。目前，30% 的国家预算来自捐助者援助。未来经济发展的首要任务是优化经济环境，鼓励私有部门创造更多的就业机会，解决人口性别不平衡问题。消除贫困仍是国家经济发展的重要目标之一。2017 年，柬埔寨政府发布了《2016—2025 年社会保障国家政策战略》，目的在于强化全国性的社会保障系统，造福百姓，尤其是贫困及弱势群体。

二、农业发展现状

柬埔寨农业资源丰富，具有发展农业的有利条件。农业以种植业为主，畜牧业不发达，近年来逐步向商业化生产转型。由于海岸线较长，拥有较好的海洋捕捞和海水养殖条件，渔业产量快速增加，并不断强化环境保护。林业发展已转向可持续的森林经营管理，重点关注自然保护区的建立。

（一）农业资源条件

1. 土地资源

柬埔寨土地资源丰富，可耕地面积 670 万公顷，森林面积 1000.9 万公顷，永久草地面积 250 万公顷，内陆水域面积 45.2 万公顷。

2015 年，柬埔寨共有耕地 356.1 万公顷，占国家土地面积的 20.2%，主要分布在平原地区和洞里萨湖区（占 72%）。63.4% 的耕地用于种植雨季作物，种植旱季作物的耕地仅占 8.7%（表 1）。

表1 2015年柬埔寨根据土地类型和地区划分的耕地面积

土地类型	柬埔寨	金边	平原地区	洞里萨湖区	沿海地区	高原/山区
耕地面积（万公顷）						
雨季耕地	225.70	0.50	56.80	111.00	13.30	44.10
旱季耕地	31.10	0.60	16.60	10.70	0.90	2.20
雨季和旱季耕地	27.20	0.20	14.00	9.60	3.00	0.40
查卡尔地	55.40	0.00	9.40	20.70	2.10	23.20
果菜园	10.60	0.00	4.70	1.50	1.00	3.50
永久作物土地	1.70	0.00	0.00	1.00	0.00	0.70
私人林业用地	3.70	0.00	0.80	0.40	0.70	1.80
闲置土地	0.30	0.00	0.00	0.00	0.30	0.00
其他	0.40	0.00	0.00	0.20	0.20	0.00
总计	356.10	1.30	102.50	155.00	21.50	75.80
耕地占比（%）						
雨季耕地	63.4	35.2	55.5	71.6	62.0	58.1
旱季耕地	8.7	49.2	16.2	6.9	4.4	2.9
雨季和旱季耕地	7.6	12.7	13.7	6.2	13.8	0.5
查卡尔地	15.6	0.0	9.2	13.4	9.7	30.6
果菜园	3.0	0.5	4.6	0.9	4.6	4.6
永久作物土地	0.4	0.0	0.0	0.6	0.0	0.8
私人林业用地	1.0	2.4	0.8	0.3	3.2	2.4
闲置土地	0.1	0.0	0.0	0.0	1.3	0.0
其他	0.1	0.0	0.0	0.1	1.0	0.0
总计	100	100	100	100	100	100

资料来源：柬埔寨社会经济调查报告2015

2. 水资源

柬埔寨水资源充沛。在境内的北部坐落着东南亚最大的淡水湖——洞里萨湖（又称金边湖），呈长方形位于柬埔寨的心脏地带。湖滨平原平坦、辽阔，长约500千米，宽度超过110千米，从西北至东南，横穿柬埔寨。洞里萨湖被誉为柬埔寨人民的"生命之湖"，它是高棉民族发展与繁荣的资源保障。世界第7长河、全长4908千米的湄公河贯穿柬埔寨，在柬境内长度为501.7千米，在金边市与洞里萨湖交汇。湄公河作为亚洲最重要的跨国水系，是中国、老挝、缅甸、泰国、柬埔寨和越南的宝贵水资源。

3. 气候资源

柬埔寨的气候类型属于温暖湿润的热带季风气候，主要降雨集中在5—11月，年降雨量1250～1750毫米。日均气温保持在21～35℃，年均气温在24℃上下，3月、4月是一年中最热的月份，1月最为凉爽。柬埔寨的气候条件，无论从光照条件和降水条件来看，总体有利于农业生产。

4. 生物资源

柬埔寨林业、渔业、果木资源丰富。木材种类200多种，盛产贵重的铁木、柚木、黑檀、紫檀、白卵等热带林木，还有多种竹类。森林覆盖率约60%，主要分布在东、北和西部山区。木材储量约11亿多立方米。林副产品及药用植物也相当丰富，如胖大海、豆蔻、马钱子、沉香、桂皮、藤黄、檀香和樟脑、树脂、桐油、藤等。洞里萨湖是东南亚最大的天然淡水渔场，素有"鱼湖"之称。主要盛产乌鱼（生鱼）、白鱼（花斑）、金龙鱼（白花）、鲫鱼、青占鱼（无鳞）和笋壳鱼等，其中笋壳鱼为柬特有鱼类。西南沿海也是重要渔场，多产鱼虾，主要是鲳鱼和沙甸鱼等。

（二）农业生产情况

1. 农业产值规模及构成

农业在国民经济中处于举足轻重的地位，但由于农机、良种、化肥、电力、灌溉费用昂贵，农民应对自然灾害的能力有限，发展比较困难。近几年，随着政府各项改革措施的稳步推进，农业呈现出良好的发展势头，粮食自给有余，部分出口。2015年，农林渔牧业产值为19.52万亿里尔（现价），增长1%，占GDP的比重从2012年的33.5%下降至28.6%，其中，种植业比重下降至17.1%，渔业比重从7.2%下降至6.9%。

近年来，柬埔寨农业快速发展，为国家经济的稳步增长做出了较大贡献。柬埔寨农业产业结构不断优化，在2015年农林渔牧业产值中，种植业占60%，渔业占22%，畜牧业占11%，林业占7%（图1）。

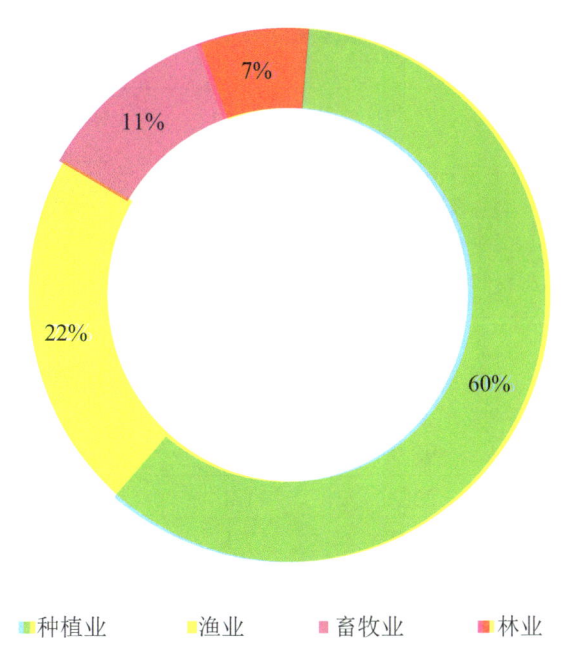

图1 2015年柬埔寨农业产业结构

资料来源：柬埔寨农林渔业部

农业以种植业为主，作物种植又分为雨季和旱季作物。在种植业产值中，雨季作物产值约占60%，旱季作物产值占40%。从不同类型作物的产值增加上来看，由于生产成本较低，作物产业增加值率都能够达到60%左右。对于雨季作物来说，沿海地区、高原和山区以及洞里萨湖区的增值率更高；对于旱季作物来说，金边和萨里湖区的增值率更高（表2、表3）。

表2 2015年柬埔寨不同地区雨季农作物价值增值情况

项目	柬埔寨	金边	平原地区	洞里萨湖区	沿海地区	高原/山区
价格增值（亿里尔）						
总产值	55593.54	99.20	19811.91	23070.71	3929.52	8682.21
收获后损失	450.12	1.97	161.61	187.63	18.29	8.062
净产值	55143.43	97.22	19650.30	22883.08	3911.23	8601.59
成本	23212.31	59.73	9423.73	9011.88	1377.18	3339.79
价值增值	31931.12	37.49	10226.58	13871.21	2534.05	5261.80
占比（%）						
总产值	100.0	100.0	100.0	100.0	100.0	100.0
收获后损失	0.8	2.0	0.8	0.8	0.5	0.9
净产值	99.2	98.0	99.2	99.2	99.5	99.1
成本	41.8	60.2	47.6	39.1	35.0	38.5
价值增值	57.4	37.8	51.6	60.1	64.5	60.6

资料来源：柬埔寨社会经济调查报告2015

表3 2015年柬埔寨不同地区旱季农作物价值增值情况

项目	柬埔寨	金边	平原地区	洞里萨湖区	沿海地区	高原/山区
价值增值（亿里尔）						
总产值	35806.92	198.60	15617.71	13280.32	1506.66	5203.62
收获后损失	217.30	2.20	168.49	22.67	1.98	21.96
净产值	35589.61	196.40	15449.22	13257.65	1504.68	5181.66
成本	14105.80	46.07	6535.40	4652.27	564.55	2307.50
价值增值	21483.82	150.33	8913.82	8605.38	940.12	2874.17
占比（%）						
总产值	100.0	100.0	100.0	100.0	100.0	100.0
收获后损失	0.6	1.1	1.1	0.2	0.1	0.4
净产值	99.4	98.9	98.9	99.8	99.9	99.6
成本	39.4	23.2	41.8	35.0	37.5	44.3
价值增值	60.0	75.7	57.1	64.8	62.4	55.2

资料来源：柬埔寨社会经济调查报告2015

从畜牧业产值来看，总体规模较小，且主要来自牛和鸭。其中，牛的产值占60%~70%，鸭的产值占20%~30%。近年来，呈现出牛业产值稳步增加、猪业、禽业产值不断下降的趋势（图2）。

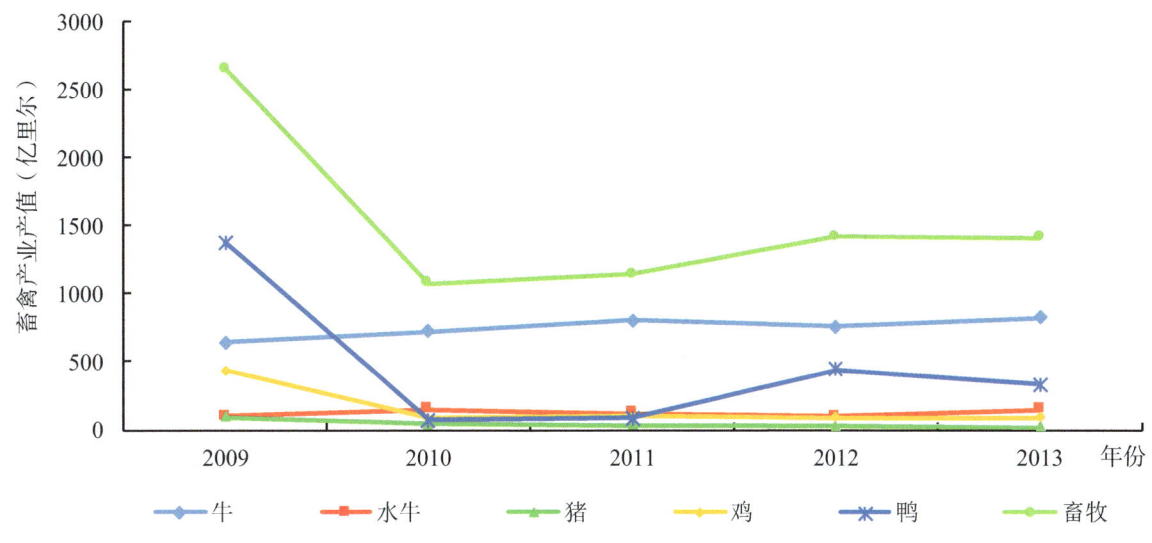

图 2　2009—2013 年柬埔寨主要畜禽产业产值情况

资料来源：柬埔寨农业普查 2013

2. 主要农产品产量

（1）种植业产品

农作物主要包括粮食作物、根茎和豆科类作物、蔬菜和水果以及经济作物，其中粮食作物的产量占 80% 以上。柬埔寨 2015 年社会经济调查数据显示，上述四大类作物的产量分别为 669.10 万吨、453.70 万吨、31.80 万吨和 42.00 万吨（表 4）。柬埔寨 70% 的农作物种植都是为了满足家庭消费，这反映出农户对自产农业食品的依赖性很强。特别是平原区的农业生产，主要是为了满足消费需求，而沿海区的生产大多是为了出售。

表 4　2015 年柬埔寨根据作物种类、季节和地区划分的作物产量情况

项目	柬埔寨		金边		平原地区		洞里萨湖区		沿海地区		高原/山区	
	雨季	旱季	雨季	旱季	雨季	旱季	雨季	旱季	雨季	旱季	雨季	旱季
主要作物（万吨）												
粮食	530.30	138.80	0.90	0.90	156.60	90.60	266.70	23.50	37.70	13.60	68.30	10.00
根茎和豆类	54.60	399.10	0.00	0.00	19.70	26.30	7.70	291.80	0.00	4.00	27.10	77.00
临时性经济作物	6.50	15.10	0.00	0.00	0.80	9.90	0.60	0.80	2.70	2.10	2.30	2.30
蔬菜	1.90	6.20	0.00	0.00	0.40	5.60	1.30	0.50	0.00	0.00	0.10	0.10
水果和坚果	10.30	13.40	0.00	0.20	6.40	6.90	1.20	1.60	1.90	0.50	0.80	4.10
长期性经济作物	12.00	8.40	0.00	0.00	10.40	7.60	0.30	0.30	1.30	0.50	0.00	0.00
其他	0.00	0.00	0.00	0.00	0.00	0.00	0.00	0.00	0.00	0.00	0.00	0.00
占比（%）												
粮食	86.1	23.9	95.3	78.6	80.6	61.7	96.0	7.4	86.2	65.7	69.2	10.7

(续表)

项目	柬埔寨		金边		平原地区		洞里萨湖区		沿海地区		高原/山区	
	雨季	旱季	雨季	旱季	雨季	旱季	雨季	旱季	雨季	旱季	雨季	旱季
根茎和豆类	8.9	68.7	4.7	0.0	10.1	17.9	2.8	91.6	0.0	19.2	27.5	82.3
临时性经济作物	1.1	2.6	0.0	0.0	0.4	6.7	0.2	0.2	6.3	10.2	2.4	2.5
蔬菜	0.3	1.1	0.0	0.0	0.2	3.8	0.5	0.2	0.0	0.0	0.1	0.1
水果和坚果	1.7	2.3	0.0	21.4	3.3	4.7	0.4	0.5	4.4	2.5	0.8	4.4
长期性经济作物	2.0	1.5	0.0	0.0	5.3	5.2	0.1	0.1	3.0	2.4	0.0	0.1

资料来源：柬埔寨社会经济调查报告 2015

主要粮食作物包括水稻、玉米、豆类、薯类（木薯和红薯）等。水稻是最重要的粮食作物，产值占全国农业产值的 70% 以上。根据季节不同，水稻分为雨季稻和旱季稻，分别约占水稻种植总面积的 85% 和 15%。水稻种植面积从 2009 年的 271.91 公顷增加至 2015 年的 305.10 万公顷，增长 12.2%；水稻收获面积从 267.46 万公顷增加至 302.50 万公顷，增长 13.1%；水稻单产从每公顷 2.84 吨提高至 3.09 吨，增长 8.8%；稻谷总产量从 758.59 万吨增加至 933.50 万吨，增长 23.1%（表 5）。据最新统计，2017 年稻谷产量已经突破 1000 万吨。柬埔寨的稻田缺少灌排设施，可灌溉面积不到 15%。由于产区地势平坦，缺乏河流堤防，旱涝灾害频发，严重影响着稻谷产量。柬埔寨总体上实现了粮食的自给自足，生产的稻谷除满足国内需求外，剩余可供出口。从数量上来看，约有 460 万吨稻谷和 300 万吨大米可供出口。

表 5 2009—2015 年柬埔寨水稻生产情况

项目	年份							2015年比2009年变化（%）
	2009	2010	2011	2012	2013	2014	2015	
种植面积（万公顷）	271.91	279.59	296.85	300.75	305.24	305.50	305.10	12.2
收获面积（万公顷）	267.46	277.73	276.66	298.03	296.90	302.80	302.50	13.1
单产（吨/公顷）	2.84	2.97	3.17	3.12	3.16	3.08	3.09	8.8
产量（万吨）	758.59	824.95	877.94	929.09	939.00	932.40	933.50	23.1
大米结余（万吨）	224.46	251.68	278.03	303.10	309.05	301.3	297.54	32.6
稻谷结余（万吨）	350.72	393.24	434.43	473.60	482.88	470.90	464.90	32.6

资料来源：柬埔寨农林渔业部

除水稻生产稳步增加外，玉米、木薯和豆类等作物的生产则根据种植条件、市场价格及国内外市场需求而有所波动。2013 年，上述作物种植总面积约为 94.10 万公顷，比 2009

年增加40%。其中，增加的面积主要来自于木薯和玉米。为满足近年来国际市场对木薯需求的增长，柬埔寨逐步扩大木薯种植规模，2013年木薯种植面积为42.14万公顷。玉米是柬埔寨种植的第2大粮食作物，主要分为白玉米和黄玉米两种，2013年玉米种植面积达到23.97万公顷。此外，大豆、蔬菜、绿豆、芝麻、甘蔗的种植面积较大。随着主要作物的种植面积增加，2013年柬埔寨除水稻以外的主要农产品总产量达到1000多万吨，比2009年增加94%（表6）。另据柬埔寨农业部最新数据，2016年，除水稻以外的主要农产品产量达1677万吨，木薯种植园面积增加到68.41万公顷，木薯总产量达到1480万吨。

表6　2009—2013年柬埔寨其他作物生产情况　　（单位：万公顷，万吨）

作物	2009	2010	2011	2012	2013	2013年比2009年变化（%）
玉米	22.13	21.36	17.43	21.63	23.97	8.0
木薯	16.03	20.62	39.17	36.19	42.14	163.0
红薯	0.93	1.15	0.82	1.04	0.74	-20.0
蔬菜	5.03	5.27	5.28	7.65	5.24	4.0
绿豆	4.96	6.92	6.81	6.69	5.43	10.0
花生	1.65	2.00	1.63	1.80	2.00	21.0
大豆	9.64	10.32	7.06	7.13	8.07	-16.0
芝麻	4.32	4.83	4.26	3.67	3.41	-21.0
甘蔗	1.35	1.72	2.26	4.86	2.38	76.0
黄麻	0.03	0.06	0.03	0.03	0.02	-30.0
烟草	0.93	1.01	0.83	0.59	0.69	-26.0
总面积	67.00	75.26	85.59	91.29	94.10	40.0
总产量	542.53	572.82	613.85	1085.98	1053.67	94.0

资料来源：柬埔寨农林渔业部

地处亚热带的柬埔寨，红土地资源丰富，拥有适宜橡胶树生长的气候条件，适合发展橡胶产业。橡胶生产是柬埔寨经济的重要增长点，橡胶种植始于1910年，已发展成为一种农工业型产业。近年来，国际市场上橡胶的战略性地位不断增加，刺激了柬埔寨橡胶业的发展。截至2016年年底，全国橡胶种植面积达43.13万公顷，其中，15.45万公顷为家庭种植，占总面积的35.8%；工业橡胶27.68万公顷，占总面积的64.2%。2016年，橡胶产量为14.8万吨，同比增长16.7%。柬埔寨90%的橡胶种植集中在平原区。为促进家庭种植橡胶树工程，政府组织建立了橡胶种植合作社，通过提供贷款和无偿培训、管理，鼓励农民种植橡胶树，进而提高农民收入。目前，柬埔寨橡胶业发展面临的主要问题包括：橡胶质量较差、割胶技术和设备落后、专业人才缺乏、出口市场狭小、缺乏培育和研究适应气候变化的技术、小型橡胶种植户缺乏资金支持、使用肥料和收割橡胶都未达国际标准等。

（2）畜禽产品

柬埔寨畜牧业主要包括两大类：一是大牲畜的饲养，包括黄牛和水牛；二是小牲畜饲养，包括猪和山羊。畜牧业在农业产值中的比重不大，大多作为家庭副业，规模较小。柬埔寨社会经济调查报告显示，57.4%的农户饲养畜禽，其中高原和山区的农户饲养普及率更高，其次是沿海地区（表7）。

表7 2015年柬埔寨不同地区饲养家畜和家禽的农户数量

农户数量	柬埔寨	金 边	平原地区	洞里萨湖区	沿海地区	高原/山区
饲养畜禽的农户（万户）	189.70	0.30	78.90	66.20	13.30	31.00
所有农户（万户）	330.70	38.80	124.30	103.30	19.80	44.40
占比（%）	57.4	0.9	63.5	64.1	67.1	69.7

资料来源：柬埔寨社会经济调查报告2015

近年来，柬埔寨的畜牧生产发生了显著变化，从最初的役畜逐渐转变为满足居民的食肉需求。2009—2013年，牛的饲养量从360万头下降到340万头，减少4.2%；水牛饲养量也从70.4万头下降至61.9万头，减少16.4%（图3）。饲养量下降的主要原因是由于拖拉机和农业机械普及率的提高减少了役用牛。同时，农村地区由于缺乏劳动力，牛的饲养量有

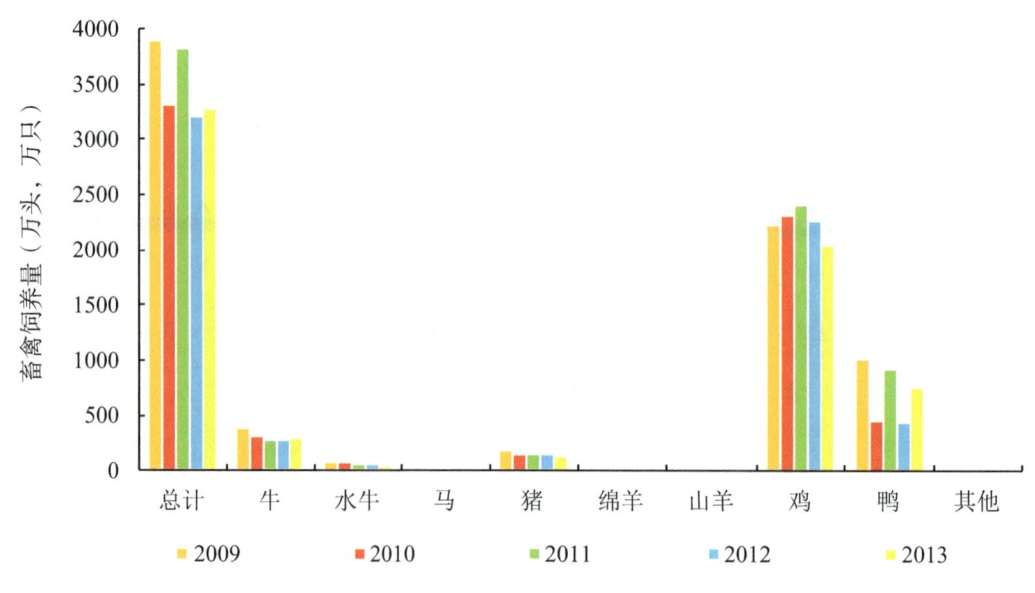

图3 2009—2013年柬埔寨主要畜禽饲养量

资料来源：柬埔寨农林渔业部

所减少,而且农民也很难找到饲养牛的合适水源和草地。但随着役用牛的减少,育肥牛饲养量增加,特别是越来越多的私人部门投资育肥牛生产。猪、禽的饲养量亦有下降趋势,但已建立了一些大中型养殖场,也建立了动物饲料厂以供应饲草和饲料,发展水平有所提升。与此同时,兽药依然比较昂贵。总体上,柬埔寨畜牧生产能力比较低。近年来,主要畜禽产品产量小幅波动。FAO统计数据显示,2016年猪肉、牛肉、禽肉和奶类产量分别为11.11万吨、5.69万吨、2.70万吨和17.00万吨。

(3)渔产品

渔业是柬埔寨农业的重要组成部分,居民80%的动物蛋白质由鱼类提供。据统计,年人均食用鱼52千克。由于30%的国土为永久性和季节性湿地,为柬埔寨发展渔业提供了得天独厚的条件。全国近50%的农户都从事渔业活动,0.6%的农户从事水产养殖,均主要集中在平原地区和洞里萨湖区(表8、表9)。

表8 2015年柬埔寨不同地区从事渔业活动的家庭数量

家庭数量	柬埔寨	金 边	平原地区	洞里萨湖区	沿海地区	高原/山区
从事渔业活动的家庭(万户)	14.92	0.02	5.77	5.54	1.04	2.56
所有家庭(万户)	33.07	3.88	12.43	10.33	1.98	4.44
占比(%)	45.1	0.5	46.4	53.6	52.6	57.6

资料来源:柬埔寨社会经济调查报告2015

表9 2015年柬埔寨不同地区从事水产养殖活动的家庭数量

家庭数量	柬埔寨	金 边	平原地区	洞里萨湖区	沿海地区	高原/山区
从事水产养殖活动的家庭(万户)	0.21	0.00	0.17	0.04	0.00	9.36
所有家庭(万户)	33.07	3.88	12.43	10.33	1.98	4.44
占比(%)	0.6	0.0	1.3	0.4	0.0	0.2

资料来源:柬埔寨社会经济调查报告2015

柬埔寨拥有绵延的海岸线和暹罗湾海域,为海水养殖及海洋捕捞提供了良好的自然条件。洞里萨湖、湄公河、洞里萨河是天然淡水渔场。但是,柬埔寨的渔业生产主要集中在内陆水域,海洋渔业所占比重较小,主要分布在泰国湾东岸。在金边和西哈努克市集中了优质高价鱼类产品,主要出口至泰国、越南、中国、日本、新加坡、沙特阿拉伯等国家。

2009—2013年,内陆渔产品捕获量增加35%,达到52.8万吨;海洋捕获量增加47%,

达到11万吨。此外，水产养殖迅速发展，鱼虾产量增加了80%，2013年达到9万吨；鳄鱼养殖量达到32万条。水产品总产量增长了40%，年均增长10%（图4）。另据柬埔寨农林渔业部数据，2016年淡水鱼产量53万吨。

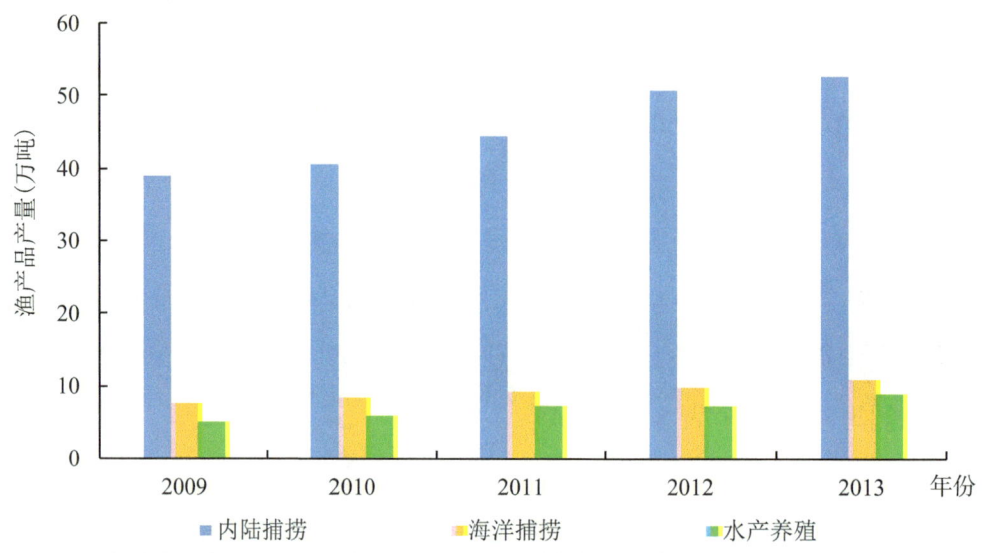

图4　2009—2013年柬埔寨渔产品产量

资料来源：柬埔寨农林渔业部

（4）林产品

柬埔寨森林资源丰富。木材种类超过200余种，总蓄积量11.4亿立方米左右。主要林产品包括木材、薪材及其他非木材林产品，盛产柚木、铁木、紫檀等贵重的热带林木，非木材林产品以竹、藤最为特色。

柬埔寨对林产品的消费需求较高，每年消费薪材超过600万立方米，建筑用材100万~150万立方米。全国有377个合法的木材加工厂，每年可加工木材92万立方米。由于农业扩张和轮垦，以及对木材的需求量较大，森林资源不断消耗，森林面积持续减少。根据卫星图像数据，柬埔寨现有森林面积占国土面积的56.9%，比2006年减少了2.2%。为保护森林资源，政府采取了一系列措施。例如，1994年1月颁布法令仅允许木材加工品出口；1994年3月31日起禁止原木出口；组建委员会调查监测原木蓄积量；1995年颁布采伐禁令，并禁止所有种类木材出口。目前，柬埔寨的大部分森林已经被划为森林保护区，林业转向可持续经营。

3. 主要农业产业布局

柬埔寨主要划分为四大农业区域，不同区域开展的农业生产活动略有差异。总的来说，洞里萨湖区种植有水稻、玉米、木薯、花生、芝麻、大豆、绿豆、甘蔗、黄麻、水果；沿海地区主要种植水果、水稻、木薯、绿豆、芝麻；平原灌溉区主要种植水稻、玉米、大豆、芝麻、花生、蔬菜和水果；山区主要种植咖啡、胡椒、橡胶、水果、木薯、花生、芝麻、大豆。畜牧养殖在洞里萨湖区、沿海地区、平原和山区均有分布。

（1）种植业布局

水稻：水稻种植主要集中在平原地区和洞里萨湖区，且以雨季稻为主。种植的水稻按品种可以分为香稻和非香稻，90%的农户种植非香稻，只有10%的农户种植香稻，主要原因是种植非香稻的成本较低。非香稻主要集中在平原地区，占全国非香稻种植总面积的46.3%，其中波罗勉省占整个平原区的20%。香稻主要集中在洞里萨湖区，占49.5%，其中暹粒省占22%（表10）。

表10 2015年柬埔寨不同地区、季节的大米产量　　　　　　　　（单元：万吨）

柬埔寨		金　边		平原地区	
雨季	旱季	雨季	旱季	雨季	旱季
511.00	124.30	0.90	0.90	148.50	76.60
洞里萨湖区		沿海地区		高原/山区	
雨季	旱季	雨季	旱季	雨季	旱季
262.50	23.40	31.10	13.60	68.00	9.90

资料来源：柬埔寨社会经济调查报告2015

玉米：玉米种植主要集中在平原区，占40.6%；其次是洞里萨湖区，占35.1%；沿海区种植最少，仅占6.3%。平原区的甘丹省，有近50%的玉米种植户，特别是在Koh Thum区的Commune Prek Sdei、Leuk Dek区的Commune Peam Reang以及S'ang区的Commune Koh Khel。

大豆：全国92%的大豆种植集中在腊塔纳基利省（52%）和柏威夏省（40%）。在高原与山区，50%的农户都种植大豆。

木薯：98%的木薯种植集中在洞里萨湖区（38%）、平原区（34%）和高原与山区（26%）。在洞里萨湖区，磅通省是最大的种植地（28%），其次是班迭棉吉省（20%），马德望省（20%）。在平原区，主要是磅湛省，占24%；高原与山区主要是桔井省。马德望省的拜林市拥有柬埔寨农产品主要出口市场之一的柬泰边境市场，柬埔寨生产的大部分木薯都通过该地区直接出口到泰国。

甘蔗：甘蔗在全国都有种植，平原区的占比达到47%，比高原和山区高出25%。种植甘蔗较多的平原区省份有干丹省（43%）和磅湛省（25%）。

蔬菜水果：柬埔寨还广泛种植辣椒，其中洞里萨湖区是主要的种植区。在该地区，50%的辣椒来自磅清扬省，25%来自马德望省。柬埔寨一般在种植一年生作物的农户时会伴随着种植永久作物，比如柑橘、柠檬、菠萝，但这些果树主要集中在洞里萨湖区（85%），特别是马德望省和菩萨省。在高原和山区，还有40%的农户种植腰果树，其中主要分布在拉达那基里省，占24%。

（2）畜牧业布局

牛：根据柬埔寨2015年社会经济调查数据，牛主要集中在平原区（39.9%），其次是洞里萨湖区（29.9%）、高原和山区（20.4%）、沿海地区（9.7%）。分省来看，全国共有11个省份牛的饲养量超过10万头，其中，磅士卑省饲养34.5万头，波罗勉省、茶胶省和贡布省的饲养量均在20万～30万头。水牛饲养量的48.7%分布在平原区，27.7%分布在洞里萨湖区。分省来看，水牛养殖主要集中在柴桢省（9.5万头），其次是西北部的Pursat省（5.9万头），其余省份的饲养量均在1万头以上。

猪：猪的养殖区主要集中在平原区，饲养量达到50万头，具体的地区分布是：平原区（44.8%）、洞里萨湖区（25.3%）、高原和山区（17.9%）、沿海区（12.0%）。分省来看，养殖量超过10万头的产区位于平原区的波罗勉省、茶胶省和柴桢省，以及高原和山区的磅士卑省、沿海地区的贡布省和洞里萨湖区的暹粒省。其中，波罗勉省为最大养殖省，存栏量近20万头；其次是茶胶省，存栏量在15万头以上。

家禽：柬埔寨绝大部分地区的鸡养殖量均超过百万只，其中平原区和洞里萨湖区的鸡存栏量在800万只以上。分省来看，有14个省份的鸡养殖量超过10万只，排在前5位的分别是茶胶省、磅士卑省、波罗勉省、贡布省和暹粒省。鸭主要分布在平原区，存栏量超过1300万只，洞里萨湖区在300万只以上，共有14个省的鸭饲养量超过10万只（表11）。

表11 2015年柬埔寨不同地区畜禽饲养量

畜禽种类	全国	金边	平原地区	洞里萨湖区	沿海地区	高原/山区
饲养量（万头，万只）						
牛	256.70	0.20	102.50	76.70	24.90	52.30
水牛	42.30	0.00	20.60	11.70	2.00	8.00
马	1.20	0.00	1.00	0.00	0.20	0.00
猪	118.10	0.00	52.90	29.90	14.20	21.10
山羊	13.50	0.00	11.70	1.80	0.00	0.00
鸡	2460.00	1.80	859.00	873.00	252.80	473.30
鸭	1750.60	0.00	1348.90	343.00	32.20	26.60
鹌鹑	0.10	0.00	0.10	0.00	0.00	0.00
其他	2.80	0.00	0.00	0.00	1.40	1.40

(续表)

畜禽种类	全国	金边	平原地区	洞里萨湖区	沿海地区	高原/山区
占比（%）						
牛	100	0.1	39.9	29.9	9.7	20.4
水牛	100	0.0	48.7	27.7	4.7	18.9
马	100	0.0	83.3	0.0	16.7	0.0
猪	100	0.0	44.8	25.3	12.0	17.9
山羊	100	0.0	86.7	13.3	0.0	0.0
鸡	100	0.1	34.9	35.5	10.3	19.2
鸭	100	0.0	77.1	19.6	1.8	1.5
鹌鹑	100	0.0	100	0.0	0.0	0.0
其他	100	0.0	0.0	0.0	50	50

资料来源：柬埔寨社会经济调查报告 2015

（三）农产品贸易情况

1. 农产品贸易规模

1993 年以来，柬埔寨通过不断变革、扩大对外开放政策、完善外贸体制，对外贸易取得突破性发展。近年，国家借助众多发达国家的普惠制（GSP）和配额优惠条件，采取多种措施，积极吸引外商投资，努力扩大对外贸易。据柬埔寨商务部数据，2016 年对外贸易总额达 224.44 亿美元，同比增长 16.8%；贸易逆差 22.98 亿美元，同比增长 8.1%。其中，出口 100.73 亿美元，同比增长 18.0%；进口 123.71 亿美元，同比增长 16.0%。主要出口产品为服装、大米和橡胶，出口多元化趋势日趋明显（图 5），但农产品出口在出口贸易中所占比重较低，仅为 5%。

大米、橡胶和木薯是最主要的出口农产品。2010 年以来，在国家大米出口支持政策的激励下，大米出口快速增加，6 年间出口量增加了 4 倍（图 6）。出口大米中，51.0% 为香米，41.2% 为白米。柬埔寨政府有关部门数据显示，2016 年柬埔寨向 66 个国家出口 54.21 万吨成品米，同比增长 0.7%；干橡胶出口量为 14.52 万吨，出口额 1.8 亿美元；木薯出口量 360 万吨，其中 80% 为木薯干，20% 为鲜木薯。

肉类进口需求较大。2016 年进口肉类产品 1 亿美元，包括猪肉、牛肉和鸡肉。由于过去只关注作物种植，缺乏产业化发展，采取小规模经营和依靠手工屠宰，成为限制畜牧产能

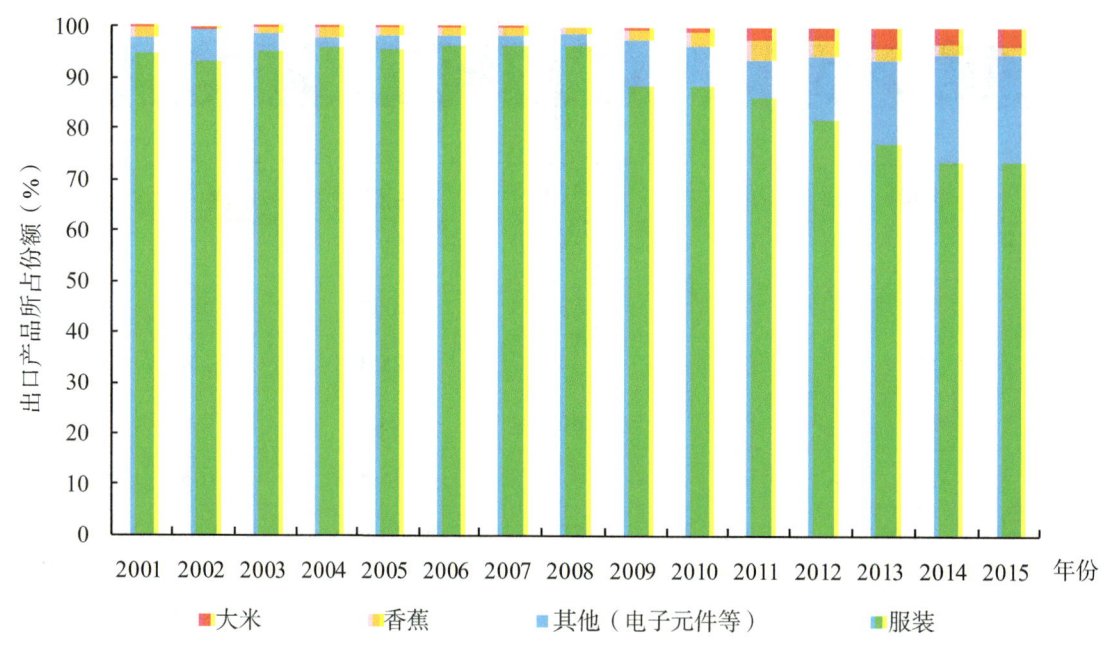

图 5　2001—2015 年柬埔寨产品出口贸易构成

资料来源：柬埔寨经济财政部，2016

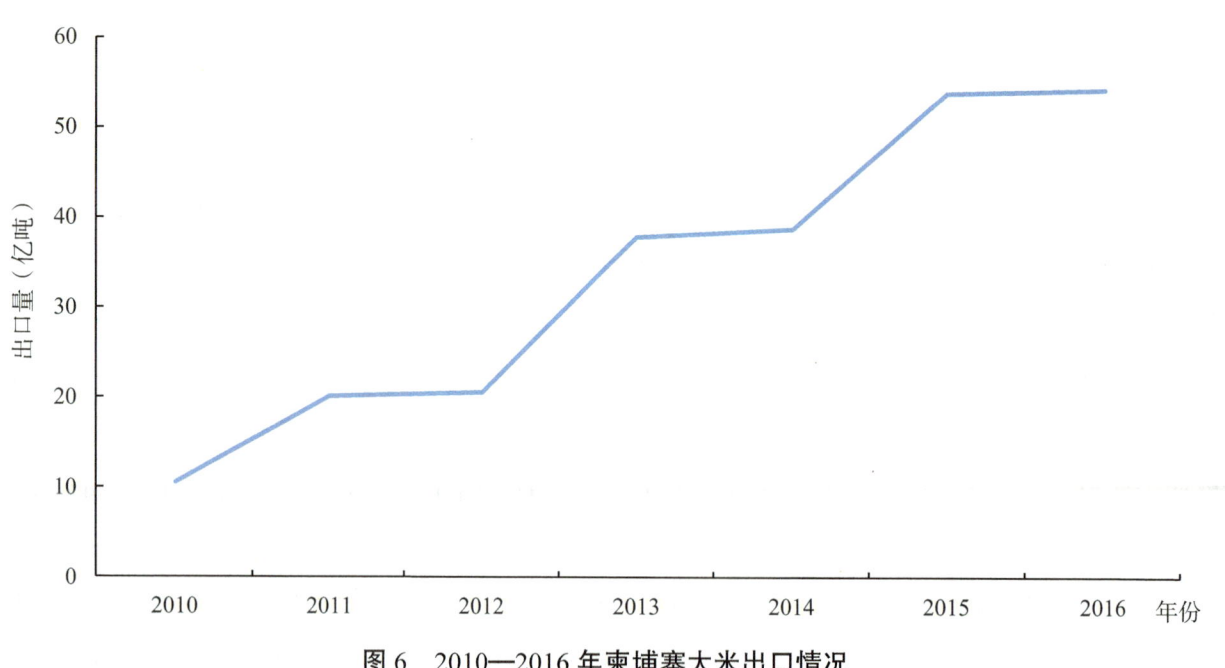

图 6　2010—2016 年柬埔寨大米出口情况

资料来源：美国农业部，柬埔寨稻米联盟

扩大的主要因素。为解决大部分肉类供应依靠进口的问题，需要政府积极推动产业化发展，加大企业资金投入，使农民扩大经营，保证供应链环节的先进性和可靠性，以及相关产品在市场上的流通，抵御廉价进口肉的冲击。同时，由于畜牧业发展受到缺乏饲料和动物疫苗的制约，2016年进口饲料1.35亿美元，进口动物疫苗产品1500万美元。

在农业快速发展的情况下，柬埔寨的肥料和农药进口量也大幅增加。2012—2015年，肥料进口从70.1万吨增加至79.8万吨，农药进口量从1.05万吨激增至2.85万吨。

2. 主要贸易伙伴

柬埔寨的主要出口贸易伙伴是美国（21.3%）、英国（9.5%）、日本（8.2%）、加拿大（6.5%）、中国（6.1%）、泰国（4.2%）和荷兰（3%）（2016年数据）。2000年以来，柬埔寨出口贸易市场发生重大变化，美国份额逐渐下降，欧盟和日本份额逐步增加，到2015年美国出口市场份额已从66.5%下降至26.7%，欧盟出口市场份额从25.6%增至34.1%，日本出口市场份额从0.8%增至5.7%（图7）。

图7　2001—2015年柬埔寨主要产品出口市场变化情况

资料来源：柬埔寨经济财政部，2016

柬埔寨的主要进口贸易伙伴是中国（36.8%）、泰国（15.4%）、越南（11.5%）、新加坡（4.6%）、日本（4.3%）和中国香港（4.2%）（2016年数据）。柬埔寨工业发展水平低下，出口商品生产能力落后，出口商品以农副土特产品及初级产品为主。出口农产品主要有大米、橡胶、木材、水产品、烟草、木薯等，进口农业相关产品主要有肉类、饲料、农业机械、农药、化肥和兽药等。

从具体产品来看，目前柬埔寨已成为世界大米出口国之一，主要出口中国、法国、波兰、荷兰和马来西亚（图8）。近些年，柬大米加工及出口企业逐渐关注对美国和欧盟有机大米出口，出口量逐年增加，但有机大米出口量远低于其他普通大米。橡胶主要出口越南、马来西亚、印尼、新加坡和中国等。

木薯出口过去主要是中国、泰国、法国和越南，现在已增加至16个国家和地区，拓展到加拿大、英国、芬兰、立陶宛、印度、意大利、韩国、马来西亚、缅甸、荷兰和新西兰等市场。水产品主要出口泰国、越南、马来西亚、新加坡、中国、日本、韩国、澳大利亚、美国和俄罗斯等。

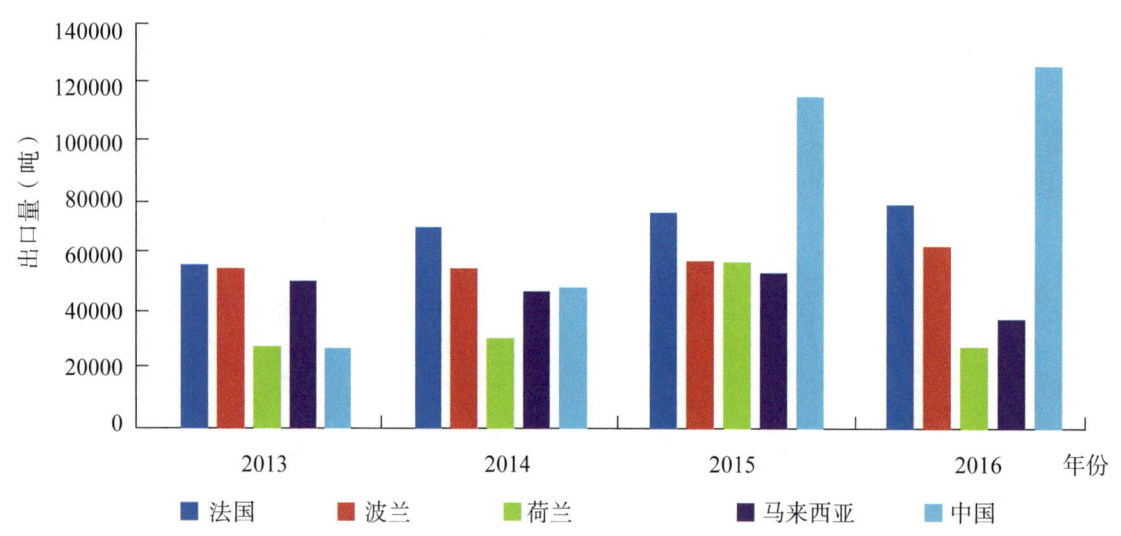

图8 2013—2016年柬埔寨大米出口市场变化情况

资料来源：美国农业部，柬埔寨稻米联盟

3. 中国与其贸易情况

近年来，中国作为柬埔寨最重要的贸易伙伴和投资来源地，对推动柬对外贸易增长做出了重要贡献。根据中国海关统计，2016年中柬双边贸易额突破50亿美元，提前实现两国政府至2017年双边贸易额达到50亿美元的原定目标。其中，中国对柬埔寨出口45.5亿美元，同比增长15.9%；柬埔寨向中国出口6.1亿美元，同比增长50.3%。目前，中国已成为柬埔寨最大的进口来源国。

从农产品贸易来看，2016年中国对柬埔寨出口农产品2.38万吨，出口额3904.56万美元；进口农产品26.91万吨，进口额1.61亿美元（表12）。农产品贸易中主要是粮食进口，包括谷物和薯类，其中谷物进口占5成，薯类进口占3成。中国对柬埔寨的农产品出口中，粮食制品占7成，其次是水果、蔬菜、水产品和畜产品。

表 12 2016 年中国柬埔寨农产品贸易情况　　　　　（单位：万美元，吨）

项　目	出口额	进口额	出口量	进口量
农产品	3904.56	16069.48	23796.82	269069.51
粮食（谷物）	1.93	7376.91	50.00	121874.79
粮食（薯类）	3.37	1548.25	7.23	81496.70
粮食制品	738.33	1065.81	16941.20	31044.45
水产品	565.89	245.97	480.49	89.22
糖料及糖	32.54	208.14	128.08	5860.05
饮品类	383.11	88.96	9.24	1312.74
坚果	0.00	18.15	0.00	130.04
水果	118.27	14.15	658.57	25.39
畜产品	255.63	3.11	435.96	12.30
蔬菜	87.72	0.18	513.26	0.18
精油	16.45	0.03	13.56	0.04
豆类（不含大豆）	12.12	0.00	96.00	0.00
花卉	60.89	0.00	84.71	0.00
油籽	4.11	0.00	21.45	0.00
植物油	0.43	0.00	0.98	0.00
其他农产品	1623.75	5499.83	4356.10	27223.62

资料来源：中国海关统计

中国是柬埔寨大米最大的出口市场，据统计，2016年柬埔寨出口大米54.2万吨，其中对华出口大米12.7万吨，占比23.4%。柬农业部、稻米联盟和部分大米公司长期致力于促进出口更多大米至中国。虽然柬政府2010年宣布推动《促进稻谷生产和大米出口政策》，提出要成为世界主要大米输出国，但因缺乏交通工具、运输成本高，一定程度上制约了大米出口的步伐。

柬埔寨种植业正按照政府制定的农业发展政策和策略，逐步向现代化迈进。政府通过一系列宣传教育活动，促使农民正确使用肥料和农药，在保证充分发挥肥料和农药作用的同时避免对农民健康和环境造成破坏。这使得柬埔寨从国外进口的肥料和农药数量大增，主要从泰国和越南进口，中国也成为进口来源国之一。

（四）农业科技发展

1. 农业科研机构

柬埔寨国家农业研究体系旨在提升国家粮食生产力，促进农业多样化发展，同时，助力农产品市场化、渔业资源多元化开发以及林业资源的管理和保护。该体系由多个研究机构组成，接受农业部的领导，承担着发展国家农业的艰巨任务。

(1) 柬埔寨国家农业科学院（CARDI）

CARDI 创立于 1999 年 8 月，是一个由委员会管理的半自治的研究机构，隶属于农业部。作为柬埔寨资金和人力资源最雄厚的研究机构，CARDI 每年财政预算约为 90 万美元，其中 40% 来自政府，40% 来自合作项目，其余经费来源于生产服务部门的创收。研究领域主要包括农学和耕作体系研究、植物育种、植物保护、水土资源科学研究、农机研究、经济社会研究等。科学院在提升水稻生产能力方面研究成效显著，已研发出 37 个水稻改良品种。由于资金预算管理机制不完善，研究规模小，未能充分发挥潜在人力资源和配套设施作用。目前，国际合作成为主要科研力量，先后与泰国、日本、中国、韩国、加拿大、澳大利亚等 10 多个国家建立了广泛联系。

(2) 柬埔寨橡胶研究所（CRRI）

CRRI 于 1991 年重建，由橡胶种植总会管辖。1997 年 10 月，柬埔寨政府颁布法令，确认该研究所为拥有法人身份的半自治机构。CRRI 每年预算资金的 40% 来自农业部，60% 来自其橡胶园的创收。CRRI 主要研发橡胶产业高产品种，提升橡胶质量，开展新技术培训与推广，支持橡胶产业发展计划的制定。CRRI 拥有良好的研究设施设备和橡胶园，但员工较少，且缺乏研究资金。

(3) 内陆渔业研究与开发研究所（IFReDI）

IFReDI 创建于 2002 年，接受渔业厅的监管。主要部门有生物研究部门、社会经济研究部门、行政部门、干丹省研究站等 4 个部门。IFReDI 的主要任务是科学收集并分析生物及社会经济数据，提供相关信息和政策建议，促进国家内陆渔业的管理和发展。政府对 IFReDI 的资助力度较小，只资助职工工资，不提供科研活动支出。目前，IFReDI 的研究经费主要来自于湄公河委员会和丹麦的援助机构。

(4) 林木与野生植物科研所（FWSRI）

FWSRI 隶属于林业管理部门，其在磅同省拥有一个占地约 1700 公顷的研究站，但没有实验室，研究设备很少。FWSRI 资金来源有限，预算大部分用于职工工资和业务费用，目前员工规模较小，研究设备和研究水平提升速度较慢。但 FWSRI 积极参与了世界自然基金会、世界自然保护联盟及其他组织的研究活动。

(5) 国家动物防疫与繁殖研究中心（NAHPIC）

NAHPIC 由动物防疫与繁殖部管理，研究内容涉及生化、细菌、寄生虫、血清、流行病、病理和免疫力等多个领域。2001 年在"提高农业生产力"项目资助下建立了实验室，具有动物疾病防疫及基础性研究的能力。资金缺乏是限制 NAHPIC 研究发展的主要因素。目前，主要经费用于动物疾病诊断研究，其他研究项目和经费较少。

上述 5 个独立的研究所是针对不同农产品创立的，并由 5 个不同的政府机构管理。各单位之间的交流相对较少，依托专业型研究项目有一些合作。长期以来，柬埔寨的农业科学研究得到了国际机构的资助，受国际项目影响，农业科研执行过程比较规范，也增加了科研人员的交流机会（冯璐，2010）。

此外，皇家农业大学是柬埔寨农业教育的最重要机构，设有农学系、畜牧兽医学系、林学系、农业工程学系、水产学系、农业食品工业系、农业经济学和农村发展系、土地管理系和橡胶学系等，培养本科、硕士和博士生。

2. 农业科技发展状况

落后的基础设施使柬埔寨农业比较脆弱，缺乏抵御风险的能力。由于政府财力有限，农业基础设施建设主要依赖国外投资与援助。受限于农业科研资金短缺，农业科技发展缓慢，整体科技水平较低。近年来，农业部借鉴日韩等国成功的农业发展经验，积极与联合国粮农组织合作研究并推广水稻良种和先进生产技术，取得良好效果。截至 2017 年，柬埔寨国家农业科学院已经改良、培育推广了 10 个水稻品种，包括：早熟品种、中熟品种和晚熟品种。其中，中熟品种 Phka Rumdoul 的推广种植面积占全国水稻种植面积的 50%，晚熟品种 Riang Chey 的种植面积占 10%。除了优良品种，传统品种、进口品种和其他品种在柬埔寨的水稻生产中还占有一定比例，分别占种植面积的 29%、5% 和 6%。目前，全国稻谷平均产量已显著高于 20 世纪 90 年代平均水平，但与世界平均水平和中国单产水平相比，仍有较大差距。此外，国家农科院还培育出 4 个绿豆品种、3 个玉米品种、2 个番茄品种、4 个西瓜品种和 2 个芒果品种。

柬埔寨农民普遍素质较低，农业生产基本处于低水平运作（Nito，2009）。多数农民不具备科学施用化肥和农药的意识和能力，随意性较强，不但作物病虫害得不到有效防治，而且还严重威胁农副产品的质量。部分地区农副产品质量检测和检疫机构严重缺乏，导致了农产品在国际上并不具备竞争优势（姜利行，2006）。近 5 年来柬埔寨的农业生产机械化水平不断提高，特别是生产环节的机械设备保有量快速增加，全国农业种植机械化率达到 96%。截至 2015 年，抽水机保有量达到 34.46 万台，耕耘机达到 26.60 万台，拖拉机达到 1.37 万台。但收获和加工环节机械化水平仍发展缓慢，收获机械 5893 台，稻米加工机械基本稳定在 5.5 万台，烘干机 211 台，稻谷脱粒机基本稳定在 1.72 万台。

近年来，在农林渔业部畜牧兽医局的领导下，柬埔寨在良种培育与推广、畜牧杂交及兽医研究和疫病防治方面进行多次有益尝试并取得了显著效果。目前已在茶胶省建立了一个拥有 230 公顷牧场和 230 头良种牛的畜牧杂交研究中心。在金边、马德望等省也组建了一些耕牛、家禽研究机构，还建立了一些旨在培训本地兽医人员的兽医实验室。这些举措对促进柬埔寨畜牧业发展发挥了重要作用。但是，畜禽疫病的防治手段仍然不足，在动物疫病防治方面处于较落后水平。

柬埔寨在农业现代化进程和未来的发展中，迫切需要依靠科技来应对诸多挑战。当前，柬埔寨的农业研究体系正积极致力于提升农业科技知识水平，改良技术、方法，提高生产力，保证农业资源利用的可持续性，保护自然资源，在确保粮食安全和自然资源可持续性的同时，兼顾农业发展的效率和利益，最大化人民福祉，提升技术、方法以及政策建议的数量、质量和可行性（冯璐等，2010）。

（五）农业管理体系与政策

1. 农业管理机构

柬埔寨农林渔业部是负责管理农业生产经营活动的重要部门，其机构设置健全、职能明确。主要内部机构有部长办公厅，计划、统计与国际合作司，农业产业局，农业推广司，农业机械司，生产和兽医司，农艺学与土地改良司，林业局，渔业局，橡胶种植总局，农业法规司，监察总局，行政局，会计财务司，人事与人力资源司等。同时还包括各个地方的地方农林牧渔部门，以及公共企、事业单位，主要有王家农业大学、Prek Leap 农业学院、磅湛农业学校、柬埔寨橡胶研究所、柬埔寨农业发展研究所、橡胶开发公司、进出口和橡胶设备运输公司、农业物资公司，以及 7 个橡胶种植农场。

其职能主要包括：拟定和实施农业发展政策，提高人民生活水平；确定农业开发发展计划；制订并不断完善土地改革和使用政策；对政策执行情况和农业开发活动进行协调、跟踪和评价；监视农田及自然资源开发利用，在满足国家需要的同时保持可持续发展；制定农田及自然资源的管理规章制度，并监督执行效果；开展人力资源培训，评估农业开发人才状况；向农民宣传新技术并提供必要的技术指导，促进农产品产量和生产效率；完善农业职业机构功能，制定相关政策并跟踪实施情况；组织协调农业部门研究与推广先进科学技术；监管土地开发和耕地质量保护，因地制宜合理利用农地、种子培育、化肥使用、农药使用、品种繁殖，提升产量并保护生态环境；参与相关的湄公河事务；农产品价格调控，农产品市场开发；促进农业投资和农产品出口；收缴相关税收并上缴国库，与财经部门协作收取税收；与国内或国际政府组织、非政府组织在农业开发领域开展合作；承担政府交办的其他事务。

当前，柬埔寨农业林渔业部的重点任务是帮助小农户实现生产转型，开展商业化生产，适应全球和区域市场经济的变化，帮助小农户建立合作社，采用先进技术，改善农场灌溉基础设施，提供优质低价的农业投入品，实现集约化农业生产，并不断提升研究能力，完善农业推广体系，加强国际合作。

2. 农业支持政策

（1）农田水利政策和农村经济自由化政策

由于柬埔寨的农业活动完全依赖天气，政府在第二个（2001—2005）和第三个（2006—2010）五年计划中，都强调要加强农田水利建设，加大投入，保证人力、财力和物力的供给。另外，积极寻求国际援助改善水利设施。1998—2003年，通过有效的农田水利建设，灌溉面积大幅增加。另外，柬埔寨采取开放自由的经济政策，取消农业集体合作组织，将耕地全部给农民使用，实现"耕者有其田"，土地使用权99年不变。提高农产品的官方收购价格，使之与自由市场价格接近。率先在农村实施开展私有化工作，鼓励农民进行私人发展和投资。

（2）加大农业投入和鼓励外国投资政策

柬埔寨政府不断加大农业投入，加强先进农业技术的研发与推广，并谋求通过国际农业合作促进农业发展。不断加强农业人力资源建设与发展，鼓励农民种植经济作物，实行科学种田，同时引进先进农业耕作和高产技术。长年战乱严重创伤了国民经济，目前柬埔寨仍旧高度依赖外资和国外援助。积极利用外资已成为经济发展的主要动力之一。柬埔寨通过《投资法》和《经济土地特许权法令》吸引外国投资。政府将农业、加工业、基础设施建设和人才培养作为优先发展的重点领域，推动行政、金融、司法和军队等改革，提升政府工作效率，不断完善本国投资环境，通过引进外资支持本国农业发展。

（3）促进重点产业发展的政策

为打造成为国际市场上主要的大米出口国，柬埔寨政府于2010年颁布《促进稻谷生产和大米出口政策》，提出2015年出口100万吨大米的目标。自2011年以来，政府为稻谷生产和出口提供税收优惠，并通过强化综合框架基金（EIF-Tier 2）和欧盟基金推动大型大米加工厂获得GMP-HACCP认证。同时，先后与中国、马来西亚、印度尼西亚以及一些欧洲国家签署了贸易协定，积极实施大米出口多元化策略。

2014年，政府声明将制定新的发展政策，采取有效措施，解决当前橡胶业存在的突出问题，提高橡胶质量，推动橡胶业发展，保证橡胶业的国际竞争力。2017年，政府宣布将制定类似大米行业的木薯产业政策，致力于发展订单农业，吸引扩大投资，降低生产成本，确保可持续的、强大的产业价值链，并扩大在区域市场的出口。为改善过量捕鱼以及因湖泊水塘被开发成农田而带来的渔业发展困境，政府进行了渔政改革，取消了洞里萨湖捕鱼区，并有效管理渔业保护区，采取打击非法捕鱼行为的措施。同时，制订了2019年鱼类年产量达到120万吨的长期计划。

除上述支持政策外，公共和私有部门的投资以及国内和国际发展机构的支持也助推了国家实现提高农业生产能力的政策目标。柬埔寨积极出台相关政策、农业发展战略规划、法律制度和其他相关法律法规，制定了2013—2020年预算管理系统的战略方向，稳步推进改革，农林渔业部负责实施完成项目预算，并制定了3年滚动预算战略规划。

3. 农业发展规划

柬埔寨皇家政府制定了国家未来发展的"四角战略"，将农业部门发展作为其中的重要一角。农业发展将是加速经济增长和减少贫困的重要因素。未来的战略目标是提升农业生产力，促进农业多元化和商业化发展，加快土地改革和林业、渔业改革计划。为促进农业发展和增加农业附加值，提出要增加稻米加工的附加值，并扩大出口，特别是香米和有机大米，以及其他高价值的农产品出口，例如橡胶、丝绸、腰果、绿豆、大豆、芝麻、玉米、胡椒、咖啡、水果和花卉；促进畜牧和水产养殖业发展，满足国内市场对肉类、鱼类和奶类产品的需求；鼓励对农产品加工业的投资；提高农业生产力以及农业现代化和商业化程度。

根据国家战略规划，柬埔寨农林渔业部还先后制定了《2009—2013年农业发展战略规划》《2014—2018年农业发展战略规划》。《2014—2018年农业发展战略规划》中，农林渔业部提出长期愿景，即通过利用新方法加速农业经济增长，促进农业现代化，保证为国民提供充足且安全的食品，助力减贫，并实现可持续的自然资源管理和保护。该规划旨在提升农业生产力，促进农业多元化和商业化，强化畜牧和水产养殖发展，使农业年均增长5%。为实现上述目标，重点在渔业和林业资源的可持续管理和制度能力建设以及有效的支撑服务和人力资源开发。为此，农林渔业部还制定了5项重点计划，分别是农业生产力、多元化和商业化提升计划，畜牧生产和动物卫生提升计划，可持续渔业资源管理计划，可持续林业和野生动物资源管理计划，制度能力、服务效率提升和人力资源开发计划。根据这些计划，相应制定提出了明确的发展指标（表13）。

表13　2014—2018年柬埔寨农林渔业部门发展指标

关键指标	年　份				
	2014	2015	2016	2017	2018
水稻单产（吨/公顷）	3.15	3.18	3.21	3.23	3.25
水稻种植面积（万公顷）	310	315	320	328	334
大米产量（万吨）	976	1001	1028	1056	1085
稻谷结余（万吨）	524	541	560	579	600
所有作物种植面积（万公顷）	481.45	502.45	523.45	544.45	565.45

(续表)

关键指标	年 份				
	2014	2015	2016	2017	2018
农业社区（个）	475	575	675	775	875
畜牧生产（万头，只）	3586	3693	3803	3917	4034
免疫比例（%）	10	12	15	17	20
利用良好卫生规范的屠宰场（个）	25	50	75	100	125
橡胶种植面积（万公顷）	30.65	33.45	36.25	38.45	40.45
橡胶单产（千克/公顷）	1257	1311	1282	1373	1368
干胶产量（万吨）	13.75	18.16	24.08	30.08	34.09
水产养殖产量（万吨）	9.78	11.25	12.94	14.88	17.12
渔业产量（淡水、海洋以及水产养殖）（万吨）	75.2	79.0	82.9	87.0	91.0
野生动物和森林保护面积（万公顷）	5.0	5.0	5.0	5.0	5.0

资料来源：NSDP，2014—2018

三、农业投资环境

（一）国家商业环境

1. 投资吸引力

柬埔寨投资环境的主要优势在于：① 实施开放自由的市场经济政策，经济自由化程度高。根据由美国智库传统基金会制定的"2017年度经济自由度指数"测算，柬埔寨经济自由度全球排名第94位。在东盟成员国中，柬埔寨排名第7，仅次于新加坡、马来西亚、文莱、菲律宾、泰国和印尼。在亚太区域42个国家和地区中，排名第20位。② 美国、欧盟、日本等28个国家和地区对柬埔寨实行普惠制待遇（GSP）；美国对部分进口产品采取较宽松的配额和减免征收进口关税的优惠措施，加拿大实行免征进口关税等优惠，欧盟不设限制（田原，2017）。③ 吴哥古迹是世界七大奇观之一，每年吸引大量的外国游客，同样吸引了具有国际管理经验的外商投资酒店、娱乐等第三产业。世界经济论坛发布的《2017—2018年全球竞争力报告》显示，柬埔寨在全球最具竞争力的137个国家和地区中排第94位。世界银行发布的《2017年营商环境报告》显示，柬埔寨营商环境2017年排名131位，排名有所提升。目前，在柬埔寨营商面临的主要不利因素包括腐败、劳动力素质低、政策不稳定、基础设施差、犯罪和偷盗等（图9）。

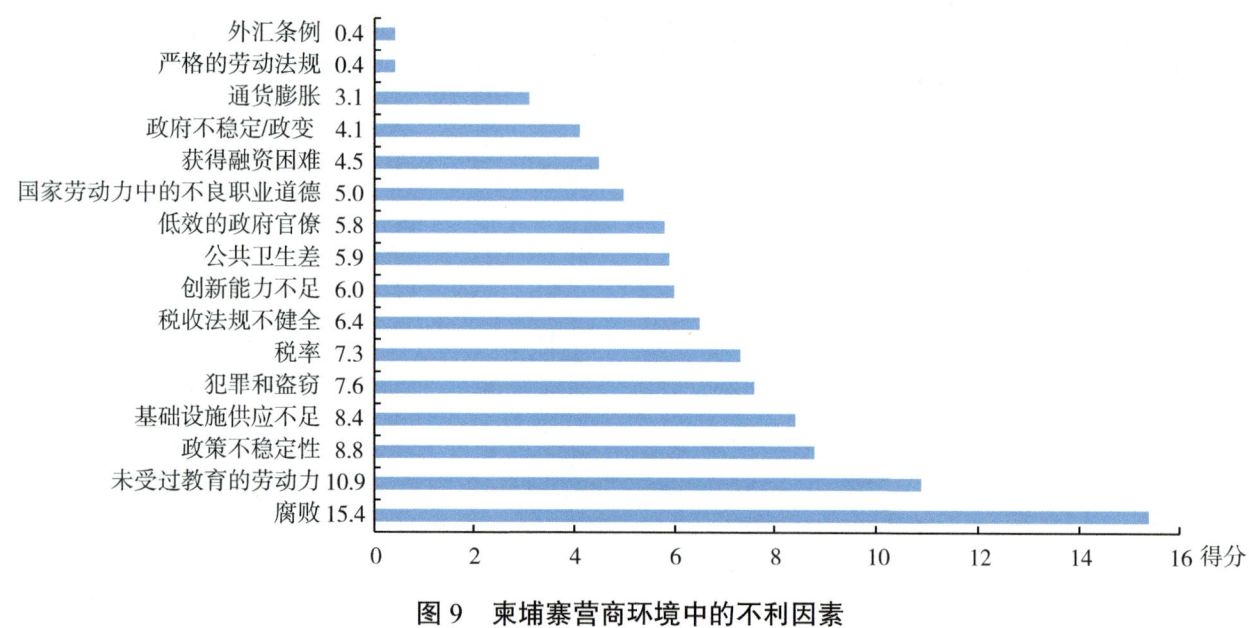

图 9 柬埔寨营商环境中的不利因素

资料来源：世界经济论坛《2017—2018 年全球竞争力报告》

中柬系友好近邻，两国农业合作互补性强，有很大的投资发展空间。但中国企业走出去开展投资活动之前，需要客观分析在柬投资的比较优势。目前来看，在柬埔寨进行农业投资的主要优势包括：经济活动高度自由化；政府致力于不断改善本国投资环境，先后出台鼓励外商投资的政策法规，给外资享受与国内企业同等的待遇；自然资源丰富，特别是在种植业、渔业等方面拥有丰富的资源，能给企业提供较多的投资机会。

2. 农业投资指标

自 2012 年以来，柬埔寨获得的总投资显著增长，从 2012 年的 29.66 亿美元增加到 2016 年的 36.10 亿美元，增幅达 24%（表 14）。其中，外国投资占 46%，且主要来自亚洲，占 90%。目前，中国是柬埔寨最大的投资来源国，2016 年中国对柬埔寨投资占比为 29.9%，其次为日本 27.6%。柬埔寨投资主要集中在工业和基础设部门，占比达到 72%。农业部门的投资额约为 4.8 亿，仅占 0.1%。

从投资发展趋势来看，旅游业投资快速增长，农业投资发展缓慢。据柬埔寨 2016 年外国直接投资（FDI）报告，外国直接投资总额 21.55 亿美元，其中农业领域投资为 2.32 亿美元，占比 10.8%。中国对柬埔寨投资 5.11 亿美元，其中农业领域投资为 5300 万美元，占比 10.4%。

表 14　2012—2016 年柬埔寨投资发展趋势　　　　　　　　　　（单位：亿美元）

项　目	年　份					
	2012	2013	2014	2015	2016	2012—2016 累计
农业	5.57	11.29	2.65	4.83	4.78	29.11
工业	14.90	11.07	28.36	9.19	11.86	75.38
基础设施	2.28	26.21	3.54	31.30	5.44	68.76
旅游业	6.92	1.06	4.80	1.12	14.01	27.90
总计	29.66	49.62	39.33	46.44	36.10	201.15

资料来源：柬埔寨发展委员会

3. 与农业投资相关的政策法规

土地是生产的最基本要素，与土地相关的政策法规直接影响着投资人的投资积极性。柬埔寨有关土地法的核心在于禁止外国人拥有柬埔寨土地的所有权，但可以拥有使用权。在所有权方面，根据柬埔寨《土地法》有关规定，禁止任何外国法人或自然人拥有土地的所有权，但允许外资合资企业持有土地，但外方占股合计不得超过49%。在土地的使用权方面，《土地法》规定，投资者可通过长期租赁的方式使用土地，最长租期为70年，期满可申请续租。同时，土地上的其他所有权的行使也必须符合法律规定。在《柬埔寨王国投资法修正法实施细则》进一步规定外方使用土地的注意事项：在登记土地所有权的投资人时，应填写全部相关表格，并在不动产所在地的地籍办公室办理登记手续（表15）。2010年，柬埔寨国王签署批准的《外国人房屋产权法》规定：外国公民可在柬埔寨以自己的名义购买、出售和出租二楼及以上房屋产权，但外国公民不能拥有土地产权。

表 15　柬埔寨有关土地使用的规定

类　型	规　定
柬埔寨法人	除所有权权利外，允许柬埔寨投资人以多种方式使用土地，包括特许、租赁、转让或抵押
外籍法人	允许外籍法人以多种方式使用土地，包括特许、15年或以上长期租赁及可展期短期租赁；土地使用权包括承租人在合同规定期限内对建筑物、装备及土地改良所拥有的权利；使用土地方式需符合现行法律规定
国有土地租赁	自然人或法人租赁国有土地的，应依据国有资产管理有关规定办理
转租	自然人或法人租赁国有土地的，经主管部门明确批准，可转租给第三方

资料来源：作者根据相关资料整理

（二）农业优势与潜力

农业是柬埔寨国民经济的支柱产业，由于自然条件优越、农业资源丰富、劳动力充足，农业经济效益较好，但基础设施和农业科技落后，资金和人才短缺等因素制约着其农业的快速发展。柬埔寨的特色优势农业产业突出，政府高度重视农业发展，将农业作为优先发展的重要领域，希望通过努力提升农业生产及投资环境，吸引国外投资，充分开发农业发展潜力，开拓农产品市场。

从 2000 年以来柬埔寨的农业发展趋势来看，由于缺乏国家支持政策以及产品市场价格偏弱导致农业增长缓慢，近 3 年来农业增长率仅为 0.2%～0.3%。特别是畜禽发展几乎停滞，作物和渔业生产微增长，林业呈现负增长（图 10）。但即便如此，柬埔寨的资源条件有利于发展农业，农业前景广阔。

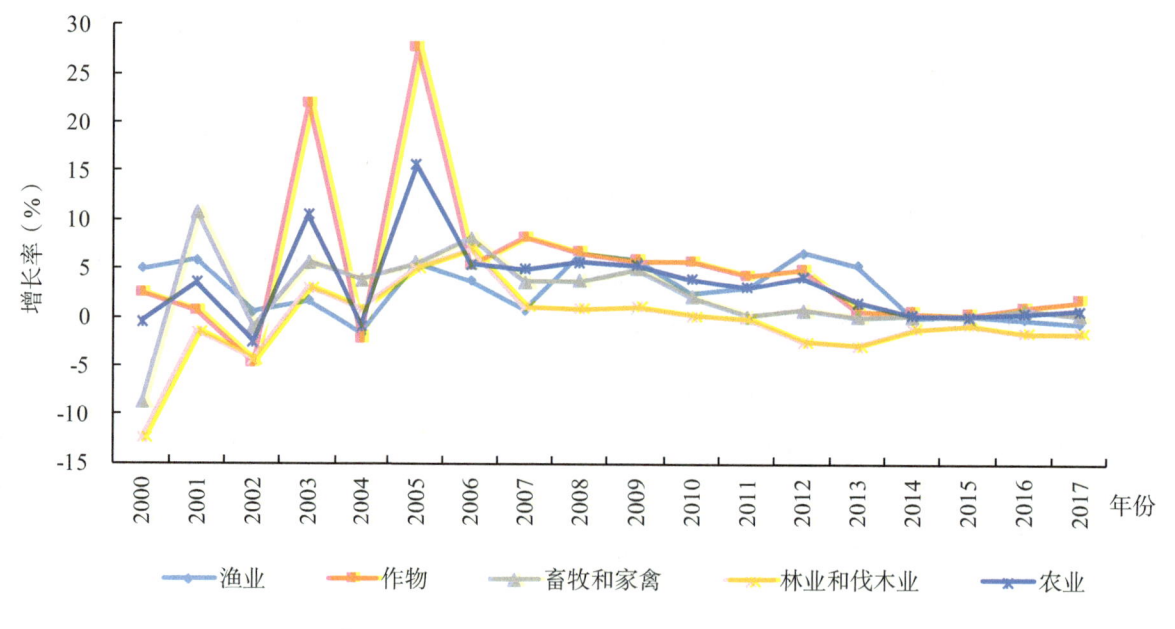

图 10　2000—2017 年柬埔寨农业发展趋势

资料来源：柬埔寨宏观经济发展展望

未来人口的增长将是驱动柬埔寨农业发展的主要原动力，一方面满足国内需求，另一方面还可以扩大出口。柬埔寨农业发展的巨大潜力来自于：① 土壤和水资源丰富，由于耕地资源日益稀缺，重点是提高单产，提升劳动者和推广人员的技能，从而保证农业生产的增长。② 私有部门对农业生产提供的支持，比如机械和投入品的供应，随着投入加大，农业生产将会增加。③ 农民的耕种从生计农业转向商业农业，农业投入品和机械的大量投入明显提升作物生产能力。④ 政府有关农业发展的政策和战略调动多方力量共同发展农业。⑤ 政府高度重视发展农业所需的基础设施投资，特别是灌溉系统和农村道路，以及对能力建设、技术推广服务、农村信贷、农民社区发展和农业市场的投资。⑥ 农业企业已经出现，对增加柬埔寨的采后处理和加工能力具有巨大的机会，先是国内市场，还有可能进一步参与国际市场竞争。⑦农业生产的机械化使得柬埔寨畜牧生产可以聚焦在肉类生产上，以满足国内消费和出口需求。⑧渔产品生产具有可持续增长的潜力，通过建立进一步的资源保护良好作业规范，实现可持续的水产养殖业发展。

（三）风险分析

1. 经济风险

与周边的越南、泰国等竞争对手相比，柬埔寨农业生产力低的原因除了耕地利用不充分外，另一个原因是生产基础设施不足，导致运输等相关成本偏高，这对在柬投资产生不利影响。较低的生产水平、运输基础设施薄弱以及农产品出口管理手续繁杂，可能会导致农产品出口价格上涨，竞争力下降，影响农业投资的经济收益。此外，柬埔寨水、电、交通、通信等基础设施条件较为落后，企业进行投资面临着很大挑战，特别是缺乏现代化仓储设施，园区内外的水电路等需要企业自己承担。工人劳动效率低，而且由于环境和文化差异会拒绝加班，节假日用工困难，生产效率偏低。近年，工人工资逐步提高，生产成本也在加大。同时，企业管理方式上也与国内有差异，存在经营管理上的不确定风险。

2. 法律风险

法律规则较弱，无经济法庭，犯罪和暴力时有发生，缺乏法律、司法对外资的保护。此外，投资开发受到政府监督，同时还会受到非政府组织及舆论的监督。柬埔寨政府自20世纪90年代初通过了一项"经济土地特许经营权"（Economic Land Concession）计划，为鼓励对大型种植园和农场的私人投资，同意国内外的民间企业最长使用土地99年。但是，在特许经营权的土地上，居民们受到了各种伤害，或者被强制搬离或者被限制进入农地和放牧地。柬埔寨农业部承认在59件被批准的94.31万公顷特许经营土地中，有36件掌握在外国企业和手握政治及经济大权的人手中。对这一事态甚为担忧的柬埔寨非政府组织要求政府重新审视已经实施的特许经营权，暂停审批新的特许经营权。林业部也提出警告，若政府继续根据经济土地经营权转让土地，森林面积将急剧减少。未来，农业合作经营中的土地获取可能会面临政策改变的风险。

3. 自然风险

柬埔寨主要有台风、洪水、干旱、病虫害、森林火灾等自然灾害，近年全球气候变化也给柬埔寨造成了不良影响，自然灾害逐年增多。2009年10月的"凯萨娜"台风袭击了柬埔寨多个省，导致43人死亡，87人受伤，约18万人口受灾，直接经济损失超过1.3亿美元。2010年旱季，柬埔寨天气异常炎热，最高气温达到少有的41℃；而进入雨季后，暴雨和雷电多于往年，致使许多民房倒塌，48人遭雷击死亡。此外，气候变化还导致疾病多发，茶胶省禽流感造成近 2 万只鸭子死亡，8 人因感染禽流感而丧生。柬埔寨每年都会遭受自然灾害侵袭，主要原因是滥砍滥伐森林、非法狩猎和捕鱼、水污染严重、基础设施落后等。因此，投资柬埔寨农业将会面临较大的自然灾害风险。

（四）综合评价

总体上，柬埔寨的政治和社会风险不高，2018 年的政府换届可能会对政策制定带来不确定影响，国家持续强劲的经济增长将会为基础设施建设和人力资源基础带来新的需求，国家支柱产业不断发生变化，农业发展较弱，急需引进外国投资。虽然柬埔寨在积极营造有利的营商环境，但其投资软环境仍有待改善。主要体现在：① 政府部门工作效率较低，办事周期较长，工会组织的罢工、示威活动时有发生。② 市场、经营秩序有待改善，法律对外资的保护力度亟需提高。③ 经济发展的自主能力较差，主要依赖外援和外资。④ 教育制度薄弱，需要投资者自主培训所需人才，以适应激烈的竞争。

四、中柬农业合作现状与合作重点

柬埔寨的农业需要改变粗放经营模式，通过大力引进外部投资，改善农业基础设施，提高农业生产力，推动农产品深加工，增加农产品附加值。中国作为柬埔寨的友好邻邦，一贯重视并积极支持其农业发展，一方面提供了大量无偿援助，另一方面积极开展科技、贸易和投资合作，为推动柬埔寨经济社会发展发挥了重要作用。

（一）农业合作现状

1. 合作机制

柬埔寨是我周边友好国家，两国有着近两千年的传统友谊。1958 年 7 月 19 日中国与柬埔寨建交，1996 年双方签订《贸易、促进和投资保护协定》，2000 年成立中柬经济贸易合作委员会。近年来，两国经贸取得较快发展，合作领域不断拓宽。农业成为两国重点合作的三大领域之一，受到高层领导的高度重视，两国先后签订多份农业合作文件，包括《中柬农业合作谅解备忘录》（2000 年 11 月，中柬签署）、《中国—东盟全面经济合作框架协议》及《农业合作谅解备忘录》（2002 年 11 月，中国与柬埔寨等东盟 10 个国家签署）、《加强中柬农业合作的协议》（2010 年 3 月，中柬签署）。2016 年 10 月，中国农业部副部长屈冬玉访柬期间，代表中国农业部同柬埔寨农林渔业部温沙坤部长签署了《中国—柬埔寨农业合作会议纪要》。这些协议的签订为两国开展农业合作奠定了良好的基础。

在政府合作协议框架下，先后有多个合作项目协议签署。2005年7月，中国农业部与柬埔寨农林渔业部签订《中柬种猪生产示范项目合作备忘录》。2013年1月，签署《柬埔寨农林渔业部与中国广西关于农业合作谅解备忘录》《中国广西农业厅仪器设备捐赠协议书》和《中国广西农业职业技术学院与柬埔寨波雷烈农业学院合作备忘录》等系列合作文件。2013年9月，柬埔寨恒睿现代农业有限公司分别与烟台蓝天投资开发有限公司签署股权投资合作协议、与烟建集团签署战略合作协议书。2017年，柬埔寨财经部、商业部与中国进出口银行、中信建设有限公司以及河南豫光国际经济技术合作有限公司签署了两项推动稻谷生产与大米出口谅解备忘录。此外，广西还与柬埔寨成立了两国农业合作工作组，为深化农业合作搭建了重要平台。

2. 科技合作

中国农业部曾组织有关省区与柬埔寨政府合作开展了种猪示范推广项目、农村户用沼气技术试验示范项目。农村户用沼气示范项目共为柬埔寨建设了30座8～10立方米的户用沼气池，并对农户进行了相应的实用技术培训（钟小兰，2005）。2009年，广西福沃得农业技术国际合作有限公司承担建设了"柬中优质水果蔬菜示范基地"，该基地建设以公益性质的农业技术培训和试验示范种植、先进农业技术和果蔬品种推广为主要内容。8年来，公司发展水稻、蔬菜、木薯等作物的产业化种植，探索把援助和公益项目建设成为可持续性发展的、可以复制推广的农业产业模式，有效带动了当地农民增产增收。2017年9月，广西福沃得农业技术国际合作有限公司、中柬农业促进中心与柬埔寨农林渔业部及国内相关企业分别签署了相关合作协议，内容涉及示范种猪场建设、禽畜养殖及疫苗、优良品种示范种植及市场推广、种子基因库建设等。

此外，中国积极推动有关省区加强与GMS国家的农业交流与合作，云南省农业科学院粮食作物研究所、云南省农村科技服务中心、昆明云薯农业科技有限公司共同实施了"大湄公河次区域农业科技合作平台建设及试验示范"项目。项目由云南省农科院主导，在"平等、互利、共赢"原则基础上，联合柬、缅、越、老、泰等国家农业科学院或农业部，在大湄公河次区域创建了农业科技交流合作组，建立了马铃薯、陆稻、甘蔗、大豆和植保5个专业工作组，并开展品种交流、跨境实验示范和项目培训等农业技术合作，该项目创新了农业科技多边合作机制（陈云芬，2012）。湖北种子公司也常年派驻专业技术人员在柬交流品种试种、示范、推广及售后服务。昆明植物所与柬埔寨国家林业局林业与野生生物研究所签署了《中国科学院昆明植物研究所与柬埔寨林业与野生生物研究所科技合作备忘录》。2017年8月，柬埔寨高级别农业专家顾问项目培训班、海水水产养殖技术与发展海外培训班成功举办，帮助提升柬埔寨的农业发展规划和战略计划能力建设和海水养殖技术水平，加快人才培养。

3. 贸易合作

过去10年来，中柬经贸合作持续、健康发展，合作空前活跃，双边贸易额增长9倍。2010年10月底，中国与柬埔寨签署《实施动植物卫生检疫措施的协议》，该协议为柬埔寨农产品对中国直接出口铺平了道路。2010年1月1日，中国—东盟自由贸易区正式全面启动，并且从2004年1月1日起，中国予以柬埔寨297种商品（主要是农、林、牧、渔产品）进口零关税优惠待遇（克瑞德，2008）。目前，中国主要从柬埔寨进口大米、橡胶、木材产品和水产品，双边农产品贸易呈现快速上升趋势。但中国对柬埔寨的大米进口实行配额制，每年10万吨，中柬双方积极磋商，2017年将配额增加1倍，并希望推动97%的关税减免计划，为柬方提供免关税和免配额的市场准入。双方还将继续就进一步扩大对华出口产品进行谈判，包括木薯、玉米、香蕉、芒果、龙眼、腰果、胡椒、咖啡和大豆等。

4. 投资合作

多年来，中国对柬埔寨农业投资进展良好。据统计，截至2015年年底，中国对柬埔寨的农业投资流量为1.05亿美元，在柬埔寨投资建立的农业企业38家。投资主要集中在种植领域，以水稻、玉米、果蔬种植为重点，并逐步向农产品加工拓展。云南省与柬埔寨接壤交通便利，气候条件与柬埔寨相似，利用这两个特点，云南省充分发挥自身在农业技术、机械设备制造及管理方面的优势，与柬埔寨开展农业投资合作。例如，1999—2001年，云南省在柬埔寨投资了包括金边农场农业投资项目在内的四个项目，合同金额共计280万美元；1999年，云南国际经济技术合作公司同柬方诚达农业公司签订合资合同，双方各持50%股份，租赁土地2000公顷，合资期35年，成立了"中柬合资柬埔寨锦程农业发展有限公司"，根据现代农业要求，建设灌溉、排涝等设施，生产上市的优质蔬菜、水果深受金边市民欢迎（冯璐等，2010）。2011年，云南省海外投资有限公司与柬埔寨索玛（SOMA）集团就双方拟在柬埔寨开展20万吨大米加工项目签署备忘录。

2012年，广西国宏集团在柬埔寨投资了大米加工厂项目。国宏集团还在现有大米加工厂基础上，进一步打造了现代农业生态产业示范园项目，同柬埔寨英迪坡发展有限公司共同建立了原生态香米（稻谷）种植基地，并致力于推广销售柬埔寨大米。此外，柬埔寨国家稻米公共仓储服务设施项目也成为双方农业合作的重要领域，得到两国政府的高度重视与大力支持。河南省企业计划在柬埔寨稻谷主产区的10个省建设120万吨稻谷仓储和烘干设施，包括10个中央库、50个收纳库和500个收购网店及配套烘干设施。

2016年，中国—柬埔寨国家级农业经贸合作项目正式确立，由中国山东烟台天睿投资有限公司投资运营的天睿（柬）农业经贸合作特区将建设成集研发、培育、种植，到收购、仓储、加工，再到销售、物流、服务等上中下游产业链一体化的"中柬国家级农业经贸合作区"。2017年，绿洲农业发展（柬埔寨）有限公司的农业生产基地在柬埔寨东北部的桔井省建立，其将作为中柬热带生态农业合作示范区的一部分，分阶段建设"中柬香蕉产业园""中柬胡椒产业园""中柬热带水果产业园"等6个产业园。

（二）农业合作存在的问题及制约因素

中柬两国在农业技术、贸易和投资领域已开展了广泛的合作，但总体上仍以技术合作为主，贸易投资规模不大。中国企业在柬埔寨农业领域的投资尝试较多，但并非十分成功。先后在柬投资的企业有云南国际公司、中国海外经济合作公司、中国农垦集团、广西北海外经公司等，主要在粮食与经济作物种植、畜禽养殖等多领域探索农业开发合作。还有一些企业尝试在柬埔寨种植麻枫树、蓖麻、棉花、甘蔗、哈密瓜等经济作物。据柬埔寨农林渔部统计，目前有超过20家的中国企业在柬从事农业开发，合作方式主要有两种，一种是兼并收购当地公司，另一种是租赁政府对橡胶、经济树、木薯和热带水果等经济作物种植和加工的经济特许权。目前，农业合作中的突出问题主要表现在以下方面。

一是基础设施落后。柬埔寨旱雨季分明，由于水利灌溉设施较差，雨季和旱季分别会遭受严重的涝灾和旱灾。柬水资源与气象部数据显示，仅有48%的农民能得到足够的农业用水。二是劳动力素质低。柬埔寨的劳动力资源丰富，而且劳工的工资相对较低，但有技能的劳动力十分匮乏。2013年，农村适龄儿童小学入学率85.4%，城镇、农村和偏远地区适龄少年初中入学率分别为53.0%、34.9%和3.9%，15~24岁群体扫盲率为93%。虽然近年柬埔寨政府不断加大农村教育投入，农业劳动力整体素质仍不高，限制了农业生产水平的提升（曾祥山，2013）。三是土地纠纷频发。由于战后遗留的土地分配和产权问题，中央和地方政府在土地产权管理上经常产生分歧。由于部分中方企业在立项前不能准确了解开发用地的产权归属，导致项目实施受到阻碍甚至搁浅。四是经营成本较高。柬埔寨公路、铁路、水路等交通基础设施落后，国道公路与我国三级公路的水平相当，乡村道路以土路为主，雨季路面泥泞，车辆运输困难。并且仓储能力较差，这导致运输和仓储成本居高不下。此外，过高的电力成本不利于中方企业投资农产品加工产业。五是融资困难较大。农业是高风险低收益的产业，并且投资周期长，企业融资困难，后续资金不能及时跟上，将直接影响项目运作。柬埔寨国内的商业银行和小额贷款机构对农业项目的贷款年利率多在20%，有的甚至高达30%以上，企业需要承受较高的贷款成本，融资面临挑战。

综合来看，柬埔寨希望吸引外商投资农业领域，但因农业基础设施薄弱，外国人无土地所有权，不能直接使用土地，投资农业相关规定尚不完善，缺乏保护农作物产销的法律，影响了外商投资的热情。

（三）合作潜力

1. 合作基础

2010年，中国与柬埔寨建立全面战略伙伴关系，两国关系进入全面发展的黄金期。柬埔寨地理位置优越，位于中南半岛的中心，是东南亚的交通枢纽，也是21世纪海上丝绸之路的重要沿线国家。柬埔寨位于近几十年来最具经济活力的区域，自身区位优势及平台作用将对中柬经济社会产生积极的影响。由于是传统的农业国家，自然条件好、资源优势显著，加上地缘经济和政治方面的影响，将成为双方农业合作的坚实基础。

柬埔寨具有吸引投资的优惠政策。为吸引更多外资促进本国农业发展，柬政府对达到一定规模的农业开发项目给予支持和优惠待遇，稻谷种植1000公顷以上、经济作物种植500公顷以上、蔬菜种植50公顷以上等均可享受优惠待遇。具体鼓励措施主要体现在税收方面：政策规定投资项目从首个盈利年份起，最长8年可免征盈利税；政府只征收9%的纯盈利税；如连续亏损则被准许免征税；如果投资者将其盈利用于再投资，可免征盈利税；不管是转移到国外，还是在柬国内分配投资盈利，均不征税。另外，投资项目需进口的建筑材料、生产资料、各种物资、半成品、原材料等均可享受100%免征关税及其他赋税，前提是该项目产品的80%必须出口；在柬的国外投资者把产品出口到中国、印度、美国、日本都可以获得关税减免。此外，外国投资者可以把100%的股权投资到柬埔寨，不需要与当地的投资方进行合作。

在土地政策方面，根据《宪法》和《土地法》规定，在柬投资土地所有权必须由柬籍自然人或法人投资者所有。为给国外投资者提供一个稳定的生产环境，政府于2005年年底颁布《经济土地特许权法令》，规定外国投资者可通过长期租赁的方式使用土地，最长租期长达70～99年，并且期满后仍可申请继续租赁。需要注意的是，柬政府为有效管理土地，批准的农业投资项目土地一般在1万公顷以内。这项法令极大地吸引了外资投资农业。此外，柬埔寨建设有西哈努克港经济特区，也为农业合作提供了重要的投资平台。近年，柬埔寨投资总量明显回升，基础设施投资倍增，基础设施的改善将为农业物流、贸易提供更多的便利。

虽然柬埔寨农业基础相对落后、财政投入比较有限，但政府实施多项优惠条件鼓励企业投资于农业生产、加工和贸易的各个环节。得益于相关政策法规，外国对柬埔寨农业投资较多。截至目前，已有116家经济土地特许公司在柬埔寨投资农业，经营土地120多万公顷。越南和中国是主要的外国农业投资国家，马来西亚、泰国、美国、韩国、印度等对柬的农业投资也较多。成熟的外国农业投资经验为双方的合作奠定了很好的基础。

2. 合作前景

近年来，中柬两国全面战略合作伙伴关系不断深化，农业合作成为两国合作的重点领域之一。两国气候条件差异，优势农产品差别大，具有生态多样、特色农业的共性，具有"取长补短"的基础。加之中国有多年发展农业的丰富经验，柬埔寨农业发展具有较大潜力，双方都有开展农业合作的良好愿望，农业合作具有广阔的前景。

（1）柬国农业产业发展的强烈需求

大米被誉为柬埔寨的"白金"，近年来大米出口增长迅速。由于出口到马来西亚、泰国和中国的大米占柬埔寨大米海外出口的近四成，柬埔寨有意开拓中国和马来西亚的市场份额，特别是香米出口，与其他出口国家相比，虽然成本偏高，但仍有竞争力。目前有泰国、越南米商在柬大规模收购稻谷，并在各自国内加工后作为本国大米品牌出口，柬政府为延长稻米产业链、提高大米加工能力、提升附加值，欢迎外资投资稻谷种植和加工。

由于国际市场上橡胶价格的不断攀升，柬埔寨政府也通过实施全国红土质区域种植橡胶树增加农民收入的计划，积极扩大种植面积，使橡胶种植区域由原本传统集中在东部地区向东北和西北推广，同时欢迎外国投资。早在21世纪初，包括泰国、越南、中国、韩国和美国在内的许多国家先后前往柬埔寨利用经济特许地从事木薯、花生和甘蔗等经济作物种植。充分利用农业资源优势，拓展多元化的农作物生产将是推动柬埔寨农业发展的必由之路。

养殖业是柬埔寨继种植业后的第二大产业，但目前还处于发展的初级阶段。柬埔寨具有发展畜牧业的良好自然条件，种植业也可以为畜禽养殖提供充足的原材料，整体来看畜牧业开发潜力巨大。重点是在畜牧领域如何实现农工商产业化链条合作，推动其畜禽养殖业的快速发展，一方面可以促进和带动当地农业经济的整体发展，另一方面有利于促进国家经济发展和减少贫困。

（2）"一带一路"倡议提供巨大契机

近年来，柬埔寨国内政局保持稳定，经济社会发展呈较快增长势头。政府视外国直接投资为经济发展的主要动力。中国提出的"一带一路"倡议将会给柬埔寨带来发展机会，特别是中国出资的400亿美元丝路基金，对于包括柬埔寨在内的亚洲国家互联互通有着极大的促进和推动作用。通过"一带一路"倡议，两国可以将政治互信、地缘毗邻、经济互补等优势，转化为在交通基础设施、贸易与投资、能源矿业合作、区域一体化等领域的务实合作，实现共赢。柬埔寨对中国提出的"一带一路"倡议非常支持，希望更多的中国企业借此走进柬埔寨，全面参与各类项目合作。

为对接中国提出的"一带一路"倡议，柬埔寨制定了包括六大战略的规划。规划覆盖的项目包括路桥、轻轨和铁轨等，具体战略包括提升道路的多元化方式、发展城市路网；建设轻轨；道路再造；改造地区道路，使道路延伸到内陆，包括偏远地区；维护目前农村地区的交通路网以及铁路轨道运输等。在此背景下，柬埔寨的基础设施将会得到较大改善，政府的不断改革、融资以及吸引外国技术转让的机制等，将为深化两国的农业合作提供良好的契机。借力"一带一路"倡议，投资柬埔寨农业，不仅促进当地农业和农村经济的发展，还具有辐射带动其他东南亚国家的作用。

（四）合作重点

中国云南省、广西壮族自治区等省（区）与柬相邻，交通便利，而且气候环境相似，具有良好的合作基础条件。基于中柬自身的优势与特点，双方在水稻、蔬菜以及橡胶、木薯、甘蔗等热带经济作物栽培，热带水果加工，小型农机具生产与销售等领域合作潜力大。在"一带一路"倡议的大背景下，在互联互通的基础上，中国愿意同柬方加强政策沟通，加强农业合作。农业合作的重点是稻谷等农产品加工、技术合作、农业综合开发投资、现代园区建设等，涉及种植业、畜牧业、水产养殖、农产品加工等领域。

1. 重点领域

（1）种植业领域

水稻、橡胶是种植业领域的两个重要合作产业。在柬埔寨投资水稻种植和碾米加工厂具有较好的发展前景。柬埔寨工业污染较少，拥有种植水稻所需的良好生态和生产环境。一些国家的农业发展机构或私营企业等在组织推行无公害大米的种植和加工，获得了良好的效益，大部分产品直接出口至欧美市场，少量进入金边和暹粒的酒店等高端市场。近年，中国从柬埔寨进口的香米呈增加趋势，在"利用两种资源、两个市场"的大战略方针下，中国可以充分利用柬的资源优势，进行水稻资源开发，以满足我国特别是西南地区的部分粮食需求。

橡胶业作为柬埔寨农产品加工业发展战略的重要组成部分，不论是干胶出口，还是老橡胶树砍伐加工都为柬财政创造了可观的收入。随着柬埔寨经济的逐步发展和国际市场对橡胶的刚性需求，政府已加大对该领域的开发力度，制定了较完善的鼓励和管理政策，积极争取外援和吸引外资。橡胶是中国急需的战略资源，作为世界上最大的橡胶消费国，80%的橡胶消费依靠进口，因此与柬合作开发橡胶资源符合两国的需求。随着"一带一路"倡议的推进，种植业合作将加快推进农业企业"走出去"。当前，海南橡胶正在积极实施"走出去"战略，计划与柬埔寨王国惠港发展投资有限公司合作在柬埔寨租赁94万亩土地种植橡胶，还将建立相应的橡胶制品厂及木材加工企业，收购与合作经营柬埔寨现有的一些橡胶园等。

除水稻、橡胶外，还可以充分利用柬埔寨的土地资源丰富、土地及劳动力成本较低等优势，积极开展木薯、花生、蔬菜、热带水果（如香蕉）等经济作物的合作开发。

(2) 畜牧业领域

柬埔寨自然条件优厚，只要政府重视畜牧业，采取得力措施，充分调动农民的积极性，畜牧业将具有巨大的发展潜力。目前，柬埔寨的畜牧业基本为农民家庭副业，养殖规模较小。发展畜牧业的重要任务包括改良畜禽品种，提高畜禽产品率；提升畜牧业抵御风险能力；强化疫病的预防、治疗和控制；合理规划利用牧草地，改良天然牧草，提升牧草质量；发展饲料加工业，促使饲料向科学化、营养化方向发展。在畜牧领域，中方的技术优势相对明显，通过加强合作，有望提升柬埔寨的畜牧业发展水平。此外，由于地理位置毗邻，开展动物疫病的联防联控也是加强合作的重要方面。

(3) 林业领域

柬埔寨森林资源丰富，政府对与国外企业开展林业合作秉持积极态度，欢迎中国的技术和资金需求。柬政府鼓励中国企业赴柬开展造林及木材加工，这不仅能缓解柬国内资源供应紧张和我国木材进口的国际压力，还有利于加强与周边国家的经贸合作，维护良好的外交关系。此外，柬埔寨政府曾有开发国内原始森林的战略构想，2012年7月，西安美贤农业开发有限公司与柬埔寨亚洲国际农木业股份有限公司签订共同开发柬埔寨新型农业项目框架性合作协议书。根据协议，将结合柬埔寨振兴国家农业规划，对柬埔寨国内3万公顷原始森林进行全面改造。计划在8年内，将其建成规模化、标准化、产业化的天然橡胶园、棕榈园、椰子园及其他经济作物园。在柬埔寨国内建设和运营具有示范意义的新型森林资源改造项目，加快柬埔寨原始森林资源的现代化开发和多元化改造，培育柬埔寨新的经济增长点。与此同时，积极开展中国与柬埔寨的林业合作规划研究，紧密结合双方林业自身情况和发展需求，提出合作产业布局，共同实现绿色、低碳发展。

(4) 渔业领域

柬埔寨海水养殖产业发展缓慢且不足，其产量仅占水产养殖总量的0.2%，沿海养殖具有巨大的发展潜力。除海水养殖外，洞里萨湖及周边水域分布约4000个网箱养殖场，其中大部分还处于起步阶段。柬埔寨的远洋渔业落后，西哈努克、戈公等沿海4省共有1000多艘渔船，但其中大部分渔船功率不大，捕鱼范围只能在20海里以内。大型渔船仅有30米长，功率为300多马力，捕鱼范围可延伸到几十海里外的海域但仍非常有限（孙广勇，2013）。柬埔寨政府在亚洲开发银行的资助下，与世界渔业机构合作实施柬埔寨淡水鱼研究和发展项目，还与东南亚水产发展中心合作，帮助柬埔寨培训农村水产养殖人员。柬埔寨渔业市场发展空间巨大，中国企业既可与当地合作从事渔业生产和养殖，还可以从事海产品加工和出口，投资项目的种类丰富。

2. 重点项目

（1）稻谷加工项目

柬埔寨本地稻谷加工技术水平不高，同时稻谷加工厂规模小且分散，不能满足稻谷加工的需求，柬埔寨许多稻农出售未经加工的稻谷，严重制约了本国大米的出口。因此，柬埔寨迫切希望中国企业前往投资大米加工，纷纷出台政策将粮食加工作为鼓励外资的优先领域。中方可以开展稻米发展项目，在水稻主产区建立稻谷加工厂，采用先进加工设备和技术生产优质大米，通过规模化经营和先进营销方式创设优质品牌。开展稻谷加工合作，一方面解决目前柬埔寨许多稻农只能将未经加工稻谷出售给邻国泰国和越南，所获利润低的问题；另一方面可以通过产能合作，促进柬埔寨大米加工业的发展，并扩大对中国市场的优质大米出口，实现合作双赢。

（2）农业技术合作项目

柬埔寨的农业科技发展水平较低，促进农业发展又离不开科技支撑。近年来，中柬两国开展了以农业科技合作为主导的多个项目，涉及的作物品种较为广泛。比如，柬中优质水果蔬菜示范基地，开展水稻、蔬菜、木薯等作物的选育和试种工作。新形势下，充分利用中国在农业科学技术、农业机械设备和农业生产经验上的优势，继续推进中柬农业科技示范园、技术示范中心和生产基地的建设，带动当地农民转变生产方式，实现增产创收。农业技术传播与合作将是双方合作的亮点。

（3）农业综合开发项目

由于缺乏资金和技术，柬埔寨农业资源开发利用水平相对较低，在农田开发、自然资源利用等方面具备较大潜力。现阶段，柬埔寨农业对外合作的需求十分强烈。政府希望通过外国投资开发，扩大本国的农产品出口。因此，通过农业综合开发合作，在引进品种、技术、农机和农资等的基础上，利用中国的资本和技术提升柬埔寨稻谷的产量，有利于实现增加大米出口的目标。除大米外，柬埔寨还有木薯、玉米、大豆以及香蕉、芒果等热带蔬果可出口中国。虽然目前没有获得中国的检验检疫通过，柬埔寨农业部已为此提出"一揽子"谈判。随着双方加快推进检验检疫协议的签订，将会吸引更多中国企业投资柬埔寨开发农业资源，促进两国的农产品贸易发展（主要是中国从柬埔寨进口更多的农产品），满足各自的不同需求。

（4）现代农业园区建设

发展现代农业、可持续农业，以及消除贫困是柬埔寨的国家战略目标，政府有意推动本国的现代农业发展。中国在发展现代农业上已经取得一些成效，也积累了丰富的经验，中国有能力帮助柬埔寨加快发展现代农业。随着"一带一路"倡议的推进，通过强化基础设施建设实现互联互通，通过现代农业园区建设吸引国内企业入园，促进农业走出去。目前，在现代农业园区建设上已有一定合作基础。现代农业园区的建设将有助于培育柬埔寨特色农业产业，主要包括粮油、花卉、果蔬、咖啡、茶叶、水产及生猪等畜牧养殖，同时发展冷链包装运输、物流贸易、肉类等农副产品深加工，打造成柬埔寨国家现代农业发展的模范和样板。

（5）农业援助项目

柬埔寨作为不发达国家，需要中国提供援助，帮助其发展。过去，中国在物资、设备等方面提供了大量援助。由于农业基础设施落后，更加需要援助和外来投资。此外，柬埔寨农业生产科技含量的提升，也需要依靠其他国家的援助和投资。特别是一些科研机构的仪器设备以及人员培训。目前，中国已在桔井省援建了一所农业技术学校，面向全国招生。未来，中国政府对柬埔寨开展农业援助项目仍将是一个重要的合作方面。援助合作的重点是，通过援助项目支持柬埔寨的农业研究与技术推广，以及农业人才培训。

五、中柬农业合作建议

柬埔寨农业部门结构比较齐全，优势产业突出，特别是水稻、木薯和橡胶产业，国家积极出台相关产业支持政策，提升产量并扩大出口。中柬传统友谊深厚，农业合作将是深化两国关系发展的助推器。当前，两国农业部门积极落实两国领导人达成的共识，切实加强在水稻育种、规划编制、农产品深加工、水产养殖、动物疫病防控、园区建设等领域的合作，促进柬埔寨现代农业发展。为进一步深化两国的农业合作，提出以下三方面的建议。

（一）突出重点产业、重点环节

柬埔寨拥有重要地理区位优势，而且经济发展比较有活力，中柬两国经贸合作基础坚实。柬埔寨农业资源优势突出，土地和劳动力资源丰富，优势农产品与中国不同，产品互补性较强，要充分挖掘在种植业、畜牧业、渔业、林业领域的合作空间。通过加强两国农业合作，推动柬埔寨农业生产水平提升，扩大农产品出口，辐射区域内其他国家的现代农业发展，增强中国在该区域的影响力。当前，要结合柬埔寨农业生产不发达的实情，以加强农业技术合作为突破口，辅以优良种子、农机、农药、兽药以及动物疫苗等产品的输出，帮助提高柬埔寨农业和粮食生产效率，促进农业现代化发展，增加全球粮食供给。

（二）政府、科研机构与企业合力推进合作

在新的战略机遇期，中国政府要不断通过政策、机制、平台推进中国企业赴柬埔寨的农

业投资合作。建议各级政府、科研机构和企业合力推进农业合作升级，全国形成一盘棋，以可操作的合作规划与计划为指导，不断提升农业合作项目质量和合作水平。政府要通过援助或投资推动柬埔寨农业基础设施的建设，提升柬埔寨农业发展的规划能力，鼓励和支持科研机构、高校、企业共同与柬相关机构开展科技项目合作，积极建设农业示范中心和生产基地，向柬派出农业专家，传播农业生产经验和科学技术，邀请柬方人员来华参加培训。同时，政府还要积极推进为在柬投资农业企业提供信贷、保险等金融支持政策的出台与落实。

（三）企业强化练内功，提升投资项目效益

对企业来说，重点是准确把握柬埔寨投资政策和法规，准确了解政府在投资保障、投资优惠和限制、外汇、土地使用、商业组织形式等方面的政策。企业应做好前期准备，加强调研考察，制订周密投资计划，树立风险意识。建议企业采取多元化投资策略，在综合研判产业投资的基础设施配套以及市场竞争格局等基础上，适时捕捉投资机会，利用柬埔寨的优势资源进行综合项目投资，力争获取最大经济效益。此外，企业还要注重国际化经营和管理人才的培养，加强属地化管理，合法投资经营，注重当地的环境保护，并承担必要的社会责任，积极参与地方社区的发展。

参考文献

陈云芬.2012-5-15.云南优势特色农科成果快步走出去［N］.云南日报.
冯　璐，吴春梅，李立池.2010.柬埔寨农业研究体系概况［J］.东南亚纵横，（1）:69-72.
姜利行.2006-6-27.柬埔寨2005年农业形势（下）［N］.国际商报.
克瑞德.2008.中柬农业合作现状及展望［J］.世界农业，（5）:49-52.
李国章.2011-12-6.柬埔寨将大力发展橡胶业［N］.经济日报.
刘吴英.2016.中柬农业合作模式研究［D］.南宁：广西大学.
黄璐，张洪烈.2014.柬埔寨发展稻米产业吸引中国企业投资的环境及对策研究[J].经济研究导刊，（9）：251-253.
沙永恒.2009.柬埔寨林业面面观［J］.中国林业，（9）:26-27.
孙广勇.2013-7-18.柬埔寨渔业投资潜力巨大［N］.人民日报.
田　原，王志芳，孔维升，等.2017.柬埔寨外向型经济发展与中柬经贸合作［J］.国际经济合作，（6）:60-66.
曾祥山，韩福光，李智军.2013.广东柬埔寨农业国际合作模式探讨［J］.农业与技术，33（11）:210-211.
钟小兰.2005.广西承担中国与东盟农业合作——柬埔寨农户沼气示范项目［J］.广西节能，（1）:32.
Cambodian Rehabilitation and Development Board of the Council for the Development of Cambodia. 2014.

Development Cooperation Trends in Cambodia [EB/OL]. http://www.cdc-crdb.gov.kh/cdc/first_cdcf/aer_report/2_development_coo_01.htm.

Hem Socheth. 2012. Foreign Investment in Agriculture in Cambodia: A survey of recent trends [EB/OL]. http://www.doc88.com/p-3704514101357.html.

National Institute of Statistics Ministry of Planning. 2015. Cambodia Socio-Economic Survey 2014 [EB/OL]. http://www.nis.gov.kh/nis/CSES/Final%20Report%20CSES%202014.pdf.

National Institute of Statistics, Ministry of Planning. 2016. Cambodia Socio-Economic Survey 2015 [EB/OL]. http://www.nis.gov.kh/nis/CSES/Final%20Report%20CSES%202015.pdf.

National Institute of Statistics, Ministry of Planning. 2017. Cambodia Socio-Economic Survey 2016 [EB/OL]. http://www.nis.gov.kh/nis/CSES/Final%20Report%20CSES%202016.pdf.

National Institute of Statistics, Ministry of Planning, Ministry of Agriculture, Forestry and Fisheries. 2015. Census of Agriculture of the Kingdom of Cambodia 2013: National Report on Final Census Results[EB/OL]. http://www.nis.gov.kh/nis/CAC2013/Final_Report_En.pdf.

Preah Norodom Boulevard, Sangkat Tonle Bassac, Khan Chamkarmon. 2015. Agricultural Sector Strategic Development Plan 2014-2018 [EB/OL]. http://www.maff.gov.kh.

Royal Government of Cambodia. 2014. National Strategic Development Plan 2014-2018 [EB/OL]. http://www.mop.gov.kh/DocumentEN/NSDP%202014-2018%20EN%20Fianl%20for%20Publishing-1.pdf.

SAING Chan Hang, HEM Socheth and OUCH Chandarany, PHANN Dalis and PON Dorina. 2012. Foreign Investment in Agriculture in Cambodia-CDRI Working Paper Series No. 60 [M]. Italy: FAO.

文 莱

文莱位于东南亚，北濒南中国海，与中国隔南海相望，东西南三面与马来西亚沙捞越州接壤，是"一带一路"的重要节点。作为东南亚"袖珍小国"，文莱是世界上最富有的国家之一。近年来，文莱积极推动出口加工业、农业、渔业、物流运输业、旅游业和金融服务业等产业的发展，实施经济多元化发展战略，力图改变过度依赖石油和天然气的单一经济模式。自 1991 年建交以来，中国与文莱双边关系发展稳定，2013 年两国建立了战略合作伙伴关系。中文两国资源禀赋与经济结构有较大差异，在经济上具有较强的互补性。两国政府一贯重视经贸领域合作，经贸往来日益频繁，逐步形成以油气能源领域合作为主、其他领域合作逐步展开并初见成效的格局。中国提出的"一带一路"倡议与文莱提出的"2035 宏愿"战略在很多领域都高度契合，这为双方的合作构筑了重要的战略共识，中文双方应充分利用这一契机，在农业领域挖掘合作潜力，推动务实合作，共享发展成果。

一、国家基本概况

（一）自然地理与区划

文莱全名文莱达鲁萨兰国，位于亚洲东南部，加里曼丹岛西北部，北濒南中国海，东南西三面与马来西亚的沙捞越州接壤，并被沙捞越州的林梦分隔为不相连的东西两部分。海岸线长约 162 千米，共有 33 个岛屿，属热带雨林气候。文莱行政上分区、乡和村三级，全国共分 4 个区：文莱—穆阿拉区、都东区、马来奕区和淡布隆区，首都斯里巴加湾市位于穆阿拉区，面积 16 平方千米，人口约 10 万人。

（二）人口与社会、经济状况

截至 2015 年，文莱总人口 42.3 万人。其中，马来族群为主，占 66%；华人族群次之，约占 10%；其他族群和外籍人占 24%。文莱属高收入国家。2016 年，文莱国内生产总值（GDP）为 114 亿美元，在 190 个经济体中位列第 72 名（世界银行，2017）；人均 GDP 为 26939 美元，居世界第 26 位。

文莱经济结构单一，油气产业是其唯一经济支柱，是东南亚主要产油国和世界主要液化天然气生产国。油气产业产值约占 GDP 的 2/3，贡献了财政收入的 90% 和外贸出口额的 95% 以上。

文莱非油气产业均不发达，主要有制造业、建筑业、金融业及农、林、渔业等。2014 年以来国际油价的持续下降导致文莱经济增长出现停滞。为摆脱单一经济束缚，近年来文莱政府大力发展油气下游产业、离岸金融业及清真食品、药品、服装业、物流与通信科技产业、旅游业等，加大对农、林、渔业以及基础设施建设投入，并积极吸引外资，推动经济向多元化方向发展。农业方面，文莱政府提出完成稻米产量自给并实现出口的战略目标。目前，中国、菲律宾、新加坡、韩国和泰国等国企业不同程度上参与了文莱水稻种植项目试验。

二、农业发展现状

（一）农业资源条件

1. 气候条件

文莱属热带雨林气候，全年高温多雨，年降雨量为2500～3500毫米。其中，每年11月至次年2月是雨季，12月雨量最大；每年3月至10月是旱季。年均温度为27.9℃，年均湿度为82%。

2. 土地资源

文莱国内东部地势较高，西部多沼泽地，沿海为平原，内陆多山地。联合国粮农组织数据显示，2014年文莱可耕地面积约为1.3万公顷，仅占国土总面积的2.5%左右。其中，已利用的可耕地面积5000公顷，占比39.6%；待开发的可耕地面积7409公顷，占比60.4%，具有一定的发展潜力。

3. 水资源

文莱国土面积狭小，但境内河流众多，主要有白拉奕河、都东河、淡布伦河和文莱河4条河流。白拉奕河为文莱最长的河流，全长32千米，发源于文莱和马来西亚沙捞越边界山区，由东南流向西北，经白拉奕县境内注入南中国海。都东河由南往北流经都东区境内，注入南中国海。文莱河也是由南往北流，经过文莱—穆阿拉区，在首都斯里巴加湾市附近流入南中国海。淡布伦河发源于淡布伦区南部与马来西亚沙捞越交界处，由东南向西北纵贯淡布伦区，最后流入文莱湾。此外，还有一条林梦河，它主要流经淡布伦区与文莱—穆阿拉区之间的马来西亚沙捞越林梦地区，也是由南向北，在文莱—穆阿拉区境内注入文莱湾。

（二）农业生产情况

1. 农业产值规模及构成

文莱农业以畜牧业、种植业为主。据文莱首相府经济规划发展局数据，2015年文莱农业GDP为8900万美元，约占GDP总量的0.5%。

2015年，文莱畜牧业产值为1.9亿美元，占农业总产值的51.4%。涉农企业或农场主共计5665家，其中从事农作物产业的企业或农场主数量最多，达到4249个。农产品加工业雇佣劳动力较多，占雇佣农业劳动力总人数的61.8%（表1）。

表1 2015年文莱农业生产情况表

项 目	农业可用土地（公顷）	农业总产值（亿美元）	农场主或农业企业（个）	雇佣农业劳动力（人）
畜牧业	21910.5	1.9	987	749
农作物业	4149	0.7	4249	1533
农产品加工业		1.1	381	3693
合计	7059.5	3.7	5665	5975

资料来源：文莱农业局

文莱主要农作物包括大米、木薯、香蕉和菠萝。家禽、蛋类和热带多叶蔬菜能保证自给自足。

近年来，随着政府对农业产业投入力度的逐步加大，文莱农业发展取得了很大的进步，农业产值从2011年的2.4亿美元上升至2016年的3.8亿美元，5年内增长了60%，年均增长率达到9.8%（图1）。

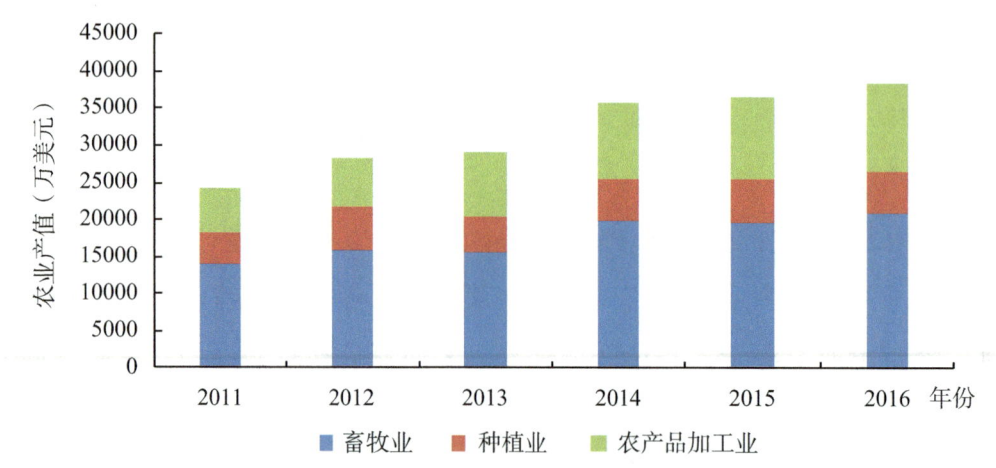

图1 2011—2016年文莱农业产值变化

资料来源：文莱农业局

畜牧业是文莱农业的主要支柱产业，2011—2016年，连续6年在农业总产值中的比重超过50%。种植业占农业总产值的比重在2012年达到21.1%后呈逐步缩减态势。农产品加工业产值呈波动上升态势。2016年农产品加工业产值为1.18亿美元，比2011年增加1.1倍（表2）。

表2 2011—2016年文莱畜牧业、种植业、农产品加工业产值占比情况　　（单位：%）

年 份	畜牧业	种植业	农产品加工业
2011	58.1	18.2	23.7
2012	56.6	21.1	22.3
2013	53.8	16.6	29.6
2014	55.6	15.7	28.7
2015	53.8	16.0	30.2
2016	54.7	14.6	30.7

资料来源：文莱农业局

2. 主要农产品产量

（1）种植业

文莱种植业以水稻为主，水稻种植区域主要分布于文莱河口、都东区、马来奕区及淡布隆区。据文莱农业局数据统计，2015年水稻种植面积为1288.4公顷。其中，河口的水稻种植面积、产量与单产均居首位，种植面积占总面积的38%，产量占总产量的61.8%，单产达到2395.60吨/公顷。剩余3个产区的水稻种植面积与产量基本持平，各区产量占总产量的比重均在10%以上（表3）。

表3 2015年文莱各地区水稻产量

地 区	种植面积（公顷）	产量（吨）	单产（吨/公顷）	产量占比（%）	农户数量（户）
文莱河口	490.9	1176.0	2395.60	61.8	178
马来奕	267.0	214.5	803.37	11.0	241
都东	292.7	232.2	793.30	12.2	363
淡布隆	237.8	280.9	1181.24	14.8	209
合计	1288.4	1903.6			991

资料来源：文莱农业局

文莱水果需求高度依赖进口，据文莱农业局统计资料，2011—2015年文莱水果自给率平均维持在20%左右。2015年文莱水果产量6262吨，只能满足全国需求量的27.5%。全国水果种植面积2379.3公顷，其中首都斯里巴加湾市郊区果园占大部分。水果生产企业2549家，主要生产香蕉、椰子、榴莲、菠萝、芒果等热带水果。目前，为了增加水果产量并满足国内需求，文莱正在大规模推动国内果树种植运动，预期在2035年将本地水果产量增加至2.4万吨，实现水果自给自足的目标（表4）。

表 4 2011—2015 年文莱水果生产及贸易情况　　　　　　　　　　　　（单位：吨）

项　目	2011 年	2012 年	2013 年	2014 年	2015 年
水果产量	2628	8779	3855	5834	6262
水果进口量	14940	13647	14480	14803	16493

资料来源：文莱农业局

2015 年，文莱观赏类植物品种达到 92.4 万种，其中进口 23.7 万种，进口以鲜花类品种居多。鲜花总消费量 119 万支，进口量 101 万支，自给率仅为 14.6%。主要进口菊花、玫瑰、康乃馨、兰花等鲜花品种。文莱正加紧投资鲜花产业，制定优惠政策吸引外商直接投资开发花卉业，也鼓励当地企业与国外合作，共同开发鲜花市场。

（2）畜牧业

文莱畜牧业发展快速，鸡肉、鸡蛋等禽产品自给率分别达到 93.9% 和 98.4%，基本实现了自给自足。其中，鸡蛋主要产自穆阿拉区和马来奕区。牛肉、羊肉等仍需大量进口，自给率仅为 3.9% 和 38.5%（表 5）。为了满足国内需要，文莱政府在澳大利亚购置了一块比本土面积还大的牧场（5793 平方千米），用于养殖牛、羊以供应国内市场，现在该牧场已经成为文莱肉类的主要来源渠道。2015 年文莱从事养殖牛、羊的企业数已达到 788 家（表 6），主要集中在穆阿拉区和都东区。穆阿拉区的畜牧业企业总数达到 499 家，占总数的 50.6%，是文莱最主要的畜牧业生产区。动物饲料生产企业也都集中在穆阿拉区。文莱禁止养猪，国内所需猪肉全部进口，主要来自马来西亚。

表 5 2015 年文莱畜产品供给情况

畜禽产品	本国产量	零售价（$mil）	进口量	到岸价格（$mil）	总供给量	自给率（%）
鸡肉（吨）	23263.9	106.8	1496.3	5.6	24760.2	93.9
鸡蛋（百万枚）	130.5	26.4	2.1	0.4	132.6	98.4
日龄雏鸡（百万只）	16.7	19.9	0.4	0.5	17.0	97.8
受精鸡蛋（百万枚）	9.8	7.8	6.61	4.6	16.4	59.7
牛肉（吨）	133.9	1.4	3283	20.8	3416.9	3.9
羊肉（吨）	8.2	0.1	13.2	0.2	21.4	38.5
其他畜产品（吨）	179.4	1.3	n/a	n/a	n/a	n/a
动物饲料（吨）	41884.25	33.4	26537.94	10.6	68422.19	61.2
总量		197.1		42.7		

资料来源：文莱农业局

表6 2015年文莱畜牧业生产企业　　　　　　　　　　　　　　　（单位：个）

农产品	穆阿拉区	马来奕	都东区	淡布隆	企业总数
肉鸡	18	5	14	3	40
蛋鸡	4	5	0	0	9
水牛	92	9	145	16	262
牛	175	15	28	4	222
山羊	148	43	73	19	283
鹿	8	2	4	2	16
绵羊	6	0	2	13	21
其他牲畜	41	14	14	49	118
动物饲料	7	0	0	0	7
共计	499	93	280	106	987

资料来源：文莱农业局

（3）农产品加工业

2015年，文莱拥有农业加工企业381家，主要集中在文莱河口地区（262家），占加工企业总数的69%（表7）。2006—2015年农产品加工业产值呈上升趋势，2015年达到1.1亿美元，比2006年增长近2.7倍。

农产品加工业主要以作物加工为主，2007—2012年农作物加工业占比维持在70%以上，且农作物加工业产值呈逐年上升态势，2015年达到了0.65亿美元。2012年起，文莱对包括鸡肉在内的肉类产品加工投入了大量资金，使得畜产品加工业迅速发展，2013年畜产品加工业产值一度超越作物加工业产值，增至0.44亿美元，占比达到51.3%。2014—2015年畜产品加工业一直保持平稳发展，2015年畜产品加工业产值为0.45亿美元（图2）。

表7　2015年文莱农产品加工企业分布情况

地　区	企业数	预估劳动力
文莱河口	262	3252
都东	47	126
马来奕	20	102
淡布隆	52	213
共计	381	3693

资料来源：文莱农业局

图 2　2006—2015 年文莱农产品加工业产值变化情况

资料来源：文莱农业局

（4）渔业

文莱有 162 千米海岸线，200 海里渔业区内有丰富渔业资源。海洋渔业捕捞量一直处于波动状态。2014 年，渔业产值为 0.35 亿美元，约占国内生产总值的 0.2%，国内市场需求的 50% 依靠进口。文莱所属海区水域没有污染，又无台风袭击，适宜养殖鱼虾。文莱海域共划分为 4 个作业海区：第一海区，0～3 海里（离岸）；第二海区，3～20 海里；第三海区，20～45 海里；第四海区，45～200 海里。文莱《渔业法》严格禁止近海 0～3 海里的捕捞作业，引进的外国渔船只能在 20 海里以外的海区作业。

为了促进渔业的发展，文莱政府制定并实施了一系列促进政策，包括加快港口设施现代化建设、更新渔业设施、改造港口内外设施、提供奖励和培训等。同时，为了吸引国内外资本投资文莱的渔业产业，文莱政府出台了一系列优惠措施，鼓励开发商业渔场和海水养殖场，鼓励外资与文莱本地公司开展渔业和海水养殖合作。据文莱渔业局公布的资料，文莱计划至 2023 年将渔业年产值提升至 4 亿文元左右，其中捕捞业 1.12 亿文元，养殖业 2.00 亿文元，加工业 0.61 亿文元，海洋生态旅游业 0.27 亿文元。

（5）林业

根据《文莱首相府经济计划发展局统计公报（2016）》，文莱林业资源丰富，森林覆盖率达 70% 以上，有 11 个森林保护区，面积为 2277 平方千米，占国土面积的 39%，86% 的森林保护区为原始森林。在森林保护区内有菩提树等世界名贵树种，还有多种珍稀动物，总计有 180 多种树木、36 种蛙类、180 多种蝴蝶、200 多种鸟类。

文莱限制森林砍伐和原木出口。森林保护区分为 5 类：保护林、主要保护区、次要保护区、再生林区和森林生产区。文莱限制森林砍伐和原木出口，实行以保护为主旨的森林管理政策。从1997年开始,为推动林业长期发展,保护自然环境,文莱实行"砍一树,种十树"和每年10万立方米限额的伐木政策(主要满足国内市场需要)。林业不对外资开放。

3. 主要农业产业布局

按照文莱行政区域划分,可耕地面积最多的地区是马来奕区与穆阿拉区,两区可耕地面积共占总耕地面积的68%。穆阿拉区是畜牧业发展的主要地区,农业用地最多,达到2044.1公顷,占农业用地总面积的56.6%。马来奕区农业用地625.1公顷,仅占该区可耕地面积的13.4%,有大量土地资源待开发(表8)。

表8　2015年文莱农业发展区域概况　　　　　　　　　　　　(单位:公顷)

地　区	可耕地面积	农业用地	其它用途用地	待开发面积
穆阿拉区	3680.9	2044.1	548.4	1088.5
都东区	1913.2	605.2	339.9	968.1
马来奕区	4655.9	625.1	15.6	4015.2
淡布隆区	2009.2	340.1	331.8	1337.3
总面积	12259.2	3614.5	1235.7	7409.1

资料来源:文莱农业局

(三)农产品贸易情况

1. 主要农产品贸易规模

文莱农产品大多依赖进口。畜产品方面,文莱牛肉及制品主要从澳大利亚、印度等国进口,近年来中国产牛肉开始进入文莱市场并逐步受到欢迎。文莱大力扶持国内以养鸡业为主的家禽饲养业,鸡肉96%自给,鸡蛋已经实现完全自给。

根据联合国贸易数据库数据显示,2015年文莱小麦、玉米等谷物产品进口额为3139.94万美元,较2014年下降46.4%;出口额0.53万美元(表9)。2012—2015年,活畜进口额呈增长趋势。2015年,活畜进口额为1194.59万美元,出口额8.18万美元。2012—2015年,活鱼出口额大致呈上升趋势。2015年,活鱼产品进口额为106.9万美元;出口额41.38万美元,比2014年增长12%。

表9　2012—2015年文莱主要农、畜、水产品贸易　　　　　　　　　　　　（单位：万美元）

年份	谷物		活畜		活鱼	
	进口额	出口额	进口额	出口额	进口额	出口额
2012	6184.32	2.80	883.10	4.68	93.15	2.03
2013	2454.59	0.11	927.32	1.92	90.18	48.58
2014	5859.95	0.82	919.91	6.77	148.70	36.85
2015	3139.94	0.53	1194.59	8.18	106.94	41.38

资料来源：UN Comtrade

2. 主要贸易伙伴

文莱主要贸易伙伴有日本、韩国、马来西亚、泰国和新加坡。文莱第一大出口目的国是日本，占其出口总额的39%，主要以石油和化工产品为主。文莱第一大进口来源国是新加坡，进口产品主要以交通设备、工业制成品、食品和化工制品为主。文莱农产品主要进口来源国有澳大利亚、印度、马来西亚和中国等。

3. 中国与文莱贸易情况

文莱对外总体实行自由贸易政策，中国对外贸易依据WTO的基本原则及例外条款，采取开放型的公平与保护并存的贸易政策。两国建交初期贸易合作较少，2000年起中国从文莱大量进口原油，双边贸易额大幅增加。据中国海关统计，2016年双边贸易额达到7.19亿美元，其中中国出口5.11亿美元，进口2.08亿美元。中国自文莱主要进口有机化学品、木浆及其他纤维、软体动物、针织服装和特殊交易品；中国对文莱主要出口的产品有钢铁、电子、钢铁制品、家具和机械等。

中文两国农业领域贸易频繁，2012—2016年农产品进出口金额均呈波动上升趋势（表10），2012—2015年农产品出口额一直维持在贸易总额的98%以上。2016年中国自文莱农产品进口额比2015年增长了近2.4倍，达到77.21万美元。花卉、粮食制品等贸易量较小，仅有少量出口额。蔬菜出口额呈递增趋势。2012—2015年水产品出口额占贸易总额的90%以上。2016年水产品进口额增至77.14万美元，占贸易总额的26%。

表10　2012—2016年中国与文莱农产品贸易情况　　　　　　　　　　　　（单元：万美元）

项目	2012年		2013年		2014年		2015年		2016年	
	出口额	进口额	出口额	进口额	出口额	进口额	出口额	进口额	出口额	进口额
农产品	1259.36	19.68	1186.73	19.18	1239.28	23.20	1162.82	22.78	1414.95	77.21
花卉	13.29	0	20.36	0	14.49	0	22.27	0	11.19	0
粮食制品	26.78	0	24.35	0	26.07	0.03	22.05	0.65	29.07	0.04

(续表)

项目	2012年		2013年		2014年		2015年		2016年	
	出口额	进口额	出口额	进口额	出口额	进口额	出口额	进口额	出口额	进口额
蔬菜	482.09	0	399.94	0	484.69	0	450.42	0	617.17	0
水产品	203.97	14.39	243.64	19.18	240.68	23.17	170.25	22.11	215.63	77.14
水果	128.66	0	122.05	0	112.73	0	196.27	0	236.81	0.01

资料来源：中国海关

（四）农业科技发展

文莱农业科技较为落后，财政资金投入少，没有专门的农业科研机构，主要通过国际合作方式开展农业科研项目。这导致农民缺乏种植养殖技术，农作物单产水平低，畜禽死亡率高，并且缺乏灌溉、施肥、兽医兽药等常规技术与品种，农业机械设备匮乏。

（五）农业管理体系与政策

1. 农业管理体系

文莱贸易政策的制定和实施主要由文莱初级资源与旅游部（原工业与初级资源部）负责，财政部、经济发展局等其他有关部门参与。文莱工业与初级资源部于2015年更名为初级资源与旅游部，主管农业、渔业、林业及旅游业。其主要职责是：鼓励和支持当地企业及外国投资者开展商品生产和服务，保障国家食物安全和就业，推动经济持续、多元化发展。该部下辖5个执行局：农业局、森林局、渔业局、工业发展局和旅游局。2015年新设"外国直接投资及投资指导委员会"及其常设办事机构"外资行动与支持中心"，负责外资项目审批及协调落实等工作。

农业局是文莱农业生产管理机构，其主要职能是提升农业和农产品的生产效率，利用高新技术提高农业产出，鼓励当地企业与外国合作投资，促进农业增产，提高畜牧业和农作物产量，带动农产品加工业的发展。农业局下设农产品加工、畜牧业与农作物生产部门，由初级资源研究与开发中心制定农业政策，开展农业贸易与管理，进行农业生产技术、生物安全的指导与服务工作。

2. 农业支持政策

针对从事农业、林业或渔业的出口型生产企业，文莱政府规定，若产品出口额不低于其销售总额的20%，且年出口额不低于2万文元，文莱初级资源与旅游部可认定其为出口型生产企业并颁发证书。出口型生产企业申请续期每次不超过5年，最长不超过20年。

长期以来，文莱对农产品的进口都实施零关税，也没有非关税壁垒，只是对某些食品实行较严格的穆斯林检疫。文莱无资本收益税,独资和合伙经营商行无需缴纳所得税。新办企业有3~5年的免税期。

粮食安全已成为文莱面临的重要社会经济问题,引起文政府高度关注。文莱对国内市场大米供应实行价格补贴政策,近年来全球粮食供应危机和国际粮食市场价格飙升对文冲击较大,高额粮价也加重了政府财政负担。文莱政府采取诸多鼓励措施,包括举办稻米收割节等活动,加强政府与农民之间的联系,积极开展水稻业经济发展评估,优化稻米种植法,采用高品质稻种,改善地质,增加农民收入;采取有效的种植农作物策略,如在稻田中养殖鱼,稻田旁种植香蕉等水果,鼓励稻农使用综合方式提高经济效益。

近年来,政府鼓励经济多元化发展,鼓励国内外商人在文莱投资经商。外资在高科技和出口导向型工业项目可以拥有100%的股权。中小企业是文莱工商业的主力,被视为带动国家经济增长的"火车头"。为促进中小企业的发展,文莱政府设立了中小企业发展基金,为中小企业提供资金支持。

3. 农业发展规划

文莱于2005年制订了一项30年长期发展计划,从2007年开始,分为三部分:"文莱2035年宏愿""2007—2017年发展策略纲领"和"2007—2012国家发展计划"。其中"2035年宏愿"提出要大力吸引外资,推动经济多元化发展。此后,文莱政府逐步加大实施经济多元化战略部署的力度,粮食生产被视为发展多元化经济的重点,政府一方面加大对农、林、渔业的投入,同时制定短、中和长期农业发展规划,财政部增拨预算发展农业,并积极寻求国际合作。重点增加大米、蔬菜和肉类的产量。规划提出,2016—2020年,蔬菜年产值要力争达到1.5亿~2亿文元,鲜切花年产值达到4000万~6000万文元,肉类年产值达到3亿~4亿文元,食品加工业产值达到2亿~2.5亿文元,渔业年产值达到2亿~3亿文元。

在文莱国家元首的亲自领导下,对农业尤其是水稻种植的投入力度逐步加大,政府制定促进水稻生产的五项措施,包括:增加农业投入品补贴,保价收购国产稻谷;加强农产品流通,推动农产品的国内销售和对外出口;指导农户科学安排生产计划,鼓励企业投资农业;鼓励和支持为国家农业发展做出贡献的企业;吸引外国政府或企业投资农业。

三、农业投资环境

(一)国家商业环境

文莱于1993年加入关贸总协定,1995年成为世界贸易组织(WTO)成员国。文莱有着稳定的宏观经济环境,世界经济论坛将文莱评为全球2013—2014年度最为稳定的经济体之一，根据世界经济论坛发布的《2017—2018全球竞争力报告》，文莱在137个经济体中排名第38位，比上年度排名（41位）有所上升。

文莱税赋较低，基础设施完善，投资风险较低，投资环境优越。文莱有着东盟地区最低的税率，政府不征收消费税、个人所得税等税种。2015年文莱企业所得税率下调至18.5%，是东盟地区最低的税率之一，对吸引外资有着优厚的条件，对外国投资和货物提供低廉的关税。文莱确定了鼓励优先发展的产业包括：农业投入品（除草剂和杀虫剂）、建筑业机器、化工产品、家具装饰业、健康与医药、食品生产、海洋产业、信息技术产业以及纺织业。积极引进国外投资和技术，实施企业所得税和设备进口关税减免，免税期高达11年，并可根据后续投资情况延长免税期。

（二）农业优势与潜力

文莱对发展现代农业逐步重视，目前已经开始调整单一的经济结构，对原有的农业发展政策进行改革，重视发展现代农业。文莱在"2035宏愿"中就提出要彻底改变粮食无法自给自足的状况，在第十个国家发展计划（2012—2017）中提出要建立现代稻米生产工厂和设施，争取到2035年将文莱的大米自给率提升至60%。

文莱农业耕地面积不足，农业生产基础设施薄弱，技术落后。因此，文莱需要加强农业基础设施建设，提高土地资源利用率，采用新的灌溉技术、农药等，以及引进新的水稻品种，从而发展现代农业。

农业在文莱经济中的比重很低，农产品产量低，大部分农产品需要进口，农业科技薄弱，几乎没有什么竞争优势，唯一具有优势的是清真食品标准制定产业。文莱处于热带地区，高温多雨，具有明显的热带特色，适合种植热带作物。文莱渔业资源丰富，有超过500种鱼和12种虾，而且水域没有污染，也无台网袭击，适宜养殖鱼虾，全国共有50个鱼虾养殖场。文莱政府推行经济多元化发展战略，渔业被列为重点发展领域，目前国内约50%的渔产品依赖进口，渔业领域发展潜力巨大。

（三）风险分析

1. 经济风险

文莱重视发展外部贸易关系，既注重巩固其与东南亚国家的贸易关系，又同世界主要大国建立了稳定的经贸关系。目前，文莱在金融、投资、旅游等战略领域都有发展。文莱税赋较低，基础设施完善，辐射市场广阔。文莱政府为实现多元化发展，重视建设良好的商业和投资环境，提供优惠的税收环境。文莱免征流转税、个人所得税等诸多税种，国内税主要税种为企业所得税，现行税率为 18.5%，在东盟地区属较低水平。在投资者创业和发展阶段，文莱提供比其他国家更优惠的条件，对外国投资持积极态度，在不涉及国家和国民安全的领域允许外国投资者拥有 100% 的持股权。

文莱基础设施发展水平较高，同时还积极参与东盟互联互通建设，是东盟东部增长区（东盟内 3 个次区域合作之一，由文莱、马来西亚东部、印度尼西亚东北部和菲律宾南部构成）唯一主权国家，地理位置优越，市场潜力较大，可辐射周边区域。

由于拥有丰厚的石油天然气出口收入来源，文莱得以立于世界富裕国家之林。但长期以来，文莱经济过于依赖油气资源，九成以上财政收入来自油气产业，近两年国际油价暴跌导致文莱油气收入大幅下滑，使其面临前所未有的财政压力。受原油价格暴跌影响，文莱财政收入大幅缩减，财政预算出现赤字并呈逐年扩大之势。实现文莱"2035 宏愿"，政府迫切地需要引进外资，特别是大型投资项目，但政府财力也成为不容忽视的风险。

2. 法律风险

文莱与贸易相关的法律有《海关法》《消费法》以及《食品安全法》等。由于文莱实行的是普通法系国家的法律制度，与中国法律体系不同，因而两地间不同的标准、法规和评估程序必然影响到双方贸易的便利化。两地经济活动和流程的不透明性也易形成贸易壁垒。

3. 文化风险

伊斯兰教为文莱国教，国内大多数群众都信仰伊斯兰教，伊斯兰教规对文莱社会生活的影响渗透在方方面面，如文莱人禁食猪肉、禁酒、忌血等。在文外国人应尊重当地社会习俗，尊重文化多样性，避免因文化差异引发不必要的争端和冲突。由于历史、社会和文化等原因，文莱宗教色彩和马来民族传统较为浓厚，重视社会、族群、人际关系的和谐，不采取过激行为；关注弱势群体，重视礼节和传统。文莱主要民族是马来人，华人是第二大民族，在文莱的经济建设中发挥着重要作用。华人与当地马来人相处比较融洽。

4. 总体评价

文莱总体而言政体结构稳定，民族宗教问题较少，社会治安良好，内部风险低。但文莱在本地市场规模、劳动力资源供应、产业配套能力以及社会工作效率等方面仍存在诸多不足，总体营商环境仍有待提高。根据世界银行发布的《2016 年全球营商环境报告》，文莱在 189 个经济体中排名第 84 位。根据美国传统基金会发布的《2016 年经济自由度指数报告》，文莱的经济自由度在全球 178 个经济体中排名第 51 位。

文莱对外奉行相互尊重国家领土完整、主权独立和尊严、大小国家一律平等、互不干涉内政、和平解决争端以及互利合作的原则。重视发展同亚太地区国家，包括亚太经合组织各成员的合作，尤其看重中国等周边大国的地位与作用，重视加强与中国的合作，借助中国等大国力量推进文莱实施多元化战略。

综合来看,同东南亚其他国家相比,文莱具有相对优越的投资环境,短期内不会对投资者利益构成威胁,是企业对外投资不错的选择。

四、中文农业合作现状与合作重点

(一)合作现状

1. 合作机制

文莱重视与中国等周边大国的合作,中国政府的"一带一路"倡议也得到文莱政府的积极响应,与文莱"2035宏愿"战略良好对接,推进文莱实施多元化战略。中文两国签有《鼓励和相互保护投资协定》《避免双重征税和防止偷漏税的协定》《促进贸易、投资和经济合作谅解备忘录》《农业合作谅解备忘录》等协议。

2. 贸易与投资合作

自建交以来,中文两国政府和民间互动频繁,政治互信加深,双方在政治、经济、文化、教育和能源等领域的合作取得了巨大成效。中文贸易往来长期稳定,自中国与东盟建立多边自由贸易区以来,双边贸易更是取得了快速发展,中国和文莱经贸往来日益繁荣。中国与文莱与在农产品贸易上存在明显互补性。中文双边贸易商品总体演变层次呈优化趋势,初级产品所占比例下降,制造业产品所占比例上升。

近年来,中文双边贸易和投资快速增长。据中国海关统计,2015年双边贸易额达15.06亿美元,同比下降22.2%。其中,中国出口14.09亿美元,同比下降19.35%;进口0.97亿美元,同比下降48.76%。据中国商务部提供的数据,中国对文莱投资情况,2016年,流量为9090万美元,同比增长8.5倍;截至2016年12月底,存量为1.62亿美元。文莱对中国投资项目有12个,实际投资资金额为6567万美元,累计合同金额为13.48亿美元,营业额为10.37亿美元。截至2016年年底,中国向文莱外派劳务承包工程项目303人,在文莱劳务人数400人。

近几年,随着文莱对农业投资力度的加大,吸引了大批中国企业到文莱投资水稻种植、水产养殖等。"文莱—广西经济走廊"是文莱与广西政府共同搭建的合作平台,利用各自优势,推动双方在种养殖业、食品和旅游等各领域的合作。文莱清真、物流产业和中医药产业与广西合作前景看好。随着"一带一路"建设的推进实施,中国对文莱的基础设施、渔业和清真业等领域也进行了大量投资,在促进进出口贸易的基础上,跟进钦州港和大穆阿拉港的合作,重点发展农渔业,推动文莱高度机械化生产。

（二）合作潜力

1. 合作基础

文莱政府对投资食品和农业产业基础设施并无限制，农业合作是中国与文莱经济贸易合作的亮点，两国有良好的合作基础。

"文莱—广西经济走廊"经贸合作是两国农业合作的新模式，双方在农业、工业、物流、清真食品加工、医疗保健、制药、生物医药等领域开展全面合作，推动"文莱—广西经济走廊"成为"21世纪海上丝绸之路"的重要组成部分。文莱与广西进行有效的农业合作，积极推进热带水果、蔬菜和水稻种植以及近海养殖、生态旅游等合作项目，2015年双方就农业、渔业、食品加工、旅游、交通物流等领域共计12个项目达成合作意向。文莱政府改组后，文莱派高级别政府代表团访问广西，推进经济走廊建设。2016年具体开展了渔业相关合作，在文莱岸外养殖和出口金鲳鱼，目标市场是美国和中东。

2. 合作前景

为了摆脱经济上严重依赖石油和天然气出口的局面，近年来，文莱正加快实施经济多元化战略，专门成立经济发展局进行产业规划和对外招商引资，并积极寻求与中国加强港口合作。文莱将广西的钦州港作为挺进中国市场的主要入口，开辟海上互联互通，共建新"海上丝绸之路"。同时，大力发展基础设施建设，积极倡导发展非油气产业，培育和扶持中小企业发展，加大对农、林、渔业的投入，以增加食品的自给率。鼓励中资企业在能源、农业、渔业、旅游业、清真食品认证等领域的投资合作。两国农业产业有极强的互补性，未来中文两国的双边贸易合作前景较好。中国农业科技发展取得了重大成就，超级稻、转基因抗虫棉等方面的科技水平均处于世界领先，与文莱有很大的合作空间。

在"一带一路"倡议的大背景下，中国政府与文莱秉持"共商、共建、共享"合作理念，将重点开发农业科技园、生物创新走廊，发展清真食品，扩大粮食与蔬菜的种植面积，增加牛、羊、鸡、鱼、虾的养殖及蛋和奶的生产，以实现共同开发与合作共赢。

（三）合作重点

目前，中国与文莱的双边投资合作呈现加速状态，在文莱注册公司并正常开展业务的中资企业已有10余家。"文莱—广西经济走廊"成为合作亮点。《文莱—广西经济走廊经贸合作谅解备忘录》确定了在食品加工、制药、化妆品生物技术研究和医疗保健品等领域展开合作。以共建"一带一路"为契机，能源合作、产能合作和服务业合作成为中国与文莱的重点合作领域。

种植养殖业方面。中国与文莱重点开展水稻种植、大蚝养殖、水产养殖。通过优势产业技术，中国的种植养殖业产能能够在文莱得到充分释放，将为文莱乃至更广泛的地区提供种植养殖产品。

农渔业方面。加强广西钦州港和文莱大穆阿拉港的合作，全方位发展渔业产业。推动在文莱高度机械化生产，减少劳动力需求。加强农业技术合作，共同开展农产品培育项目，推动农业产值。

清真产业方面。文莱特别重视树立本国清真食品产业在价值链中的高端地位。目前文莱积极发展清真食品产业和物流产业。中国可在"文莱—广西经济走廊"合作模式下严格遵守文莱清真产品的质量要求，加大清真产品生产力度。

五、中文农业合作建议

（一）合作措施

1. 统筹协调农业合作方式，整合农业优势资源

文莱政府制定的"2035宏愿"蓝图主要目的是推动经济多元化发展战略，延伸油气产业链的同时，努力发展进口替代型和出口加工型工业以及农业、渔业、旅游、金融、信息服务等产业，与中国提出的"一带一路"倡议相契合。

在中国与文莱合作过程中，合作主体以政府为主，企业或民间为主体的合作较少，且政府组织的各类合作企业并未完全参与，缺乏有效的沟通机制，造成资源浪费。要建立统一的管理协调机制，以"一带一路"倡议为契机，集中在重点合作领域，如种植养殖业、农渔业、清真产业等开展合作。

2. 搭建中国—文莱农产品物流体系

中国—东盟自由贸易区的发展为中文双边贸易合作发展提供了新平台，但中国与文莱之间的物流基础设施落后，这将直接影响农业的多层次合作。建立完善的农产品物流体系，提升农产品物流技术，引入现代管理模式，在与东盟国家接壤的广西等地建立国际物流中心，完善仓储、包装、运输等环节的基础物流设施，以提升农产品市场竞争力。

（二）合作建议

1. 积极开展清真产业领域深入合作，鼓励地方经济体直接参与

文莱近年来积极打造"文莱清真"品牌，在清真产品认证领域经验丰富。为加强清真产业领域合作，需着重挖掘清真食品、药品、化妆品等商品的生产、加工与贸易合作空间，鼓

励与引导社会经济主体积极参与，创新合作形式，引导宁夏等少数民族地区与文莱建立合作关系，推动国内清真类企业"走出去"。

2. 充分开发渔业合作潜力，加强在技术设施等方面的合作

文莱地处东南亚中心位置，沿岸红树林地区是虾苗和鱼苗的繁殖场，拥有丰富的金枪鱼资源。文莱50%的鱼产业依赖进口，渔业领域发展潜力巨大。我国广西、海南等地与文莱位置相近，可借助在技术与人才方面的优势，在捕捞渔业、水产养殖、港口设施建设等领域开展合作，进行深水网箱养殖、海洋生物资源开发等。

3. 推进"一带一路"合作，合理配置农业产业结构

在"一带一路"发展机遇期，积极发展农渔业，深化与钦州港和大穆阿拉港的合作，促进进出口贸易。推动农业机械化生产，吸引相关企业食品安全等合作。以"文莱—广西经济走廊"为切入点，建立农业观光园、生态健康园等农业生产示范基地，加深在农业科技、种养殖业等领域的合作。

参考文献

曹云华，鞠海龙．2012．南海地区形势报告2011—2012［M］．北京：时事出版社：10-23．
陈秀莲．2011．中国—东盟服务贸易一体化与服务贸易壁垒的研究［D］．成都：西南财经大学．
方菲．2010．中国与东盟农产品贸易问题分析［D］．大连：东北财经大学．
冯佳佳．2015．基于农产品实证研究角度分析中国东盟自贸区的贸易效应［D］．杭州：浙江大学．
韩杨，曾省存，刘利．2014．印度尼西亚渔业发展趋势及与中国渔业合作空间［J］．世界农业，（5）：39-45．
韩杨，杨子江，刘利．2014．菲律宾渔业发展趋势及与中国渔业合作空间［J］．世界农业，（10）：56-59．
韩杨，张玉强，刘维，等．2016．中国南海周边国家和地区海洋捕捞渔业发展趋势与政策——基于中国与印度尼西亚、菲律宾、越南、马来西亚、文莱、中国台湾地区的比较［J］．世界农业，（1）：102-107．
黄瑛，罗传钰，黄琴．2015．文莱经济社会发展与"一带一路"建设的互动分析［J］．东南亚纵横，（11）：15-19．
梁金芳．2014．中国马铃薯出口东盟市场研究［D］．昆明：云南师范大学．
马博，2017．文莱"2035宏愿"与"一带一路"的战略对接研究［J］．南海问题研究，（1）：62-73．
马静，马金案．2016．文莱：2015年回顾与2016年展望［J］．东南亚纵横，（2）：21-22．
马静．马金案，2017．文莱：2016年回顾与2017年展望［J］．东南亚纵横，（2）：16-21．
农业部渔业渔政管理局．2015．中国渔业统计年鉴［M］．北京：中国农业出版社：12-45．
王倩，宋涛，梁宜，等．2017．东盟与大国贸易联系及其影响因素［J］．热带地理，（3）：852-859．
王文龙．2015．农业现代化东亚模式对当前中国农业改革的启示［J］．经济学家，（9）：70-77．
谢涛，2017．中国与"一带一路"沿线国家农产品出口贸易．影响因素研究［J］．世界农业，（3）：132-138．
张莎．2013．中国东盟农业合作：现状、问题及对策［D］．上海：上海师范大学．

郑国富.2016."一带一路"建设背景下中国与文莱双边贸易合作发展的提升路径[J].东南亚纵横,（4）:55-59.

中国外交部.2018.文莱概况[EB/OL].http://www.fmprc.gov.cn/web/gjhdq_676201/gj_676203/yz_676205/1206_677004/1206x0_677006/.

中华人民共和国海关总署.2018.文莱概况[EB/OL].http://www.customs.gov.cn/publish/portal0/tab65602/module126388/info742997.htm.

钟税针.2017.中国与文莱双边贸易合作发展的提升路径研究[J].现代商业,（8）:33-34.

周国列.2011.文莱水稻生产现状及发展思路[J].南方农业学报,42（1）:114-116.

邹桂斌.2010.世界主要国家核地区渔业概况编写组.世界主要国家和地区渔业概况[M].北京:海洋出版社:5-15.

新加坡

新加坡是一个较为发达的资本主义国家，被誉为"亚洲四小龙"之一。作为一个多元文化的移民国家，新加坡以政局稳定、政府廉洁高效而著称，是全球最国际化的国家之一。中国同新加坡自 1990 年 10 月 3 日建交以来，双方在各领域的互利合作成果显著，这为两国农业合作提供了良好的环境和基础。

一、国家基本概况

新加坡全称新加坡共和国，位于亚洲东南部，土地资源有限，自然资源匮乏。总人口 560 多万人，其中四分之三是华人。新加坡实行议会共和制，总统由全民选举产生，任期 6 年。目前已注册 24 个政党，执政党是人民行动党。新加坡的经济属于外贸驱动型，外贸总额是国内生产总值（GDP）的 4 倍，高度依赖中、美、日、欧和周边市场。2017 年，人均 GDP 为 5.5 万美元，是全球比较富裕的国家之一。

（一）自然地理

新加坡位于马来半岛南端，北隔柔佛海峡与马来西亚相邻，南隔新加坡海峡与印度尼西亚相望，由新加坡岛及附近 63 个小岛组成。新加坡岛地势低平，平均海拔 15 米，海岸线长 200 余千米。1960 年新加坡的陆地面积为 581.5 平方千米，经过多年的填海造地，2017 年 e 有所增加。

（二）人口状况

新加坡是一个拥有多元文化的移民国家，2017 年人口密度约为 7796 人/平方千米，是世界上人口密度最大的国家之一。人口数量从 2000 年的 402.79 万人增至 2017 年的 561.23 万人（表 1），人口增长率 1.4%。新加坡的主要民族有华人（多数）、马来人、印度人和欧亚混血人等四大族群。马来语、英语、华语和泰米尔语为官方语言。国语是马来语，行政用语是英语。新加坡人信仰的宗教主要包括佛教、道教、伊斯兰教、基督教和印度教。

表 1 2000—2017 年新加坡人口规模　　　　　　　　　　　　　（单位：万人）

年 份	人 口
2000	402.79
2001	413.80
2002	417.60
2003	411.48

(续表)

年　份	人　口
2004	416.67
2005	426.58
2006	440.14
2007	458.86
2008	483.94
2009	498.76
2010	507.67
2011	518.37
2012	531.24
2013	539.92
2014	546.97
2015	553.50
2016	560.73
2017	561.23

资料来源：新加坡统计局

（三）政治制度

新加坡实行议会共和制。总统为国家元首，由全民选举产生，任期6年。总统委任议会多数党领袖为总理。总统和议会共同行使立法权。议会也称国会，实行一院制，任期5年，国会可提前解散，大选须在国会解散后3个月内举行。新加坡的司法机关设最高法院和总检察署，其中最高法院由高庭和上诉庭组成。目前已注册24个政党，人民行动党是执政党。其他党派包括：工人党、人民联合党、民主联合党、人民阵线、民主进步党、新加坡民主党等。人民行动党自独立以来长期保持执政地位，历届大选均取得压倒性优势。本届政府于2015年9月28日组成，共设有16个部，分别为：通讯及新闻部，文化、社区与青年部，国防部，教育部，财政部，外交部，卫生部，内政部，律政部，人力部，国家发展部，社会和家庭发展部，总理公署，环境与水资源部，贸易与工业部，交通部，委任多位年轻部长担任要职。

（四）社会和经济发展状况

新加坡属于外贸驱动型经济，主要以电子、石油化工、金融、航运、服务业为主。2009年以来，新加坡经济实现持续增长。2017年，新加坡国内生产总值4472.84亿新加坡元（合3282.57亿美元，表2），增长4.6%，人均GDP为7.97万新加坡元（合5.85万美元）。其中，制造业占18.0%，批发零售业占16.5%，商业服务业占13.9%，金融保险业占 12.5%，运输仓储业占 6.8%。2017 年，新加坡的通货膨胀率为 0.6%，失业率为 2.2%。2017 年 2 月，新加坡"未来经济委员会"发布未来 10 年经济发展战略，提出经济年均增长 2%～3% 的目标，并提出深化并扩展国际联系、加强企业创新与壮大的能力、打造互联互通城市、发展落实产业转型蓝图等七大发展战略。

表 2　2000—2017 年新加坡 GDP 总量（现价）　　　　　　（单位：亿新元）

年　份	GDP 总量
2000	1652.18
2001	1599.74
2002	1646.30
2003	1689.96
2004	1930.02
2005	2120.74
2006	2348.35
2007	2712.50
2008	2719.80
2009	2798.58
2010	3223.61
2011	3471.11
2012	3632.55
2013	3809.64
2014	3947.52
2015	4180.74
2016	4279.39
2017	4472.84

资料来源：新加坡统计局

二、农业发展现状

新加坡属热带海洋性气候，常年高温潮湿多雨。由于土地资源有限，用于农业生产的土地仅占国土总面积的 1% 左右，农业产值占国民经济不到 0.1%，主要农业生产活动为蔬菜种植、花卉种植、家禽饲养、水产养殖等。新加坡 90% 以上的食品依赖进口，这些食品来自全球 160 多个国家，其中从中国进口的农产品主要有蔬菜、水果和水产品。由于新加坡粮食安全容易受到外界的影响和冲击，新加坡农业部门努力向高科技、创新型、高度密集型、生产有效和资源有效的方向转变，以提高当地生产能力，缓解供给压力。

（一）农业资源条件

新加坡地处热带，长年受赤道低压带控制，为赤道多雨气候，年温差和日温差小。平均温度在23～34℃，年均降雨量在2400毫米左右，11月底至次年3月初为雨季，受较潮湿的东北风影响，基本上每天都会下雨，平均低温徘徊在24～25℃。每年6—9月吹西南风，最为干燥。新加坡地势起伏和缓，西部和中部地区由丘陵地构成，大多数被树林覆盖，东部以及沿海地带都是平原。

（二）农业生产情况

新加坡农业是典型的都市现代农业，农业产值占国民经济的比重不足0.1%。在产业结构上，新加坡主要有园艺业和水产养殖业，园艺业，主要包含蔬菜和观赏植物，水产养殖业主要包含海洋鱼类、淡水鱼及观赏鱼类。2016年新加坡拥有387个农场，按品种划分，其中沿海食用鱼118个，兰花和观赏性植物73个，观赏鱼65个，蔬菜62个（图1）。目前，新加坡本地供应的食物品种主要包括海产品、蔬菜和鸡蛋。2016年鱼产量为6086吨，约占总供给的10%；叶类蔬菜产量11335吨，约占总供给的12%；鸡蛋产量为4.52亿枚，约占总供给的24%。同时，新加坡也有高产值的出口型农产品，以兰花等观赏性植物和热带鱼等观赏鱼为主。新加坡都市农业的主要特色是现代农业科技园，其集约经营水平高，以追求高科技和高产值为发展目标。目前已有6个农业科技园，这些农业科技园成为推动高新技术农业发展，推广农业科技成果，及开展国际农业技术咨询服务的主体。

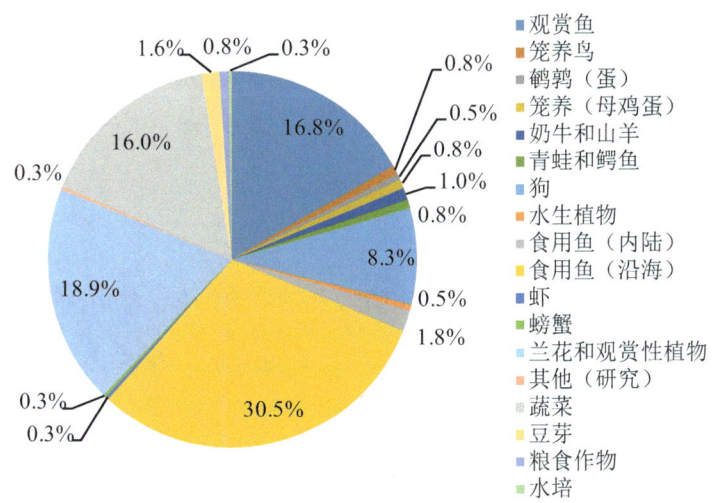

图1 2016年新加坡的农场结构

资料来源：新加坡农粮兽医局

1. 蔬菜

新加坡农场主要生产土培或水培的叶菜类蔬菜和豆芽，80%以上的叶菜产自土壤栽培。大多数农场在保护网下种植叶菜，以确保蔬菜的高品质。新加坡的蔬菜产量从2010年的1.95万吨增加至2016年的2.25万吨（表3）。生产的叶菜类蔬菜和豆芽产品价值200亿新元，全部由国内市场消费。

表3　2010—2016年新加坡蔬菜产量　　　　　　　　　　　　　　（单位：万吨）

项　目	2010年	2011年	2012年	2013年	2014年	2015年	2016年
蔬菜	1.95	2.04	2.14	2.18	2.27	2.30	2.25
叶类蔬菜	0.93	0.94	1.02	1.03	1.08	1.14	1.13
其他类蔬菜	1.01	1.09	1.12	1.15	1.19	1.16	1.11

资料来源：新加坡统计局

科克华科技农场（Kok Fah Technology Farm）和欧秦华水耕农场（Oh Chin Huat Hydroponic Farms）是这类农场的典型代表。科克华科技农场于1992年成立，位于森吉腾加农业科技园（Sungei Tengah Agro-technology Park），是一个具有良好经营业绩的农场。其由5个小型农场组成，面积从0.9~2.6公顷不等，总面积7.3公顷。农场在保护网下进行叶菜类蔬菜的土壤栽培，每年生产约1400吨蔬菜，相当于当地蔬菜生产的14%。农场配备冷藏室、加工和包装设施、架空喷雾系统等设施，农业自动化体现在日常运营中。蔬菜经过包装后，会以Pasar品牌直接销往超市，同时农场也会在批发市场设立一个直接销售其农产品的摊位。欧秦华水耕农场位于尼日朗农业科技园（Nee Soon Agrotechnology Park），自1991年以来一直供应水培蔬菜。土地总面积为2.4公顷，拥有200多套模块化种植房，蔬菜日产量超过300千克。农场通过不断的努力，使水培技术更好地适应热带气候，提高了农业质量和生产力，并且促使提供给市场的产品范围有所改善。

2. 兰花及观赏植物

新加坡是切割兰花的主要出口国，以其精致的品质和较长的花瓶寿命而闻名。新加坡大约有80个农场种植兰花、观赏植物和水生植物，产品价值5000多万美元，出口日本、澳大利亚、美国、希腊和加拿大等30多个国家和地区。2003年，兰花生产企业集群形成，加强了新加坡的花卉产业发展，巩固了其优质热带兰花出口国的地位。2016年，兰花产量有所下降（表4）。

表4　2010—2016年新加坡兰花及观赏植物产量　　　　　　　　　　（单位：万株）

项　目	2010年	2011年	2012年	2013年	2014年	2015年	2016年
兰花	1000	1100	1000	900	1000	800	600
观赏植物	4000	4100	3800	4100	4800	—	—

资料来源：新加坡统计局

多花兰花（Toh Orchids）位于森吉腾加农业科技园，是新加坡切割兰花的主要种植者和出口商之一。该农场已兼并另外2个农场，共9.8公顷，其中一个专门从事兰花生产，另一个从事观赏植物生产。该农场还拥有完善的营销和分销网络，能够在24小时内向海外提供鲜切兰花。在生产质量方面，农场设有专门的实验室，负责严格选择新的杂交种子和微繁殖技术，确保兰花的质量。农场还通过了ISO 9001认证和ACS认证，并在国际花卉展览和贸易展览上赢得许多奖项。

3. 食用鱼及观赏鱼

即使海洋空间有限，新加坡的食用鱼产业仍蓬勃发展，且在新加坡农业中所占地位日益重要。随着技术的发展，鱼产量有所增加，从2010年的4919吨增长至2016年的6086吨（表5）。海洋食用鱼品种主要包括石斑鱼、鲈鱼、笛鲷和虱目鱼；淡水食用鱼品种主要包括蛇头、罗非鱼、鲶鱼和鲤鱼。新加坡是最大的观赏鱼出口国，被誉为全球观赏鱼业务的"一站式商店"。出口商拥有约500种观赏鱼，先购自新加坡当地农场（占销售额的40%）和该地区的其他农场，后再出口。2016年，新加坡观赏鱼产量达到0.77亿条。

表5　2010—2016年新加坡水产品及观赏鱼产量　　　　　　　　　　（单位：吨，亿条）

项　目	2010年	2011年	2012年	2013年	2014年	2015年	2016年
水产品	5232	5599	5547	6775	6379	7695	6822
鱼	4919	5094	5127	5864	5639	6536	6086
其他水产品	312	505	420	911	740	1159	736
观赏鱼	1.12	1.10	1.06	1.14	1.09	0.77	0.77

资料来源：新加坡统计局

（三）农产品贸易情况

1. 主要农产品贸易规模

新加坡的农产品贸易长期呈现逆差状态。新加坡统计局数据显示，食品和活动物的出口额从2010年的36.40亿美元增至2017年的59.55亿美元；进口额从2010年92.90亿美元增至2014年的113.54亿美元，随后回落至2017年的109.40亿美元（图2）。根据新加坡农粮兽医局的数据，2016财年，新加坡进口水果43.9万吨；叶类蔬菜8.1万吨；其他类蔬菜45.5万吨；鸡蛋14.48亿枚；鸡肉20.6万吨，猪肉11.7万吨，牛肉2.9万吨，羊肉1.5万吨，鸭肉1.4万吨；鱼9.4万吨；其他海产品3.8万吨。

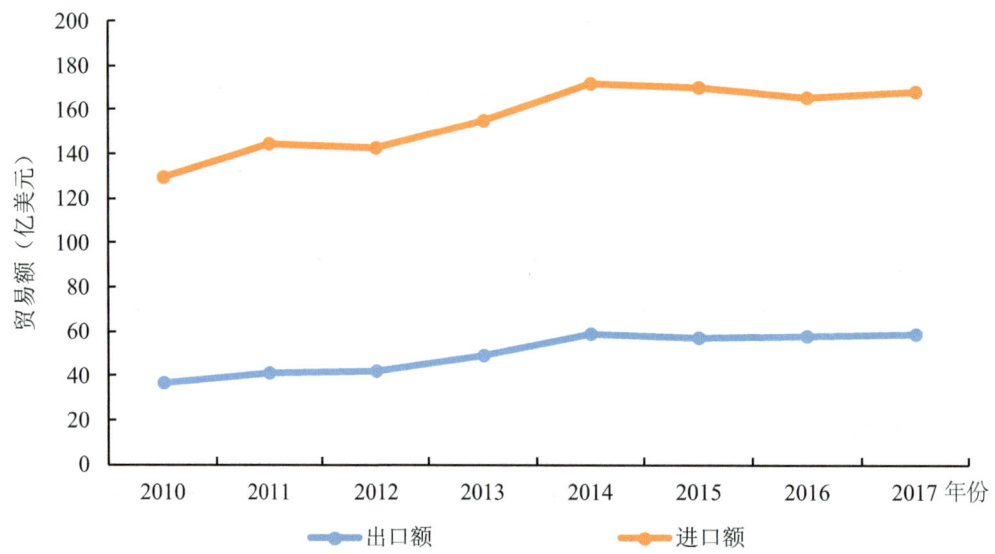

图2　2010—2017年新加坡食品和活动物贸易额（以现价计算）

资料来源：新加坡统计局

2. 主要贸易伙伴

新加坡的农产品进口来自全球约160个国家，每个品种又有多种来源，进口来源的多样化可以减少食物短缺或者价格波动给新加坡造成的影响。根据新加坡农粮兽医局的数据，2016财年，新加坡的农产品来源地覆盖亚洲、大洋洲、美洲、欧洲和非洲，主要涉及马来西亚、泰国、印度尼西亚、中国、越南、印度、澳大利亚、新西兰、美国、巴西、荷兰、南非等国家和地区，进口产品包括大米、蔬菜、水果、肉类、鱼类、糖和食用油（表6）。

表6　2016财年新加坡农产品的主要进口国和进口产品

大洲	国家	主要品种
亚洲	马来西亚	蔬菜、食用油、水果、鸡蛋、鸡肉、糖、牛奶、鱼、鸭肉
	泰国	大米、糖、牛奶、水果、蔬菜、鱼
	印度尼西亚	食用油、蔬菜、鱼、猪肉、牛奶
	中国	蔬菜、水果、食用油、鱼
	越南	大米、鱼、蔬菜、水果
	印度	大米、蔬菜、糖
大洋洲	澳大利亚	糖、牛奶、水果、蔬菜、猪肉、羊肉、牛肉

(续表)

大　洲	国　家	主要品种
大洋洲	新西兰	牛奶、水果、牛肉、羊肉
美洲	美国	水果、鸡肉、蔬菜、大米、牛奶、猪肉、牛肉
	巴西	鸡肉、猪肉、牛肉
欧洲	荷兰	猪肉、蔬菜、牛奶、鸭肉
非洲	南非	水果

资料来源：新加坡农粮兽医局

3. 中国与新加坡的贸易情况

中新农产品贸易额总体呈增长态势。2008年，农产品贸易额为7.14亿美元，其中，出口额为4.49亿美元，进口额为2.65亿美元。2015年，两国农产品贸易额创历史新高，达到14.32亿美元，其中出口额为9.72亿美元，进口额为4.60亿美元。之后有所回落，2017年，农产品贸易额为11.42亿美元，其中出口额为8.20亿美元，进口额为3.22亿美元（表7）。其中，中国出口新加坡的农产品主要包括蔬菜、水果和水产品。蔬菜出口额从2008年的7409万美元增至2017年的1.40亿美元；水果出口额从2008年的5516万美元增至2017年的6520万美元；水产品出口额持续攀升，从2008年的4825万美元增至2015年的3.37亿美元，2017年有所回落，达到2.76亿美元。中国自新加坡进口的农产品主要包括饮品类和畜产品。饮品进口额从2008年的2120万美元增至2017年的5650万美元；畜产品进口额在2008年仅为140万美元，2011年突破1000万美元，2014年和2015年的进口额超过1亿美元，2017年又回落至4475万美元。

表7　2008—2017年中国—新加坡农产品贸易额　　　　（单位：亿美元）

年　份	出　口	进　口	合　计
2008	4.49	2.65	7.14
2009	4.46	4.29	8.75
2010	5.59	5.07	10.66
2011	6.66	4.87	11.53
2012	6.71	4.14	10.85
2013	8.50	4.63	13.13
2014	9.91	4.38	14.29
2015	9.72	4.60	14.32
2016	9.10	4.31	13.41
2017	8.20	3.22	11.42

资料来源：中国海关

（四）农业科技发展

1. 农业科研机构

新加坡农业科技研究的主体包括科研院所、私营部门和各类区域性组织。新加坡农粮兽医局（Agri-Food and Veterinary Authority of Singapore，AVA）的技术研发部门包括3个中心：水产养殖服务中心（Aquaculture Services Centre，ASC）、园艺服务中心（Horticulture Services Centre，HSC）和海洋水产养殖中心（Marine Aquaculture Centre，MAC）。ASC为新加坡的食用鱼和观赏鱼产业和贸易提供服务，涉及技术推广、可行性研究、咨询服务和技术转移培训；HSC旨在促进新加坡园艺养殖业的发展，为当地的蔬菜和兰花农场提供服务；MAC位于圣约翰岛，旨在开发和利用技术以促进新加坡大规模孵化场和鱼类养殖生产的发展和扩大。此外，农业科技园区内也设立了大量的科研中心，有力地促进了农业科技生产力的发展。例如，在肯特岗科技园内建立了食品技术中心、技术示范中心、分子生物细胞研究所等一大批从事基础科学研究和高新技术开发的专业性商业研发机构。

2. 农业科技发展状况

新加坡的大部分食物都依靠进口，进口国家的经济、政治、气候变化或疾病暴发都有可能增加新加坡食物供给的不确定性，因此，新加坡需要增强本地生产能力，提高自给率。由于可利用的农业空间有限，新加坡急需利用技术和创新，投入较少的空间和人力生产较多的食物。新加坡未来的食物安全需要由专业化、现代化和科技化的农业部门来保障。在此背景下，AVA一直致力于帮助农业食品行业增加生产、延长食品保质期、减少食物浪费。科学家和技术人员也不断研发新技术，以适应当地农业食品公司的需求，帮助其采用密集型和创新性的生产方法。公共部门和私营部门共同开发以实验为基础的技术，希望能够克服资源限制问题。

新加坡正努力成为一个都市食物生产的技术实验室。在水产养殖方面，培育兼具快速生长和抗病特征的亚洲石斑鱼品种，减少对进口鱼苗的依赖，鼓励使用封闭的养殖系统。亚洲石斑鱼是新加坡最常见的养殖品种之一，约占养殖鱼总产量的14%。自2009年以来，AVA和淡马锡生命科学实验室（Temasek Life Sciences Laboratory）一直致力于培育亚洲石斑鱼的优良品种，帮助农民养殖出更加健康和快速生长的种群，并通过适当的疫苗接种计划提高鱼的存活率和农场生产量。在园艺方面，研究和探索各种室内垂直蔬菜种植体系，从而增加产量和空间利用率，节约人力和能量；选择种植耐旱的蔬菜品种小白菜，以减轻炎热天气对生产率的影响；通过组织不同形式的活动，加深行业内对蔬菜种植技术的理解。在产后处理方面，AVA 与行业合作伙伴共同评估食用鱼和鸡蛋产品的静电冷却与冷冻技术的有效性，联合实验的结果表明该技术成功延长了产品的保质期和质量；回收利用鲻鱼的副产品，用于替代或者补充部分食品生产中的脂肪成分。

（五）农业管理体系与政策

1. 农业管理体系

新加坡农粮兽医局在 2000 年 4 月 1 日成立，是一家负责保证新加坡食品安全，保证弹性食品供应，并且保障动物和植物健康，维护动物福利，促进农业技术，投资于研发和保护野生动物的国家机构，上级部门是新加坡国家发展部。

农粮兽医局首席办公室分管三大领域：公司管理和技术、项目及运营监管、特殊项目。在公司管理和技术领域，包括对外联络部、公司资源管理部、食物供应部、计划运营部、技术和行业发展部；在项目及运营监管领域，包括农业法规制定部、动物管理部、食品法规制定部、国际关系、实验室、检验检疫部、监管部。

农粮兽医局是负责新加坡初级和加工食品安全的国家权威机构，采用基于国际标准的风险分析和管理方法来评估和确保食品安全。新加坡农粮兽医局的食品安全系统包含：审查源头生产系统和实践；制定风险评估、食品安全和食品标签标准；追查初级产品货物来源，以及食品标签标注，以方便召回；新加坡入境点初级产品检验和加工食品；检验养殖场、屠宰场、食品加工场；负责初级和加工食品食源性危害监测计划；实验室检测和分析家畜、冷冻和冰鲜肉类、冷冻鱼、蔬菜、水果、鸡蛋和加工食品的病原体和化学污染物；促进采用良好的农业生产规范和食品安全保证体系；密切与其他国家当局合作；密切监测世界食品安全的形势和潜在威胁。

2. 农业支持政策

新加坡农粮兽医局致力于帮助当地农场采用新技术，以增强新加坡的农产品自给能力，其中一项活动就是为农场的技术创新和研发提供资金支持。2009 年 12 月，AVA 开始提供第一批食物基金，以支持当地农场增强自身能力建设，提高生产效率。随后，又有两批资金在 2011 年和 2013 年得到落实。农业生产力基金（APF）成立于 2014 年 10 月，取代原有的食物基金，继续支持当地农场的能力发展并促进生产力提高。自 2017 年 4 月起，针对投资购买昂贵的农业系统和技术的农民，APF 将预付 30% 的批准资金以缓解其现金流压力。2014—2019 年，食物基金和农业生产基金的总预算达到 6.3 亿美元，截至 2017 年 3 月 31 日，两项基金共批准 381 个项目，其中 351 个已结项。APF 的受助者已累计减少 82846 工时，叶类蔬菜产量增加 1019 吨，食用鱼产量增加 323 吨，鸡蛋产量增加 400 万枚。

3. 农业发展规划

新加坡的土地等各种生产性资源非常有限，几乎没有明显的农村和城市的界限，因此其农业是典型的都市农业。20世纪80年代，新加坡政府初次提出建设现代化的农业科技园区的构想，而且主张现代农业科技园区的发展必须要走科技化发展道路，通过农业科技来解决农业资源不足的问题，从而依次构建了生态走廊、生态蔬菜园区、花卉园区、热带作物园区、水产养殖园区、海产养殖园区等生态科技农业园区。经过多年的发展，新加坡都市农业在解决新加坡国民的食物自给问题上发挥着重要作用。

即便如此，新加坡仍需进口超过90%的食品，进口来源多元化、提高当地供应能力和进行食物多样选择的公众宣传是国家确保食物安全战略的三个重要组成部分。其中，为了缓解突发的食品供应中断，提高当地的生产能力刻不容缓。2017年3月，农场转型地图（FTM）公布，旨在推动新加坡农业部门向高科技、创新型、高度密集型、生产有效和资源有效的方向转变。FTM在四个方面指导农业部门的转型，并希望农场能够为新加坡未来的粮食安全做出更大的贡献：第一，空间。聚焦具有创新性和有效性的空间创造方式，以此支持农业活动的进行。第二，创新。聚焦以更少的资源投入创造更多农产品的策略，并将研究成果转化为商业性的可行农业方案。第三，人才。聚焦未来本地核心劳动力的培养。第四，生态系统。聚焦创造适合农业部门发展的有利环境，生产符合国内外市场的产品。为了使当地农民在农业部门转型的过程中发挥积极作用，AVA组建了由潜力农户、研究人员、学者和政策制定者组成的行业咨询小组（ICP），多元化的利益相关者将努力创新并共同创造解决方案，尝试通过技术创新改变新加坡的农业部门。此外，AVA还采用了一种新的"账户管理"方法。每个农场将被指派一名专门的客户经理，为其提供商业发展、技术采纳和财务等方面的帮助，同时促进农场与各个机构的协作和交流。

三、农业投资环境

新加坡是高度发展的城市岛国，国内政治局势稳定，政府廉洁、法制化程度高；经济上开放自由，限制较少，市场化程度较高；基础设施完善，城市建设水平高；自然灾害较少，防灾减灾水平高。在全球范围内来看，新加坡属于较为理想的外资投资目的地国，同时，新加坡农业发展的独特性，也使得其成为东南亚非常重要的农业投资潜力国。

（一）国家商业环境

新加坡具有上佳的营商环境，每年吸引着世界各地的商人前来从事商业活动。根据世界银行发布的《2018年营商环境报告》，2018年新加坡的营商环境全球排名第2位，亚洲第1位，连续5年蝉联亚洲经济体综合竞争力第1名，在已发布的15次《全球营商环境报告》中，新加坡一直位列前三甲，营商环境综合实力不容小觑。

根据世界银行的评估报告，新加坡在营商环境的多项指标中均有优异表现，其中，公司或企业的开办便利度、中小投资者的保护、税收、保障履约在世界排名中分别位居第6位、第4位、第7位和第2位。

新加坡政府多年来始终秉承亲商理念，高度重视对投资者的服务，作为世界上对公司干预最少的国家之一，新加坡在设立公司方面的手续也极为便捷，如果想在新加坡注册公司，只需要登录新加坡会计与企业管制局（ACRA）按要求注册即可。新加坡金融市场成熟，与国际贸易融合度高，银行业务便捷，更为重要的是，新加坡没有外汇管制，资金可以自由流入流出，公司利润汇出没有限制也没有特殊税费。新加坡公司税税率单一，公司所得税率仅为17%，实行内外资企业一致的公司税制度。另外，新加坡已签署多项投资保证协议（IGA），目的是保护在新加坡注册的公司在其他国家或地区的投资，从而降低非商业风险。

（二）农业优势与潜力

尽管新加坡土地资源有限，农业对GDP的贡献非常小，但农业发展仍然呈现鲜明的特色，形成独特的农业优势，具有一定的发展潜力。

首先，新加坡农业集约化程度高。通过建设现代化的农业科技园，新加坡的都市现代农业实现了高科技和高附加值的发展目标，并且不断提高农业生产力。农业科技园的基本建设由国家投资，并由AVA负责开发与管理，通过招标方式租给公司经营。AVA对农场进行甄选和评估的一项非常重要的标准就是农场的高科技属性。总体来看，新加坡的高科技农业园兼有观赏休闲和出口创汇的功能，并取得良好的经济和社会效益。

其次，新加坡农业研发创新水平高。新加坡的农业科技研究主体既有公共部门，又有私营部门，两者互相补充，都发挥着重要作用。农业科技园内设不同的技术中心、示范中心和研究机构，从事基础科学研究和技术研发工作，具有科技创新活力，有力地促进着农业科技的发展。

再次，新加坡农业注重观光旅游和科技教育。新加坡的农业科技园兼有农业旅游和农业科技教育的功能，每年吸引数百万游客参观访问，农业发展的多功能化趋势明显。在新加坡的城区和郊区，一些小型的农业生产基地既为城市提供生鲜农产品，又可以通过观光旅游获得可观的收入。同时，新加坡还在城市中心建造农业体验综合体，提供农产品采摘、加工、销售、亲子活动等服务，并通过配备娱乐设施来增强农业体验的吸引力。

最后,新加坡注重海外农业投资。新加坡的海外农业投资具有两个特点:第一,产业定位高端;第二,投资具有战略性,即新加坡凭借在食品安全和农业技术方面的优势,在全球进行农业战略投资,通过海外的农业生产,缓解国内农产品的供给压力。

(三)风险分析

1. 制度风险

新加坡政治稳定、政府廉洁,法制化程度高,是外来投资的天堂。世界银行数据显示,新加坡和平指数全球排名第24名,在政治稳定性、腐败控制、法治水平3个方面,指数表现优异,因此其制度风险相对来说较低。

表8 新加坡相关制度指数

项 目	新加坡	东南亚国家平均	指数等级(1~6级)
政治稳定性指数(0~100)	92.23	47.04	1级
腐败控制指数(0~100)	97.12	43.18	1级
法治水平(0~100)	95.19	43.97	1级

资料来源:世界银行

尽管如此,新加坡也并不能排除制度风险。在人民行动党的领导下,新加坡长期政局稳定,但近年来反对党发展较快,并在国会中取得了一定议席;人民行动党的执政理念也不断受到年青一代的挑战。未来新加坡可能出现的政党轮流执政、政府政策的变化等增加了中国对新投资可能遭遇的政府违约风险。此外,新加坡与马来西亚、文莱、印度尼西亚、越南、菲律宾等国家在海域上存在争端,进而导致区域国家间政治关系恶化。

2. 经济风险

根据美国传统基金会的经济自由度指数,新加坡为8.52(满分为10分),位列全球第2位,经济自由开放程度非常高,经济风险相对较低。潜在风险主要是资金转移风险。新加坡不存在外汇管制,资金可以自由流入流出,企业投资收益汇出新加坡境外没有限制。但是,新加坡对于非居民持有新元的规模及个人携带现金出入境存在一定的限制,主要是为了维持新元的稳定。该项限制在一定程度上给中国对新投资带来了不便,甚至造成外汇兑换、资金转移等风险。此外,对新投资的安全和收益容易受到新加坡宏观经济的影响,由于新加坡是高度开放的外向经济,因此其宏观经济会受到全球经济走势,甚至经济危机的影响,进而产生一定的经济风险。此外,对新投资可能面临成本风险。由于劳动力供应不足,新加坡外籍劳务需求量大,约占新加坡劳动力的三分之一,政府对外籍劳务政策的变化使得企业面临成本风险。

3. 基础设施风险

新加坡政府注重城市基础设施方面的规划，将大量资金投入到各项基础设施的建设中，特别是投资量大、投资回收期长、资金周转慢的公共基础设施。同时，新加坡也持续重视基础设施的改造和完善，如新加坡港口的营业收入除了营业税外，全部用于港口的改造和再建设。先进和完善的基础设施为新加坡经济的发展奠定了坚实的基础，但是新加坡的土地政策为新的基础设施投资带来一定风险。新加坡用于公共使用目的的土地可以强制征收，因此对于农业投资来说，相关的农业基础设施投资，存在一定的不稳定性，如果发生上述情况，会影响到投资利益。

4. 自然风险

新加坡地处海上交通要塞，战略位置重要。新加坡全岛共有32条主要河流，最长的河流是加冷河，大部分的河流被改造成蓄水池为居民提供饮用水源。新加坡城市发展水平较高，对自然改造较大，因此相对来说自然灾害较少。但是由于新加坡自然资源短缺，主要工业原料和部分水、气资源均需依靠进口，相关企业运营受国际能源价格影响较大，这一点是自然资源方面比较突出的风险。

四、中新农业合作现状与合作重点

中国和新加坡自1990年建交以来，两国高层交往频繁，合作领域不断拓宽，合作机制不断完善。目前双方已在农业领域开展科技、贸易和投资等全方位、多层次的合作，这为两国继续探索合作空间奠定了坚实的基础。虽然农业合作并非是两国合作的重点领域，但是新加坡在资本、农业科技水平、都市农业发展等方面都具有较大优势，未来两国可以加强在食物安全和质量检验等领域的合作，同时继续挖掘两国在农业科技园区建设和渔业资源开发方面的合作潜力。

（一）合作现状

1. 合作机制

合作机制的不断完善为中国和新加坡开展农业合作提供了稳定的基础。自1990年中新建交以来，两国高层交往频繁，合作领域不断拓宽，合作机制不断完善，签署了一系列的合作文件，如《中华人民共和国政府和新加坡共和国政府关于建立外交关系的联合公报》（1990年10月3日）、《中华人民共和国政府和新加坡共和国政府关于双边合作的联合声明》（2000年4月）、《中华人民共和国和新加坡共和国关于建立与时俱进的全方位合作伙伴关系的联合声明》（2015年11月）、《中华人民共和国政府与新加坡共和国政府关于共同推进"一带一路"建设的谅解备忘录》（2017年5月）等。两国在人才培训领域的合作十分活跃，双方成立了"中国—新加坡基金"，支持两国年轻官员的培训与交流。2007年7月，双方签署《关于借鉴运用新加坡园区管理经验开展中西部开发区人才培训合作的谅解备忘录》。在农业合作领域，2013年10月中国和新加坡签署了《关于农产品质量安全和粮食安全合作的谅解备忘录》。在以上双边文件基础上，中新开展了有效的经贸合作，两国建有苏州工业园区、天津生态城和中新（重庆）战略性互联互通示范项目三大政府间合作项目，并与山东、四川、浙江、辽宁、天津、江苏、广东7省市分别建有经贸合作关系，使得合作机制得到进一步的巩固和完善。当前，中国和新加坡推进中国与东盟（10+1）和东盟与中日韩（10+3）框架下的农业合作，也正以"一带一路"为纽带，拓展同新加坡的农业合作新空间。在具体的合作项目上，中新吉林食品园区是两国农业合作的典范。

2. 科技合作

1992年，中国和新加坡科技部门签署《科技合作协定》，次年建立中新科技合作联委会，迄今已召开11次联委会会议。2007年，两国有关部门签署《出入境卫生检疫合作谅解备忘录》。中新吉林食品园区是中新农业合作的重要平台，契合中国农业现代化建设进程，围绕质量安全体系建设，生产优质农产品、品牌农产品，发挥了导向和示范作用，推动了中新科技合作。食品园区由吉林市监管，以农业和食品领域的技术标准、科研成果、销售市场为依托，重点建设种养殖基地、食品加工园区、仓储物流中心、食品检验监测中心、研发及人才培训基地等五大功能区。同时，双方合作建设无规定疫病病区，确保食品区的牲畜不会感染口蹄疫等疾病，并成立技术工作小组，提供技术咨询和病区进展评估。

3. 贸易合作

新加坡属外贸驱动型经济，是高度开放的经济体。新加坡是中国在东盟乃至全球的重要经贸合作伙伴。1999年10月，中新签署《经济合作和促进贸易与投资的谅解备忘录》，建立了两国经贸磋商机制。双方还签署了多项经济合作协议。2008年10月，两国政府在北京人民大会堂签署了《中华人民共和国政府和新加坡共和国政府自由贸易协定》，中新双边经贸关系逐步实现全方位、多层次、宽领域的发展。近年来，中新贸易稳定增长，以"一带一路"倡议为契机，双方进一步提升贸易合作。中新经贸关系的发展潜力有待深度挖掘，服务贸易有望成为双边合作的新亮点，运输、商务、贸易、金融等服务是中新双边服务贸易的重要类别。

4. 投资合作

新加坡对华投资十分活跃，在东盟地区处于绝对领先地位。新加坡对华投资主要集中在东部地区，对中西部的投资也逐渐加快。近年来，中国对新加坡的投资增长较快，主要集中在承包劳务、运输、建筑、能源等领域。由于新加坡具有优良的投资环境，中国企业开始将新加坡作为重要的海外投资目的地，但是投资稳定性还需进一步提升。新加坡在基础设施、商业网络、法律体系、制度等方面都表现出了一定的优势。除此之外，中新之间签订的一系列协议，如《关于促进和保护投资协议》《避免双重课税和防止漏税协议》《经济合作和促进贸易与投资的谅解备忘录》《海运协定》《邮电和电信合作协议》《成立中新双方投资促进委员会协议》等，都为保障双边的投资安全发挥着重要的作用。

（二）合作潜力

1. 合作基础

自中新两国于1990年10月3日建立外交关系以来，中新政治关系稳定，经贸关系发展势头良好。双方签署了《中华人民共和国政府和新加坡共和国政府自由贸易协定》，形成了稳定的经贸合作机制。同时，双方也签署了多项经济合作协议，如《经济合作和促进贸易与投资的谅解备忘录》《促进和保护投资协定》《成立中新双方投资促进委员会协议》等。两国在具体的合作项目上，建有苏州工业园区、天津生态城和中新（重庆）战略性互联互通示范项目三大政府间合作项目。另外，新加坡也与中国多省市建立经贸合作关系。

中新双方在农业领域各有优势。2013年双方签署《关于农产品质量安全和粮食安全合作的谅解备忘录》。同时，双方共同推动在中国与东盟（10+1）和东盟与中日韩（10+3）框架下的农业合作，鼓励和支持中新农业企业投资合作，扩大中新农产品贸易往来，以"一带一路"为纽带，巩固和拓展农业合作基础。

2. 合作前景

中国和新加坡两国政治关系良好，农业互补性较强，虽然目前农业合作并非合作重点，但是鉴于中新有坚实的经贸合作基础、相似的社会文化以及中国对农业尤其农业科技的重视，为两国间的农业合作提供非常可观的合作前景。中国在农业基础设施建设、农业科技发展水平、农业产业化和精细化发展上仍然有很大的发展空间，而新加坡在资本、农业科技水平、都市农业发展等方面具有非常大的优势，所以中新各自的农业特征为两国农业合作提供了广阔的发展前景和充分的合作空间，如何发掘合作潜力，促进双方合作成为两国开展农业合作的重点。

（三）合作重点

1. 重点领域

（1）加强食物安全领域的交流与合作

新加坡作为花园城市，用于农业的土地资源极其有限，因此食物安全问题是新加坡政府始终非常重视的问题。新加坡已制定一系列政策措施，如农业集约化发展和食品来源多样化等，提高食品自给率，保证国家的食物供给，这对于保障中国的粮食安全问题也有一定的借鉴意义。其中，在农业集约化发展方面，新加坡具有较大优势。新加坡以农业科技园建设为依托，提高农业生产效率，实现农业发展所追求的高科技和高附加值目标，同时完整的都市农业体系也取得了良好的经济和社会效益。当前中国正在进行农业产业链转型升级和农业供给侧改革，农业集约化发展既是新加坡的农业优势，也是中国农业未来发展方向，双方就此展开充分的合作，有利于中国提高农业生产效率和农业附加值，保障粮食安全。

（2）深化质量检验检疫领域的交流与合作

新加坡对进口商品检验检疫的标准和程序十分严格。AVA负责新加坡进口食品以及动植物的检疫检验。农产品和食品的进口商须向AVA申请执照，只有获得执照的贸易商才能在新加坡从事农产品和食品的进口业务。AVA有一套完整的食品安全计划，根据肉、蛋、水果、蔬菜、水产品、加工食品等不同商品制定相应的检验标准和检验程序，严格把控各种商品的进口来源和包装运输。其中，进口植物及产品需出示原产国相关机构签发的植物检疫证书并获得AVA的进口许可。进口植物及产品必须符合AVA规定的健康标准，并在进口后接受AVA检查。中国和新加坡应该拓展在质量管理、进出口食品安全等方面的务实合作，逐步提高中国在质量检验检疫领域的技术和水平。

2. 重点产业

（1）农业科技园区建设

新加坡农业科技园发展水平较高，其垂直农业发展世界闻名。同时，新加坡的农业科技园也具有休闲旅游和科技教育的功能，每年吸引数百万游客。2001年，中国科技部、农业部等六部委联合启动了国家农业科技园区的试点工作。目前已有65个国家级农业科技园区、500多个省级科技园区和2000多个其他各级农业科技园区。作为现代化农业的载体，中国农业科技园区建设虽然取得了较大进步，但也普遍存在园区科技水平较低、生态环境破坏严重、产业覆盖范围窄等问题。因此中国可以和新加坡合作开展农业科技园的建设与发展，在科技园运作、生产、研发等领域相互借鉴，促进中国的农业科技园发展水平。

（2）渔业资源开发

新加坡作为海滨国家，渔业发展水平较高。新加坡在水产研究方面培育了比较受欢迎的海洋新品种，开发了孵卵技术以及深海网箱渔业体系，逐渐成为东南亚地区热带海洋养殖业的技术研发中心，鱼类供应可以满足新加坡国内40%的消费需求。中国的渔业资源丰富，尽管渔业开发和利用不断进步，但是科技含量相对较低，开发水平还有待提高。因此中国和新加坡在渔业资源的开发和利用方面也存在着很大的合作空间。

五、中新农业合作建议

中国和新加坡两国在农业领域各有优势、互补性强，加强两国的农业合作符合双方利益，有利两国人民福祉。因此，两国应继续加强政府间的农业合作，扩大双方的农产品贸易，激活农业科技创新活力，培育高端农业科技企业，以农业发展基金为抓手，推动都市农业的发展，进行海外农业投资，参与全球的农业产业链布局。

（一）加强两国政府间农业合作

中国和新加坡两国在落实《关于农产品质量安全和粮食安全合作的谅解备忘录》、推进中新吉林食品园区合作等方面取得了较好的成效。中国作为农业大国，农业发展水平的地域差异明显，发展水平不均衡，农业问题复杂，可以参照中新吉林食品园区等合作方式，扩大和加强两国政府间农业合作，借助各自的农业优势，实现互惠发展。此外，两国政府应积极推动中新两国在"一带一路"、中国与东盟（10+1）和东盟与中日韩（10+3）框架下的农业合作，拓宽政府间农业合作的广度和深度。

（二）扩大两国间的农产品贸易

中国和新加坡签署的《中华人民共和国政府和新加坡共和国政府自由贸易协定》为两国扩大农业贸易提供了制度保障，继续扩大两国间的农业贸易既是两国间的现实需要，也为加强和深化其他农业领域合作提供更大的可能性。根据两国各自的农业比较优势，扩大农业贸易。中国可以扩大对新加坡观赏植物、观赏鱼等农产品的进口，新加坡可以增加对中国的蔬菜、水果、粮食产品的进口，提高其农产品进口的多元化。

（三）激活农业科技创新活力

中国农业的现代化必须要以科技创新为驱动，由于农业主要以小农户为生产主体，因此技术转化过程相对较长，农业科技企业能加快前沿技术的推广应用，将其转化为农业生产力。2018年2月国务院办公厅印发《关于推进农业高新技术产业示范区建设发展的指导意见》，为高端农业科技企业的引进和培育提供了政策保障。相对于新加坡而言，中国在农业发展中高端农业科技企业，尤其是掌握核心农业科技的创新型企业仍然发展不足。因此，加强以培育高端农业科技企业为目标的中新农业合作，对打造具有国际影响力的现代农业高地，提高农业生产率和绿色发展水平具有重要意义。

（四）参与全球农业产业链的高端布局

农业发展基金，以现代资本运作方式进行农业投资，帮助许多国家和城市在全球农业产业链的高端进行布局。据数据统计，2014年全球共有21个农业投资基金成立。中国可以借鉴新加坡设立农业发展基金的方式，投资农业细分领域、高精尖项目，以及深加工和物流服务等，运用资本推动农业尤其是现代都市农业的发展。此外，中国也可以借鉴新加坡的发展模式，以农业发展基金为抓手，进行海外农业投资，缓解农产品供给不足的压力，保障农产品的供应。

参考文献

陈强，左国存，李建昌.2012.新加坡发展科技与创新能力的经验及启示［J］.中国科技论坛，（8）：139-145.

陈文，黄卫平.2015.长期执政与政党适应能力建设——新加坡与马来西亚政局发展的比较分析［J］.经济社会体制比较，（3）：126-136.

关利欣，张蕙，洪俊杰.2012.新加坡海外工业园区建设经验对我国的启示［J］.国际贸易，（10）：40-44.

郭澄澄.2017.新加坡从全球自由贸易港转型为全球创新中心的启示［J］.华东科技，（4）：46-49.

王常雄.2016.新加坡都市现代农业发展的启示［J］.上海农村经济，（8）：39-41.

肖久灵，汪建康.2013.新加坡政府支持中小微企业的科技创新政策研究［J］.中国科技论坛，（11）：155-160.

新加坡农粮兽医局（AVA）.2016/2017公司年报[EB/OL]. http://www.ava.gov.sg/docs/default-source/publication/annual-report/ava-ar-2016-17.

詹正茂，田蕾.2011.新加坡创新型城市建设经验及其对中国的启示［J］.科学学研究，29（4）：627-633.

张华.2015-4-9."一带一路"投资风险研究之新加坡［EB/OL］. http://opinion.china.com.cn/opinion_51_126651.html.

中华人民共和国商务部.2017.对外投资合作国家（地区）指南——新加坡［EB/OL］. http://fec.mofcom.gov.cn/article/gbdqzn/index.shtml.

中华人民共和国外交部.2018.中国与新加坡的关系［EB/OL］. http://www.fmprc.gov.cn/web/gjhdq_676201/gj_676203/yz_676205/1206_677076/sbgx_677080/t6013.shtml.

World Bank. 2018. Doing Business 2018—Reoform to Create Jobs［EB/OL］. http://www.doingbusiness.org/reports/global-reports/doing-business-2018.

东帝汶

东帝汶位于东南亚努沙登加拉群岛最东端，是世界上最贫穷的国家之一。农业是东帝汶的经济支柱，但基础设施落后，粮食尚不能自给。东帝汶没有工业体系和制造业基础，服务业规模小且发展滞后。中国与东帝汶在农业领域积极开展合作，主要以发展援助、技术合作、人员培训为主，双方共同致力于提高东帝汶的粮食生产水平。

一、国家基本概况

（一）地理及行政区划

东帝汶全称东帝汶民主共和国，国土包括努沙登加拉群岛中帝汶岛的东部地区、西部北海岸的欧库西地区，以及附近的阿陶罗岛和东端的雅库岛，西面与印尼东努沙登加拉省的西帝汶接壤，南隔帝汶海与澳大利亚相望。海岸线全长735千米，境内多山地和多森林，沿海多平原和谷地，山地与丘陵面积约占国土面积的3/4。东帝汶共设13个行政区，下设65个县，443个乡和2236个村。首都帝力位于帝汶岛东北海岸，是东帝汶的政治、经济和文化中心，同时也是国内唯一的深水良港，全国80%以上的经济活动聚集于此。

（二）人口与民族

东帝汶人口为129.6万人（联合国统计司2017年数据），人口增长率约2.2%，城市人口占34%，其中约25万人集中在首都帝力。东帝汶是多民族多语言的国家，有十多个民族。其中78%为东帝汶土著人（巴布亚族与马来族或波利尼西亚族的混血人种），20%为印尼人，2%为华人，华人主要聚集在首都帝力。东帝汶的官方语言是德顿语和葡萄牙语，印尼语和英语是工作语言，德顿语为通用语和主要民族语言。东帝汶约有91.4%的人口信奉天主教，2.6%信奉基督教，1.7%信奉伊斯兰教，0.3%信奉印度教，0.1%信奉佛教。

（三）政治制度

东帝汶在历史上曾长期被葡萄牙殖民，1975年11月28日东帝汶独立革命阵线宣布独立，成立东帝汶民主共和国。同年12月，印尼出兵东帝汶，次年宣布东帝汶为印尼第27个省。1999年8月30日东帝汶举行全民公决投票脱离印尼，2002年4月举行总统选举，独立运动领袖凯·腊拉·沙纳纳·古斯芒当选。2002年5月20日，东帝汶民主共和国正式成立。

2002年3月22日，东帝汶制宪议会通过并颁布《东帝汶民主共和国宪法》，规定东帝汶民主共和国是享有主权、独立、统一的民主法治国家，国民议会、政府和法院是国家权力机构。

总统是国家元首和武装部队最高统帅,由全民直接选举产生,任期五年,可连任一届。2017年3月东帝汶举行总统选举,独立革命阵线主席弗朗西斯科·古特雷斯·卢奥洛以57.1%得票率当选总统,于5月20日正式就职,任期至2022年5月。

(四)社会和经济发展状况

东帝汶被联合国开发计划署列为亚洲最贫困的国家,同时也是全世界最落后的20个国家之一。东帝汶经济发展水平落后,结构失衡,主要依赖油气出口收入和外国援助,经济以农业为主。东帝汶没有工业体系和制造业基础,从事工业人口仅占总从业人口的2%。东帝汶的服务业主要集中于首都帝力,国内虽有丰富的旅游资源,但尚未被开发。

近年来,东帝汶政府将减少贫困和增加就业作为施政重点,逐步增加财政预算,扩大公共支出,鼓励外来投资,拉动非油气经济增长。国际货币基金组织数据显示,2017年东帝汶国内生产总值(GDP)为26.1亿美元,人均国内生产总值为2104美元,实际经济增长率为-0.5%,贫困率为30.3%,失业率为3.4%。

二、农业发展现状

东帝汶是传统的农业国家,农业是第一大支柱产业,农业收入占全国经济总量的70%左右。据世界银行2015年统计,东帝汶全国可耕种土地的利用率为48.3%,从事农业人口占总就业人口的50.8%。但东帝汶国内生产力低下,生产技术落后,制约了农业的发展。

(一)农业资源条件

1. 自然资源

(1)土地资源

根据联合国粮农组织统计,2015年东帝汶农业用地面积38万公顷,其中,可耕地面积达15.5万公顷,灌溉面积3.5万公顷。森林面积68.8万公顷,其他用地面积42.1万公顷。东帝汶境内多山地森林,平原谷地多集中于沿海地区。可用耕地面积大,光照条件、水资源充足,气候适宜,农业发展潜力巨大。

(2)水资源

东帝汶海岸线长735千米,渔业资源十分丰富。东帝汶水产品人均年消费量为6.1千克(2011),占所消费动物肉类产品总量的33.4%。沙丁鱼和鲐鱼是最普遍消费的物种,其次是青甘金枪鱼、鲷、对虾和颌针鱼。帝力是东帝汶唯一的深水港,也是唯一的集装箱码头,每年吞吐量约4.2万标箱，卸货25万吨，多为进口。

（3）气候资源

东帝汶大部分地区属于热带雨林气候，平原和山谷地带属于热带草原性气候。全年高温多雨，年平均气温在26℃左右，年平均湿度为70%～80%，年平均降水量1200～1500毫米，但地区差异较大。山区年降水量2500～3000毫米，北部与南部沿海地带旱雨季分明，年降水量500～2000毫米。

（4）生物资源

东帝汶沿海海洋生态环境优越，渔业资源开发潜力大。内陆有大面积热带雨林，动植物物种丰富多样，且气候温暖，具有较大的旅游资源开发潜力。

2. 经济资源

东帝汶是传统农业国家，根据联合国粮农组织2017年数据，东帝汶66%的人口生活在农村，50.8%的就业人口从事农业生产。但东帝汶的农业生产水平落后，仍然处于刀耕火种的时代。东帝汶工业生产规模非常小，劳动人口中从事工业生产的比例只有2%，没有工业体系和制造业基础，大量生活必需品依赖进口。在东帝汶宣布独立前后，外国援助不断涌入，帝力出现了很多外国派驻机构，观光、餐饮、酒店等传统服务行业应运而生，但主要集中在首都帝力。东帝汶地貌丰富，气候适宜，具有发展旅游业的潜力，但由于经济发展滞后，基础设施差，旅游资源尚待开发。矿产资源出口是东帝汶政府的主要财政收入来源。东帝汶的矿业以石油、天然气为主，帝汶海具有储量丰富的石油和天然气。截至2014年，探明石油储量1.87亿吨，天然气储量7000亿立方米。目前东帝汶的油气主要出口到泰国、新加坡和澳大利亚。东帝汶境内有金、锰、铬、锡、铜等多种矿藏，主要出口铝、铜到新加坡和马来西亚。咖啡、橡胶、紫檀木有"帝汶三宝"之称，也是东帝汶的主要出口商品，主要出口到美国、比利时和加拿大。主要进口食品、纺织品、车辆及其它工业品。

东帝汶产业结构单一，贫困问题严重。食品及生活必需品高度依赖进口，国民生活水平未得到改善。目前东帝汶进行基础设施建设的资金主要来自两方面：一是"石油基金"。东帝汶参照挪威模式于2005年设立了石油基金，这也是东帝汶经济发展的基础。二是海外援助和投资。东帝汶制定了一系列投资优惠政策以及相关的法律制度，用以吸引海外投资。

（二）农业生产情况

1. 农业地位及产业结构

农业是东帝汶的支柱产业，是经济的重要组成部分。但由于技术不发达，单产不高，农产品产量尚不能满足国内需求。东帝汶主要的农产品有玉米、稻谷、薯类等。经济作物有咖啡、橡胶、椰子等，主要供出口。东帝汶年产咖啡7000～10000吨，是政府收入和外汇的重要来源。2017年，东帝汶咖啡出口额为1853.4万美元，占出口总额的17%。畜牧业以猪、羊、牛、鸡养殖为主。海洋资源丰富，渔业发展潜力大。

2. 种植业

东帝汶地处东南亚努登加拉群岛低纬度热带地区，气候条件适宜，全年均可种植水稻，但由于受旱、雨季变化等自然条件以及传统种植习惯的影响，大多数地区只种植一季水稻。2016年东帝汶水稻收获面积2.70万公顷，包考、博博纳罗、维凯凯和马纳图托是水稻主产区。由于东帝汶农业设施原始而简陋，水稻单产低，稻谷平均产量为3.03吨/公顷，全国稻米年产量仅为8.20万吨左右，而稻米年需求量为18万吨左右，缺口达一半，远不能自给。近年来，东帝汶注重加大农业基础设施投入，重整了灌溉系统，促进了农作物种植面积和产量的提高。稻谷总产量持续增长，主要依赖于稻谷单产的提高。

2016年玉米收获面积5.27万公顷，单产2.16吨/公顷，产量11.36万吨；木薯收获面积6907公顷，单产3.98吨/公顷，产量2.75万吨；绿咖啡收获面积5.32万公顷，单产199.6千克/公顷，产量1.06万吨。

3. 畜牧业

东帝汶畜牧业主要养殖马、牛、山羊、猪等。2016年，牛存栏量22.90万头，水牛存栏量13.97万头，生猪存栏量41.85万头，山羊存栏量13.79万只，绵羊存栏量2.96万只，鸡存栏量92.90万只。2016年，牛屠宰量1.30万头，水牛屠宰量7374头，生猪屠宰量28.71万头，山羊屠宰量3.93万只，绵羊屠宰量4782只，鸡屠宰量114.8万只。牛胴体重平均103千克/头，猪胴体重40千克/头，羊胴体重10千克/只。牛肉总产量2071吨，猪肉1.15万吨，羊肉441吨。

4. 渔业

东帝汶的渔业资源丰富，但规模较小，主要集中于沿海岸线相对狭窄的地带。淡水渔业即内陆捕捞渔业，主要限制在季风季节，基本用于维持生计。近几年，政府鼓励农户发展水产养殖业，用以补充农业食品生产和其他动物蛋白质摄入，但规模较小，主要集中于比奎利和利基卡的沿海地区，主要养殖种类为虱目鱼、罗非鱼和鲤鱼。

东帝汶国内没有商业捕捞船队。东帝汶禁止印尼在东帝汶海域内捕鱼，后通过双边协议，部分印尼捕鱼船队可以进入东帝汶深海捕鱼区，但捕获物须在东帝汶港口落地和运输。东帝汶复杂的地形和落后的交通设施，严重限制了鲜鱼运输，加之国内缺乏加工技术和基础设施，东帝汶的鱼品市场仍不发达。许多内陆地区并不将鱼类作为食物消费的重要组成部分，国内平均鱼品消费量相对较低，只有首都帝力和沿海地区的消费水平较高。

（三）农产品贸易情况

由于东帝汶粮食不能自给，主要进口农产品为大米、鸡肉和小麦。2016年，东帝汶大米进口额870万美元，主要进口来源国是印度尼西亚、泰国和巴基斯坦；小麦进口额740万美元，主要进口来源国是印度尼西亚、葡萄牙和新加坡；鸡肉进口额930万美元，主要进口来源国是巴西和新加坡。近几年，东帝汶大力引进农业科学技术，提高国内农产品生产力，降低农作物进口量。2011—2016年，东帝汶大米进口额下降18%，玉米进口额下降42%，鸡肉进口额下降2.6%，小麦进口额增长2.6%。东帝汶最主要的出口农产品为咖啡和香料。2016年咖啡出口额达173万美元，主要出口美国、比利时、加拿大、德国和印度尼西亚。

整体来看，东帝汶经济规模小，农产品贸易规模也较小，贸易总量在世界及区域排名均靠后。

三、农业投资环境

（一）国家商业环境

1. 投资吸引力

根据世界银行发布的《2018年全球营商环境报告》，东帝汶在全球190个国家与地区中排名第178位。近年来，东帝汶政局比较平稳，社会治安状况逐步好转。政府采取积极务实的经济发展政策，创造就业岗位，降低贫困率，加强基础设施建设，同时不断完善法律体系，制定投资优惠政策，吸引外资。截至目前，东帝汶已陆续颁布实施了《国民投资法》《商业注册法》《进出口货物检验检疫卫生法》《私有投资法》等一系列法律法规。

2. 与投资相关的政策法规

（1）投资政策

东帝汶重视对外开展经济合作，为此实行低税率等一系列有利于海外投资的税收和土地租赁政策。其颁布的《外国投资法》将基础经济领域和出口产业列为外商投资优先产业，在部分地区为海外投资企业提供土地租金减免与延长免税期等优惠政策。减免税额，鼓励外企雇佣当地劳动力。扩大免关税与营业税产品目录，降低企业运营成本。2013年，东帝汶政府决定在欧库西设立经济特区，经济特区在原有的优惠政策基础上还适用"一企一策"的特殊约定优惠待遇。但目前该经济特区还未开始建设。东帝汶政府鼓励外资与当地资本合资经营，但目前东帝汶的大部分外资企业都是独资经营。目前东帝汶还没有关于外资并购安全审查、国有企业投资并购、反垄断以及经营者集中审查等方面的法律规定。东帝汶没有正式的外汇管制，资金可以自由汇入和汇出。东帝汶与投资合作相关的主要法律有《外商投资程序管理条例》《私有投资法》等。东帝汶有关招商引资政策和相关办理程序主要来自于《私有投资法》和《外商投资程序管理条例》。《私有投资法》规范管理本国人、外国人、居民、非居民个人或企业在东帝汶的投资行为。根据《私有投资法》，东帝汶对外资参与农业领域投资合作无禁止性规定。

关于投资方式的规定，无论是本土公司还是外商投资公司，均可以普通合伙、有限合伙、有限责任或股份公司形式存在。外国企业也可以注册成立本土分支机构。东帝汶政府鼓励外资与当地人合资（不是硬性规定），但大部分外国人在东帝汶都采用独资方式。暂无有关外资并购安全审查、国有企业投资并购、反垄断、经营者集中审查等方面的法律，外资并购的主要手续及操作流程，当地亦无此类专业咨询机构。

根据《私有投资法》，东帝汶对外资参与农业领域投资合作无禁止性规定。

（2）优惠政策框架

为了吸引外来投资，东帝汶政府出台了一系列关税和营业税减免的优惠政策；在不同地区投资，可免除一定年限的国有土地租金；雇佣当地劳工，可减免一定比例的应纳税额等。免征关税和营业税的适用范围包括：资本商品和设备；制造业所需原材料；成品商品；应用于商品或提供服务等再生产用的组件和配件；用于为没有公共电力供应地区的生产企业提供电力的燃料（汽油除外）。免租金的国有土地和财产：乡村地区的项目免征 7～12 年的租金；欧库西和阿陶罗地区的项目可免征 9～15 年的租金。地区鼓励政策：外国投资者企业每雇佣 1 名正式的东帝汶员工，可减征 300 美元应纳税额。减税的期限根据投资地点的不同，在市内投资并经营，可享受 5 年税收减征期；在农村地区投资并经营，减税期限为 7 年；在欧库西和阿陶罗地区，减税期限为 10 年。投资于基础设施，在市区投资并经营，减税期为 10 年；在农村地区投资并经营，减税期为 2 年；在欧库西和阿陶罗地区投资或经营，减税期限为 15 年。投资于出口产业的减税期限：在市区经营，减税期为 7 年；在农村地区经营，减税期为 9 年；在欧库西和阿陶罗地区经营，减税期限为 12 年。

（3）税收政策

东帝汶计划成为世界上税收最少的国家，希望以此刺激经济发展和外资流入。东帝汶共有 6 个税种，分别为劳务税、消费税、营业税、进口税、工资收入税和所得税。劳务适用于酒店、酒吧、餐厅服务业以及电信服务业，税率为 5%，每月发票总额低于 500 美元的经营者可以获得免税优惠。

（4）土地法的主要内容

东帝汶对不动产的产权和租赁做出规定，仅东帝汶国民和企业对不动产拥有产权。由于历史原因，以外国公民个人名义登记的不动产，将重新归东帝汶政府所有，但可以通过与东帝汶政府签署租赁合同的方式继续使用。外国企业只能拥有不动产除产权以外的其他权利。

东帝汶对外资企业获得土地的规定是：东帝汶的土地为私有制，且不可卖给外国人，因此，外国人或外国企业只能从当地人手里租用土地和房屋；外国企业对土地最长可租用50年。

（二）农业投资风险分析

1. 总体风险——经商环境指数

东帝汶政府致力于建立开放、规范的经济环境，以吸引海外投资，加快经济发展步伐，近期将发展重点放在基础设施建设上，这为外国资本提供了投资空间。2011年东帝汶国会审议通过了《2011—2030年国家发展战略规划》（以下简称《规划》）。《规划》指出未来20年东帝汶将加大公共领域投资，基础设施方面的投资预计将达到100亿美元。《规划》的目标是在2030年将东帝汶发展为中等偏上收入国家。为了实现这一发展目标，《规划》提出了以下经济发展战略：推动经济自由化和提升竞争力；创建以私营经济为主体的市场经济；为企业发展创造良好条件；吸引私人投资；促进出口；发展国有企业；为国内外投资者提供优惠政策；推动基础设施建设；创造就业机会，减少贫困。随着东帝汶石油收入的稳步增长和国家中长期战略发展规划的逐步实施，东帝汶未来一段时间将有可能进入较快发展期，具有较大的项目需求，且得到自有资金和国际社会各种资金的支持。中国、澳大利亚、日本、新西兰和欧盟等对原产东帝汶产品均实行免征关税待遇，这些都将为中国企业和个人在东帝汶投资兴业创造良好机遇。2012年11月，欧盟委员会公布的新的普惠制（GSP）方案将东帝汶列为普惠制第一类国家，并规定自2014年1月1日至2023年12月31日对东帝汶等49个最不发达国家的进口产品实行免征关税政策。自2010年7月1日起，中国逐步对东帝汶95%以上的对华出口产品实行零关税优惠待遇。

总体来看，东帝汶拥有积极正面的经商环境。

2. 制度风险

东帝汶作为东南亚最年轻的国家，经济建设仍然百业待兴，也积极寻求海外合作和援助。但是东帝汶基础设施缺乏，人民生活非常贫困而且受教育程度低，是投资东帝汶需要克服的困难。东帝汶的民生如果长期得不到改善，发生社会动荡的可能性也依然存在。2017年因执政联盟在议会中未过半数，政府制定的政策、预算未能在议会获得通过，2018年1月东帝汶总统卢奥洛宣布解散议会，并于2018年5月12日举行同一年内的第二次议会选举。目前，东帝汶已经独自成功举行了三次总统选举和议会选举，政权交接平稳顺利，政局已经基本进入稳定状态。"独立革命阵线"和"全国重建大会党"作为两大政党，其政治立场没有大的冲突。东帝汶政府、议会基本能够正常履行职能，近年来社会治安良好，全社会的注意力已经集中在发展经济和改善民生问题上，政治风险趋于缓解，但仍存在不稳定因素。

3. 经济风险

第一，经济发展落后。该国国民经济以农业为主，66%的人口生活在农村地区，农村地区适龄劳动人口40%处于失业状态。因此，经济基础不稳固，粮食安全问题远未解决。

第二，经济结构单一。该国约80%的财政收入来源于油气收入。截至2016年年底，东帝汶石油基金约为158亿美元，为国家发展提供了坚实基础，推动经济持续保持增长势头。但严重依赖石油收入的单一经济结构短期内难有改观，南部石油城建设依然任重道远，民众缺乏谋生手段现状依旧，高失业率、高文盲率和高通胀率的"三高"问题都严重阻碍了东帝汶经济的持续发展。

此外，从金融体系来看，东帝汶已经设立了中央银行，但没有成立商业银行。目前，东帝汶有三家海外银行，分别是葡萄牙国民海外银行、澳新银行和印尼曼迪利银行。东帝汶因未建立起金融体系，还不存在金融风险。从经济风险来看，东帝汶经济基础薄弱，经济风险不容忽视。

4. 自然风险

第一，自然灾害。东帝汶大部分地区属于热带雨林气候，境内多山地。12月到次年4月为雨季，雨季多山洪泥石流，自然灾害频发。

第二，环境卫生。东帝汶气候炎热，雨季易滋生蚊虫，为登革热、疟疾、乙型脑炎、肺结核和霍乱多发地区。东帝汶医疗卫生条件较差，环境卫生以及由此带来的传染性疾病已经成为制约外来投资的一大难题。

第三，食品卫生。东帝汶食品卫生状况不佳，无相关卫生检验检疫，水中有害物质含量高，水质较差，不宜直接饮用。

5. 综合风险分析

东帝汶在石油工业、采矿业和旅游业等领域具有发展潜力。"石油基金"是除外资之外推动东帝汶经济发展的另一个引擎。在这两个引擎的拉动下，东帝汶有可能实现经济迅速发展。东帝汶在对外举债方面非常谨慎，目前主权债务规模很小，由于经济基础薄弱，东帝汶政府非常重视吸引外资，为此迅速制定了一系列相关法律，例如《劳动法》《国民投资法》《外国投资法》《石油基金法》《石油法》《石油活动法》《商业注册法》《进出口货物检验检疫卫生法》《矿产法》《土地法》《环境管理法》等。但是目前东帝汶在贸易以及投资领域的法律还不健全。

东帝汶目前几乎没有工业基础设施，道路交通非常不便利，没有铁路，很多公路在雨季无法通行。东帝汶失业问题严重，青年失业率高达40%，劳动力供应充足。东帝汶法定最低月薪是115美元。但是东帝汶人民的教育水平普遍较低，熟练劳动力和技术劳动力匮乏，这也是投资东帝汶需要面临的难题。

东帝汶基础设施落后，物资缺乏，百业待兴，各行业都充满着商机，但同时东帝汶国小民少，市场容量有限。东帝汶欢迎外来投资，但是相关法律还不健全。外来投资应注意相关法律问题。

四、中东农业合作现状与合作重点

中国与东帝汶在2002年5月20日建交，是在东帝汶独立同时与之建交的国家之一。中国与东帝汶建交以来，两国关系发展顺利。2002年5月20日，时任中国外交部长唐家璇与东帝汶民主共和国外交部长奥尔塔在帝力签署《中华人民共和国政府和东帝汶民主共和国政府关于建立外交关系的联合公报》。2010年4月，东帝汶副总理出席博鳌亚洲论坛，与时任中国国家副主席习近平进行了会谈。同年10月，东帝汶总理出席上海世博会，与温家宝总理举行了会谈。2010年11月，中国宣布对东帝汶产品实施零关税。2012年，胡锦涛主席特使、全国政协副主席王志珍访问东帝汶，出席了东帝汶新总统就职典礼以及东帝汶独立10周年庆典活动。2014年4月，夏纳总理访问中国，中东两国关系发展为全面合作伙伴关系，两国首脑发表了《关于建立睦邻友好、互信互利的全面合作伙伴关系联合声明》。

（一）合作现状

1. 双边贸易

中国与东帝汶两国贸易的特点是中国对东帝汶出口贸易占双边贸易额的绝大部分，中国是东帝汶第二大进口来源地。中国主要向东帝汶出口工业品，从东帝汶进口农产品及矿产。

中国对东帝汶出口商品主要类别为：机械、机械设备、核反应堆、锅炉；钢铁；电机、音响设备及其零配件；钢铁制品；车辆及其零配件；盐、硫；石灰、水泥；塑料及塑料制成品；陶瓷制品；橡胶制品等。中国从东帝汶进口商品主要类别为：油料作物；咖啡、茶、调味料；木材、木制品、木炭；机械及其零配件；塑料以及塑料制成品；玩具、游戏和体育用品等。

中国与东帝汶自2002年5月建交以来，双边关系发展顺利。中东两国贸易额迅速增长。中国已成为东帝汶第二大贸易伙伴。2017年，中东双边贸易额1.34亿美元，其中，主要是中国对东帝汶出口贸易，出口额达1.33亿美元，占东帝汶进口总额的25%；中国自东帝汶进口额为140万美元。

2. 技术合作与投资

中国积极支持东帝汶的经济社会发展。中国与东帝汶政府之间签署了多项经济技术合作协定。目前中国对东帝汶投资总体处于起步阶段，规模较小但增速较快，主要以民营企业和个体为主，国有大中型企业亦有参与，主要投资领域为餐饮、旅店、百货、建材、服务业等。

在承包工程方面，中国国有企业在东帝汶主要从事工程类项目，也有企业尝试在农业领域的投资。此外，中国企业也在关注东帝汶基础设施、房地产、农业、矿产等领域的投资机会。截至2016年年底，中国对东帝汶投资存量为1.62亿美元；2016年投资流量为6145万美元，同比增长140.5%。2017年中国对东工程承包合同额为3.24亿美元。2017年底，由广西义信渔业开发有限公司投资建设的中国—东帝汶"两国双园"建设项目"东帝汶马纳图托拉雷安南渔业港水产园区"项目进入落地实施阶段。该项目将在东帝汶建设总投资约4亿美元的包含渔港建设和万吨级深水贸易港建设，以及渔船造船厂、海洋捕捞作业、海产品海鲜分拣加工厂等项目在内的产业园区，以及在广西钦州犀牛脚镇中心渔港建设水产贸易园区。

随着东帝汶局势进一步稳定，越来越多的中国公司、商人来东帝汶投资兴业，在商业、旅店业、建筑业、零售业等领域逐渐崭露头角。随着中资企业开展承包工程竞争日趋激烈，已有部分企业尝试在农业领域投资，如开展农业产业园区建设、开展渔业捕捞合作、建设水产产业园等。东帝汶由于经济发展水平有限，尚无能力对中国投资。同时，为保护本国小商贩，加大对传统市场整顿力度，东帝汶正在通过立法来提高投资门槛。

3. 发展援助

（1）援建项目

多年来，中国政府高度重视与东帝汶开展各领域的友好合作，在农业领域向东帝汶提供了重要援助。2015年，东帝汶政府向中国提出援建粮食加工和仓储设施项目，经双方协商，2017年完成项目换文。中国先后派考察团队赴东帝汶开展项目可行性研究以及开工前的专业考察工作，目前项目处于实施前的准备阶段。该项目可以有效提高东帝汶农民种粮积极性，大幅改善其国内粮食自给状况。

（2）物资援助

中国和东帝汶两国建交后，根据东帝汶政府的需要，中国政府先后向东帝汶赠送了多批物资，其中包括大米、食用油、药品等紧急人道主义援助，安全检测设备、挖掘机、农机等农业设备与物资，同时还派出技术服务团队为东帝汶农机操作手进行培训，提高当地劳动力农业技术水平。

（3）人员培训

中国政府高度重视与东帝汶开展人力资源开发合作。中方曾多次邀请东帝汶政府与相关技术人员赴华参加培训，迄今已有800多名相关人员赴华参加中国举办的各类培训和研修班，涉及领域包括基础设施建设、农业技术、减贫、渔业等。

（4）技术援助

自2008年起，中国向东帝汶派遣杂交水稻专家示范种植和推广杂交水稻技术。应东帝汶政府请求，2017年中国政府举办了"东帝汶饲料加工技术培训班"，通过技术培训促进东帝汶农业发展，服务两国农业领域合作。2018年4月，中国举办援助东帝汶农机设备操作与维修技术培训班，此次援助农机设备和培训服务对提高东农业生产力、提升东农业机械现代化水平发挥重要作用。

（二）合作潜力

1. 合作基础

2014年，东帝汶民主共和国总理凯·腊拉·沙纳纳·古斯芒对中国进行正式访问并出席博鳌亚洲论坛2014年年会。这是东帝汶总理11年来首次正式访华，中国予以高度重视。中华人民共和国主席习近平会见了沙纳纳总理，双方回顾了2002年5月20日两国建交以来双边关系取得的积极进展，就建立中东睦邻友好、互信互利的全面合作伙伴关系达成重要共识。双方一致同意加强两国在政治、经贸、能源、农业、防务安全等领域的合作。

在建立中东睦邻友好、互信互利的全面合作伙伴关系文件中，专门提出"东帝汶政府高度评价两国杂交水稻技术合作取得的积极成果，认为这有助于东帝汶实现粮食自给自足。双方同意继续加强粮食生产和农业能力建设合作，并探索开展渔业合作的有效途径。"目前袁隆平高科农业高科技股份有限公司积极参与对东帝汶的水稻杂交技术合作，并承担商务部"援东帝汶杂交水稻农业技术合作项目"，该项目对东帝汶杂交水稻技术改良起到重要作用，对单产及产量提高具有关键作用，受到了东帝汶的高度肯定。

2012年5月中美战略经济对话提出联合东帝汶政府在东帝汶实施农业技术合作项目，目的是在玉米、豆类、洋葱和大蒜种植技术方面进行示范和培训，以支持东帝汶为其人民提供粮食安全的努力。目前该项目已经结束，培训学员数百名，受到当地农民的广泛欢迎。

2. 合作前景

根据联合国开发计划署的建议，东帝汶具有投资潜力的领域包括基础设施、农业、渔业、矿产资源、旅游业、交通运输业等。根据中国与东帝汶前期的农业合作基础及双方优势和互补性，未来双方在水稻技术、农业基础设施、海洋渔业等领域具有广阔的合作空间。

（三）合作重点

自建交以来，中、东两国政府签署了多项经济技术合作协定，在农业、人员培训等领域提供了力所能及的帮助。未来中国与东帝汶的农业合作仍主要以农业技术转移、农业技术培训、初级农产品贸易、农业基础设施援建为主。

第一，杂交水稻技术转移合作。在农业技术转移方面，杂交水稻技术仍是东帝汶最迫切需要的农业技术。东帝汶水稻品种旧，更新慢，质量差，增产潜力有限。并且，当地尚未建立完善的水稻育种体系，许多地区仍在种植质量差、产量较低的传统水稻品种，从而导致东帝汶全国水稻单产一直难以提高。目前，中国杂交水稻已经在东帝汶试种成功，并表现出极大的增产潜力，因此中国的杂交水稻技术对东帝汶水稻技术改良、单产及产量提高，以及东帝汶粮食安全和国家安全具有重要意义。

第二，农业技术培训。东帝汶目前高产农业技术缺乏，农业技术推广体系欠缺，没有一支系统培训的农业技术人才队伍。因此，在进行农业技术转移的同时，应积极开展以中药技术为依托的专业人才培训。在大力推广新品种、新技术的同时，从育秧、肥水管理和病虫害防治等环节推广相应的高产栽培技术，改变当地农民耕作习惯，提高土地的复种指数，降低生产成本，提高产量。

第三，农业投入品贸易。目前东帝汶农业生产所需的农药、肥料、农机设备等主要依赖国外进口，当地农民没有足够的经济实力购买农业物资。农作物生产中的农药和肥料使用较少，农作物病虫害难以控制，使得农作物因病虫危害而减产的情况十分普遍。因此，中国可以根据东帝汶农业发展的具体情况，加大与东帝汶农业病虫害防治技术合作与培训，同时适当增加对东帝汶农业投入品出口贸易。

第四，农业基础设施援建。东帝汶气候条件优越，光照条件充足，水资源丰富。只要科学合理地规划和建设农田基本灌溉排水设施，就可实现旱涝保收，有效保障作物产量。因此，中国可以加大对东帝汶农业基础设施建设的投入力度，积极提供援助，改善当地农业基础设施条件。

五、中东农业合作建议

农业历来在东帝汶经济社会发展中占据重要地位，但由于农业技术落后、农业生产水平低下、灌溉与加工设施缺乏等问题严重，一定程度上制约了东帝汶的农业发展。中国作为世界上最大的发展中国家，在农业发展上积累了大量经验与技术。中东双方应加强与东帝汶在农业领域的合作，实现互利共赢。

（一）加强农业科技与教育合作

结合东帝汶农业发展的实际情况，中国应加大农业科学技术培训力度，积极打造中国农业技术示范和推广平台，促进东帝汶农业科技发展。中国政府应加强两国农业科技合作与农业教育合作，开展援外农业技术培训与推广工作；帮助其建立农产品检疫检验标准，推动其农业的规范化与制度化发展；加强中国科研机构与东帝汶的农业合作，帮助东帝汶培养农业技术人才和专家队伍；组织招收东帝汶学员赴华参加培训，派遣中国专家赴东帝汶进行农业技术推广，提高中国农业技术知名度，提升国际形象。

（二）加强新品种、新技术的推广

建议中国科研机构根据东帝汶的地理环境、气候与农业发展情况，推广适宜当地种植的农作物、适宜养殖的牲畜品种，以及适合东帝汶当前生产力发展水平的农业技术与农具，使得中国的农业科技能够真正扎根于东帝汶。同时，鼓励中国企业赴东帝汶进行农业投资，在东帝汶建立农业产业园区与科技示范园区，与当地农业政府部门和科研机构进行广泛交流与合作，扩大中国农业科技影响力。除此以外，中国还可以为更大范围的东帝汶农产品进入中国提供优惠条件。通过中国市场的开放，以需促供，促进东帝汶农业可持续发展，同时推动中国农业走向国际化。

参考文献

季燕京，吴鸿，施静，等.2017.东帝汶［J］.文明，（Z1）：98-103.
刘振华.2017-08-31.东帝汶指南概况［N］.国际商报.
刘振华.2014.东帝汶经济建设初具蓝图［J］.中国经贸，（1）：27-28.
刘振华.2017-08-31.中东经贸合作不断取得新成果［N］.国际商报.
阳剑，黄大辉，方远祥.2013.东帝汶水稻生产的现状及对策［J］.杂交水稻，（5）：81-84.
张宁容.2016.建交以来的中国与东帝汶关系［D］.广州：广东外语外贸大学.